HISTOIRE
DE PARIS

TOME 1

PROPRIÉTÉ.

CET OUVRAGE SE TROUVE AUSSI CHEZ LES LIBRAIRES SUIVANTS :

ANGERS,	Barassé.	NANCY,	Wagner.
—	Lainé.	—	Thomas et Pierron.
ANNECY,	Burdet.	POITIERS,	Bonamy.
ARRAS,	Brunet.	REIMS,	Bonnefoy.
BESANÇON,	Turbergue.	RENNES,	Thébault.
BORDEAUX,	Chaumas.	—	Verdier.
—	Coderc et Poujol.	—	Hauvespre.
BREST,	Lefournier.	ROUEN,	Fleury.
CHAMBÉRY,	Perrin.	TOULOUSE,	Ferrère.
DIJON,	Hémery.	—	Privat.
LILLE,	Lefort.	TOURS,	Cattier.
—	Quarré.	—	Bouserez.
LYON,	Briday.	BRUXELLES,	Goemaere.
—	Girard et Josserand.	GENÈVE,	Marc Mehling.
—	Périsse frères.	GÊNES,	Fassi-Como.
—	Bauchu.	LEIPZIG,	Dürr.
LE MANS,	Le Guicheux-Gallienne.	LONDRES,	Burns et Lambert.
MARSEILLE,	Camoens fils.	MADRID,	Bailly-Baillière.
—	Chauffard.	MILAN,	Dumolard.
—	Laferrière.	—	Boniardi-Pogliani.
METZ,	Mme Constant Loïez.	ROME,	Merle.
MONTPELLIER,	Séguin.	TURIN,	Marietti (Hyacinthe).
NANTES,	Mazeau.	VIENNE,	Gérold et fils.
—	Poirier-Legros.		

TYPOGRAPHIE DE H. FIRMIN DIDOT. — MESNIL (EURE).

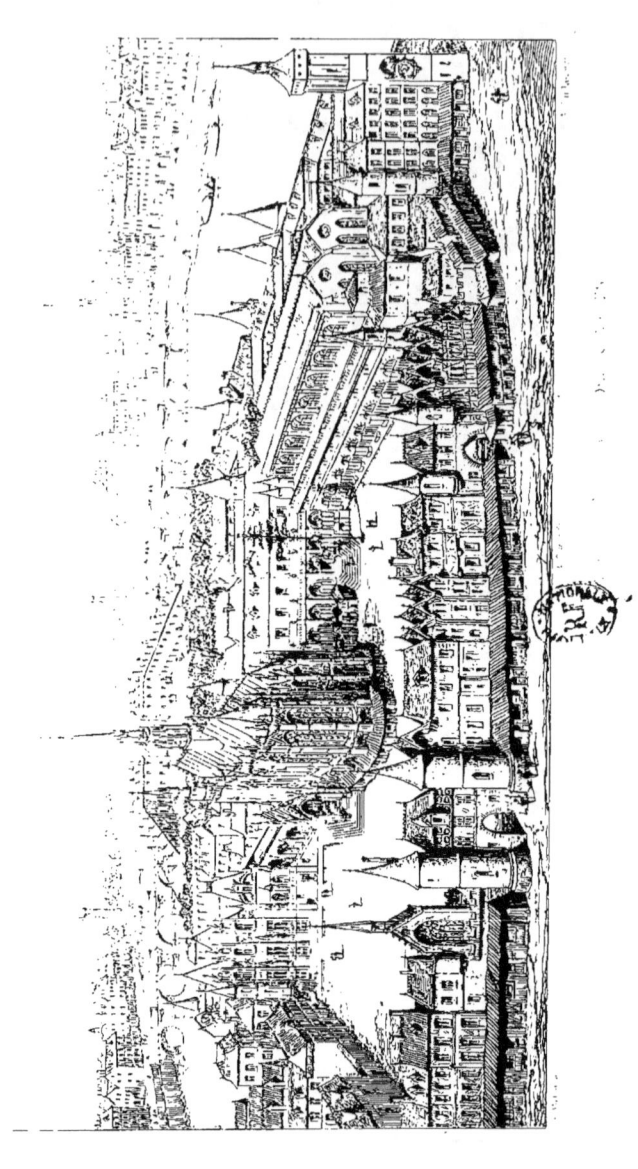

Droits réservés

HISTOIRE
DE PARIS

DEPUIS LES TEMPS LES PLUS RECULÉS

JUSQU'A NOS JOURS

PAR

AMÉDÉE GABOURD

TOME PREMIER

PARIS

GAUME FRÈRES ET J. DUPREY, ÉDITEURS

RUE CASSETTE, N° 4

1863

Droits réservés

PRÉFACE.

La France est à la tête du monde et Paris est le cœur de la France. C'est de Paris que rayonne la civilisation sur notre patrie et sur toutes les nations du continent européen. Depuis plus de deux siècles les plus graves intérêts des peuples ont été agités à Paris. Paris gouverne toutes les races par la puissance du génie, de l'intelligence et de la pensée, et par l'expansion de toutes les idées, bonnes ou mauvaises. On cherche à nier son autorité, mais on est contraint de la subir. Vainement on veut la paralyser, la circonscrire, la rendre nulle; Paris, comme le géant de la fable, ne peut se remuer sur sa couche sans ébranler le monde, et, de toutes parts, c'est de cette ville suzeraine des royaumes et des empires qu'on attend le mot d'ordre et le signal.

Après l'histoire de Rome, la Ville éternelle, la capitale du christianisme, quelle histoire, mieux que celle de Paris, résumera avec plus de vérité celle de tous les peuples et de tous les progrès ? Où rencontrer une expression plus énergique de ce qui est bien et de ce qui est mal? Où trouver de plus étonnants spectacles pour le regard et pour la contemplation? Quel point de mire aura pu être plus souvent offert à l'admiration et aux colères? Quel colosse humain aura mérité, dans une plus large part, le châtiment ou la récompense?

Nous commençons aujourd'hui la publication d'une nouvelle Histoire de Paris. Bien que de nombreux annalistes aient entrepris un semblable travail, nous avons la conviction que, parmi les histoires spéciales déjà consacrées à raconter ce que fut Paris, à dire ce qu'il est, à faire pressentir ce qu'il sera, il n'existe aucun ouvrage assez digne d'estime pour que son apparition ait réussi à décourager les historiens disposés à tenter une pareille entreprise. Avant le dix-neuvième siècle on a composé des livres pleins de science sur les antiquités de Paris, et certes nous n'entendons pas nier les titres des Félibien, des Lobineau, de Sauval, de l'abbé Lebeuf, de Toussaint-Duplessis, de Piganiol de la Force, de Sainte-Foix, de Jaillot et de quelques autres écrivains moins connus, mais dont les travaux ont été utilisés par les historiens modernes : les œuvres de ces érudits sont comme les matériaux indispensables à quiconque essaye aujourd'hui d'élever un monument à la gloire de

Paris. Nous devons donc conserver avec respect, sur les rayons des grandes bibliothèques, les ouvrages de ces érudits estimables, et savoir les consulter dans les occasions, de jour en jour plus rares, où il est indispensable de remonter à l'origine d'une institution, d'expliquer la raison d'être d'un usage municipal, de restituer à un monument sa forme première. Ce sont des matériaux amassés au profit des écrivains, ce ne sont plus des livres d'histoire.

Le dix-neuvième siècle a eu ses historiens de Paris, et nous nous garderons d'omettre le nom de Saint-Victor, qui écrivait en 1808. Il serait de mauvais goût de faire ici le procès à leurs œuvres, et de dire en quoi elles nous ont paru trop imparfaites, trop au-dessous de leur destination. Il en est dont la conception est louable; il en est qui portent l'empreinte d'une érudition honnête et qui renferment des parties remarquables, au point de vue de l'art ou de la peinture morale; mais il n'en est aucune qui satisfasse réellement le lecteur, et qui ait résolu le difficile problème d'instruire en même temps que de plaire; les unes sont trop souvent de pures compilations, dépourvues de clarté, de méthode et d'intérêt; les autres sont trop négligées ou trop restreintes. Aucune (nous parlons de celles qui ont une certaine étendue) n'est suffisamment inspirée de l'intelligence chrétienne, et ne met convenablement en relief les grandes annales du catholicisme parisien, les magnificences que la foi a produites dans Paris et qui sont le juste orgueil de la France. C'est une regrettable lacune qu'il importe de combler.

Il est temps qu'à l'odieux pamphlet de Dulaure, qu'à ce lourd recueil d'impiétés et d'obscénités prétendues historiques, on fasse succéder l'histoire vraie et sérieuse de Paris. Le malheureux écrivain dont nous venons de prononcer le nom a usurpé une autorité et une confiance dont il ne fut jamais digne; la science qu'il avait laborieusement acquise, et que nous ne contestons pas absolument, a été par lui mise au service de tous les honteux intérêts de l'anarchie et du scepticisme. Aujourd'hui repoussée par les gens instruits, redoutée de tous ceux qui ont charge de veiller sur les âmes, l'histoire de Dulaure exerce encore une détestable influence sur une immense classe de lecteurs peu éclairés, sur le peuple des ateliers, sur la petite bourgeoisie façonnée aux traditions voltairiennes.

L'auteur du livre que nous offrons aujourd'hui au public a profité des découvertes de ses devanciers et mis à contribution leurs efforts, en gardant la pleine indépendance de sa pensée et de ses jugements historiques et artistiques. Plus heureux que la plupart d'entre eux, il lui est donné d'assister à la nouvelle transformation de Paris et de pouvoir en rendre compte, tandis qu'eux n'ont pu que la souhaiter ou la pressentir. Il reste encore assez de l'ancien Paris pour qu'il soit possible de retracer son caractère et son originalité passés; on entrevoit assez du Paris futur pour en prévoir la grandeur un peu monotone et en mesurer la gloire, dont le reste de la France commence à se montrer jaloux et inquiet. Le moment est donc bien choisi pour entreprendre une pareille publication, et nous espérons que les sympathies de nos concitoyens ne nous feront pas défaut puisqu'il s'agit, ici encore, d'une œuvre de réparation et de vérité.

HISTOIRE DE PARIS.

LIVRE PREMIER.

LUTÈCE ET LA NATION DES PARISES DURANT LA PÉRIODE GALLO-ROMAINE.

CHAPITRE PREMIER.

Détails préliminaires. — Aspect du sol. — Minéralogie parisienne.

Avant d'aborder le récit des faits historiques nous croyons indispensable de placer ici quelques détails sur le sol et le climat de Paris ; nous mentionnerons les conditions topographiques dans lesquelles cette grande capitale se trouve placée, les rivières qui la traversent ou la baignent, la configuration de son bassin et de ses collines.

Paris est situé sur les deux rives de la Seine et occupe aujourd'hui une surface de plus de sept mille hectares ; la région septentrionale est plus considérable que l'autre ; les parties de la ville que sépare le fleuve forment deux vastes demi-cercles, appuyés l'un et l'autre sur la Seine.

La ville actuelle s'élève dans une vallée que terminent du côté de l'ouest, du sud et du nord, des collines inégales et accidentées, dont quelques-unes aboutissent au fleuve par un plan incliné, tandis que d'autres dominent de grands plateaux. La ligne méridienne de l'observatoire de Paris est un point de départ et donne *zéro* pour longitude; la latitude septentrionale est d'environ quarante-huit degrés, cinquante minutes. Le climat est sain et tempéré; les froids les plus rigoureux atteignent très-rarement vingt degrés centigrades; les plus fortes chaleurs ne dépassent jamais trente-huit degrés. La moyenne donne par année cinquante-sept jours de chaleur, cinquante-huit de gelée, douze de neige, cent quatre-vingts de brouillard et cent quarante de pluie. La quantité d'eau qui tombe, année commune, est de cinquante-trois centimètres. Les hivers sont longs, les printemps humides et froids, les étés chauds et les automnes d'une beauté remarquable. Le sol se compose de marnes, de craies, et sa base est formée de calcaire marin grossier dont les bancs énormes environnent Paris et se prolongent, par la rive gauche, jusques aux bords de la Seine. Le fleuve passe à travers une vallée formée de dépôts de sables, de cailloux roulés, de terrains d'atterrissement et de transport. Par delà les collines du nord s'étend une plaine très-fertile et qui est comme le jardin potager de la ville. Du calcaire siliceux, des sables rouges et du grès, de l'argile et des marnes marines complètent cette énumération des principales formations dont se compose le sol de Paris et de ses environs. La Seine coule à Paris (1), avec une vitesse ordinaire de quarante-

---

(1) La Seine prend sa source dans la forêt de Chanceau, à deux lieues

deux centimètres par seconde; la largeur moyenne du fleuve est de cent quatre-vingt-huit mètres, et sa pente de deux mètres trente centimètres. L'eau de la Seine est de bonne qualité et sert à tous les usages domestiques.

Un peu au-dessus de la ville la Marne se jette dans la Seine. Une très-petite rivière, large à peine de trois mètres, et qu'on appelle la Bièvre, traverse les quartiers de la rive gauche, du côté de l'est, et vient déverser dans le fleuve, vers le quai de l'Hôpital, ses eaux empuanties par de nombreux établissements de blanchisseurs, de tanneurs et de teinturiers. Il existait deux autres ruisseaux moins considérables qui arrosaient les environs de cette ville et en rendaient les abords marécageux au nord et au sud; ces cours d'eau ont disparu pour faire place à des habitations et à des cultures, et servent tout au plus à alimenter l'un des égouts de la ville, lorsqu'ils ne sont pas absorbés par les carrières à plâtre ou par l'arrosement des jardins (1).

---

de Saint-Seine, département de la Côte-d'Or. Après avoir reçu, au-dessus de Paris, l'Yonne, l'Yerre, la Marne, et au-dessous de cette ville l'Oise et d'autres moindres rivières, elle se jette dans l'Océan, entre les villes du Havre et de Honfleur.

Cette rivière traverse Paris dans une direction du sud-est au nord-ouest, et forme, en quittant les murs de cette ville, une courbure assez marquée qui fait incliner son cours vers le sud-ouest.

Sa vitesse dans les eaux moyennes, entre le pont Neuf et le pont Royal, est de cinquante-quatre centimètres par seconde, tandis que, dans son cours depuis Paris jusqu'à l'Océan, elle est beaucoup plus lente, et ne parcourt que quarante centimètres par seconde.

La hauteur de la Seine se mesure aux échelles placées sur une pile du pont de la Tournelle, du pont Royal et du pont Louis XVI. On compte cette hauteur à partir de l'état des basses eaux de l'an 1719. La hauteur moyenne de la Seine, prise au pont Royal, au-dessus du niveau de l'Océan, est de trente-six mètres.

(1) Il existait un ruisseau qui, né à *Ménilmontant*, après avoir coulé à

La contrée dans laquelle s'élève Paris est peut-être, au témoignage de Cuvier, l'une des plus remarquables qui aient été observées, par la succession des divers terrains qui la composent et par les restes extraordinaires d'organisation ancienne qu'elle recèle. Des milliers de coquillages marins, avec lesquels alternent régulièrement des coquillages d'eau douce, en font la masse principale ; des ossements d'animaux terrestres entièrement inconnus, même par leur genre, en remplissent certaines parties. D'autres ossements d'espèces considérables par leur grandeur, et dont nous ne trouvons quelques congénères que dans des pays fort éloignés, sont épars dans les couches les plus superficielles. Un caractère très-marqué d'une grande irruption venue du sud-est est empreint dans les formes des corps et dans la direction des principales collines.

Le savant illustre à qui nous empruntons ces observations décrit en ces termes la composition des collines groupées sur la rive droite : « La longue colline qui s'étend, dit-il, de Nogent-sur-Marne à Belleville, appartient entièrement à la formation gypseuse ; elle est recouverte,

---

travers les faubourgs Saint-Martin, Saint-Denis, et passé derrière la Grange-Batelière, par la Ville-l'Évêque, et au bas du Roule, allait se jeter dans la Seine, sur le quai de Billy, au bas de Chaillot. Les eaux de ce ruisseau, sans doute absorbées par l'exploitation des carrières à plâtre, ne coulent plus ; une partie de son lit, qui existe encore, forme ce qu'on appelait naguère le *grand égout de la ville*.

Un autre ruisseau, venant des coteaux de Bagnolet et de Montreuil, a creusé ce qu'on appelle la *vallée de Fécamp*, dont une partie de la rue de Charenton a longtemps porté le nom. Les eaux de ce ruisseau, détournées pour alimenter l'étang situé à l'ouest de Vincennes, diminuées de volume par la destruction des bois et absorbées par l'irrigation des jardins ou marais voisins, ne coulent plus dans son ancien lit ; elles se jetaient anciennement dans la Seine près du Petit-Bercy.

vers son milieu, de sables rouges, argilo-ferrugineux, sans coquilles, surmontés de couches de sables agglutinés, ou même de grès renfermant un grand nombre d'empreintes de coquilles marines... Cette disposition est surtout remarquable dans les environs de Belleville et au sud-est de Romainville; le grès marin y forme une couche qui a plus de quatre mètres d'épaisseur. — Cette colline renferme un très-grand nombre de carrières qui présentent peu de différence dans la disposition et la nature de leurs bancs. L'escarpement du cap qui s'avance entre Montreuil et Bagnolet n'est pris que dans les glaises, les bancs de plâtre de la première masse s'enfonçant sous le niveau de la partie adjacente de la plaine, qui, dans cet endroit, est un peu relevée vers la colline, et qui s'abaisse vers le bois de Vincennes. Les marnes qui recouvrent la première masse ont une épaisseur de dix-sept mètres; la marne verte qui en fait partie a environ quatre mètres. On y compte quatre lits de sulfate de strontiane; on voit un cinquième lit de ce sel pierreux dans les marnes d'un blanc jaunâtre qui sont au-dessous des vertes, et, peu après ce cinquième lit, se rencontre la petite couche de cythérées; elles sont ici plus rares qu'ailleurs, et mêlées de petites coquilles à spire qui paraissent appartenir au genre spirorbe. Les autres bancs de marne ne présentent d'ailleurs rien de remarquable; la première masse a neuf à dix mètres d'épaisseur.

« En suivant la pente méridionale de la colline dont nous nous occupons on trouve les carrières de Ménilmontant, célèbres par les cristaux de sélénites que renferment les marnes vertes et par les silex mélinites des marnes argileuses feuilletées. Ces silex se trouvent à environ quatre décimètres au-dessus de la seconde masse, par conséquent entre la première et la seconde. Enfin à l'extrémité occidentale de cette colline sont les carrières de la butte Chaumont. »

Cuvier ajoute encore :

« La butte Chaumont, qui est le cap occidental de la colline de Belleville, n'est point assez élevée pour offrir les bancs d'huîtres, de sables argileux et de grès marins qu'on observe à Montmartre. Nous avons dit qu'on trouvait le grès marin près de Romainville ; nous ne connaissons les huîtres que dans la partie de la colline qui est la plus voisine de Pantin, presque en face de l'ancienne seigneurie de ce village ; on les trouve à six à sept mètres au-dessous du sable, et un peu au-dessus des marnes vertes : c'est leur position ordinaire. »

(Nous ne saurions trouver des indications plus exactes, sur la formation et la nature du sol dans le département de la Seine, que dans l'intéressant ouvrage publié par MM. Cuvier et Brongniart sur la *Géographie minéralogique des environs de Paris*. A l'exemple de Dulaure nous résumons les traits principaux de cette exploration scientifique.)

Le fond de la plaine de Pantin présente des bancs de gypse, et la colline de Montmartre se compose de couches analogues ; on y remarque, en descendant du sommet à la base, des bancs de sable et de grès quartzeux, un banc de sable argileux, des bancs de marne calcaire et de marne argileuse de diverses couleurs, à travers lesquelles on rencontre de nombreux amas de coquilles marines. Au-dessous de ces bancs, dont l'ensemble atteint une épaisseur de vingt-trois mètres, on trouve une énorme masse de gypse marneux entremêlée de couches de marne calcaire et qui est exploitée par les plâtriers. Se présentent ensuite, successivement, plusieurs autres couches gypseuses, de différents aspects et de diverses natures, se terminant par une couche de craie argileuse, épaisse de huit à neuf mètres. Par delà cette colline de Montmartre la chaîne des buttes calcaires se continue en s'abaissant jusqu'à Passy, et les bancs calcaires se prolongent au delà d'Auteuil, en présentant des masses de douze à treize mètres.

Sur la rive gauche de la Seine le plateau qui domine le fleuve est percé de carrières dans une multitude de points et fournit le plus grand nombre de pierres employées dans les constructions de Paris ; il comprend la partie méridionale de Paris et s'étend de l'est à l'ouest depuis Choisy jusqu'à Meudon. La Bièvre le sépare en deux petites régions : celle de l'est forme la plaine d'Ivry, celle de l'ouest la plaine de Montrouge et les collines de Meudon. Le plateau de la plaine d'Ivry se prolonge, au nord, dans Paris, jusqu'à l'extrémité orientale de la rue de Poliveau ; le plateau de Montrouge s'avance dans la partie méridionale de la ville, et ses bancs forment une ligne qui, après avoir atteint l'extrémité du *Muséum* d'histoire naturelle, suit les rues Saint-Victor, des Noyers, des Mathurins, de l'École de Médecine, des Quatre-Vents, de Saint-Sulpice et de Sèvres, jusqu'à Vaugirard. Jusqu'à cette limite les bancs calcaires marins ont peu de solidité, et sont minces, marneux et friables. Après une masse de trois mètres d'épaisseur, composée de dix-huit lits de marne calcaire et argileuse, on trouve, dans les carrières situées entre Vaugirard et Montrouge, des bancs considérables de formation marine, abondants en coquilles de diverses espèces. Entre ces deux bancs existe une couche de calcaire marneux. Sur la rive gauche de la Seine les couches du sol diffèrent fort peu, dans leur ordre et par leur nature, de celles qui composent le sol de la partie septentrionale de Paris. Une vaste superficie de quartiers et de rues, entre le boulevard Saint-Germain et Montrouge, et depuis le Muséum jusqu'à la barrière de Vaugirard, repose sur d'immenses carrières dont les plus connues sont les caves de l'Observatoire et les Catacombes. Un géologue, explorateur expérimenté du bassin de Paris, M. Radiguel, estime que l'emplacement de cette ville, avant l'époque diluvienne, c'est-à-dire avant que la Seine n'y eût creusé son lit actuel, formait un plateau d'environ cent quatre-vingt-quatre mètres de hauteur au-dessus du niveau de la mer et faisait suite aux hauts plateaux de Versailles. Vint la grande inondation diluvienne, dont les courants entamèrent le vaste plateau parisien et finirent par former la grande coupure dont la Seine actuelle occupe le fond.

Le creusement de la vallée s'étant arrêté à six mètres au-dessous de la place du parvis Notre-Dame, point qui n'est plus élevé que de vingt-quatre mètres au-dessus de la mer, c'est donc de cent soixante mètres de profondeur à peu près que les courants ont creusé, pendant la période diluvienne, le plateau qui existait primitivement à l'endroit où l'on a bâti Paris. On a constaté, par les rapports des couches de terrains qui les composent, que les buttes de Belleville, de Montmartre et du mont Valérien, sont les débris de ce plateau primitif, et la révolution qui les a isolées, en donnant naissance au cours actuel de la Seine, date du dernier âge géologique, celui où se sont déposés les terrains diluviens, plus communément nommés *alluvions*, qui nous supportent.

Lorsque, à la suite de creusements successifs et répétés, le fond de la vallée de la Seine se fut abaissé au niveau des plateaux inférieurs de Montrouge, Bicêtre, Bercy, Vincennes, les courants ne charrièrent plus guère que du caillou provenant, soit des débris des meulières des plateaux supérieurs, soit des fragments siliceux de la craie de Champagne, dénudée aussi par l'action des eaux. Aussi n'est-ce pas sur ces plateaux que l'on exploite de préférence le caillou pour l'empierrement des routes, pour le macadam des rues et le béton des constructions. Les derniers courants qui achevèrent de creuser la vallée de la Seine ne transportèrent plus que des graviers et des sables; la preuve nous en est fournie par ces nombreuses sablières que l'on trouve presque exclusivement au fond de la vallée, et d'où l'on extrait tout le sable qui sert au pavage, au macadam et à la bâtisse.

Chacune des couches du terrain diluvien a sa valeur agricole spéciale; ce sont les plus caillouteuses, comme celles du plateau de la Grand'-Pinte, que les maraîchers recherchent principalement pour y établir leurs cultures, et cela par la raison bien simple que ce sol a la propriété d'emmagasiner le jour la radiation solaire pour en restituer la chaleur aux plantes pendant la nuit. Les pépiniéristes, au contraire, choisissent de préférence les pentes douces des coteaux revêtus de limons diluviens; c'est là surtout que prospèrent les plantations de jeunes arbres dont les racines pénètrent profondément dans un sol riche où l'eau ne séjourne pas.

Nous venons de mentionner l'utilité industrielle des cailloux charriés et des sables accumulés en immenses sablières par les courants diluviens; il est une autre roche de la même provenance dont l'importance industrielle est plus considérable encore ; nous voulons parler de la *meulière*, cette pierre silicieuse, grisâtre ou brune, riche en ciment calcaire, qui a la singulière propriété d'offrir avec un faible poids une résistance supérieure. Son nom lui vient de ce qu'on l'emploie à faire des meules pour moudre le blé, qu'on exporte jusqu'en Amérique ; on ne fait servir à cet usage que les blocs les plus considérables. Les fragments de moindre dimension sont très-recherchés pour le parement des constructions solides, telles que ponts, viaducs, forts et bastions. La meulière a été d'un emploi très-utile dans la construction des fortifications de Paris. On choisit principalement pour cet usage la plus légère, celle qui est perforée de la plus grande multitude de trous et d'anfractuosités, en raison de ce qu'elle charge peu les murs et se lie très-bien au mortier. La meulière compacte est la plus estimée pour les constructions souterraines et hydrauliques. Charriée par les courants de l'époque diluvienne, la meulière se trouve par bancs interrompus dans ses principaux gisements, toujours situés au milieu des sables ou de l'argile. Le bassin de Paris a pour ainsi dire le monopole de ces gisements, et principalement les départements de Seine-et-Oise et de Seine-et-Marne.

Les grès, qui abondent dans le bassin de Paris, servent de couronnement à des masses de *sables fins et blancs* de quarante à cinquante mètres d'élévation. Dans la vie domestique on les emploie au récurage des ustensiles de cuisine et on s'en sert pour sabler les appartements. Dans l'industrie ils servent à la fabrication du verre et au moulage ; mêlés avec de la terre glaise ils entrent dans la composition de la brique. C'est au-dessous de ces gisements de sables que se trouvent, par masses épaisses, les *glaises vertes*, qui sont aujourd'hui d'un si grand usage dans la briqueterie ; elles sont aussi fort employées dans la poterie.

Des couches inférieures on tire plusieurs substances utiles d'un emploi spécial ; ainsi on trouve à Montmartre la strontiane sulfatée qu'on fait entrer dans la composition des fusées d'artifice pour les colorer en beau rouge. C'est aussi du sol de Paris que provient cette argile marneuse, appelée *terre à foulon*, ayant la propriété d'absorber les corps gras et dont font usage les dégraisseurs pour enlever les taches des étoffes. Enfin on extrait encore diverses substances en usage dans les arts pour le polissage des métaux et des bijoux.

Les *marnes* qu'on rencontre à cet étage sont très-employées en agriculture pour l'amendement des terres. La marne calcaire, qui s'émiette à l'air et à la gelée, offre une abondante ressource pour la fabrication d'une chaux hydraulique fort recherchée pour les constructions. La marne argileuse est employée dans la poterie et la verrerie.

Le gypse, appelé aussi *pierre à plâtre*, est presque entièrement composé de sulfate de chaux ; par la calcination du gypse on obtient le plâtre, qui, délayé dans l'eau, sert, dans la maçonnerie, à enduire les murs ou à cimenter les pierres. On sait que cette pâte en séchant acquiert une dureté presque égale à celle de la pierre.

Mélangé avec de la colle forte il constitue le *stuc* et prend le poli du marbre. On emploie le plâtre le plus fin, provenant du *gypse feuillet*, à prendre des empreintes et à faire des moulures. Ce dernier est un gypse cristallisé en grandes lames.

Au-dessous du *gypse* se trouvent des lits de marnes si calcaires qu'on pourrait les prendre pour de la chaux grasse; du reste, comme engrais, elles pourraient presque en tenir lieu. Plus bas viennent les *sables moyens*, aussi fins que les sables supérieurs, mais plus argileux. A ces sables se trouve mêlée une *argile plastique* susceptible de cuire sans se fendre et que les poêliers emploient à la confection des fours; c'est pour cette raison qu'on l'appelle *terre à four*.

L'étage inférieur est occupé par le *calcaire grossier*, dont l'épaisseur n'est pas moindre de vingt à vingt-cinq mètres; on y trouve une foule de matériaux propres à la construction : moellons pour la maçonnerie courante, pierres d'appareil, liais pour les sculptures, etc. Le *liais* est une pierre calcaire dure et d'un grain très-fin, qui est une production spéciale des carrières des environs de Paris, et notamment de Saint-Cloud et d'Arcueil. C'est avec du liais de très-belle qualité qu'ont été faits les bas-reliefs de la fontaine des Innocents et qu'a été construite la chapelle de Versailles.

La série des terrains tertiaires finit par un important gisement d'argile plastique très-fine, et, comme telle, très-précieuse pour la céramique; les parties les plus grossières de cette argile servent à la fabrication d'excellentes tuiles.

Enfin la dernière couche, la couche la plus profonde des terrains exploitables du bassin de Paris, est la *craie blanche*, qui forme sous cette ville un énorme banc de deux cent vingt mètres d'épaisseur. Ce banc, qui constitue le territoire de la Champagne, vient affleurer le sol, tout près de Paris, au bas Meudon, par exemple, et à Bougival. Cette craie est un carbonate de chaux presque pur.

En ce qui concerne le fleuve qui traverse Paris, son niveau, pris au zéro du pont de la Tournelle, est de trente-trois mètres au-dessus de la mer, et l'élévation moyenne du sol au-dessus de ce niveau est de vingt-deux mètres. Cette élévation est due, en grande partie, aux travaux humains, le terrain marécageux des bords du fleuve ayant été considérablement exhaussé pour devenir habitable et surtout pour l'établissement des ponts. On en trouve la preuve dans les anciennes chaussées que des fouilles ont fait découvrir à cinq ou six mètres du sol actuel, et dans la situation de certains édifices, où l'on n'arrivait jadis que par de nombreux degrés et qui se trouvent à peine aujourd'hui au niveau du sol. C'est aussi à la main des hommes qu'est due la plus grande partie des inégalités du terrain, comme les boulevards, formés des anciens remparts, les buttes Bonne-Nouvelle et Saint-Roch, formées de dépôts d'immondices, etc.

La Seine déborde rarement; cependant, depuis que les montagnes où elle prend naissance ont été déboisées, depuis que les marais qui la bordaient jadis ont été desséchés, enfin depuis que le fond de son lit s'est successivement exhaussé, elle garde un niveau moins égal que dans les anciens temps; mais ses débordements ne présentent plus rien de redoutable depuis qu'elle est enfermée dans deux hautes murailles de pierre infranchissables.

Un cours d'eau artificiel, le *canal Saint-Martin*, traverse les quartiers septentrionaux de la ville et unit la Seine au canal de l'Ourcq ; c'est la deuxième partie du canal de la Seine à la Seine, dont la première partie est le canal Saint-Denis. Nous le décrirons plus tard.

La Seine n'était pas autrefois retenue par les fortes digues dans lesquelles nous la voyons aujourd'hui renfermée ; elle formait donc, avec les sables et les pierres qu'elle entraînait, des atterrissements, des bancs, des îles, qui la plupart ont été emportées dans les débordements, ou réunies au rivage, ou jointes entre elles. Dans le moyen âge on en trouvait dix, dont il ne reste que deux, l'île Saint-Louis et la Cité.

Cette dernière, plus grande que l'autre, a été le berceau de Paris ; elle a plus de deux cent mille mètres de superficie. L'île Saint-Louis, beaucoup moins étendue, a été formée de la réunion de deux petites îles (*l'île Notre-Dame* et *l'île aux Vaches*) que séparait alors un canal très-étroit de la Seine, occupé de nos jours par l'emplacement de la rue Poultier. A l'extrémité occidentale de la Cité on remarquait deux îlots considérables qu'on appela, durant le moyen âge, *l'île aux Juifs* et *l'île du Louvre*. Le premier de ces îlots est aujourd'hui réuni à la Cité ; l'autre a disparu à la suite des travaux de canalisation et d'endiguement entrepris pour faciliter la navigation du fleuve.

CHAPITRE II.

Période gauloise. — Incidents se rattachant aux annales de Lutèce et des Parises. — Mœurs, coutumes, religion, organisation sociale des anciens habitants du pays.

Rome, qui a subjugué le monde, fut dans l'origine un amas de cabanes où s'abritaient des pâtres obscurs, où des esclaves fugitifs cherchaient un asile contre la loi. Paris, après Rome la ville par excellence, a commencé par être une bourgade, située dans une île de la Seine, et formée de huttes grossièrement construites.

Combien de fois les grandes choses n'ont-elles pas eu un pauvre berceau!

Aucune notion historique ne nous révèle vers quelle époque s'éleva Lutèce (*Lutetia*), principale ville des *Parises* (*Parisii*, Parisiens).

La Gaule était déjà une contrée couverte de villes fortes et habitée par des peuples nombreux lorsque César fit pour la première fois mention de cette petite cité, peu connue des Romains. Nous lisons au livre VI des Commentaires que, vers l'an 700 de la fondation de Rome (l'an 53 avant J.-C.), « l'assemblée des Gaulois ayant été convoquée à Samarobrive (Amiens), pour le commencement du printemps, selon la règle établie, tous les peuples s'y trouvèrent, excepté les Sénones, les Carnutes et les Trévires. » Le conquérant de la Gaule ajoute: « César, pensant que c'était là un symptôme de défection ou de guerre, pour montrer toute l'importance qu'il y attachait, transféra l'assemblée à *Lutèce, ville des Parises ;* ceux-ci étaient limitrophes des Sénones, avec lesquels ils avaient autrefois fait alliance, suivant la tradition, mais ils n'avaient point approuvé la résolution que les Sénones venaient de prendre. »

Ptolémée, qui écrivait plus d'un siècle après César, désigne la capitale des Parises sous le nom de Lucotèce (Λουκοτεκία). Les Parises (1) appartenaient à la région celtique ; leur territoire, dont les limites ne peuvent être exactement déterminées, était de peu d'étendue. Ils confinaient au nord avec les Silvanectes, à l'est avec les Sénones, au sud et à l'ouest avec les Carnutes. Tout indique, d'après la faiblesse numérique de leur population, qu'ils étaient rattachés à la grande confédération des Sénones par les liens de la clientèle et du patronage. Quoi qu'il en soit, César vint lui-même à Lutèce présider l'assemblée nationale des Gaules, et les Sénones, intimidés par sa présence, se résignèrent à y envoyer des députés.

L'année suivante (52 av. J.-C.), tandis que César était retenu en Italie par la prévision d'une guerre civile, les nations et les cités gauloises se soulevèrent contre le joug romain et placèrent à la tête de leur confédération le cé-

---

(1) Il existait dans la Gaule et dans la Grande-Bretagne plusieurs autres positions géographiques appelées *Parisii, Barisii*. Les radicaux *Par* et *Bar* sont identiques, les lettres *P* et *B* étant prises très-souvent l'une pour l'autre. Les habitants du Barrois sont nommés *Barisienses*, comme ceux de Paris *Parisienses*. Le *Barrois* était la frontière qui séparait la Lorraine de la Champagne. Le territoire des Parisiens était aussi une frontière qui séparait les *Sénones* et les *Carnutes* des *Silvanectes*, la Gaule celtique de la Gaule belgique. Toutes les positions géographiques dont les noms se composent du radical *Bar* ou *Par* sont situées sur des frontières. On en a conclu justement que *Parisii* et *Barisii* signifiaient habitants des frontières.

lèbre Vercingétorix, d'origine arverne. Durant le cours de cette guerre, dont nous n'avons point à raconter les incidents, Labiénus, l'un des principaux lieutenants de César, se porta sur Lutèce avec quatre légions, après avoir laissé dans *Agendicum* (Sens ou Provins), pour la garde de ses bagages, un petit nombre de soldats récemment arrivés d'Italie. Le Gaulois Camulogène, vieillard énergique et dévoué, fut chargé de barrer le chemin à Labiénus, au moyen des contingents fournis par les cités voisines de Lutèce ; il prit position sur la rive gauche de la Seine, alors couverte par un large marais, vraisemblablement formé par la Bièvre. Labiénus essaya vainement de forcer le passage ; après d'inutiles tentatives il rétrograda et se porta sur *Melodunum* (Melun), dont il se rendit maître. Là il fit passer ses troupes sur la rive droite de la Seine et les dirigea de nouveau sur Lutèce. Camulogène, craignant que les Romains n'enlevassent la cité des Parises et ne s'y fortifiassent, livra aux flammes Lutèce et se maintint dans ses positions de la rive gauche, sous la protection des marais que l'armée ennemie ne pouvait franchir.

Labiénus déroba sa marche aux Parises ; ses barques, chargées de troupes, descendirent la Seine pendant la nuit jusques au point où se trouve aujourd'hui le pont de Sèvres, et lui-même ne tarda pas à les rejoindre avec trois légions. Les Parises, ne se rendant pas un compte exact de ce mouvement, partagèrent leur armée en trois corps, destinés à contenir les Romains sur trois points différents. L'un de ces corps occupait les hauteurs qui s'élèvent entre Issy et Meudon. Là se trouvait Camulogène. La septième légion, commandée par Labiénus, commença l'attaque. La lutte fut opiniâtre et meurtrière, et Ca logène périt avec l'élite de ses Gaulois. Sa mort fut le signal de la défaite, et Labiénus, après avoir taillé en pièces les Parises, vint rejoindre César, qui campait alors auprès d'*Agendicum*. Cette journée fut glorieuse pour les vainqueurs et pour les vaincus. Peu de temps après, lors de la mémorable lutte qui eut lieu sous les murs d'*Alesia*, le contingent fourni par les Parises à l'armée nationale de la Gaule ne s'éleva pas à moins de huit mille combattants; ils continuèrent par leur courage à retarder la déchéance de la commune patrie.

Nous serons sobres de détails sur les mœurs et les coutumes des Parises durant la période qui précéda la conquête de la Gaule par les armes romaines; c'est dans les histoires générales de la Gaule qu'il faut chercher ces renseignements, applicables à toutes les grandes races kimri-gaéliques aussi bien qu'à la peuplade assez obscure dont Lutèce était la principale bourgade.

En creusant le sol sur lequel vécurent les Parises on découvre, comme dans le reste de la Gaule, les traces premières de la condition de nos ancêtres : des haches et des massues de pierre, des flèches armées d'une pointe de silex, les ornements ou les instruments vulgaires d'une société à demi sauvage. Aussi bien que les autres nations gauloises celle des Parises avait évidemment perdu peu à peu de sa barbarie et s'était laissée initier aux usages et aux habitudes des peuples déjà civilisés avec lesquels les événements et le commerce l'avaient mise en contact. C'est l'histoire de toutes les familles humaines. Les Parises, comme les autres Kimris-Gaëls, étaient hospitaliers, hardis à la guerre, pleins d'intelligence, doués d'une imagination vive, d'un goût prononcé pour les aventures extraordinaires, nobles penchants auxquels se mêlaient la frivolité, l'orgueil et les vices des sociétés que n'avait point éclairées la lumière de la vérité religieuse.

Ne se distinguant en rien des Gaulois de la race sénonaise et des autres Celtes septentrionaux, les Parises étaient des hommes de haute taille, ayant la peau blanche, les yeux bleus, les cheveux blonds, le regard méchant et farouche. Les riches donnaient à leur chevelure une couleur d'un rouge très-prononcé en la lavant avec de l'eau de chaux, ou en l'enduisant d'un cosmétique composé d'huile et des cendres de certaines plantes. Le peuple portait les cheveux longs et flottants ; les guerriers les relevaient en touffe sur le haut de la tête. La coutume était de laisser croître la barbe, mais les hommes d'une haute origine se rasaient le visage et se bornaient à porter de longues moustaches. Leur vêtement national était un pantalon appelé *braie*, assez étroit. La blouse, encore populaire dans nos ateliers et dans nos campagnes, faisait essentiellement partie de leur costume. Par dessus ce vêtement les riches et les nobles portaient une casaque ou *saie* tantôt simplement rayée, tantôt revêtue de broderies ou de peintures, selon la condition sociale du personnage, qui la jetait sur ses épaules ou l'agrafait autour de son cou. Cette espèce de manteau court était remplacé, dans le peuple, par des peaux de mouton ou de bêtes fauves. Les hommes riches et les chefs militaires aimaient à se parer d'anneaux, de bracelets et de colliers. Leurs armes défensives étaient le casque, le bouclier et, plus tard, des cottes de mailles; leurs armes offensives, le gais, sorte de pieu durci aux flammes, le matras, la lance, le sabre de cuivre, et une sorte de faux au fer large et recourbé en croissant, et dont l'emploi était terrible. Tantôt ils ornaient leurs casques de cimiers et de panaches, et tantôt ils les surmontaient de cornes d'élan ou de buffle. Sur leurs boucliers on peignait des figures bizarres, quelquefois d'un aspect horrible, et c'était là le blason de nos barbares ancêtres. Les maisons étaient rondes, peu spacieuses, meublées avec simplicité. Chaque guerrier suspendait à la porte ou rangeait dans des coffres les têtes et les crânes desséchés des ennemis qu'il avait tués ou qui étaient morts sous les coups de ses ancêtres. Leurs repas étaient plus copieux qu'élégants, mais l'étranger et l'hôte y avaient toujours une place d'honneur. L'usage voulait que la cuisse de l'animal servi sur la table fût le mets réservé au plus brave, et c'était là une source de contestations sanglantes. Ils méprisaient la vie, ou du moins ils bravaient la mort avec une folle témérité. Le mari avait droit de mort sur sa femme, le père sur ses enfants, et, lorsqu'il y avait présomption qu'un homme avait péri victime d'un empoisonnement ou d'un crime, sur ce simple soupçon on livrait sa veuve à d'effroyables tortures. La polygamie était autorisée par la loi; mais cet abus était restreint, parce que la communauté des biens existait entre les époux et que le mari devait apporter une part égale à celle de sa femme.

Chez les Parises, comme dans le reste de la Gaule, le premier apprentissage de la jeunesse noble était celui des armes. Ceux qui, dans le combat, prenaient la fuite ou perdaient leurs boucliers, étaient notés d'infamie. La barbare coutume du duel était chez eux en honneur; c'était pour eux un moyen de vider tous les différends et d'établir la justice des causes. Comme les autres Gaulois, les jeunes Parises s'exerçaient à la nage; de bonne heure on leur apprenait l'art de monter à cheval; on les formait aux évolutions militaires. La chasse dans les forêts était l'un de leurs délassements favoris ; ils l'aimaient jusqu'à la passion, et ce jeu endurcissait leurs corps et tenait en haleine leur courage. Ils empoisonnaient quelquefois leurs flèches. Le reste du temps était consacré aux festins ; l'usage des Gaulois était de manger assis, selon la coutume moderne, et non d'après l'habitude des Romains. Les repas se terminaient souvent par des combats singuliers, amenés par l'ivresse, et quelquefois par le chant des hymnes nationaux qu'entonnaient les bardes et qui célébraient la gloire des ancêtres.

Le vol était puni de mort lorsqu'il avait été commis dans l'enceinte de la ville; dans le cas contraire on l'excusait comme une industrie propre à former le courage ou à entretenir le mépris du danger. L'homicide de l'étranger était châtié plus rigoureusement que le meurtre du concitoyen. Le maître était juge de ses esclaves, mais il ne pouvait leur appliquer que les lois ordinaires du pays. Il était défendu de s'entretenir des affaires publiques hors du conseil et des assemblées de la nation ; on devait se borner à informer confidentiellement le magistrat de tous les événements graves dont on avait le premier connaissance. Les tribunaux étaient présidés par les druides, qui semblaient ainsi s'être réservé le monopole de la justice. Les druides excluaient des sacrifices ceux qui ne s'en tenaient pas à leurs décisions, et cette excommunication plaçait les interdits au rang des scélérats et des impies que chacun fuyait avec horreur. Quant aux esclaves, ainsi qu'on vient de le voir, leur condition était loin d'être odieuse et intolérable comme à Rome; ils étaient plutôt des valets de ferme ou des serfs tributaires que de véritables esclaves. On payait un droit pour les marchandises que transportait le commerce, et c'était une source importante de revenus pour les habitants de Lutèce.

La noblesse était héréditaire et formait un ordre à part, au-dessous des prêtres et au-dessus du peuple. Soit qu'elle fût un patriciat basé sur des traditions religieuses, soit qu'elle ne résidât que chez les descendants des anciens chefs, elle ne conférait aucune prépondérance légale dans le gouvernement ni dans l'administration de la cité. « Tous les chevaliers, dit César, devaient prendre les armes dès que la guerre était déclarée. Ils avaient toujours autour d'eux un nombre d'*ambactes* et de *clients* proportionné à l'éclat de leur naissance et aux ressources de leur patrimoine. C'était là, pour eux, la seule marque de crédit et de puissance (1). » Chaque noble parise commandait à un certain nombre de familles; de là une hiérarchie de prescriptions et d'obéissance, un lien permanent et sacré, qui n'était, au demeurant, sous des appellations différentes, que la féodalité avant le christianisme. « Chez les Gaulois, dit encore César, ce n'est pas seulement dans chaque ville, dans chaque canton et dans chaque campagne qu'il existe des factions, mais aussi dans chaque maison... La raison de cet antique usage paraît être d'assurer à chacun, dans le peuple, une protection contre des hommes plus puissants, car nul ne souffre que l'on opprime ou que l'on circonvienne ceux qui sont sous sa tutelle (2). »

(1) Cæs., *de Bell. Gall.*, lib. VI, c. 15.
(2) Id., *ib.* VI, c. 2.

Le peuple, chez les Parises comme dans toute la Gaule, comprenait ceux de la nation qui n'appartenaient ni à la caste des druides, ni à l'ordre des *équites* ou nobles; il embrassait donc dans sa généralité les hommes libres et les colons.

La langue des Parises, comme les autres idiomes gaulois, n'a point survécu aux siècles; mais quelques débris de ce langage, qui fut celui des peuples du Nord, subsistent encore dans la Grande-Bretagne et dans nos départements armoricains. L'art de l'écriture ne leur était point étranger; ils s'en servaient dans leurs actes publics et dans les transactions civiles. Il paraît qu'ils employaient des caractères à peu près semblables à ceux qui étaient en usage chez les Grecs, mais ils leur donnaient une signification différente. Il est probable que les caractères dont ils se servaient pour écrire avaient été introduits dans la Gaule par les navigateurs phéniciens. Les druides s'abstenaient de se servir de ces caractères pour transmettre aux peuples leurs maximes et leurs doctrines; ils usaient d'un langage hiéroglyphique, dont les éléments étaient empruntés au règne végétal : c'était la langue des *Rhin* ou *Run*, c'est-à-dire des mystères. « Je connais, dit un chant des bardes, la signification des arbres dans l'inscription des choses convenues. Les pointes des arbres imitateurs, que murmurent-elles si puissamment, ou quels sont les divers souffles qui murmurent dans les troncs? Lorsque les rameaux furent marqués sur la table des sentences, les rameaux élevèrent la voix. »

La religion des Parises était évidemment celle des Kimris-Gaëls qui peuplaient la Gaule centrale et la Gaule armoricaine. César et les Romains qui combattirent sous ses ordres crurent reconnaître, parmi les divinités de la Gaule, la plupart des dieux de l'Olympe grec et latin ; or, en dépit de cette croyance du guerrier qui conquit la Gaule, il est aujourd'hui bien avéré que les dieux adorés par nos ancêtres n'avaient aucune similitude avec ceux de l'Olympe homérique ; on ne leur attribuait ni les passions ni la forme de l'homme ; on ne les associait point aux querelles des rois et des chefs, et on avait une idée assez élevée de leur nature pour ne leur attribuer aucune des aventures étranges que les Grecs et les Romains prêtaient si complaisamment à leurs dieux suprêmes. Les divinités de la Gaule, en rapport avec les mœurs farouches et sauvages de leurs sectateurs, se plaisaient au sang et au carnage ; elles étaient insatiables de larmes et d'hécatombes humaines, mais elles n'empruntaient ni le corps des mortels ni celui des animaux pour satisfaire leurs amours et dégrader leur essence.

Les origines du paganisme gaulois paraissent se rattacher aux théogonies de l'Orient, même à celles de l'Inde. Le nom de Teutatès, qu'ils donnaient au plus formidable de leurs dieux, rappelle le dieu *Theut* des Phéniciens. L'adoration ou la personnification des forces de la nature, l'une des formes essentielles de leur polythéisme, semble empruntée aux idolâtries des Perses et des Scythes, tandis que leurs mystères, inaccessibles autant que redoutés, rappellent les orgies de Samothrace, trop fameuses dans l'histoire des aberrations de l'homme.

Les druides, comme les prêtres païens de l'Inde et de l'Égypte, enseignaient l'éternité de l'esprit et de la matière ; ils croyaient à la transmigration des âmes, à un Olympe Walhalla moitié mystique, moitié sensuel, où les guerriers retrouvaient leurs armes, leurs chars, leurs chevaux, se livraient de joyeux combats, et buvaient un céleste hydromel dans le crâne de leurs ennemis.

Les druides étudiaient avec soin le cours des astres et les phénomènes de la nature; habiles dans l'art de connaître les plantes médicinales, ils guérissaient les malades et acquéraient sur l'imagination des peuples une puissance très-étendue; ils avaient la prétention de ne rien ignorer de ce qui concernait l'ordre des choses, la magie, l'essence des dieux et de l'âme, et les forces qui prêtent une sorte de vie à la matière.

Le chêne était l'arbre sacré du druidisme; tous les ans, et probablement le premier jour de l'année, qui correspondait, dit-on, au sixième de la lune de mars, les druides et le peuple se rendaient dans les forêts, et coupaient avec une faucille d'or un rameau de gui que des prêtresses recueillaient religieusement dans un drap, avant qu'il fût tombé à terre.

A la mort d'un guerrier ou d'un grand on égorgeait sur son tombeau ou l'on jetait dans les flammes qui dévoraient ses restes un cheval de guerre, des esclaves, sa femme elle-même. Quelquefois ces sacrifices étaient volontaires.

CHAPITRE III.

Paris sous la domination romaine.

A partir de la conquête romaine, et durant trois siècles, les souvenirs historiques sont muets à l'égard de Lutèce. César avait rangé cette ville au nombre des *vectigales*, c'est-à-dire des cités soumises à un tribut; c'était la condition commune à toutes les villes de la Gaule celtique, à l'exception d'un très-petit nombre que Pline énumère et parmi lesquelles il ne range pas la capitale des Parises. Cette cité n'en était pas moins assez importante, au moins comme position stratégique et comme place commerciale.

La Gaule tout entière étant placée sous le joug de Rome, César se montra doux et clément envers les vaincus. Le tribut qu'il leur imposa fut déguisé sous le nom honorable de solde militaire; il respecta l'organisation intérieure, les habitudes et les mœurs, et, pour flatter l'esprit guerrier de ces peuples, enrôla à tout prix l'élite de leur jeunesse dans les légions romaines.

Octave, après la mort de César, traita durement la Gaule. Par une mesure habile il entreprit d'affaiblir le sentiment national en donnant une division nouvelle au territoire. La Gaule fut partagée en quatre vastes régions, désignées sous les noms de Narbonnaise, d'Aquitaine, de Lyonnaise et de Belgique. Lutèce fit partie de cette quatrième région. Un peu plus tard les empereurs romains substituèrent à cette première répartition du territoire conquis une nouvelle division géographique qui partagea la Gaule en dix-sept provinces. Les Parises et Lutèce appartinrent alors à la *quatrième Lyonnaise*, dont le chef-lieu était Sens. Devenu empereur sous le nom d'Auguste Octave donna à la Gaule pour capitale la ville de *Lugdunum*. Par ses soins l'intérieur du pays fut désarmé, et deux camps de quatre légions furent établis sur le Rhin pour contenir à la fois et les Germains, déjà ligués contre Rome, et les populations de la Gaule septentrionale, au nombre desquelles figuraient les Parises. L'empereur institua pour la Gaule un régime d'impôt régulier, mais oppressif. Il s'attacha à détruire le druidisme ; il interdit aux Gaulois les sacrifices humains et fit adopter, peu à peu, par les classes élevées, un paganisme qui était comme une transaction entre la sauvage idolâtrie des Celtes et le polythéisme d'Athènes et de Rome.

En l'an 68 Galba, pour récompenser les Gaulois de leur dévouement, qui l'avait appelé à l'empire, accorda le droit de *cité* à toute la Gaule, à l'exception des villes riveraines du Rhin, qui s'étaient prononcées pour Néron. On présume que dès cette époque Lutèce fut rangée au nombre des *villes municipes*. Quoi qu'il en soit, l'histoire particulière de Lutèce continue à se perdre dans l'histoire générale de la Gaule romaine, et celle-ci est presque toujours absorbée par l'histoire de l'empire romain ; elle ne s'en détache de loin en loin que par des incidents tels que des révoltes locales, et l'adhésion à des Césars ou à des candidats impériaux arborant contre Rome le drapeau des guerres civiles. Le récit de ces événements ne rentrerait pas dans le cadre qui nous est assigné.

Un détail se rattache particulièrement aux annales de Lutèce : sous le règne de Tibère les *Nautes Parisii* avaient élevé un autel à Jupiter; ce n'étaient point de simples bateliers, mais une corporation puissante de négociants par eau.

En 1711 on retrouva les débris du monument que les Nautes avaient élevé en l'honneur de Jupiter. Ce monument se composait de neuf pierres sculptées, pour la plupart, et portant des inscriptions. Les sculptures présentaient un bizarre mélange de la mythologie romaine et de la religion gauloise. A côté de Jupiter, de Vulcain, de Castor et de Pollux, on remarquait Æsus, le taureau sacré, couvert d'une draperie en forme d'étole et portant trois figures de grue, et le dieu gaulois Cernunnos, protecteur de Lutèce (1).

(1) L'ensemble de ce monument formait un autel situé au confluent de deux bras de la Seine. Composé de pierres cubiques, il avait l'apparence d'un piédestal d'environ deux mètres de hauteur, qui, vraisemblablement, portait la statue de Jupiter; ce piédestal était accompagné de deux autels, l'un destiné aux sacrifices et l'autre à faire brûler de l'encens. On remarque dans ce monument la réunion des dieux gaulois et romains, des dieux des vainqueurs et de ceux des vaincus, l'association paisible des divinités du Capitole, *Castor, Pollux, Jupiter, Vulcain, Vénus, Mars,* etc., avec les dieux barbares, *Æsus* et *Cernunnos*. A l'époque de l'érection de ce monument, les routes de terre étant rares et impraticables, les Romains n'effectuaient le transport des vivres et munitions nécessaires à leurs armées que par la voie des rivières navigables. *Lutèce,* située sur la Seine, rivière dont la navigation est commode, dans laquelle viennent déboucher quelques autres, telles que l'Yonne, la Marne et l'Oise, parut dans une position heureuse et servit de point central à la navigation d'une partie de la Gaule. Aussi voit-on, vers la fin du quatrième siècle, qu'il existait sur la Seine, à Andresy, une flotte de bateaux sous la direction d'un préfet résidant à Paris, et que, lorsque les Francs eurent succédé aux Romains, une corporation de bateliers s'est maintenue

La compagnie des Nautes a éveillé, à juste titre, l'attention des annalistes de Paris. Une pareille société ne pouvait subsister que dans une ville devenue centre commercial, ayant des marchés, des ports, des entrepôts, et, conséquemment, une police des juges et une administration municipale. Les fonctions principales des inspecteurs

longtemps dans cette ville, sous les noms de *Mercatores aquæ Parisiaci, de marchands par eau, de la confrérie des marchands de l'eau*, etc. Les pierres de ce monument ont, en partie, été transférées, en 1818, du Musée des Monuments français au Musée des Antiques du Louvre; en 1822 elles furent réunies dans une des salles des Augustins, ci-devant Musée des Monuments français, pour être, plus tard, placées au palais des Thermes.

L'inscription principale tracée sur l'une des pierres se traduit ainsi :
Sous Tibère César Auguste, les bateliers parisiens ont publiquement élevé cet autel à Jupiter très-bon, très-grand.

Les trois autres faces de la même pierre portent chacune un bas-relief. Le premier a pour sujet deux figures d'hommes à mi-corps, armés de piques et de boucliers de forme elliptique. On y voit la place d'une troisième figure fruste. Ces figures sont dans l'attitude d'hommes en marche. Au-dessus de ce bas-relief, dégradé par le temps, devait être une inscription que la cassure de la pierre a enlevée.

Sur une autre face de la même pierre, un second bas-relief, mieux conservé, présente trois soldats barbus, armés de piques et de boucliers en forme de losange à pan coupé. Un de ces soldats se fait remarquer par un grand cerceau qu'il porte sous le bras droit. Au-dessus du bas-relief est gravé ce mot : Evrises.

Le troisième bas-relief offre pareillement trois figures à mi-corps, drapées à la romaine : deux se présentent de face ; une troisième, de profil, regarde les premières et semble leur adresser la parole ; elle paraît tenir en main un aviron ou une rame. Ces figures sont très-frustes. Au-dessus on lit : Senani v... i. l. o. m.

Une seconde pierre a, sur deux de ses faces, deux figures à mi-corps, qui se ressemblent et ne diffèrent que dans quelques parties de leur vêtement. Toutes deux ont la main gauche armée d'une haste ; chacune a le bras droit élevé sur la tête d'un cheval et en tient les rênes. Au-dessus d'une de ces figures on lit : Castor ; au-dessus de l'autre la fracture de

de la société étaient de protéger le commerce, de pourvoir à la liberté de la navigation et d'assurer la police des ports. C'était là comme l'origne des attributions municipales du Paris du moyen âge et du Paris moderne. Les compagnies des Nautes avaient une grande utilité alors que, la Gaule étant presque entièrement couverte de

la pierre n'a laissé aucune trace d'inscription; mais, d'après la parité de ces deux figures, et d'après le nom de l'une d'elles, il est évident que celui de l'autre était Pollux. Une autre face de la même pierre présente le buste d'une divinité dont le front chauve est armé de deux cornes élargies et fendues à leur extrémité comme celles d'un cerf. De chaque corne pend un anneau. Le bas-relief de la quatrième face de cette pierre a pour sujet un homme à mi-corps, tenant en main un faisceau de feuilles faisceau qui ressemble à cet instrument de culte que les Romains nommaient *aspergillum*.

Une troisième pierre, plus large que les précédentes, a des bas-reliefs sur ses quatre faces et n'a point d'inscription. Sur l'une on croit reconnaître Mars et une figure peu caractérisée; sur l'autre on distingue Vénus et Mercure. Quelques autres figures frustes occupent les deux autres faces.

Une quatrième pierre cubique, plus forte en dimensions que les précédentes, offre, sur une de ses faces un taureau couvert de l'étole sacrée et dessiné sur un fond de feuillage; trois grues sont placées, l'une sur sa tête, les deux autres sur son dos. L'inscription de ce bas-relief est entière; la voici : Tarvos Trigaranvs. On pense qu'au lieu de *Tarvos*, ou plutôt *Taruos*, on doit lire *Taurus*. Le mot *trigaranus* semble désigner les trois grues; ainsi cette inscription pourrait être traduite par le *taureau aux trois grues*. Le bas-relief est ici l'interprète de l'inscription. Ce taureau, objet d'un culte presque universel, était aussi celui du culte des Gaulois. Sur une autre face de la même pierre est une figure en pied, à demi couverte d'une draperie ou *paludamentum* qui ne dépasse pas les genoux; elle tient de la main droite un marteau et de la gauche des tenailles. L'inscription porte Volcanvs; c'est le dieu Vulcain. Sur la troisième face on voit une figure d'homme barbu, et à demi couvert d'une ample toge qui lui descend jusqu'aux pieds. Sur la quatrième face et un personnage que l'inscription Esus désigne suffisamment pour la principale divinité gauloise.

forêts et dépourvue de routes, les rivières étaient les voies les plus sûres et les plus commodes pour le transport des marchandises.

On appelait Nautes, dit le Code Théodosien (livre XII, titre 3), *naviculaires* ou *scaphaires*, ceux qui faisaient leur principal occupation du commerce par l'eau; ce n'étaient pas de simples bateliers, comme quelques-uns ont voulu le faire croire; leur profession était plus élevée. Ils comptaient parmi eux des sénateurs, des décurions, des questeurs et des chevaliers.

Les gens de commerce, chez les Parises, étaient distribués en différents corps, indépendants les uns des autres et seulement unis par les liens du commerce.

L'Allemand Gruter nous apprend que chacune de ces sociétés avait son district et devait être soumise à un patron, qui lui-même était naute. Ainsi, Marcus Fronton, quoique *sevir* d'Aix, c'est-à-dire un des six premiers magistrats de cette ville, prend le titre de patron des nautes de la Durance, de même que Jalvin Sévérian, patron et directeur de ceux du Rhône, et Lucius Bésius, chevalier romain, patron des nautes de la Saône, était naute lui-même.

Ces corps avaient de très-beaux priviléges; les lois romaines les déclaraient exempts de toutes charges publiques, comme tutelles, curatelles et contributions; les marchandises qu'ils faisaient voiturer étaient exemptes de plusieurs droits, et il n'était plus permis de les saisir, même pour dettes, lorsqu'une fois elles étaient rendues aux marchés pour lesquels elles étaient destinées. Survenait-il quelque différend entre eux : il était terminé par des arbitres, qui étaient alors des juges de commerce.

C'est à peu près tout ce que nous savons des annales de Lutèce sous les premiers Césars et aux jours de la Gaule païenne. Cependant une ère nouvelle allait s'ouvrir pour ce pays avec la régénération religieuse de l'empire romain. L'idolâtrie avait fini son temps; le culte de Jésus-Christ commençait le sien, et le sang des martyrs, comme une merveilleuse rosée, fécondait cette religion sainte.

Les savants ne sont point d'accord sur l'époque où le christianisme fut introduit à Lutèce par saint Denis, principal apôtre des Gaules; on a diversement interprété le texte de Grégoire de Tours qui mentionne cet événement, avec la mission de plusieurs autres saints, envoyés de Rome, et qui prêchèrent la foi chrétienne à Arles, à Tours, à Narbonne, à Toulouse, en Auvergne et à Limoges. Il est vraisemblable que les missions confiées à ces hommes apostoliques eurent lieu à des époques très-différentes, tandis que Grégoire de Tours, en les rappelant dans une seule phrase, semble leur assigner une même date, ce qui n'est guère admissible et ce que d'autres monuments historiques contredisent. L'apôtre qui prêcha le premier à Paris la foi chrétienne fut-il saint Denis l'Aréopagite, disciple de saint Paul; fut-il un évêque du troisième siècle, mis à mort sous le règne de Dèce? Ce point historique est tellement controversé que nous n'osons espérer le résoudre à l'aide de nos faibles lumières. Nous nous en rapportons à l'autorité de l'Église, si elle daigne se prononcer directement et affirmativement à cet égard (1). En attendant nous hésiterons à croire

---

(1) Voir trois vies de saint Denis l'Aréopagite par des auteurs grecs,

que le christianisme n'ait été introduit chez les Parises que vers le milieu du troisième siècle. La vérité ne mettait pas deux cents ans à faire le chemin de Rome à Lutèce, et nous ne pouvons admettre que la Gaule, étant une province romaine traversée par des routes, enrichie par un immense concours de commerçants et de voyageurs, bien plus à portée des premiers papes que l'Amérique du Sud ne l'est aujourd'hui de Rome, soit demeurée si longtemps étrangère aux bienfaits de la foi. Dès le premier siècle on avait évangélisé la Perse, l'Éthiopie et les Indes. Pourquoi, lorsque Rome comptait dans ses murs un si grand nombre de Gaulois, s'en serait-il trouvé si peu d'initiés à la connaissance de la religion des martyrs Pierre et Paul, si peu qui eussent la généreuse pensée de rapporter dans leur pays la bonne nouvelle?

Quoi qu'il en soit, il y a beaucoup d'incertitude sur le

savoir : l'une de saint Méthodius, patriarche de Constantinople, né vers la fin du huitième siècle et mort en 847; l'autre de Michel Syngelle ou Syncelle, prêtre de Jérusalem, contemporain de saint Méthodius; la troisième de Siméon, personnage érudit et considérable du dixième siècle. A ces écrits on peut ajouter l'abrégé qu'en donne le Grec Nicéphore, dans son Histoire ecclésiastique. M. l'abbé Rohrbacher, qui a publié de si vastes travaux sur les annales de l'Église catholique, n'hésite pas à adopter la tradition qui, de saint Denis l'Aréopagite et de saint Denis, premier évêque de Paris, ne fait qu'un seul et même personnage. L'opinion contraire est généralement reçue en France, à ce point que l'on y range au nombre des hardiesses historiques la tradition basée sur les annalistes grecs et sur le Bréviaire romain. Le Bréviaire de Paris place la fête de saint Denis l'Aréopagite au 3 octobre, et celle de saint Denis, évêque de Lutèce, au 9 octobre. Nous n'avons pas autorité pour résoudre une question entourée de difficultés si grandes; mais nous inclinons à accepter, bien qu'elle semble nouvelle en France, l'hypothèse qui fait de saint Denis l'Aréopagite, qui vivait au premier siècle de l'ère chrétienne, l'un des plus illustres apôtres de la Gaule.

lieu où saint Denis et ses deux compagnons, Rustique et Eleuthère, furent martyrisés pour la gloire de Jésus-Christ. D'après des monuments qui ne remontent pas au delà du sixième siècle, on croit qu'ils furent décapités, hors des murs de Lutèce, sur la colline qui, en leur honneur, fut plus tard appelée Mont des Martyrs, et par abréviation *Montmartre*. Suivant la légende les persécuteurs ordonnèrent qu'on jetât les trois corps dans la Seine ; mais une femme pieuse parvint à les enlever et les fit secrètement inhumer dans un champ qu'elle possédait à *Catolacum* ; puis, lorsque la persécution eut cessé, elle leur fit dresser un tombeau près duquel fut élevée, sous les Mérovingiens, la célèbre basilique de Saint-Denis. Hilduin, qui écrivait au neuvième siècle, d'après des traditions populaires dont l'origine nous est inconnue, avança le premier que saint Denis, après son martyre, avait porté sa tête entre ses mains ; c'est toujours ainsi que le représentent les naïves effigies du moyen âge, et cette croyance est demeurée chère aux multitudes.

Vers le même temps la Gaule fut en proie à des tentatives anarchiques et à des soulèvements populaires qui sont fameux dans l'histoire sous le nom de révolte des *Bagaudes*. Ce nom, qui paraît avoir eu la signification de brigand ou de rebelle, fut donné à des paysans poussés à l'insurrection et à la vengeance par une longue série d'exactions et de misères, inévitable conséquence des révolutions et des guerres intestines dont la Gaule fut le théâtre depuis l'avénement de Gallien jusqu'à celui de Dioclétien. Pillés et opprimés par les agents du fisc, livrés aux excès d'une soldatesque sans frein, ne trouvant aucune garantie dans l'ordre social, sans cesse exposés aux effroyables incursions des barbares, trop souvent trahis par leurs propres maîtres, les paysans en étaient venus, dans plusieurs provinces gauloises, à chercher des ressources dans le brigandage à main armée. Ces rassemblements se donnèrent des chefs, dont les principaux, Célianus et Amandus, prirent les titres de César et d'Auguste et firent frapper des médailles à leur effigie. Tous deux se maintinrent longtemps, avec leurs troupes, dans une position fortifiée, sorte de presqu'île que forme la Marne avant de se jeter dans la Seine, et qui, longtemps appelée *Château des Bagaudes*, a conservé de nos jours le nom de Saint-Maur-les-Fossés. De ce point, où ils étaient à l'abri des attaques de l'armée romaine, les Bagaudes faisaient des excursions dans les vallées de la Marne et de l'Oise, et jusque sur la Saône. Le César Maximien, à la tête d'une armée, assaillit les Bagaudes, les dispersa dans plusieurs rencontres, en fit un grand carnage et rejeta leurs débris dans les bois et dans les montagnes. Nonobstant ces sanglantes défaites la bagauderie ne fut point détruite; elle se perpétua sous d'autres chefs; elle renouvela ses brigandages, et toutefois ne se trouva plus en état de lever des armées et de tenir tête aux troupes réglées.

Le prétoire des Gaules avait pour chef-lieu la ville de Trèves. Les barbares, qui ne cessaient de menacer le Rhin, pouvaient d'un jour à l'autre se rendre maîtres de cette capitale. Les empereurs cherchèrent une position moins exposée aux tentatives des Germains et des Francs, et ils reconnurent que Lutèce, dominant à la fois les vallées de la Seine, de la Marne et de l'Oise, pouvait fort à propos servir de campement d'hiver aux troupes romaines. Ils y construisirent un palais, une place d'armes, des aqueducs et un amphithéâtre; le quartier romain, qui se composait de ces établissements et de leurs accessoires, s'étendait de la rive gauche de la Seine à la hauteur connue alors sous le nom de *Locutitius* et plus tard de montagne Sainte-Geneviève. Il formait comme le faubourg méridional de la ville, toujours confinée dans la grande île de la Seine, avec laquelle il communiquait par un pont de bois où convergeaient les principales routes militaires de la Gaule. Si l'on veut se faire une idée à peu près exacte de ces diverses positions en les comparant au Paris moderne, on verra que le camp retranché des Romains couvrait la place Saint-Michel (récemment démolie pour faire place au boulevard de Sébastopol) et une partie des terrains du Luxembourg. Sur le *Locutitius* s'élevait un temple de Mercure; près de là, sur un emplacement que traverse aujourd'hui la rue des Fossés-Saint-Victor, était le cirque ou l'amphithéâtre destiné aux courses de chevaux. Le palais impérial, appelé les Thermes, était au lieu où ses débris subsistent encore; un aqueduc amenait aux Thermes l'eau du village d'Arcueil. Sur la rive droite un temple de Mars s'élevait vers les hauteurs où saint Denis avait souffert le martyre. Lutèce était renfermée dans l'île de la Cité, un peu moins étendue qu'elle ne l'est aujourd'hui. Un palais s'élevait dans la région occidentale de l'île, au lieu où existe de nos jours le Palais de justice; à l'autre extrémité de l'île se trouvait l'autel des Nautes. Une voie romaine, venant du midi, pénétrait dans Lutèce par le petit pont, et traversait des rues qui, à cette heure, ont fait place au boulevard de Sébastopol ou vont disparaître pour favoriser, dit-on, la construction d'une immense caserne. La voie romaine sortait de la ville par le Grand-Pont (le Pont-au-Change), aboutissait à ce que nous appelons la place du Châtelet, et de là prenait une voie oblique dans la direction qu'indiquent aujourd'hui Clichy et Saint-Denis. D'autres voies aboutissaient à Lutèce, du côté du nord et au midi, mais leur importance était moindre.

L'évêque de Paris, martyr de la foi chrétienne, avait eu des successeurs dont on cite les noms : c'étaient Mallo, Massus, Marcus, Adventus et Victorin, qui assista, en 347, au concile de Sardique. De meilleurs jours étaient venus pour le christianisme; la foi s'était assise sur le trône en la personne de Constantin. Cet empereur, son père, ses fils séjournèrent successivement dans les Gaules et campèrent vraisemblablement sous les murs de Lutèce. Cette ville ne devint toutefois le théâtre d'événements importants que vers le temps où le César Julien y établit sa résidence.

Nommé César en l'an 355, Julien hiverna à Lutèce en 358 et en 359. Il habitait le palais des Thermes, avec son épouse Hélène, fille de l'empereur Constance. Voici dans quels termes il raconte lui-même le séjour qu'il fit en cette ville : « Je me trouvais, pendant un hiver, à ma chère Lutèce (c'est ainsi qu'on appelle dans les Gaules la ville des Parises). Elle occupe une île au milieu de la rivière. Rarement la rivière croît ou diminue : telle elle est en été, telle elle est en hiver; on en boit volontiers l'eau très-pure et très-riante à la vue. Comme ses citadins habitent une île, il leur serait difficile de se procurer d'autre eau. La température de l'hiver est peu rigoureuse, à cause, disent les gens du pays, de la chaleur de l'Océan, qui, n'étant éloigné que de neuf cents stades, envoie un air tiède jusqu'à Lutèce. Par cette raison, ou par une autre que j'ignore, les choses sont ainsi. L'hiver est fort doux aux habitants de cette terre; le sol porte de bonnes vignes; les Parises ont même l'art d'élever des figuiers en les enveloppant de paille comme d'un vêtement et en employant les autres moyens dont on se sert pour mettre les arbres à l'abri de l'intempérie des saisons. Or il arriva que l'hiver que je passai à Lutèce fut d'une violence inaccoutumée; la rivière charriait des glaçons comme des carreaux de marbre. Vous connaissez les pierres de Phrygie? Tels étaient, par leur blancheur, ces glaçons bruts, larges, se pressant les uns contre les autres, jusqu'à ce que, venant à s'agglomérer, ils formassent un pont. Plus dur à moi-même et plus rustique que jamais, je ne voulus point souffrir que l'on échauffât à la manière du pays la chambre où je couchais. » Il dit ailleurs que, s'étant déterminé à user de ce moyen de chauffage, il faillit être étouffé par la vapeur du charbon. Quoi qu'il en soit, après avoir reproduit, à la suite de tous les historiens, les détails que Julien donne sur Paris au quatrième siècle, nous n'hésiterons pas à dire qu'ils offrent un médiocre intérêt et ne révèlent pas l'effort d'une observation bien attentive.

En l'an 360 un concile fut tenu à Paris sous l'épiscopat de Paul, successeur de Victorin. Cette assemblée adhéra au Symbole de Nicée, avec toute l'Église catholique, et rejeta la profession de foi des ariens. Pour la première fois, comme le témoigne la lettre synodale du concile, le nom de Paris fut attribué à Lutèce, et nous ne cesserons plus de le lui donner.

Un grave incident eut lieu dans cette ville et en la même année; voici dans quels termes Julien le raconte : « Constance, jaloux de mes succès, m'écrivit une lettre, non-seulement pleine d'outrages pour moi, mais encore menaçant la Gaule d'une complète ruine. Il m'ordonnait de retirer de la Gaule presque tout ce qui s'y trouvait de bonnes troupes, en me priant de ne rien empêcher..... Je me soumis. Les Celtes et les Pétulans, mes meilleures légions, arrivèrent à Paris pour se rendre vers l'Orient. Au déclin du jour le palais fut subitement assiégé par la foule des soldats poussant des cris, tandis que je réfléchissais à ce qu'il fallait faire et n'étais nullement rassuré. Je m'étais retirée, avec mon épouse, dans une chambre haute, et j'y étais couché. Là *j'adorai Jupiter* par une ouverture qui se trouvait dans le mur; mais, comme les clameurs augmentaient et que tout le palais retentissait du tumulte, je demandai au dieu un signe de sa volonté. Il me le donna sur-le-champ et m'avertit de ne point m'opposer aux désirs de l'armée. Malgré ces ordres du Ciel je ne me rendis pas; je résistai tant que je pus, et refusai le titre d'auguste aussi bien que la couronne qu'on m'offrait. Mais enfin, comme je ne pouvais vaincre seul la persistance de cette foule et que d'ailleurs j'avais les dieux pour moi, je finis, vers la troisième heure, par me laisser couronner d'un collier que me présenta un soldat et je rentrai au palais gémissant au fond du cœur. » On voit percer dans ce récit l'ambition hypocrite de Julien, qui feignait de désavouer une sédition secrètement attisée par ses affidés et ses complices.

Un historien moderne résume ainsi les événements qui s'accomplirent ensuite.

« Assis sur un tribunal élevé aux portes de la ville, Julien invite les soldats à obéir aux ordres d'Auguste; les soldats gardent un silence morne et se retirent à leur camp. Julien caresse les officiers, leur témoigne le regret de se séparer de ses compagnons d'armes sans les pouvoir récompenser dignement. A minuit les légions se soulèvent, sortent en tumulte du banquet donné pour leur départ, environnent le palais, et, tirant leurs épées à la lueur des flambeaux, s'écrient : Julien auguste!

« Il avait ordonné de barricader les portes; elles furent forcées au point du jour. Les soldats se saisissent du césar, le portent à son tribunal, aux cris mille fois répétés de Julien auguste! Julien priait, conjurait, menaçait ses violents amis, qui, à leur tour, lui déclarèrent qu'il s'agissait de la mort ou de l'empire. Il céda. Une acclamation le salua maître ou compétiteur du monde. Il fut élevé sur un bouclier comme un roi franc, couronné comme un despote asiatique; le collier militaire d'un hastaire lui servit de diadème, car il refusa d'user à cette fin (étant chose de mauvais augure) d'un collier de femme ou d'un ornement de cheval que lui présentaient les soldats. Afin qu'il ne manquât rien d'extraordinaire à l'avénement du restaurateur de l'idolâtrie, Julien écrivit au peuple et au sénat d'Athènes la relation de ce qui s'était passé à Paris. »

La plupart des historiens se sont complu à vanter ce qu'il y eut de sincère dans la résistance de Julien; évidemment il faut se tenir en garde contre leur admiration de commande. Julien résista aussi longtemps que cela fut nécessaire, soit pour stimuler l'enthousiasme des légionnaires, soit pour se mettre à couvert en cas d'insuccès; mais il aspirait au fond du cœur à gouverner l'empire, et il était heureux d'un soulèvement prétorien qui lui donnait la pourpre.

Peu de temps après on vit arriver à Paris le questeur de Constance, chargé d'annuler tout ce qui s'était passé au profit de Julien; sa mission échoua, grâce à l'enthousiasme des légions révoltées et aux adroites combinaisons du chef qu'elles avaient proclamé auguste. Cependant il fallait soutenir par les armes l'élection militaire qui opposait Julien à Constance. Julien marcha en toute hâte au devant de son ennemi. Constance étant mort, Julien se fit proclamer empereur par le sénat et commença un règne fatal au christianisme, et dont il plut à Dieu d'abréger la durée.

L'empereur Valentinien vint à Paris et y passa l'hiver de 365-366. Là, il reçut l'avis que Procope s'était fait proclamer empereur en Illyrie; il voulut s'y rendre pour étouffer la sédition, mais les prières des principaux habitants de la Gaule le retinrent dans ce pays menacé par de nouvelles invasions. Trois lois de Valentinien sont datées de Paris; l'une réglemente la distribution des vivres, l'autre l'or et les autres métaux, et la troisième le service des officiers des monnaies. Dans le texte de ces lois l'ancienne Lutèce continue d'être appelée *Parisii*. Ce fut dans la même ville que Valentinien reçut la tête de Procope; elle lui fut envoyée d'Asie par Valens, où le tyran avait été mis à mort au mois de mai 366. Gratien, que Valentinien, son père, avait associé de son vivant à l'empire, paraît avoir aimé le séjour de Paris pendant qu'il était dans les Gaules. Retiré dans son palais des Thermes, il avait fait renfermer dans ses vastes jardins un grand nombre de lions, et s'adonnait, dit-on, à sa passion pour la chasse. Ce fut près de cette ville qu'il livra la dernière bataille contre Maxime : la victoire demeura à l'usurpateur.

Position stratégique d'une haute importance pour la défense de la Gaule, alors sans cesse menacée par les barbares, Paris n'était ni une colonie romaine, ni une métropole de province. Réduite, durant trois siècles, à l'humble condition des *vectigales*, elle n'était devenue *municipe* que vers la fin du quatrième siècle. Zozime, Ammien Marcellin et Julien lui-même se bornaient à la qualifier de petite forteresse (*castellum*, *oppidulum*).

Vers le même temps deux préfets résidaient à Paris : celui des navigateurs sur la Seine, établis à Andresy (*præfectus classis Anderecianorum, Parisiis*), et le préfet des *Sarmates*, peuples étrangers vaincus et chargés de cultiver des terres situées entre Paris et *Chora*.

On s'est demandé pourquoi Lutèce avait perdu son nom primitif pour prendre celui des *Parisii*. A cet égard on est réduit à des conjectures d'ailleurs fort vraisemblables. Lorsque Julien résidait dans les Gaules il réorganisa le pays, et, en lui donnant une administration plus uniforme et plus populaire, il fit disparaître toutes les différences qui se trouvaient entre les diverses nations et les diverses cités ; on ne vit plus de villes colonies, de cités alliées, libres, amies, vectigales, etc. ; les priviléges disparurent et furent remplacés par l'uniformité d'administration et l'égalité de droit.

Les chefs-lieux des nations qui ne jouissaient d'aucune prérogative, d'aucune distinction nationale, acquirent alors des droits égaux à ceux dont avaient joui les colonies, les métropoles, etc. ; les institutions de la cité, c'est-à-dire de la nation, furent concentrées dans son chef-lieu, qui reçut dès lors le titre de *cité* et de plus le nom de la nation. Le chef-lieu des Parises, ainsi que tous les chefs-lieux non privilégiés, perdit son nom primitif et fut appelé *Paris, Parisii*.

Vers l'an 385 saint Martin, évêque de Tours et l'un

des plus illustres apôtres de la Gaule, vint à Paris et guérit un lépreux à l'entrée de la ville. Un oratoire fut construit sur le lieu où s'était opéré le miracle, et, longtemps après, dans le cours du onzième siècle, cet humble édifice fit place à la célèbre abbaye de Saint-Martin des Champs. L'évêque de Paris était alors Prudence, qui, vers le commencement du cinquième siècle, eut pour successeur saint Marcel; ce dernier gouverna l'Église de Paris de 410 à 436 : sa vie ne contient que des miracles. Une pieuse tradition lui attribue d'avoir délivré Paris d'un énorme dragon, et les sculptures de la porte Sainte-Anne à Notre-Dame rappellent ce prodige.

Sous le pontificat de saint Marcel, vers l'an 423, naquit à Nanterre sainte Geneviève, qui devait bientôt être la glorieuse patronne de Paris. Par les conseils de saint Germain d'Auxerre elle se consacra à Dieu. S'étant alors présentée à l'évêque de Paris, elle prit le voile et vint résider à Paris.

Vers le commencement du cinquième siècle avait eu lieu la grande invasion des barbares, et les trois quarts de la Gaule étaient au pouvoir des Francs, des Wisigoths et des Burgondes. Après quarante ans de luttes et de désastres, les Huns, conduits par Attila, se présentèrent à leur tour. Sur ces entrefaites le soulèvement des Bagaudes s'était accru et développé, bien que manquant de chef capable et de direction centrale : c'était là la dernière ressource d'une société privée de garanties, désolée par ses maîtres autant que par ses ennemis, et au milieu de laquelle toute force collective disparaissait pour laisser faire la force isolée. « Je parle des Bagaudes, dit Salvien, qui, spoliés, vexés, égorgés par d'iniques et cruels administrateurs, et après avoir déjà perdu les droits de Romains, ont fini par en perdre aussi le nom... Et nous appelons rebelles, nous appelons hommes perdus ceux que nous avons poussés au crime ! Par quoi ont été faits les Bagaudes, si ce n'est par nos injustices, par la mauvaise conduite des administrateurs, par les poursuites et les rapines de ceux qui ont tourné les revenus publics en gain pour eux, et qui, semblables à des bêtes féroces, ont, non gouverné, mais dévoré ceux qu'on leur livrait ? Aussi est-il arrivé que des hommes pris à la gorge, assassinés par des gouverneurs rapaces, puisqu'il ne leur était plus permis d'être Romains, se sont faits barbares. Ils se sont résignés à devenir ce qu'ils n'étaient pas, faute de pouvoir rester ce qu'ils étaient. Poussés à bout, ayant déjà perdu leur liberté, ils ont voulu défendre au moins leur vie. »

Cependant, au milieu de ces catastrophes sociales, la ville de Paris était menacée par Attila. Les habitants épouvantés se disposaient à fuir lorsque Geneviève les rassura par ses exhortations et ses prières et leur conseilla de rester dans leurs murailles. D'abord on refusa de croire à ses promesses ; on se défia de la puissance de ses prières, et on l'injuria en la traitant dérisoirement de prophétesse. Peu de jours après on se repentit de l'avoir traitée avec tant d'injustice, et le peuple de Paris rendit grâces à celle dont les supplications avaient obtenu de Dieu que la ville serait épargnée.

D'autres barbares, pour la plupart admis à l'honneur d'être alliés ou tributaires de l'empire d'Occident, ne devaient pas tarder à menacer Paris et à s'en rendre maîtres. Nous voulons parler des Francs germaniques. Ces peuples étaient farouches et indomptables ; la chasse durant la paix, le brigandage pendant la guerre servaient à leur existence. Ils ne défrichaient qu'un petit nombre de terres, et leurs esclaves seuls prenaient soin de l'agriculture et des troupeaux. Le plus brave à la guerre était, parmi eux, le plus estimé; le plus hardi, le chef; le plus insatiable au pillage, le plus riche. L'amour de l'indépendance leur tenait lieu de morale publique, et légitimait chez eux le meurtre et le vol. Les Francs étaient idolâtres, mais leur paganisme ressemblait peu à celui de l'Italie et de la Grèce; ils adoraient les astres, les éléments et diverses idoles; ils croyaient à des dieux bons et à des dieux malfaisants, et sacrifiaient quelquefois à ces derniers des victimes humaines. Leurs prêtres étaient des magiciens ne possédant ni dogmes ni corps de doctrines; leurs temples étaient des forêts ténébreuses ou de profondes cavernes.

Leurs armes étaient la framée ou francisque, sorte de hache à double fer qu'ils faisaient tourner sur la tête de leur ennemi avec une rapidité effrayante; ils avaient en outre le javelot et la fronde. Leur bouclier était fait d'osier ou d'écorce, leur cuirasse couverte de peaux de bêtes; un certain nombre de guerriers portaient des casques surmontés de queues de cheval. Chaque tribu franque avait un chef électif, dont le pouvoir était à vie; on l'élisait par acclamation en le promenant autour du camp, debout sur un bouclier. Le roi, selon les coutumes germaines, attachait à sa personne, par des présents de toute nature, d'autres guerriers qui prenaient indifféremment les titres de fidèles ou de compagnons du roi; on les appelait aussi antrustions, leudes et bénéficiers, parce qu'ils servaient le roi en reconnaissance d'un don ou bénéfice. Les leudes (c'était leur nom le plus ordinaire) formaient une sorte de noblesse à vie, qui devint dans la suite héréditaire.

Depuis l'an 420 ils avaient eu plusieurs chefs renommés, tels que Pharamond, Clodion le Chevelu et Mérovée. Ce dernier fut comme le fondateur d'une dynastie illustre, et Clovis le Grand, son petit-fils, eut la gloire de ranger sous la domination des Francs la ville de Paris et la Gaule presque tout entière.

Paris soutint d'ailleurs contre les lieutenants de Clovis un siége héroïque, et ne consentit à ouvrir ses portes que lorsque le chef des Francs Mérovingiens eut embrassé la foi chrétienne. Durant ce siége sainte Geneviève soutint de ses prières et de ses exemples le courage des Parisiens, et réussit à plusieurs reprises à faire entrer dans la place des convois de blés et de vivres.

CHAPITRE IV.

**Monuments, institutions, mœurs et coutumes
sous la domination romaine.**

Paris, vers la fin de la domination romaine, avait cessé d'être la bourgade formée de huttes dont parlait Jules César; cette ville s'était peu à peu transformée et agrandie.

Au lieu d'être seulement protégée par le cours de la Seine elle était ceinte d'une muraille construite, selon toute apparence, à la fin du quatrième siècle ou dans les premières années du cinquième. L'île de la Cité contenait alors un palais municipal, situé sur l'emplacement où s'élève aujourd'hui le Palais de justice et qui ne devait pas tarder à être la résidence politique des rois francs. A l'autre extrémité de l'île, et sur le lieu même où les anciens nautes avaient érigé un autel en l'honneur de Jupiter, on avait construit une église dédiée sous le vocable de Saint-Étienne. Entre ces deux établissements existait, dès la période romaine, un emplacement destiné au commerce.

L'île de la Cité communiquait avec les deux rives de la Seine par deux ponts en bois : le *Petit-Pont*, où aboutissait la voie romaine venant du midi; le *Grand-Pont*, à peu près situé au lieu où existe aujourd'hui le Pont-au-Change. Ces deux ponts n'étaient point réunis par une ligne droite et ne se correspondaient pas directement; pour arriver du Petit-Pont au Grand-Pont la route suivait la ligne de la rue du *Marché-Palu*, se détournait à gauche en formant un angle, se continuait dans la direction de la rue de la

Calandre, qui aboutissait à la place du Commerce, laquelle fut pendant longtemps nommée *place Saint-Michel*, à cause d'une chapelle de ce nom qui s'y trouvait. La rue de la Calandre est ainsi désignée dans les anciens titres : *rue par laquelle on va du Petit-Pont à la place Saint-Michel*. De cette place la route se dirigeait vers le Grand-Pont. Le Petit-Pont devait originairement être à la place de celui qu'on nomme aujourd'hui le pont Saint-Michel. La voie romaine venant du village d'Issy passait sur ce pont et traversait l'île de la Cité jusqu'au Grand-Pont.

Sur l'emplacement où depuis lors a été élevée l'église Saint-Landri il existait un monument triomphal dont on a récemment découvert les vestiges. Ils consistent en pierres sculptées, en bas-reliefs d'un assez beau travail, en médailles dont la plus ancienne est d'Antonin le Pieux, la plus récente du tyran Magnus-Maximus, qui remporta une victoire sur l'empereur Gratien. On présume que ce monument avait été détruit dès le règne de Valentinien II.

Ainsi qu'on l'a vu plus haut, les Romains avaient établi sur la rive méridionale de la Seine un champ de Mars, des arènes et un aqueduc distribuant aux résidences impériales et aux villas de la rive gauche les eaux d'Arcueil et de Rongis ; on rencontrait encore, sur cette même rive, un vaste champ de sépultures, une fabrique de poterie du plus beau travail, et quelques autres édifices moins considérables, mais dont l'agglomération fait supposer l'existence d'un assez vaste faubourg.

Les habitations et les quartiers établis sur la rive gauche formaient alors un faubourg de Paris, et ce faubourg était *Lucotitius* ou *Locoticie*, noms qui se rapprochent de celui de Lutèce qu'avait si longtemps porté l'île de la Cité. Plusieurs voies traversaient les quartiers de la rive gauche. La principale, partant du Petit-Pont et suivant la direction de la rue Saint-Jacques, longeait à droite l'enceinte du palais des Thermes ; ensuite, s'élevant comme le coteau, dont la pente était autrefois plus roide qu'elle n'est aujourd'hui, elle laissait à gauche des vignobles et à droite un lieu que Dulaure conjecture avoir été consacré à Bacchus, puis les places et les avenues qui précédaient ce palais. Parvenue à la hauteur du plateau cette voie, après avoir traversé les emplacements de la Sorbonne et des Jacobins, dans la direction d'une rue qui a existé entre la Sorbonne et l'église de Saint-Benoît, se prolongeait entre un camp romain et un vaste champ de sépultures, à travers l'ancien emplacement des Chartreux, et elle allait ensuite aboutir à Issy, et de là à Orléans.

La seconde voie naissait de la précédente, à peu près à l'endroit où la rue Galande débouche dans la rue Saint-Jacques, et, suivant la direction de cette première rue et de celle de la Montagne-Sainte-Geneviève, s'élevait au milieu des vignobles jusqu'au plateau. Arrivée à ce point elle avait à gauche un lieu appelé *les Arènes,* destiné aux spectacles publics. A droite, et sur la hauteur, étaient des exploitations de terres propres à la poterie et une fabrique de vases romains. Cette voie traversait un champ de sépultures et aboutissait à un point appelé *Mons Cetardus.* Ce lieu a reçu dans la suite le nom de Saint-Marcel ; mais la rue qui y mène a conservé, à quelques altérations près, sa dénomination antique ; de *Mons Cetardus* on a fait *Mont-Cetard,* puis *Mouffetard.*

Sur la rive droite, si l'on en juge par les vestiges découverts à différentes époques, on remarquait un autre faubourg, plus important encore, et qui renfermait un aqueduc, de riches habitations, des villas romaines et des tombeaux. L'aqueduc de la rive droite prenait son commencement sur les hauteurs de Chaillot, à la source des eaux minérales de ce lieu, traversait les emplacements actuellement occupés par les Champs-Élysées et les Tuileries, et venait aboutir vers le milieu du sol qui forme aujourd'hui le jardin du Palais-Royal. Ces indications ne sont point imaginaires; elles reposent sur différentes découvertes, résultat des fouilles faites dans les temps modernes, lorsqu'on a creusé le sol pour y établir des conduits souterrains. Les mêmes vestiges ne permettent pas de douter que le lieu où s'élèvent aujourd'hui le Palais-Royal et les rues circonvoisines n'ait été, au commencement du cinquième siècle, habité par une population riche et déjà nombreuse. Tout fait également présumer qu'au delà du faubourg de la rive droite, sur le sol actuellement occupé par la rue Vivienne et la place de la Bourse, il y avait un champ de sépultures ou du moins une réunion de monuments funèbres construits pour des familles opulentes. Sur un autre point de la rive droite, et toujours en dehors du faubourg, il existait un second cimetière, plus considérable encore, occupant l'espace compris de nos jours entre la rue de la Verrerie, la rue du Mouton, le marché Saint-Jean, la Grève et l'église Saint-Gervais.

De tous ces monuments, de ces habitations, de ces villas, les débris du palais des *Thermes* restent seuls exposés à la curiosité avide des habitants de Paris.

Les Romains donnaient le nom de thermes à de vastes édifices destinés à des bains chauds. D'abord simples et commodes, ces édifices, lorsque les conquêtes eurent enrichi et corrompu les Romains, devinrent des palais somptueux ; il n'appartint qu'aux empereurs de les faire construire et d'y loger avec leur immense suite. Les thermes contenaient plusieurs salles de bains, des salles de jeux, des salles d'exercices, des galeries, des portiques, des théâtres ; ils étaient de plus entourés de vastes jardins. Depuis environ sept cents ans les restes des Thermes de Paris ont porté le nom de *palais des Thermes* et le portent encore ; ce palais était certainement le même que celui où quelques augustes ont, dans le troisième et le quatrième siècle, passé leurs quartiers d'hiver. Julien, dans son manifeste adressé au sénat et au peuple d'Athènes, en racontant les événements qui précédèrent son élévation à la dignité d'auguste, parle plusieurs fois de ce palais, où il résidait avec sa femme Hélène, sœur de l'empereur Constance.

Cet édifice, très-vaste, occupait l'emplacement où se voient encore ses principaux restes, et s'étendait fort au loin dans les quartiers environnants, où sont des traces nombreuses de maçonneries romaines. Une tradition constante y place un palais qu'au sixième siècle Grégoire de Tours désigne sans le nommer. Ce palais et ses dépendances occupaient le sommet de la colline et tout le terrain qui se prolongeait en pente vers le lieu où de nos jours s'élèvent les rues Saint-Benoît et Bonaparte, la place Saint-Michel et l'Odéon, et où aboutissait alors la voie romaine qui venant d'Orléans passait à Issy. Ces divers quartiers dépendaient du palais des Thermes. Au nord, en partant du point où gît aujourd'hui la salle des Thermes, les bâtiments de ce palais se prolongeaient jusqu'à la rive gauche du petit bras de la Seine. Dans les caves des maisons situées entre cette rivière et cette salle on trouve des piliers et des voûtes de la même maçonnerie; avant la démolition du Petit-Châtelet, forteresse située au bas de la rue Saint-Jacques et à l'extrémité méridionale du Petit-Pont, on voyait encore des arrachements des murs antiques, qui se dirigeaient vers le palais des Thermes. La salle qui subsiste aujourd'hui, unique reste d'un palais aussi vaste, offre, dans son plan, deux parallélogrammes contigus qui forment ensemble une seule pièce. Le plus grand a environ vingt et un mètres de longueur sur quatorze de largeur; le plus petit a dix mètres sur six. Les voûtes à arêtes et à pleins ceintres qui couvrent cette salle s'élèvent jusqu'à quatorze mètres au-dessus du sol. Elles sont solidement construites, puisqu'elles ont résisté à l'action de quinze siècles, et que depuis longtemps, sans éprouver de dégradations sensibles, elles ont supporté une couche épaisse de terre, cultivée en jardin et plantée d'arbres.

L'architecture de cette salle ne présente que peu d'ornements. Les faces des murs sont décorées de trois grandes arcades; celle du milieu est la plus élevée. Ce genre de décoration était en usage au quatrième siècle. La face du mur méridional a cela de particulier que l'arcade du milieu se présente sous la forme d'une grande niche, dont le plan est demi-circulaire. Quelques cavités pratiquées dans cette niche et dans les arcades latérales ont fait présumer qu'elles servaient à l'introduction des eaux destinées aux bains. Les arêtes des voûtes, en descendant sur les faces des murs, se rapprochent, se réunissent et s'appuient sur une console qui représente la poupe d'un vaisseau.

Rien n'avait été épargné pour faire du palais des Thermes une résidence vraiment splendide. Un aqueduc allait lui chercher des eaux saines et pures jusqu'aux sources de Rungis, c'est-à-dire à trois lieues environ du centre de Paris. Souterrain dans la plus grande partie de son cours, il traversait cependant le vallon d'Arcueil sur une suite de hautes arcades, dont le temps a respecté quelques piles, d'une belle structure, appareillées comme les murailles de la salle des Thermes. L'aqueduc antique a été complétement reconnu dans toute son étendue; il est côtoyé par l'aqueduc moderne qui apporte à Paris les mêmes eaux. L'empereur Napoléon III, en faisant ouvrir au milieu des quartiers de la rive gauche la large avenue qui les traverse, a exigé que l'on respectât ces remarquables vestiges de l'époque romaine, et il a voulu les entourer d'un jardin qui les encadre d'une manière toute pittoresque et leur restitue le caractère primitif. Sous ces voûtes encore debout, autour de ces statues à demi détruites, on croirait voir encore se presser les légionnaires romains acclamant César; il nous semble contempler les ombres de Valentinien, de Gratien et de Maxime, donnant des ordres pour la garde des frontières (1).

(1) On ne sait pas exactement à quelle époque fut bâti le palais des Thermes. Dulaure a pensé qu'on n'en pouvait attribuer la construction qu'à Constance Chlore. M. Dusommerard a développé cette opinion en l'appuyant de raisonnements qui lui donnent un haut degré de vraisemblance.

Jusqu'à Constance Chlore, en effet, les guerres de l'empire, le peu de durée du séjour des empereurs dans la Gaule, ne permettent pas de supposer que le palais des Thermes fût construit, et l'on a des preuves qu'il existait après le règne de ce prince.

Souverain de la Gaule, Constance Chlore devait désirer, malgré la simplicité de ses goûts, de consacrer cette dignité nouvelle par la fonda-

Les jardins du palais des Thermes occupaient l'étendue considérable des quartiers dont je parlais tout à l'heure. On peut assigner pour limites à ces jardins, du côté du

tion d'une résidence centrale d'où il pût surveiller les Bretons, les Germains, les Francs, et en même temps maintenir les Bagaudes.

Dans les quatorze années pendant lesquelles Constance Chlore gouverna la Gaule comme césar (de 292 à 304) et comme empereur (de 304 à 306), on compte dix ans de calme parfait et de prospérité. A ces circonstances si favorables pour une entreprise comme celle de la construction du palais de Lutèce se joignent les considérations tirées de la nature de l'appareil des murs encore existants. On paraît d'accord sur ce point, que le mode de construction employé dans la salle des bains, dits de Julien, et dans ses dépendances, ne remonte pas au delà du troisième siècle.

Rien sans doute dans l'histoire ne donne à ces suppositions le caractère de fait incontestable, mais aussi rien ne vient les détruire, et elles ont d'autant plus de poids qu'on n'a autre chose à leur opposer qu'une opinion purement traditionnelle, qui fait de Julien à la fois le fondateur et l'habitant de ce palais.

Le palais des Thermes existait sous Julien : c'est un fait hors de discussion et que Saint-Foix a voulu seul se donner la singularité de contester. Ce qui nous en reste prouve son importance, importance telle que, avec toutes les ressources que l'art du quatrième siècle et les habitudes romaines pouvaient créer, trois années durent à peine suffire à son entier achèvement.

Si, pour écarter toute espèce de doute, on consulte Julien lui-même et on le suit pendant tout son séjour dans les Gaules, on le voit partir de Vienne en 356 pour marcher contre les Alamans; arriver au mois de juin devant Autun; passer à Auxerre, à Troyes, à Reims, à Cologne; arrêter les efforts des rebelles, et venir passer l'hiver à Sens. En 357 il marche vers le Haut-Rhin pour refouler les barbares en Allemagne, et ce n'est que dans l'intervalle de 357 à 358 qu'il vient achever l'hiver à Paris : *Hisque perfectis, acturus hyemem revertit Parisios Cæsar.*

Après de semblables fatigues dans cette saison avancée, et avec le seul avenir de repos que pouvait lui offrir une trêve de dix mois avec les barbares, Julien dut nécessairement choisir un abri tout préparé au lieu de se créer les embarras d'une si grande construction. Et puisque ce fut pendant cet hiver qu'il éprouva dans le palais de Paris cette suf-

midi, l'emplacement actuel du jardin du Luxembourg; au nord, le cours de la Seine; à l'est, les bâtiments du palais et leurs dépendances; à l'ouest, un canal qui communiquait à la Seine, se remplissait de ses eaux, et aboutissait à l'emplacement où sont situées aujourd'hui les rues Saint-Benoît et de l'Égout.

L'histoire de ce palais, résidence d'été des premiers dominateurs de la France, s'est éteinte assez obscurément après avoir eu beaucoup d'éclat. Les Mérovingiens s'y étaient établis, et Fortunat attestait la magnificence de cet édifice. Plus tard, abandonné par les Carlovingiens, dévasté par les Normands, le palais des Thermes cessa d'être le séjour de la puissance royale. Vers la fin du douzième siècle, 1180 environ, les poésies de Jean de Hauteville nous montrent en langage pompeux les cimes du palais perdues dans les cieux, tandis que les fondements descendaient jusqu'à l'empire des morts. Mais il faut se méfier de ces exagérations poétiques. Une charte en bonne forme constate en style vulgaire qu'en 1218 Philippe-Auguste donna le palais des Thermes à Henri, son chambellan, avec le pressoir situé dans le même édifice. Peut-on croire que le roi eût ainsi aliéné, sans plus de façon qu'une construction ordinaire, un palais comme celui dont les vers de Jean de Hauteville nous tracent la figure? En 1360

---

focation dont il parle dans son *Misopogon*, il faut évidemment renoncer à voir dans Julien le fondateur du palais romain de Lutèce.

Mais s'il faut enlever à Julien la gloire d'avoir construit le palais de Lutèce, *gloire qu'il ne réclame nulle part*, lui si soigneux de parler de ses moindres actions et d'en calculer l'effet, tout en affectant un grand mépris de la renommée, à laquelle il sacrifia sa vie, il est probable que c'est à la résidence qu'il y fit que cet édifice dut sa première et sa plus grande illustration. (*Histoire de Paris* par M. de Gaulle.)

Pierre de Chaslus, abbé de Cluny, se rendit acquéreur de ce qui subsistait encore. Deux autres abbés de Cluny, Jean de Bourbon et Jacques d'Amboise, élevèrent pour eux-mêmes et pour leurs successeurs, sur une partie de l'emplacement des Thermes, le somptueux hôtel de Cluny, qui contient aujourd'hui des collections si précieuses pour l'étude des arts.

La renaissance des lettres, le retour aux auteurs classiques n'amenèrent pas de meilleurs jours pour la grande salle des Thermes ; personne n'y songeait plus. En 1787, pour qui voulait la visiter, il fallait s'en aller frapper rue de la Harpe, à la porte d'une vieille et laide maison qui avait pour enseigne la Croix de Fer, en face de l'hôtel du Bœuf couronné. Au fond d'une cour étroite se trouvait l'entrée de la salle principale, qui servait de magasin à un tonnelier. La voûte romaine portait sur sa croupe un jardin divisé en parterre et en potager, où les pommiers venaient à merveille dans une couche de terre haute de cinq ou six pieds. On arrivait à ce jardin suspendu de la Babylone moderne par une des salles du second étage de l'hôtel de Cluny.

Le camp romain, dont nous avons déjà parlé, était situé auprès du palais des Thermes, sur un emplacement occupé plus tard par quelques maisons de la rue de Vaugirard et de la rue d'Enfer et par le parterre du Luxembourg. Quant au cimetière, il s'étendait dans le vaste espace compris entre les hauteurs de la rue et du faubourg Saint-Jacques, depuis la rue d'Enfer jusqu'au bas du revers du plateau de Sainte-Geneviève. On y a déterré, à diverses époques, un si grand nombre de tombeaux romains qu'on ne peut contester à cet immense

remplacement le titre de *Passage des sépultures* que lui attribuent nos auteurs.

Corrozet, qui écrivait ses *Antiquités de Paris* vers le milieu du seizième siècle, dit : « De nos ans temps avons trouvé des sépulcres au long des vignes, hors la ville Saint-Marceau, et n'y a longtemps que en une rue, visàvis de Saint-Victor, en pavant icelle rue par ne l'avoit oncques esté, nous fut monstré, au milieu d'icelle, un sépulcre de pierre long de cinq pieds ou environ, au chef et aux pieds duquel furent trouvées deux médailles antiques de bronze. » (*Antiquités de Paris*, par Corrozet, seconde édition, p. 10, verso.)

L'abbé Lebeuf nous apprend qu'en janvier 1656, dans un vieille fief, ... Saint-Marcel

....
pierres, qui paraissaient appartenir .... aux premiers temps du christianisme. Un seul de ces tombeaux avait sur son couvercle une inscription portant : VICTOR à BARBARA, *son épouse très-aimable, âgée de vingt-trois ans cinq mois et vingt-huit jours.* Sur ce tombeau étaient gravées deux colombes, emblème de l'amour conjugal.

.... placé dans un caveau, ...
chrétiens du quatrième .... *Hist. du dioc. de Paris*, t. I, p. 10.

Dans le même lieu il a plus .... Saint-Mar........ qui donne son nom à un .... à une église, ... ou faubourg de ....

.... avait été celle .... église de Saint-Marcel

emplacement le titre de *champ des Sépultures* que lui attribuent nos annalistes.

Corrozet, qui rédigeait ses *Antiquités de Paris* vers le milieu du seizième siècle, dit : « De nostre temps avons trouvé des sépulcres au long des vignes, hors la ville Saint-Marceau, et n'y a longtemps qu'en une rue, vis-à-vis de Saint-Victor, en pavant icelle rue, qui ne l'avoit onc esté, nous fut monstré, au milieu d'icelle, un sépulcre de pierre long de cinq pieds ou environ, au chef et aux pieds duquel furent trouvées deux médailles antiques de bronze. » (*Antiquités de Paris*, par Corrozet, seconde édition, p. 10, verso.)

L'abbé Lebeuf nous apprend qu'en janvier 1656, dans un jardin formé sur l'ancien cimetière de Saint-Marcel, presque derrière l'église de Saint-Martin, un jardinier, en remuant la terre, trouva soixante-quatre cercueils de pierre, qui paraissaient appartenir à des personnes des premiers temps du christianisme. Un seul de ces tombeaux avait sur son couvercle une inscription portant : VILATIS à BARBARA, *son épouse très-aimable, âgée de vingt-trois ans cinq mois et vingt-huit jours.* Sur ce tombeau étaient gravées deux colombes, emblème de l'amour conjugal, ainsi que le monogramme du Christ, placé dans un cartel, entre l'*alpha* et l'*oméga*, signes fort en usage parmi les chrétiens du quatrième siècle. (*Histoire de la ville et du dioc. de Paris*, t. 1, p. 203.)

Dans le même lieu fut placé le tombeau de saint Marcel, qui donna son nom à un mémorial, puis à une église, et enfin à un faubourg de Paris.

De ces découvertes on peut hardiment tirer cette conjecture : que les alentours de l'église de Saint-Marcel étaient, sous la domination romaine, consacrés spécialement à la sépulture des chrétiens.

Au milieu d'une population encore inculte et sauvage les lettres et les arts ne durent avoir aucun développement sensible ; Julien, qui aimait à poser en philosophe et à faire admirer sa faconde, avait rassemblé autour de lui une espèce d'académie, exclusivement composée de savants venus de divers pays étrangers à la Gaule ; cette institution, qui n'avait pas de caractère fixe et définitif, dut disparaître après le départ du prince qui l'avait établie. Quant aux monuments dont les débris ont été retrouvés en fouillant le sol, ils présentent beaucoup plus d'intérêt au point de vue historique que sous le rapport de la forme et du travail. On retrouve d'anciennes tombes, renfermant des armes, des poteries, quelques ornements. Vers la fin du dix-septième siècle, dans le lieu où était situé l'enclos des Carmélites, précédemment appelé Notre-Dame des Champs, on découvrit, à quinze pieds au-dessous du pavé, un groupe de figures assez remarquable et qui paraissait appartenir au deuxième siècle. « La principale figure, dit Sauval, représentait un homme à cheval, suivi de trois autres figures à pied, parmi lesquelles était un jeune enfant. Chacune d'elles avait à la bouche une médaille de grand bronze de Faustine ou d'Antonin le Pieux. Un des piétons tenait de la main gauche une lampe qui avait la forme d'un soulier garni de clous.

« La même figure avait à la main droite une tasse contenant trois dés et trois jetons d'ivoire, qui se trouvèrent presque pétrifiés. »

L'enfant avait à la main droite une cuiller d'ivoire dont

le manche avait trente-deux centimètres de long; il dirigeait cette cuiller vers un vase qui contenait encore un liquide parfumé; cette liqueur, s'échappant du vase rompu par accident, répandit une odeur délicieuse.

Sauval parle en outre d'un tombeau situé près du même enclos; on y remarquait sur des bas-reliefs un licteur vêtu à la romaine; on trouva à l'intérieur une agrafe, une boule et un cornet de bronze d'une habile exécution, qui portait ces mots gravés : *Vibius Hermes ex voto*. En 1630, lorsque l'on construisait la fontaine du couvent des Carmélites, on exhuma les débris d'un cercueil et un bas-relief de deux pieds de haut représentant *Mithra* triomphant du taureau équinoxial; cette figure est l'emblème du jour qui, à l'approche du printemps, se dérobe victorieusement aux ténèbres de l'hiver. Ce monument, d'ailleurs fort curieux et très-rare en France, du culte de Mithra, que les anciens Perses adoraient comme le soleil, doit être postérieur aux Antonins; c'est sous la dynastie de ces empereurs que ce culte passa de l'Italie dans la Gaule. Les Romains l'avaient admis vers la fin de la république; ils représentaient cette divinité asiatique sous la figure d'un jeune homme coiffé du bonnet phrygien, et armé d'un poignard dont il va percer un taureau abattu devant lui.

Les historiens, les archéologues ont minutieusement décrit les inscriptions, les pierres tumulaires, les pierres votives, les médailles, les effigies, les statues plus ou moins mutilées par les âges qui ont été découvertes dans la Cité ou sur les rives de la Seine, à mesure que l'on creusait la terre pour entreprendre des constructions particulières ou des travaux d'édilité publique. On rencontre de pareils vestiges partout où se sont fixés les Romains, partout où la civilisation a été introduite à la suite des Césars et des préteurs de Rome païenne. On nous pardonnera de ne point insister sur des découvertes qui apprennent peu de chose à l'histoire et n'offrent aux curieux qu'un intérêt assez restreint; tout le monde pourra s'en faire une idée en parcourant dans nos musées les salles destinées à renfermer les antiquités gauloises et romaines.

LIVRE II.

PARIS SOUS LA DYNASTIE MÉROVINGIENNE.

CHAPITRE PREMIER.

Première période (481 — 628).

Après la défaite des Gallo-Romains, à Soissons, Clovis mit cinq ans à soumettre le territoire qui s'étend de la Loire à la Seine. Selon l'opinion commune Paris tomba au pouvoir des Francs vers l'an 494. Clovis était encore païen, mais ne devait pas tarder à embrasser le christianisme. Longtemps occupé de ses expéditions contre les Alamans, les Suèves et les Burgondes, il ne fixa sa résidence dans aucune capitale. Cependant il résidait à Paris lorsque, après avoir soumis les tribus armoricaines et vaincu la Thuringe, il manifesta l'intention d'attaquer les Wisigoths, établis au sud de la Loire (506). Ce fut à Paris qu'il assembla ses leudes et leur dit : « Je ne puis souffrir que les ariens possèdent la plus belle et la plus grande partie des Gaules; marchons contre eux, et, avec l'aide de Dieu, soumettons à notre empire le pays qu'ils occupent. » Pour obtenir l'intercession des apôtres saint Pierre et saint Paul, le roi barbare fit vœu de bâtir en leur honneur une basilique dans la ville de Paris, et, comme il se trouvait alors sur la hauteur qu'on appelait le mont Locutitius (depuis lors la montagne Sainte-Geneviève), il jeta au loin sa lourde francisque et décida que l'église dont il ordonnait d'avance la construction s'étendrait aussi loin que le lieu où allait tomber cette hache. L'année suivante (507) il vainquit Alaric et les Wisigoths, dans la plaine de Vouglé, et mit ensuite près de deux ans à subjuguer les nations et les cités d'Aquitaine. A la suite de ces expéditions, et après avoir reçu d'Anastase, empereur d'Orient, les titres de patrice, d'auguste et de consul, il revint à Paris et fit de cette ville la capitale de son royaume. Ce fut vers le même temps que, pour accomplir son vœu, il fit commencer la construction de l'église Saint-Pierre et Saint-Paul ; mais il mourut en l'an 511, laissant à ses fils le devoir de terminer cette splendide basilique.

Clovis occupe une place considérable dans notre histoire ; il est le véritable fondateur de la monarchie française ; à ce titre sa gloire traversera les siècles. Or, de son vivant et dans la période qui suivit sa mort, les Parisiens ne voyaient en lui qu'un chef barbare, plus ou moins révolté contre Rome, et qui, armé d'une hache à deux tranchants, se faisait obéir et craindre, sans se faire aimer. Un autre nom que le sien était alors en honneur et populaire ; c'était celui de l'humble bergère de Nanterre, de cette Genovèfe ou Geneviève dont nous avons déjà parlé, et qui s'était révélée aux Parisiens par sa piété et ses bienfaits. On se souvenait que ses prières avaient autrefois préservé Paris de l'invasion des Huns ; on se racontait par quels efforts miraculeux elle avait procuré des vivres à la ville assiégée, alors que « le pauvre peuple mouroit de langueur sur le pavé, regrettoit d'avoir eschappé à la fureur d'Attila et portoit envie à ceulx qui l'avoient éprouvée; alors que Paris étoit un grand sépulchre où l'on ne voyoit que de pasles ombres et des schelettes horribles (1). » On racontait avec un pieux respect les miracles obtenus par son intercession. Sa renommée était si grande, par de là même les limites de la Gaule, que saint Siméon Stylite, du fond de l'Orient, lui envoyait ses salutations par des pèlerins et se recommandait à ses prières. Dans le couvent qu'elle avait fondé elle recevait des marques de la déférence de Clovis et des rois mérovingiens; elle était l'amie et la pieuse conseillère de sainte Clotilde, la consolatrice des pauvres, auxquels ses mains distribuaient des aumônes abondantes. Lorsqu'elle mourut, le 3 janvier 512, peu de semaines après Clovis, son corps fut inhumé dans la grotte souterraine de l'église Saint-Pierre et Saint-Paul, que l'on construisait sur le mont Lucotitius, et le lieu qu'habitaient ses dépouilles devint un but de pèlerinage. Elle continua d'être la protectrice, la patronne de Paris, et l'on vit se réaliser en faveur de cette ville ce que Dieu avait dit après la mort de David : « Je garderai Jérusalem pour l'amour de moi et de David mon serviteur (2). » Tout fait pressentir que les prières de cette sainte n'avaient point été étrangères à la conversion de Clovis, et une touchante tradition veut qu'à la mort du roi des Francs Geneviève ait assisté l'illustre malade, réconfortant son âme et lui montrant les récompenses célestes.

Après la mort de Clovis (27 novembre 511) ses quatre fils partagèrent entre eux les États de leur père. Paris de-

(1) *Histoire de sainte Geneviève*, par les Bénédictins de Saint-Maur.
(2) *Rois*, IV, 19.

vint la capitale du royaume de ce nom, qui s'étendait au nord jusqu'à la Somme, et comprenait plusieurs provinces riveraines de l'Océan, à l'exception de la petite Bretagne, encore indépendante. A ce royaume se rattachaient encore plusieurs provinces situées au sud de la Loire; mais ces contrées, bien que placées sous la domination de Childebert I*er*, étaient à peine conquises et ne se résignaient pas volontiers à subir le joug des Francs. Le royaume de Paris, désigné d'abord par le nom de cette capitale, ne tarda pas à être appelé *Neustrie* (Vester-Rich, *Nova Westria, Neustria,* pays d'Occident). Paris était d'ailleurs plus que la résidence de Childebert : c'était toujours la grande cité, la ville nationale des peuples gallo-francs; là qu'avaient lieu les réunions générales, les délibérations importantes; c'est de ce point que partaient les expéditions concertées entre les quatre rois. C'est à Paris qu'eut lieu, vers l'an 526, le meurtre si souvent raconté des enfants de Clodomir.

« Tandis que la reine Clotilde habitait Paris, dit Grégoire de Tours, Childebert, voyant que sa mère avait porté toute sa tendresse sur les fils de Clodomir (roi d'Orléans), en conçut de l'envie ; craignant que dans la suite, par l'influence de la reine, ils n'eussent part au royaume de leur père, il envoya un message secret à Clotaire, roi de Soissons, et lui fit dire : « Notre mère garde avec elle les fils
« de notre frère et veut qu'ils aient son royaume. Il faut
« que tu viennes promptement à Paris, et que nous prenions ensemble conseil sur ce qu'il faut faire d'eux, sa-
« voir s'ils auront les cheveux coupés comme le reste du
« peuple, ou bien si nous les tuerons et partagerons entre
« nous le royaume de notre frère. » Clotaire, très-content

de cette nouvelle, se hâta de venir à Paris. Childebert avait déjà répandu dans le peuple que le but de l'entrevue des deux rois était de mettre les trois enfants en possession de l'héritage de leur père. Ils adressèrent à la reine un messager chargé de lui dire : « Envoie-nous les enfants pour « que nous les élevions au trône. » Elle, remplie de joie et ne sachant pas leur artifice, après avoir fait boire et manger les enfants, les envoya en disant : « Je croirai n'avoir pas perdu mon fils si je vous vois régner à sa place. » Les trois enfants arrivèrent au palais de leur oncle, accompagnés de leurs gouverneurs et de leurs serviteurs. Ils furent aussitôt saisis et enlevés aux gens de leur suite, qu'on enferma séparément.

« Alors Childebert et Clotaire envoyèrent à la reine Arcadius, portant des ciseaux et une épée. Quand il fut arrivé près de la reine, il lui présenta les ciseaux et l'épée nue, en disant : « Nos seigneurs tes fils, glorieuse reine, « attendent que tu leur donnes conseil sur ce qu'il faut « faire de ces enfants : veux-tu qu'ils vivent les cheveux « coupés, ou veux-tu qu'ils soient égorgés? » Consternée à ce message, hors d'elle-même à la vue de cette épée et de ces ciseaux, Clotilde répondit dans sa douleur, et sans trop savoir ce qu'elle disait : « Si on ne les élève pas sur le trône « j'aime mieux les voir morts que tondus. » Mais Arcadius, s'inquiétant peu de son désespoir, et ne cherchant pas à pénétrer ce qu'elle penserait ensuite plus réellement, revint en diligence près des deux rois qui l'avaient envoyé et leur dit : « Vous pouvez continuer l'œuvre que vous avez « commencée; vous avez l'aveu de la reine (*favente re-* « *gina, opus cœptum perficite*). » Clotaire et Childebert entrèrent dans le lieu où les enfants étaient gardés. Clotaire, prenant l'aîné par le bras, le jeta par terre et le tua en lui enfonçant son couteau sous l'aisselle. A ses cris son frère Gonthaire se prosterna aux pieds de Childebert, et, lui saisissant les genoux, lui dit avec larmes : « Mon père, mon bon père, secours-moi ; fais que je ne meure pas comme mon frère ! » Childebert fut ému ; il dit à Clotaire en pleurant : « Mon cher frère, je t'en prie, accorde-moi la vie « de cet enfant ; je te donnerai tout ce que tu voudras ; je « te demande seulement de ne pas le tuer. » Mais Clotaire, après l'avoir accablé d'injures, lui dit : « Repousse-le loin « de toi, ou tu vas mourir à sa place. C'est toi qui m'as « excité à cette affaire, et voilà que tu reprends ta foi ! » Childebert, effrayé, repoussa l'enfant et le jeta à Clotaire, qui l'atteignit d'un coup de couteau entre les côtes et le tua ; ensuite ils mirent à mort les gouverneurs et les domestiques. Après ces meurtres Clotaire monta à cheval, sans se troubler aucunement de l'assassinat de ses neveux, et se rendit avec Childebert dans les faubourgs de la ville. La reine, ayant fait poser sur un brancard les deux petits corps des jeunes princes morts, les conduisit, avec une immense douleur, à l'église Saint-Pierre, où ils furent inhumés. L'un deux avait dix ans et l'autre sept. On ne put prendre le troisième, Clodoald, que les grands (*barones*) étaient parvenus à faire évader. » Il demeura caché pendant quelques années, et, lorsqu'il fut devenu grand, il se coupa les cheveux de ses propres mains pour marque de renoncement au monde. Il se mit ensuite sous la conduite de saint Séverin, qui vivait retiré dans un monastère près de Paris, et reçut de lui l'habit monastique. Il se bâtit un monastère sur les bords de la Seine, dans un village appelé Nogent, à deux lieues de la ville. Il y assembla une communauté de moines, et ce fut dans ce lieu, appelé depuis Saint-Cloud, qu'il finit ses jours vers l'an 560 (1).

On croit que cet horrible drame s'accomplit dans le palais même que les rois mérovingiens occupaient dans la Cité et sur l'emplacement duquel a été construit plus tard le Palais de justice. C'était la résidence où les rois se livraient aux soins de l'administration, et où, avant l'invasion des Francs, se tenaient les réunions de la *curie* parisienne, composée des juges et des magistrats municipaux. Après le meurtre des fils de Clodomir le roi Childebert se retira dans les faubourgs et se rendit vraisemblablement au palais des Thermes, le séjour ordinaire de la famille mérovingienne. La reine Clotilde ayant appris la mort tragique de ses petits-fils vint tout en pleurs relever leurs corps et les fit inhumer dans l'église des apôtres Saint-Pierre et Saint-Paul, près du sépulcre où reposaient déjà Clovis et sainte Geneviève. Dans cette basilique, et vingt ans plus tard, on ensevelit Clotilde, que l'Église honore comme l'une des saintes protectrices de notre patrie.

Le paganisme, en dépit des efforts des Denis, des Martin, des Marcel et de plusieurs autres illustres pontifes, n'était point entièrement détruit dans le royaume de Paris. Une loi de Childebert, qui porte date de 554, est ainsi conçue : « Nous ordonnons à ceux qui auront dans leur champ, ou dans un autre lieu, des simulacres ou idoles dédiés au démon, de les renverser aussitôt qu'ils en seront avertis. Nous leur défendons de s'opposer à ce que les évêques les détruisent, et si, après s'être engagés par caution à les détruire, ils les conservent

---

(1) Voir Grég. de Tours, *Hist. des Francs*, liv. V, c. 18.

encore, nous voulons qu'ils soient traduits en notre présence. Nous défendons aussi les désordres qui se commettent pendant la nuit à la veille des fêtes, même de celles de Pâques et de Noël, veillées où l'on ne s'occupe qu'à chanter, boire et s'enivrer, et où l'on se livre à d'autres débauches. Nous défendons aussi aux femmes qui, le jour de dimanche, parcourent les campagnes en dansant, de continuer cette pratique, qui offense Dieu. » (*Capitularia Baluzii*, t. 1, p. 1.) On voit aisément que, si Childebert a revêtu cette loi de son nom et de son seing, il n'a fait qu'enregistrer un monitoire ou une réclamation des évêques, les conseillers et les guides accoutumés des rois mérovingiens dans toutes les affaires où étaient engagés les intérêts de la civilisation chrétienne. S'ils avaient beaucoup à faire pour extirper les vestiges de l'idolâtrie parmi les populations gauloises, leur travail était encore bien plus rude lorsqu'il s'agissait de soumettre à la foi orthodoxe les leudes et les guerriers francs. « Ces barbares, dit Procope, ont une manière d'être chrétiens qui leur est propre ; ils observent encore plusieurs usages de l'idolâtrie ancienne, et offrent, pour connaître l'avenir, des sacrifices impies et des victimes humaines. »

En 543 Childebert et les chefs mérovingiens franchirent les Pyrénées et firent la guerre aux Wisigoths. Ils mirent le siége devant Saragosse. Cette ville implora l'intercession de saint Vincent, son patron, dont elle vénérait les reliques. L'expédition fut malheureuse pour les Francs, qui se virent rejetés sur la Gaule après avoir perdu un grand nombre d'hommes. Cependant ils rapportèrent dans leur pays une partie des trésors qu'ils avaient enlevés aux Wisigoths des bords de l'Èbre, des vases sacrés et la tunique de saint Vincent, que Childebert déposa en grande solennité dans l'église par lui fondée non loin des jardins du palais des Thermes, et qui fut dédiée sous le double vocable de Saint-Vincent et Sainte-Croix. Nous ne tarderons pas à lui voir donner le nom de Saint-Germain des Prés. Le même Childebert, qui cherchait à racheter ses fautes par des fondations pieuses, orna, embellit et décora splendidement une autre église de Paris, que l'on croit avoir été l'église de Saint-Étienne, et sur les assises de laquelle fut élevée, vers la fin du douzième siècle, la grande cathédrale de Paris. L'histoire ne doit pas se montrer trop rigoureuse envers ces barbares, qui, malgré les entraînements de leur nature, et bien que participant aux violences de leurs contemporains, firent des efforts pour étendre sur leurs peuples et sur eux-mêmes le saint empire de la religion. On voit ce qu'ils furent quoique chrétiens : qu'auraient-ils été s'ils étaient demeurés ensevelis dans les ténèbres du paganisme?

Peu de temps avant sa mort Childebert accorda de vastes possessions à la basilique de Saint-Vincent et Sainte-Croix; puis, étant décédé, il fut inhumé dans cette même église. Plus tard sa femme Ultrogothe et ses deux filles, Chroteberge et Chrotesinde, furent ensevelies près de lui. Sur la tombe où Childebert était représenté, tenant d'une main le modèle de l'église, de l'autre le sceptre royal, on traça cette inscription beaucoup trop laudative : « Il triompha des Allobroges, des Daces, du roi des Bretons, des Goths et de l'Espagne; il fonda le palais (*aula*) de Saint-Vincent, enrichit les temples de Dieu, distribua de l'argent aux pauvres, et accumula ainsi dans le ciel des trésors éternels. » (*De regali abbatia Sancti-Germani.*)

Sous le règne de Childebert, saint Germain étant évêque de Paris, et en l'année 557, on tint à Paris un concile dont les actes nous ont été transmis. Quatorze évêques ou archevêques y assistèrent, sous la présidence de Probien, archevêque de Bourges, et parmi eux il s'en trouva huit que l'Église a mis au rang des saints. Cette assemblée travailla à remédier à différents désordres contraires aux immunités de l'Église ou dus à la violence des Francs. Excommunication fut prononcée contre ceux qui usurpaient les biens de l'Église par ordre ou avec le consentement du roi. Les biens ecclésiastiques dont les leudes et les princes francs s'étaient emparés, depuis l'invasion, devaient être restitués, alors même qu'ils seraient passés aux mains des héritiers des détenteurs. Défense fut faite de contraindre des vierges ou des veuves à contracter mariage malgré leurs parents. Excommunication fut prononcée contre quiconque usurperait l'épiscopat par l'autorité du prince et sans l'aveu du métropolitain ou des autres évêques de la province. Ces canons, rédigés au temps de Childebert, furent publiés sous le règne de son sucesseur, Clotaire, et confirmés par une constitution de ce prince, à l'exception de celui qui interdisait aux rois de nommer des évêques au mépris des formes canoniques.

Peu d'années avant la tenue du concile dont nous venons de résumer les actes, une autre assemblée du même ordre avait eu lieu, à laquelle s'étaient trouvés réunis vingt-sept évêques. Il s'agissait de juger Saffarac, évêque de Paris et successeur d'Amélius. Saffarac s'étant reconnu coupable de plusieurs crimes fut déposé par le concile et relégué dans un monastère. On le remplaça par Eusèbe, qui ordonna prêtre Clodowalde (saint Cloud) et eut à son tour pour successeur saint Germain, originaire d'Autun. Saint Germain fut le vingtième évêque de Paris, en comptant saint Denis pour le premier.

Le règne de Childebert avait duré quarante-sept ans. Signalé dans les Gaules et au delà des Pyrénées par des expéditions assez rarement heureuses, il avait été, pour la ville de Paris, une période d'agrandissement, de repos et de bien-être. La présence continue de la famille royale soit au palais de la Cité, soit au palais des Thermes, avait donné l'essor à des constructions et à des embellissements dont nous ne pouvons suivre la marche, mais dont on peut se faire une idée. Les immenses trésors dérobés à l'Aquitaine et aux Wisigoths d'Espagne avaient été employés, en grande partie, à élever des monuments religieux ou des asiles pour le pauvre. Le clergé avait imposé à Childebert d'apaiser les remords de sa conscience en faisant un saint emploi de ces biens, dont la restitution n'était plus possible et qui, d'ailleurs, n'avaient pas tous une injuste origine. La Cité avait vu s'élever, à la place des huttes gauloises et des chétives habitations romaines, plusieurs quartiers qui nous sembleraient aujourd'hui fort misérables, mais qui alors présentaient un véritable progrès sur les constructions antérieures. On vient de voir que, sur la place où s'élevait jadis le monument des Nautes, sans doute de médiocre étendue, on avait d'abord bâti l'église Saint-Etienne, et que, plus tard, par les soins de Childebert, on y éleva une cathédrale mieux en harmonie avec le nombre et l'affluence des fidèles. A l'occasion de fouilles récentes, entreprises près du parvis, on découvrit des débris de mosaïque, des colonnes, des chapiteaux en marbre d'Aquitaine, qui avaient appartenu à cette ancienne basilique. « Trente colonnes de marbre, dit un poëte contemporain (V. Fortunat), soutenaient le splendide édifice; ses fenêtres, garnies de vitraux éclatants, recevaient les premiers rayons du jour ; ses lambris et ses murs brillaient du plus vif éclat. Prêtre et roi, comme un autre Melchisédech, Childebert avait voulu enrichir de ses dons ce temple magnifique (*lib.* 11, *carm.* 10). » Il ne faut pas prendre dans le sens littéral ces éloges hyperboliques, très-ordinaires sous la plume de Fortunat ; mais, en les réduisant à leur juste valeur, ils attestent l'existence d'un édifice vraiment remarquable.

Nous avons déjà mentionné les vastes proportions et la magnificence de l'église des saints apôtres Pierre et Paul, commencée par ordre de Clovis, et achevée, sous le règne de son fils, par les soins de sainte Clotilde, et nous avons dit d'après saint Ouen, que cette église avait un triple portique où étaient peintes les histoires des patriarches, des prophètes, des martyrs et des confesseurs. Quant à la fondation de Saint-Vincent, elle eut lieu, comme on l'a vu, vers la fin du règne de Childebert, ce qui est attesté par une charte de donation commençant ainsi : « Childebert, roi des Francs, homme illustre.... Moi Childebert, avec le consentement des Francs et des Neustrasiens, et sur l'exhortation du très-saint Germain, pontife de la ville de Paris (saint Germain n'était évêque que depuis un an), et du consentement des évêques, ai commencé à construire un temple dans ladite ville, près des murs de la Cité, sur un terrain qui *aspecte* le fisc d'Issy, en un lieu nommé Locotitius (c'est toujours le nom donné au faubourg de la rive gauche), en l'honneur du saint martyr Vincent, dont nous avons rapporté les reliques d'Espagne, ainsi que de la sainte Croix, de saint Étienne, de saint Ferréol, etc. » Cet édifice était magnifique; il avait la forme d'une croix latine; il était soutenu par de grandes colonnes de marbre, percé de nombreuses fenêtres, et couvert d'un lambris doré. Des peintures à fond d'or embellissaient les murs; une riche mosaïque formait le pavé, et des lames de cuivre doré qui formaient la toiture jetaient un si vif éclat que le peuple ne tarda pas à surnommer cette basilique Saint-Germain le Doré. Tout auprès de l'église on fonda un vaste monastère où l'évêque saint Germain appela des religieux de Saint-Symphorien d'Autun, son ancien séjour : ils suivaient la règle de saint Antoine et de saint Basile, alors encore la plus répandue, et avaient pour abbé Doctrovée, plus tard mis au rang des saints. Bientôt ces religieux reçurent la règle de saint Benoît, le grand réformateur de la vie monastique en Occident.

Jusqu'à la fondation de l'abbaye de Saint-Denis, au septième siècle, l'église de Saint-Vincent servit de sépulture ordinaire aux rois et aux princes issus de Mérovée; vers la fin du dix-septième siècle ces tombes, qui renfermaient de curieuses dépouilles, furent ouvertes et étudiées.

Childebert étant mort sans laisser d'enfants mâles, le quatrième fils de Clovis, Clotaire Ier, roi de Soissons, accourut à Paris et se fit reconnaître roi de tous les États gallo-francs. La puissance de Clovis, trop longtemps morcelée entre plusieurs princes, se trouva donc réunie de nouveau sur une seule tête, mais ce ne fut pas pour une longue durée. D'ailleurs Paris, sous le règne de Clotaire, ne fut témoin d'aucun événement dont l'histoire puisse faire mention, et c'est au point de vue des annales de cette ville que nous résumons les souvenirs de l'ère mérovingienne.

Quand le vieux et féroce fils de Clovis fut mort, ses

quatre fils, Charibert, Gontran, Chilpéric et Sighebert, songèrent à se partager entre eux les royaumes soumis à l'épée des Francs. Chilpéric, plus hardi et plus téméraire que ses cohéritiers, s'empara des trésors de son père et se porta rapidement sur Paris, où il s'établit en roi, aspirant au gouvernement de la monarchie entière. Ses frères ne lui laissèrent pas le temps d'accomplir cette usurpation ; aidés de ceux des Francs qui leur étaient restés fidèles, ils unirent leurs forces, assiégèrent Chilpéric dans Paris et le contraignirent de se soumettre aux conditions du partage. Les quatre nouveaux royaumes furent tirés au sort, et Charibert fut roi de Paris. Un grand prestige de suprématie continuait à être attaché à la possession de cette ville ; mais Charibert, homme dur et grossier, ne signalait son pouvoir que par de brutales débauches et ne semblait nullement disposé à soumettre ses frères par une série d'usurpations adroitement calculées. Fortunat a composé des vers à sa louange, ce qui ne prouve rien ; mais Grégoire de Tours ne mentionne aucune de ses rares qualités. Le silence de cet historien suffit pour attester que Paris eut à subir le joug d'un roi violent et livré à tous les désordres. « Le roi Charibert, dit l'évêque, prit pour femme Ingoberge, de qui il eut une fille qui fut ensuite mariée et conduite dans le pays de Kent (1). Ingoberge avait à son service deux jeunes filles dont le roi était très-amoureux. L'aînée, nommée Marcovèfe, portait l'habit religieux ; l'autre s'appelait Méroflède. Elles étaient filles d'un ouvrier en laine. Ingoberge, jalouse de ce que le roi les aimait, donna secrètement à leur père de l'ou-

(1) Berthe ou Edelberge, qui épousa Ethelbert, roi de Kent, et contribua à la conversion des Anglo-Saxons au christianisme.

vrage à faire, afin que, lorsque le roi le saurait, il eût les filles en mépris. Pendant que cet homme travaillait, elle fit appeler le roi, qui vint croyant qu'elle voulait lui montrer quelque chose de nouveau, et vit de loin le père des deux jeunes filles qui raccommodait les laines du palais. A cette vue, irrité de colère, mais contre Ingoberge, il la quitta et épousa Méroflède. Il eut aussi pour femme Teutéchilde, fille d'un berger, qui lui donna un fils mort au berceau. Enfin il prit en mariage Marcovèfe, sœur de Méroflède. Saint Germain, évêque de Paris, les excommunia tous deux, et, comme le roi ne voulut pas quitter Marcovèfe, elle mourut frappée du jugement de Dieu (1). »

Charibert étant mort ne laissant aucun enfant mâle, ses frères Sighebert, Chilpéric et Gontran se partagèrent ses États. Chacun d'eux voulait avoir Paris; mais on convint que cette ville appartiendrait par portions égales aux trois frères, et que nul d'entre eux ne pourrait y entrer sans le consentement des deux autres. Saint Hilaire, saint Martin et saint Polyeucte furent pris et invoqués pour garants de ce traité. Cependant de graves ressentiments animaient l'un contre l'autre Sighebert, roi d'Austrasie, et Chilpéric, roi de Neustrie. Le premier avait épousé Brunehault (*Brunechilde*), fille d'Athanagild, roi des Goths d'Espagne; Chilpéric reçut à son tour la main de Galswinthe, sœur de cette princesse. Galswinthe ne consentit à cette union qu'avec une terreur mal dissimulée. Chilpéric avait répudié Audowère, sa première femme, et se laissait dominer par l'une des servantes du palais, nommée Frédégonde, que l'on disait capable de tous les crimes. C'était assez

---

(1) *Greg. Tur.*, lib. IV.

pour remplir de crainte et de répugnance l'âme de l'infortunée Galswinthe. Ses appréhensions étaient fondées ; peu de mois après avoir épousé Chilpéric elle mourut étranglée, et le roi, qui avait ordonné ce meurtre, ne tarda pas à épouser Frédégonde, sa complice. Brunehault aimait tendrement sa sœur Galswinthe ; à la nouvelle de sa mort elle entreprit de tirer vengeance d'un si grand crime et arma contre le meurtrier ses deux frères Sighebert et Gontran. Vers le même temps les royaumes gallo-francs et la ville de Paris étaient en proie à des calamités d'un autre ordre et enduraient les ravages de plusieurs maladies pestilentielles, telles que le charbon et la pustule maligne. Ces divers fléaux, et la nécessité de soutenir des guerres contre les Lombards et les Avares, suspendirent durant quelques jours les effets de la haine de Brunehault contre les assassins de Galswinthe. A la fin Sighebert envahit la Neustrie et assiégea dans Tournay son frère coupable. L'évêque de Paris, saint Germain, intervint alors pour réconcilier Sighebert et Chilpéric, et adressa à Brunehault (575) une lettre empreinte des exhortations les plus miséricordieuses (1). Ni Sighebert, ni Brunehault ne voulurent écouter

---

(1) Mentionnons le document historique qui témoigne de l'intervention des évêques gallo-francs en faveur de la civilisation et de la paix :

« A la reine Brunechilde, fille en Jésus-Christ de la sainte Église, dame très-clémente et très-pieuse, etc., Germain, pécheur.

« Votre bienveillance se réjouit de la vérité ; elle la tolère, elle ne s'en lasse jamais ; voilà pourquoi nous osons vous exprimer ; nous qui vous aimons jusques au fond de l'âme, les douleurs de notre cœur, plein de tristesse. Autrefois, quand le peuple chrétien, encore peu nombreux, obtenait, par la grâce de Dieu, un peu de calme, les apôtres disaient : *Voici maintenant le temps favorable, voici le jour du salut !* Aujourd'hui, au contraire, en face de jours funestes et dignes de pitié, nous nous écrions en pleurant : *Voilà que les heures de notre misère*

les pieux conseils de l'évêque; ils avaient hâte d'enlever à Chilpéric la couronne et la vie. Réduite à de telles extré-

et de notre perte arrivent! Malheur à nous, car nous avons péché! Si tant de tribulations et d'amertumes ne nous avaient pas abattu, si elles n'avaient pas montré la faiblesse de notre corps, nous nous serions fait nous-même un devoir d'aller solliciter votre pitié... Nous déposons dans votre sein les bruits populaires qui se répandent et qui nous comblent d'épouvante. On dit que c'est par vos conseils que le roi Sighebert se propose de ravager entièrement notre malheureux pays. Si nous répétons ces rumeurs, ce n'est pas que nous y ajoutions foi; cependant nous vous supplions de ne donner, en aucune manière, un prétexte de vous charger d'une si odieuse accusation. Il est vrai que ce pays est depuis longtemps à plaindre et qu'il touche à sa perte; mais nous ne désespérons pas de la miséricorde divine. Il serait temps encore d'arrêter la vengeance de Dieu, si chacun pouvait abjurer la haine, qui médite le meurtre, l'avarice, qui est la source de nos douleurs, la colère, qui écarte toute pensée de prudence. Notre Sauveur a dit, à l'heure de sa passion : *Malheur à celui par qui le scandale arrive!* Nous ne pouvons croire que tant d'actions détestables puissent demeurer impunies, et nous conjurons chacun d'entre ceux qui nous écoutent de songer, dans leurs consciences, à leurs pensées et à leurs actes, afin de n'être pas atteints par ce terrible jugement prononcé contre le traître Juda. Aucun n'a voulu nous entendre; voilà pourquoi nous vous adressons nos prières. Si vous renversez le royaume de vos ennemis, ce ne sera ni pour vous, ni pour vos enfants un grand sujet de triomphe. Pour que cette contrée se réjouisse d'être tombée en votre pouvoir, il faut qu'elle reçoive de vous sa délivrance, et non sa mort. Je vous écris pénétré de douleur, car je vois comment les rois et les peuples se précipitent pour offenser le Seigneur. Il est écrit : *Quiconque mettra sa confiance en son bras verra sa confusion, et non sa victoire.* Quiconque, je vous le dis moi-même, croira pouvoir suffire seul au salut d'un peuple, verra plutôt approcher sa mort que son triomphe. Quiconque sera gonflé par la superbe à la vue de ses richesses subira l'opprobre de la pauvreté avant de rassasier son avarice. Le Juge éternel nous juge; le pouvoir de nous juger lui appartient toujours; il ne se laisse point corrompre par des offres; il ne se laisse point toucher par les vœux des impies; il voit les cœurs et rend à chacun selon ses œuvres.

« Vaincre son frère est une honteuse victoire! humilier sa famille,

mités, Frédégonde soudoya des assassins qui poignardèrent Sighebert.

La face des choses changea. La Neustrie se rangea plus humblement que jamais sous les lois de Chilpéric et sous l'influence fatale de Frédégonde; Brunehault eut à endurer la prison et l'exil. A Rouen, où Chilpéric l'avait fait détenir, elle réussit à se faire aimer du jeune Mérovée, fils de ce roi, et qui était chargé de veiller sur elle. Prétextat, évêque de Rouen, consentit à leur donner la bénédiction nuptiale. Chilpéric, pour se venger de cet évêque, assembla à Paris un concile devant lequel comparut Prétextat, dont les pouvoirs furent suspendus et qui fut pour quelque temps envoyé en exil. Grégoire de Tours, qui assista à ce concile, nous parle d'une entrevue qu'il eut alors

renverser et détruire les possessions de ses parents, ce sont de honteux triomphes! En faisant la guerre aux siens on combat contre son propre bonheur; ennemi de soi-même, on avance sa propre ruine. Au commencement du monde il y avait deux frères sur la terre; Caïn, l'un d'eux, accomplit un fratricide, et sa punition fut sept fois plus forte que son crime. Joseph fut vendu par la jalousie de ses frères, et ces méchants ne tardèrent pas à devenir ses propres serviteurs. Saül avait juré de perdre saint David ; il eut bientôt besoin d'être épargné par la miséricorde de son ennemi. Absalon tua son frère et voulut détrôner son père : est-il besoin de vous redire ses revers et sa mort? Écoutez le prophète David : *Les méchants seront exterminés, les justes auront la terre en héritage.* Écoutez l'Apôtre : *Celui qui hait son frère est homicide : il marche dans les ténèbres, il ne sait où il va.* Écoutez le Sauveur : *Heureux les pacifiques; ils seront appelés les enfants de Dieu. Je vous donne ma paix, je vous laisse ma paix.* Là où est la paix et l'amour, là est la religion. Méditons l'histoire d'Esther, de cette reine qui sauva sa nation. Employez votre prudence, votre foi et vos vertus, à détourner le seigneur roi d'offenser Dieu, engagez-le à donner le repos à ce peuple et à laisser au juge éternel le soin de la justice... Nous vous supplions de recevoir nos très-humbles salutions, que vous offrira Gondeulfe, porteur des présentes, etc. »

près de Paris avec Chilpéric. « Deux flatteurs, dit-il, avaient dit au roi qu'il n'avait pas dans cette affaire de plus grand ennemi que moi ; aussitôt il m'envoya chercher. Lorsque j'arrivai, Chilpéric était auprès d'une cabane faite de ramée ; à sa droite était Bertrand, évêque de Bordeaux, à sa gauche Ragnemode, évêque de Paris. Devant eux se trouvait un banc couvert de pain et de différents mets. En me voyant le roi m'adressa ces paroles : « Ton devoir est de dispenser la justice à tous, et je ne puis l'obtenir de toi ; je vois bien que tu justifies pleinement le proverbe : Le corbeau n'arrache point les yeux du corbeau. — O roi, répondis-je, si l'un de nous s'écarte des voies de la justice, il peut être corrigé par toi ; mais si toi-même tu manques à tes devoirs, qui te reprendra ? Que peuvent nos exhortations si tu refuses de les entendre ?... Celui à qui se manifestent les cœurs connaît ma conscience... Tu as la loi et les canons ; consulte-les, et, si tu n'observes pas ce qu'ils te commandent, redoute le jugement de Dieu ! » Ces courageuses remontrances firent peu d'impression sur le roi. On voit par ce récit que saint Germain avait eu déjà un successeur ; l'illustre prélat, le vénérable protecteur et *défenseur* de Paris était mort en 576. Son corps fut enseveli dans l'église de Saint-Vincent et de Sainte-Croix, qui, depuis lors, fut appelée Saint-Germain des Prés.

Grégoire de Tours, qui nous raconte les sombres tragédies mérovingiennes, mêle à sa narration quelques incidents de médiocre importance, mais que nous mentionnons parce qu'ils eurent lieu à Paris, et contribuent à nous initier aux mœurs ou aux coutumes de la population de cette ville.

Au témoignage de cet historien, et sous le règne de Chilpéric, la femme d'un des principaux leudes fut accusée d'adultère par les parents de son mari; ils menaçaient de la faire mourir si son père ne la justifiait lui-même. Le père offrit d'attester l'innocence de sa fille sur le tombeau de saint Denis, où il se rendit accompagné de ses amis; les parents de son gendre s'y trouvèrent aussi. Alors il étendit les mains sur l'autel et jura que sa fille n'était point coupable et qu'on l'avait calomniée. Les accusateurs, voulant soutenir ce qu'ils avaient avancé, en vinrent aux voies de fait, et il y eut du sang répandu. L'affaire fut portée devant les juges; mais l'accusée, se sentant coupable, voulut se soustraire au jugement qu'on allait rendre contre elle et s'étrangla de ses propres mains (579).

L'année suivante parut dans la ville un homme étrange, vêtu d'une espèce de robe sans manches, avec un linceul par-dessus. Il portait une croix d'où pendaient des fioles remplies, à ce qu'il disait, d'une huile sainte. Il publiait partout qu'il venait d'Espagne et qu'il en avait rapporté les reliques de saint Vincent et de saint Félix. Il arriva à Paris au temps des Rogations. Comme l'évêque Ragnemode, à la tête du clergé et du peuple, allait ce jour-là en procession aux églises, l'imposteur voulut en faire de même. On vit paraître un homme dans un équipage extraordinaire, qui portait une croix et traînait après lui une troupe de mauvais sujets et de femmes du peuple. L'évêque, surpris de la nouveauté de ce spectacle, lui envoya dire par son archidiacre : « Si vous portez quelques « saintes reliques, déposez-les dans l'église; passez avec « nous ces saints jours, et après la fête de l'Ascension « vous continuerez votre route. » L'imposteur, au lieu d'accepter l'offre de l'évêque, commença à le charger d'injures et de malédictions en présence de son archidiacre. L'évêque, voyant que cet homme était un fourbe, le fit enfermer dans une cellule. On le fouilla ensuite, et on trouva sur lui un grand sac plein de racines de diverses herbes, de dents de taupes, d'ossements de souris, d'ongles, de graisse d'ours, que l'évêque fit jeter à la rivière, de peur de quelque maléfice, et, après avoir ôté la croix à cet homme, il lui ordonna de sortir du territoire de Paris. L'imposteur, au lieu d'obéir, refit une croix et recommença son manége, ce qui obligea l'archidiacre à le faire arrêter et mettre en prison chargé de chaînes.

Grégoire de Tours, auteur de ce récit, se trouvait alors à Paris, logé à la basilique de Saint-Julien, près de la prison de l'évêché. L'imposteur, s'étant échappé la nuit suivante, se réfugia dans cette église, où il s'endormit. L'évêque Grégoire, ne sachant rien de ce qui s'était passé, se rendit au même lieu, à minuit, pour l'office, selon sa coutume. Il fut bien surpris de trouver à sa place ordinaire un homme ivre et endormi, qui exhalait une odeur insupportable. Il fallut le porter dans un coin de l'église, où il resta jusqu'au jour sans se réveiller. Le saint prélat, touché de compassion, intercéda pour ce malheureux auprès de l'évêque de Paris. On reconnut que l'imposteur était un serviteur d'Amélius, évêque de Tarbes, et on se borna, pour toute punition, à le renvoyer dans son pays (1).

La ville de Paris, qui ne donnait qu'une attention médiocre aux rivalités et aux crimes des fils de Clovis, se

---

(1) M. de Gaulle.

préoccupait très-vivement des petits événements que nous venons de rappeler à la suite de Grégoire de Tours, et qui, aujourd'hui, prendraient tout au plus leur place dans la chronique des journaux judiciaires. Les habitudes de Paris n'ont point changé à cet égard, et la curiosité proverbiale du peuple ne s'est point affaiblie.

Paris n'appartenait point légitimement à Chilpéric; mais le roi de Neustrie, au mépris de son serment, s'y rendait fréquemment et y exerçait l'autorité souveraine. Grégoire de Tours appelle ce prince *le Néron, l'Hérode* de son siècle; cruel et lâche, Chilpéric était le jouet des caprices de Frédégonde, le docile instrument des crimes et des fureurs de cette femme. C'est sous son nom, et en abusant de son autorité, que Frédégonde fit périr dans les supplices la reine Audowère et un assez grand nombre de personnes innocentes qui furent victimes de sa haine et de son avarice. Tous les fils que Chilpéric avait eus de sa première femme tombèrent sous le poignard ou moururent misérablement. Par ses conseils Chilpéric avait tiré profit des lois et de la fiscalité romaines; il écrasait son peuple d'impôts, exigeant d'énormes tributs, et n'épargnant ni les Gaulois, ni les Francs eux-mêmes.

Ces abus de pouvoir et les crimes de Frédégonde parurent attirer les vengeances du Ciel, et l'on vit se vérifier cette conversation prophétique qui eut lieu entre l'évêque Sauve et saint Grégoire de Tours.

« Lève les yeux, dit Sauve. Que vois-tu sur le palais du roi? — J'y vois un second bâtiment qu'on vient d'élever depuis peu, répondit le saint. — N'y vois-tu rien de plus? reprit Sauve. — Non, ajouta Grégoire. Mais toi, que peux-tu y découvrir? » Et Sauve, en poussant un profond soupir : « Je vois le glaive de la vengeance divine levé sur la maison de Chilpéric. » En effet les horreurs de la guerre, de la famine et de la peste, désolèrent le pays des Francs; la maladie contagieuse appelée le feu Saint-Antoine n'épargna pas la maison royale : deux enfants que Chilpéric avait eus de Frédégonde en furent atteints. La reine, les voyant en danger de mort, éprouva quelque repentir et dit au roi : « Voilà longtemps que la miséricorde divine supporte nos mauvaises actions ; elle nous a souvent frappés de fièvres et d'autres maux, et nous ne nous sommes pas amendés. Voilà que nous avons déjà perdu des fils ; voilà que les larmes des pauvres, les gémissements des veuves, les soupirs des orphelins vont causer la mort de ceux-ci... Voilà que nos coffres demeureront dénués de possesseurs, pleins de rapines et de malédictions... Si tu y consens, viens, brûlons ces injustes registres d'impôts ; qu'il nous suffise, pour notre fisc, de ce qui suffisait à ton père, le roi Clotaire. »

Les registres furent brûlés, mais les deux jeunes princes moururent.

En 584, Frédégonde eut un fils qu'elle appela Clotaire. Quatre mois après la naissance de cet enfant le roi Chilpéric fut assassiné au retour de la chasse, à Chelles, dans l'une des maisons de campagne que les rois mérovingiens possédaient aux environs de Paris. Telle était la renommée criminelle de Frédégonde qu'on l'accusa de ce meurtre (1) ; mais les historiens les plus dignes de foi

(1) Voici la légende que renferment au sujet de la mort de Chilpéric les *Chroniques de Saint-Denis;* elle n'a d'autre base que les *Gestes des rois francs,* chronique du huitième siècle : « Moult estoit belle femme la royne Frédégonde, en conseil sage et cavilleuse (subtile) ; en tricherie

l'attribuent à la vengeance de Brunehault. Comme personne n'aimait Chilpéric, personne ne le regretta, et, au

ni en malice n'avoit son pareil, fors Brunehault tant seulement. Elle avoit si déceu et si aveuglé le roy Chilpéric... que lui-même la servoit ainsi comme feroit un garson (valet). Un jour il se prépara pour aller chacier au bois, et commanda que les selles fussent mises. Du palais descendoit dans la cour. La royne, qui cuida (crut) qu'il dust partir sans plus remonter, entra en sa garde-robe pour son chef (sa tête) laver. Le roy retourna en la salle ; il entra là où estoit la royne si doucement qu'elle ne s'en aperçut mie, et, comme elle estoit penchée en avant, il la férit (frappa), en riant, au dessous des reins d'un bastoncel que il tenoit. Elle ne se retourna pas pour lui regarder, car elle cuida certainement que ce fust un autre. Lors dist : « Landri ! Landri ! tu fais mal ; comment oses-tu ce faire? » Ce Landri estoit cuens (comte) du palais, et le premier de la maison du roy ; il le honnissoit de sa femme et la maintenoit en adultère. Quand le roy ouït ceste parole, il tomba en un soupçon de jalousie et devint ainsi comme tout forcené. Il sortit de la salle, et de çà et de là alloit, angoisseux et destrois de son cueur, comme celui qui ne savoit que il peust faire ni dire ; toutesfois alla au bois pour soulagier la tristesse de son cueur. Frédégonde aperçut bien que ce avoit esté le roy et qu'il n'avoit point porté de bon cueur la parole qu'elle avoit dite. Lors pensa bien que elle estoit en péril si elle attendoit sa revenue ; pour ce rejeta toute paour et prit toute hardiesse de femme. Landri manda que il venist à elle parler. Lors lui dist : « Landri, il s'agit de ta teste maintenant ; pense plus à ta sépulture qu'à ton lit, si tu ne t'avises comment tu pourras te sauver. » Lors lui conta comment la parole avoit esté dite. Moult fut Landri esbahi ; il commença à recorder et à réciter ses melfais à lui-mesme en grant douleur de cueur. L'aiguillon de conscience le poignoit aigrement ; il ne voyoit lieu où il pust fuir, ni comment il pust eschapper ; il lui sembloit qu'il fust pris et retenu ainsi comme le poisson aux rets. Fortement se mit à gémir et à soupirer... Lors lui dit Frédégonde : « Escoute, Landri..... quand il viendra de chacier tout
« tard, si comme il a coustume de venir par nuit aucune fois, garde
« que tu aies disposé des homicides, et que tu fasses tant vers eux
« par dons que ils veuillent mettre leur vie en péril..... si que il soit
« occis de coutiaux. Quand ce sera fait, nous serons assurés contre la
« mort, et règnerons entre nous et *notre fils* Clotaire. » Landri loua (approuva) moult ce conseil. Il se pourvut de son affaire. Tout tard vint

moment de sa mort, il fut abandonné de tous. Un évêque, qui, depuis trois jours, sollicitait en vain une audience, prit seul soin de son corps et lui rendit les honneurs funèbres. Pour Frédégonde elle se hâta de revenir à Paris, se mit sous la protection de Gontran, et fit reconnaître pour roi de Neustrie son jeune fils Clotaire II (584).

Sous le règne de Chilpéric, et par ordre de ce roi, on commença à Paris la construction d'une nouvelle église sous le vocable de l'évêque Germain, dont la mort était alors récente. Chilpéric avait eu la pensée d'y faire inhumer les restes de ce saint illustre, au tombeau duquel on voyait chaque jour s'opérer une foule de miracles dont parlent Grégoire de Tours et Fortunat. Chilpéric étant mort, les travaux de construction entrepris sous son règne se ralentirent beaucoup, et les religieux de l'abbaye de Saint-Vincent et de Sainte-Croix demeurèrent en possession des reliques de saint Germain. L'église commencée par Chilpéric reçut plus tard la dénomination de Saint-Germain-le-Rond, et fit place, à la suite d'agrandissements et de destructions dont nous aurons à parler, à la magnifique basilique qui subsiste encore sous le vocable de Saint-Germain-l'Auxerrois.

A la mort de Chilpéric, les Francs neustriens se soulevèrent, non pour venger le meurtre de ce prince, mais pour s'affranchir de la nécessité d'obéir à un enfant et à une femme. Frédégonde, effrayée, se réfugia avec une partie de ses trésors dans l'église cathédrale de Paris, au-

---

le roy du bois. Ceux qui avec lui estoient allés ne l'attendirent pas, mais allèrent les uns çà et les autres là, comme coutume est des chasseurs. Les meurtriers, qui entour lui furent tout prests, le férirent de coutiaux parmi le corps et l'occirent en telle manière. »

près de l'évêque Ragnemode. Craignant d'être bientôt abandonnée de tout le monde si elle demeurait plus longtemps sans une plus puissante protection, elle eut recours au roi Gontran, qu'elle invita à venir à Paris en lui offrant de se remettre, elle et son fils unique, entre ses mains. Gontran fut touché de sa soumission et se présenta devant Paris à la tête d'une armée. Les habitants sortirent au-devant de lui et le reçurent avec joie. Ils n'en usèrent pas de même à l'égard de Childebert II, fils de Sighebert et comme lui roi d'Austrasie. Ce jeune prince s'étant présenté avec ses leudes devant Paris, les habitants refusèrent de lui ouvrir leurs portes. Childebert s'en plaignit à Gontran, qui, pour toute réponse, allégua le traité juré sur les reliques des saints par Sighebert, Chilpéric et lui, traité suivant lequel chacun d'eux s'était soumis à perdre sa part de Paris s'il y entrait sans le consentement des deux autres. Chilpéric et Sighebert étant entrés dans cette ville sans que Gontran y eût consenti, il disait que ses neveux n'avaient en conséquence plus rien à prétendre sur cette ville. Frédégonde, qui avait besoin de Gontran, parut tout approuver.

Pendant le séjour de Gontran à Paris ce prince répara plusieurs injustices commises sous le règne précédent. Il se montra fort affable, fit de grandes largesses aux leudes et aux pauvres, et se concilia l'affection des Parisiens; cependant, se regardant toujours comme au milieu d'un royaume étranger, il ne sortait jamais sans sa bonne escorte; il ne put même s'empêcher de témoigner un jour ses craintes d'une manière naïve devant tout le peuple assemblé à l'église. « Après que le diacre eut imposé silence au peuple pour écouter la messe, le roi, se tournant du côté de l'assemblée, s'écria : « Je vous conjure de me conserver votre foi. Ne me tuez pas, comme vous avez fait dernièrement de mes frères. Qu'il me soit permis d'élever, au moins pendant trois ans, mes neveux, qui sont devenus mes fils adoptifs... de peur qu'il n'existe bientôt plus un seul homme fort pour vous défendre(1). » Alors le peuple pria pour le roi Gontran, et la réconciliation parut accomplie.

Gontran tint un plaid national où se rendirent les ambassadeurs de Childebert; ils ne purent obtenir ni la cession d'une portion de cette ville, ni l'abandon de Frédégonde que leur maître demandait, Gontran l'ayant prise sous sa protection comme mère d'un roi dont il avait la tutelle. Tout se passa en inutiles reproches. Les auteurs ne sont pas d'accord sur le lieu où fut tenue cette assemblée ; plusieurs estiment qu'elle fut convoquée à Paris ; d'autres pensent qu'elle se réunit à Châlon-sur Saône, capitale de la Gaule burgonde (royaume de Bourgogne).

Gontran fit inhumer en grande pompe dans l'église de Saint-Vincent et Sainte-Croix (Saint-Germain des Prés) les corps de Clovis et de Mérovée, les deux jeunes fils de Chilpéric, qui avaient péri misérablement l'un et l'autre par les manœuvres de Frédégonde. Cette femme cruelle était alors retirée au Vaudreuil (val de Reuil), près de Rouen, d'où elle faisait partir des émissaires chargés de poignarder ou d'empoisonner ses ennemis, et plus particulièrement les Mérovingiens d'Austrasie. Vers le même temps elle fit assassiner au pied des autels saint Prétextat, évêque de Rouen. Quatre ou cinq ans après ce meurtre, et en 591,

---

(1) *Greg. Turon.*, lib. VII, cap. 8.

on baptisa à Nanterre le jeune roi de Neustrie, Clotaire II, qui eut pour parrain Gontran, son oncle. Ce dernier étant mort en 593, des guerres civiles s'élevèrent entre les Francs-neustriens, les Francs burgondes et les Francs austrasiens, et la rivalité de Brunehault et de Frédégonde fit couler beaucoup de sang. La victoire demeura à Clotaire II et à Frédégonde, qui se maintinrent en possession de Paris et des diverses provinces gallo-neustriennes. Frédégonde n'eut pas le temps de jouir de ses triomphes; elle mourut à Paris en 597, et fut inhumée dans l'église de Saint-Vincent et Sainte-Croix, près des Mérovingiens dont plusieurs avaient été tués par ses ordres. On a conservé la pierre en mosaïque qui recouvrait les dépouilles de cette femme, douée d'un génie égal à sa scélératesse; sur cette pierre, l'un des monuments les plus authentiques de la période mérovingienne, Frédégonde est représentée portant le sceptre et vêtue royalement.

Après la mort de Frédégonde les affaires de Clotaire II changèrent de face. Les deux jeunes rois d'Austrasie et de Bourgogne le défirent près d'un village nommé Doromelle (Dormeille), situé dans le pays de Sens et sur les bords de l'Ouanne. Clotaire, mis en fuite, se retira dans Paris; mais il en fut bientôt chassé par les deux rois vainqueurs, qui le poursuivirent si vivement qu'il se vit contraint de faire la paix, en perdant une grande partie de ses États. Paris demeura ainsi au pouvoir des rois Théodebert et Thierry. Quelques années après, les Neustriens vaincus dans la personne de Clotaire, voulurent réparer leurs pertes. Landri, maire du palais de Neustrie, s'avança avec une armée contre Thierry; mais, celui-ci l'ayant joint près d'Étampes, il fut mis en déroute; Thierry, vainqueur, rentra à son retour dans Paris. A cette nouvelle Clotaire, qui voulait s'opposer à Théodebert avec un autre corps d'armée, fut obligé de demander la paix pour la seconde fois.

La division et la guerre allumées par Brunehault entre les deux frères Théodebert et Thierry vinrent, en causant la ruine de l'un et de l'autre, relever les affaires de Clotaire; Théodebert périt le premier avec ses deux fils, et Thierry mourut la même année (613). Sighebert, son fils aîné, qui lui succéda, fut pris dans un combat l'année suivante et mis à mort par Clotaire. Le reste de sa famille fut tué ou mis en fuite. Brunehault, livrée au vainqueur, subit l'affreux supplice que tous les historiens ont raconté. Après sa mort la Neustrie, l'Austrasie et la Bourgogne furent réunies sous le même roi; Clotaire II se trouva seul maître de la monarchie des Francs, comme l'avait été Clotaire Ier, son aïeul, et Paris acquit pour un moment toute l'importance d'une capitale d'empire.

« Clotaire II, dit Frédégaire, était doué d'une grande patience, instruit dans les lettres, craignant Dieu, et rémunérant généreusement les églises; il faisait aux pauvres de grandes aumônes, et se montrait plein de bénignité et de piété. » L'histoire, moins complaisante pour Clotaire II, le range au nombre des princes cruels, rusés et faibles qui portèrent mal le fardeau de l'héritage de Clovis. Quoi qu'il en soit, vers la fin de 614, ce roi convoqua à Paris une sorte de plaid national dont firent partie les évêques de la Gaule, et qui tint ses séances dans l'église des Apôtres Saint-Pierre et Saint-Paul, autrement appelée Sainte-Geneviève. Ce sixième concile (car on lui donna également le nom de concile) de Paris fut le plus nombreux que l'on eût encore vu en France. Les évêques y firent quinze canons, dont les principaux ont pour objet de modérer l'autorité que les rois s'attribuaient dans l'élection des évêques, de maintenir la subordination des clercs, de conserver le temporel de l'Église, de fixer les limites de la juridiction civile et de la juridiction ecclésiastique, et d'empêcher les juifs d'exercer des charges qui leur donneraient quelque autorité sur les chrétiens. Clotaire fit publier un édit pour expliquer quelques-uns de ces canons et pour les modifier en ce qui paraissait intéresser ses droits. Outre les règlements ecclésiastiques on fit aussi dans ce concile des règlements purement civils, qui furent appelés capitulaires; ces décisions, qui sortaient du domaine religieux, attestent que les évêques continuaient à s'attribuer dans l'État une autorité législative.

Saint Céran (*Ceraunus*) était alors évêque de Paris. A l'exemple d'Eusèbe de Césarée il avait entrepris de former une collection d'actes des martyrs et des saints de la Gaule; pour réaliser ce projet il écrivit à Warnahaire (Garnier), diacre de Langres, qui lui fit parvenir divers documents se rattachant aux saints de son pays. Par malheur la collection que voulut compléter saint Céran n'est point parvenue jusqu'à nous; c'est une perte regrettable pour l'histoire nationale.

Aucun événement bien digne d'intérêt ne signala désormais l'histoire de Paris jusqu'à la fin du règne de Clotaire II. Ce prince, qui résidait habituellement dans sa villa de *Clippiacum* (Clichy), où il rassemblait ses leudes, mourut en 628 et fut inhumé à Saint-Germain des Prés (Saint-Vincent et Sainte-Croix), auprès de ses pères. Son fils Dagobert Ier, déjà roi d'Austrasie, lui succéda dans le gouvernement de l'empire des Francs et vint s'établir à Paris. Durant les premières années de son règne ce prince se fit chérir par sa justice et sa sagesse (1). Il entreprit des voyages dans ses vastes domaines et donna aux peuples de grandes espérances. Mais ces beaux commencements ne furent pas de longue durée. Ils étaient dus aux bons conseils de saint Arnould et de Pepin, maire du palais d'Austrasie, dont l'Église catholique honore aussi le souvenir. Ce fut un rare bonheur pour le jeune roi que cette administration publique exercée sous son nom par deux hommes dont les talents égalaient la sainteté.

Mais saint Arnould mourut, et les conseils de Pepin ne suffirent plus pour contenir les passions du roi. Comme Salomon, à la sagesse duquel il ne s'était jamais élevé, Dagobert se laissa corrompre par les excès de la débauche. Il eut à la fois trois reines et une foule de femmes illégitimes, dont l'avidité épuisa les richesses royales. « Alors, disent les chroniques, le roi voulut, avec les dépouilles des églises et des leudes, combler le vide de ses coffres, et il commit beaucoup d'iniquités. »

Durant les dernières années de sa vie, et après plusieurs guerres sanglantes, Dagobert s'attacha, dit-on, à racheter les égarements de sa jeunesse; la religion sembla adoucir ses mœurs et tempérer son orgueil. Pour manifester aux peuples la douleur que lui inspiraient ses égarements, il couvrit le sol d'abbayes et prodigua d'immenses trésors aux monastères. Ces donations, bien que faites avec un zèle souvent exagéré, n'appauvrirent pas les peuples; les

---

(1) « Il était, dit naïvement son biographe, doux pour les bien intentionnés et les fidèles, terrible aux rebelles et aux perfides, benin pour les bons, mais lion ardent pour les indociles. » (*Gesta Dagob.*, xxiii.)

Gallo-Francs s'y associèrent eux-mêmes avec un naïf empressement.

Dagobert fut enseveli dans la célèbre abbaye de Saint-Denis, qu'il avait fondée et enrichie avec une magnificence que rien n'égale, prodiguant avec un pieux enthousiasme l'or, l'argent et les pierreries. Sur les murailles de la nef on voit avec curiosité des sculptures grossières qui représentent, entre autres merveilles, une chasse miraculeuse et une sorte de bataille que les saints et les démons semblent se livrer pour se disputer l'âme de Dagobert au sortir de ce monde. Ces sculptures datent du treizième siècle.

CHAPITRE II.

Dernière période mérovingienne. — Les rois fainéants (628 — 753).

Les rois francs, au déclin de la race mérovingienne, régnèrent presque tous sous la surveillance jalouse de quelques leudes qui, d'abord simples officiers de la couronne, étaient devenus peu à peu, par la volonté et le choix des grands, les véritables tuteurs de la royauté. J'ai suffisamment désigné les maires du palais (1). Lors donc que mourut Dagobert, ne laissant que deux fils bien jeunes encore, l'usurpation fut consommée, et les maires, non contents d'appeler à eux toutes les prérogatives effectives, telles que le commandement des armées et l'administration publique, réussirent, pour la plupart, surtout en Austrasie, à assurer l'hérédité de leurs fonctions. Dès lors ils furent les véritables rois, et il ne resta aux descendants de Clovis

---

(1) La mairie (majorie) est une institution qui se retrouve chez plusieurs peuples antiques. La première fois qu'il en est fait mention dans nos chroniques, c'est à l'époque du mariage de Brunehault ; toutefois ce nom se trouve dans Fortunat (*Vie de sainte Radegonde*, chap. XLV). Ceux qui remplissaient cette dignité chez les Goths et en Italie portaient le même nom (concile de Rome sous Symmaque). Chez les Perses on les nommait μείζων τῆς βασιλικῆς οἰκίας (Sozomène, liv. II, chap. IX). Les anciens historiens les appellent indifféremment maires du palais (majordomes), recteurs du palais (Aimoin), gouverneurs du palais (Frédégaire, Aimoin), modérateurs du palais (P. Warnefried), maîtres du palais (Godefroid de Viterbe), préfets du palais (Éginhard), proviseurs de la maison royale (Veneric), princes du palais (Ermentaire), comtes du palais (Aimoin), ducs du palais (Frédégaire), préposés du palais (Ouen, *Vie de saint Eloi*).

que de vains honneurs sans puissance. On en fit des idoles qu'on montrait au peuple dans les jours de grandes cérémonies, et qui, le reste du temps, demeuraient cachées dans le temple.

« En ce temps-là, dit Hariulfe, la gloire royale s'affaiblissait; le royaume était gouverné par les *préfets du palais*. Il ne restait rien aux rois de leur puissance, sinon le titre, l'ombre de la royauté, et le droit de donner audience aux ambassadeurs et de leur répondre *ce qui leur était ordonné de dire* comme venant d'eux-mêmes. Le préfet de la cour (le maire) avait seul l'administration de l'intérieur et du dehors; seul il faisait et disposait toutes choses. »

Clovis II, celui des fils de Dagobert qui régnait en Neustrie, grandit sous la tutelle du maire Ægha et de son successeur Erchinoald. Ægha était un homme d'une rare prudence. Dagobert, en mourant, lui avait recommandé sa veuve Nantilde et son fils Clovis, et il fut fidèle gardien de ce dépôt jusqu'à sa mort, arrivée deux ans après, en 640. Erchinoald exerça sur le faible roi une sorte de tyrannie; il lui fit épouser Bathilde, l'une de ses esclaves, jeune fille d'une rare beauté. La nouvelle reine se montra digne par ses hautes vertus d'être la compagne du roi de Neustrie, et, plus heureuse encore, elle mérita par la sainteté de sa vie d'échanger contre la couronne immortelle la couronne périssable de ce monde. Sainte Bathilde était, d'ailleurs, petite-fille du *bretwalda* Ethelbert, premier roi chrétien des Saxons. Issue de la race de Woden, elle jouait un jour sur la grève de l'Océan avec ses compagnes, lorsqu'elle fut prise par des pirates et vendue comme esclave aux Francs neustriens. Devenue la compagne du faible Clovis II, elle dirigea souvent avec intelligence et courage les affaires publiques. « Ce ne fut pas vraiment sans étonner le royaume, disent les légendes ; mais cette rose de Saxe, plantée au milieu des lis, devait leur rendre une odeur plus suave et attirer sur eux un incomparable bonheur. » Quoi qu'il en soit, sous le règne de Clovis II de grandes calamités affligèrent la nation des Francs, et une famine qui désola Paris et la Neustrie mit à l'épreuve la charité de sainte Bathilde. Pour faire face aux besoins des pauvres on eut recours aux richesses de l'abbaye de Saint-Denis. Clovis II étant mort prématurément, ne laissant que des fils en bas âge, sainte Bathilde exerça pendant quelque temps les fonctions de régente et s'efforça de gouverner en dépit de la jalousie des maires du palais et de l'animosité inquiète des leudes. Si la force lui manqua pour surmonter d'aussi redoutables difficultés, du moins la pieuse reine parvint-elle à donner satisfaction aux instincts de son ardente charité. « Par cette grâce de prudence que Dieu lui départit, dit son biographe, elle fut avec une délicate attention une mère pour les princes, une humble fille des pontifes, une excellente nourricière des jeunes Francs du palais ; également agréable à tous ; aimant les évêques comme ses pères, les moines comme ses frères, et comme ses enfants les pauvres qu'elle comblait d'aumônes. » Tel était le rôle touchant, mais restreint, que les circonstances lui permettaient encore de remplir ; pour s'en rendre de plus en plus digne elle s'entoura d'un conseil d'évêques, parmi lesquels siégeaient saint Léger, évêque d'Autun, et saint Ouen, évêque de Rouen. « La reine Bathilde, disent encore les chroniques, régla, ou plutôt le Seigneur ordonna par elle qu'une coutume impie et abominable cessât : c'est que plusieurs aimaient mieux laisser mourir leurs enfants que de les nourrir, parce qu'ils voyaient les exactions fiscales croître avec leur nombre, et les charges publiques s'aggraver, selon les lois anciennes, et tous leurs biens dissipés. Voilà ce que la vénérable dame empêcha, afin que nul n'osât désormais le faire. » Si de pareils souvenirs honorent la piété de sainte Bathilde, ils n'en donnent pas moins une bien triste idée de la condition des peuples gallo-francs et des Parisiens eux-mêmes sous le gouvernement de Clovis II.

C'était d'ailleurs le temps où saint Landri occupait le siége de Paris. Sa charité et son zèle pour le salut de son troupeau lui avaient acquis une popularité que le temps n'a pas détruite. « Aimant Dieu et les hommes, dit l'hagiographe, saint Landri se sacrifia au gouvernement de son Église et au bonheur du peuple dont la conduite lui était confiée, ne cherchant jamais sa satisfaction et ne s'occupant que de glorifier Dieu et de soulager le peuple : *Deo servire et prodesse populo.* » Durant la grande disette qui se fit ressentir sous son épiscopat, tout le blé, toutes les provisions que saint Landri tenait en réserve dans sa maison, il les fit donner aux pauvres ; il vendit ensuite sa vaisselle et ses meubles pour acheter encore des provisions de blé. Ces premiers moyens épuisés n'ayant point été suffisants, il vendit les ornements et les vases sacrés dont il s'était plu à enrichir son église.

Paris, avant saint Landri, ne possédait encore que les *matriculæ*, c'est-à-dire les asiles soutenus par les aumônes viagères des riches. Ce fut saint Landri qui le premier fit pour Paris ce que les constitutions des empereurs avaient fait pour l'empire. Il fonda un établissement auquel il affecta un revenu fixe et assuré. Cet établissement fut longtemps appelé l'hôpital de Saint-Christophe; dans la suite les populations chrétiennes lui donnèrent le nom touchant et sublime d'Hôtel-Dieu.

Témoin des luttes engagées entre les grands et les maires du palais, hors d'état de diriger les affaires publiques en ces jours d'orage, que signale le redoutable nom d'Ébroïn, sainte Bathilde se retira dans le monastère de Chelles, pour y terminer ses jours. En 666, l'année qui suivit sa retraite, la ville de Paris eut à endurer les ravages de la peste.

Clotaire III était roi de Neustrie et de Bourgogne. Sous son règne Ébroïn faisait mettre à mort les hommes les plus puissants sous de légers prétextes, et vendait au peuple la justice et l'injustice.

Clotaire III, étant mort en 670, eut pour successeur Childéric II; celui-ci choisit pour premier ministre saint Léger, évêque d'Autun et rival d'Ébroïn. En 673 Childéric II fut mis à mort par les leudes francs, fatigués de sa tyrannie et de ses débauches.

Dix ans après, Ébroïn, qui s'était fait le champion sanguinaire du pouvoir royal, fut à son tour assassiné par un seigneur franc, nommé Ermanfroi. Il périt misérablement, après avoir exercé, pendant plus de vingt ans, le suprême commandement dans les royaumes de Neustrie et de Bourgogne. Le nom d'Ébroïn est encore, de nos jours, le symbole de l'ambition, de la cruauté et de la ruse; mais il convient de se défier des monuments historiques qui nous le dépeignent sous d'aussi noires couleurs.

A la mort d'Ébroïn les Francs d'Austrasie prévalurent dans la Gaule neustrienne; vainement le faible Thierry et Bertaire, maire du palais de Neustrie, essayèrent-ils de lutter contre cette prépondérance redoutable; Pepin de Héristal, qui gouvernait l'Austrasie sous le nom de duc des Francs, se hâta de leur déclarer la guerre, et son armée vint camper à Testry, entre Saint-Quentin et Péronne. La bataille fut longue et sanglante; mais le roi Thierry III fut vaincu et mis en fuite, et Bertaire massacré par ses propres compagnons. Pepin se rendit maître du faible Thierry, le fit reconnaître par l'Austrasie, et se réserva, sous ce fantôme de roi, la réalité de la puissance, qu'il exerça sous les titres de duc, de prince et de maire. La bataille de Testry fut le dernier degré de l'usurpation des maires du palais; elle mit tout le pouvoir entre leurs mains, et les successeurs de Clovis n'eurent plus rien des prérogatives du trône que la faculté de présider les assemblées du Champ de Mars, de paraître avec éclat dans de vaines cérémonies, et de voyager d'une maison de plaisance à l'autre dans un char traîné par des bœufs. Le duc d'Austrasie, maire et souverain, se réserva les trésors, la justice, la correspondance avec les gouverneurs provinciaux et la plénitude de la puissance royale (687).

L'histoire particulière de Paris semble disparaître au milieu des obscurités de cette époque. C'est à peine s'il nous reste, de l'année 691, un document d'une certaine valeur, qu'on appelle la *Charte de Vandemir*. Par cet acte le noble franc qui y a attaché son nom fait, conjointement avec sa femme, de grandes largesses à la plupart des églises et des monastères de la ville et du diocèse de Paris, à la cathédrale, aux deux abbayes de Saint-Vincent, à Saint-Denis, aux filles de Saint-Christophe, dont l'abbesse est nommée Gaudetrude, et à plusieurs autres églises dont les noms ne se peuvent lire. Ce titre, quoique mutilé, fournit encore des particularités qui ne sont pas à négliger. On y voit qu'alors la cathédrale était sous l'invocation de saint Étienne. Des deux abbayes de Saint-Vincent qui ont part aux libéralités de Vandemir, l'une, dont l'abbé se nommait Landebert, est Saint-Germain l'Auxerrois, qui était desservi alors par une communauté de moines, et la seconde Saint-Germain des Prés, dont l'abbé se nommait Autharius. Quant à la communauté des filles de Saint-Christophe, c'était la corporation de religieuses qui desservaient l'hôpital.

Peu d'années après, le 29 août 700, mourut à Paris un religieux né à Autin, et que sa piété avait depuis longtemps rendu célèbre. Il habitait depuis quelque temps un monastère situé dans l'un des faubourgs du nord de la ville, et qui joignait la chapelle de Saint-Pierre. Il fut inhumé dans cette même chapelle, au lieu même où plus tard fut élevée une église qui porta son nom ; nous voulons parler de Saint-Médéric, que le peuple appelle Saint-Merry.

Ce n'est point ici le lieu de raconter les conflits sanglants qui signalèrent, sous le gouvernement de Pepin, les règnes des Mérovingiens fainéants auxquels ce duc d'Austrasie laissait encore le vain titre de roi. Ces princes débiles, et surveillés par un pouvoir jaloux, ne résidaient pas même à Paris, et la Gaule neustrienne formait à peine une province gouvernée de loin par Charles-Martel, duc des Francs et fils de Pepin. On ne voit pas que, dans cette dernière période de l'histoire de la première race, de Childebert III à Childéric III, l'Église de Paris ait jeté un grand éclat. On ne connaît guère pour ce temps que le nom des évêques ; on a pourtant quelques détails sur la vie de saint

Hugues, qui succéda à Bernechaire. Saint Hugues était fils de Drogon, comte de Champagne, qui avait épousé la fille de Waraton, maire du palais ; il fut élevé auprès d'Auflède, son aïeule maternelle, et embrassa l'état monastique dans l'abbaye de Jumiéges. Charles-Martel le plaça ensuite sur le siége épiscopal de Rouen ; saint Hugues fut aussi abbé de Fontenelle et de Jumiéges, et eut en même temps l'administration des Églises de Paris et de Bayeux. Tandis qu'il gouvernait, dans l'ordre spirituel, des populations assez étrangères, sinon par leurs souffrances, aux luttes politiques de cette époque, la vieille famille des rois chevelus, quoique déchue et pour ainsi dire avilie sous le despotisme des maires, obtenait encore un reste de respect que Charles-Martel, quelle que fût sa puissance, n'osa entièrement braver. Après la mort de Thierry IV il ne se crut pas assez fort pour prendre le titre de roi et exclure le dernier des Mérovingiens ; il se contenta de laisser le trône vacant, cherchant ainsi à préparer plus tard l'usurpation de sa race.

Tandis que Charles-Martel et son fils Pepin gouvernaient les Francs, laissant les derniers Mérovingiens s'éteindre dans une décrépitude prématurée, le rôle de Paris continuait d'être des plus obscurs, et c'est à peine si de loin en loin les chroniques mentionnent encore le nom de cette ville. Paris avait cessé d'être la capitale d'un empire dont le centre était à Metz ou à Cologne, et des aventuriers héroïques, toujours occupés à combattre les barbares du Midi et ceux du Nord, n'avaient guère le loisir d'accroître son enceinte, d'y construire de nouveaux monuments. Paris était alors administré par des comtes. L'histoire de Saint-Denis parle de l'un de ces seigneurs, nommé Guarin ou Warin, qui fit transférer la foire de Saint-Denis entre les bourgs de Saint-Martin et de Saint-Laurent, tous deux situés au nord de la ville. Les comtes de Paris, institués au nom du roi, étaient encore de simples officiers amovibles, qui réunissaient en leurs mains les pouvoirs militaires et administratifs. C'est dans ces conditions que Paris se trouvait placé en l'an 752, lorsque Pepin le Bref, fils de Charles-Martel, mit fin à la débile royauté des héritiers de Clovis et se fit reconnaître roi des Francs par le pape Zacharie et par les grands du royaume.

Le peuple gallo-romain prenait peu de part à ces révolutions de palais, à ces catastrophes dynastiques. Placé sous la tutelle brutale des guerriers francs, il payait, en gémissant et au prix de mille vexations, les énormes tributs que lui imposaient ses maîtres, et il ne se souciait guère de voir se succéder des chefs et des princes qui ne pouvaient ni le protéger, ni le défendre. A Paris comme dans le reste de la Gaule neustrienne il y aurait eu dépérissement social si la religion n'eût accompli sa mission, qui est de sauver le monde.

Les évêques, les supérieurs des monastères, d'autres dignitaires de l'Église stipulaient, auprès des rois barbares, en faveur de la société gallo-romaine. Les concessions faites aux églises à titre de bénéfices leur donnaient le droit de prendre rang parmi les leudes et les faisaient entrer dans l'aristocratie des Francs, sans rien leur enlever de l'amour et de la confiance des Gaulois.

Il y eut sans doute, durant la longue et obscure période dont nous avons rappelé quelques traits, des actes de violence, des meurtres, des crimes dont la nomenclature serait trop longue; mais au milieu de cette confusion l'Église réussit à conserver la société, et, pendant que toutes les forces étrangères à elle s'usaient par leurs propres excès, elle seule dominait et prévalait. Une histoire plus longue que celle des attentats commis serait celle des attentats qu'elle a empêchés (1).

(1) M. Guizot, *Essai sur l'histoire de France.*

CHAPITRE III.

Paris au déclin de la première dynastie.

Si l'on se reporte, par le souvenir, vers le milieu du huitième siècle, à l'époque où les derniers Mérovingiens se promenaient, de ferme en ferme, sur des chariots traînés par des bœufs, on parvient très-difficilement à se faire une idée juste de la physionomie de Paris à cette époque, de son étendue, de ses limites et de sa banlieue.

En dépit des misères publiques, des misères privées, des horreurs de la guerre, des maladies contagieuses, de la disette et des exactions fiscales, Paris avait eu le sort de toutes les villes qui sont plus ou moins un centre politique et commercial : il s'était peu à peu développé; il avait vu se former, autour de son île étroite, des faubourgs, des bourgades, une ceinture de maisons de campagne ou de maisons de plaisance qui faisaient corps avec la cité-mère. Il est presque impossible de déterminer les espaces que cette banlieue occupait et d'en suivre les contours très-irréguliers ; les agglomérations extérieures de maisons et de rues qui existaient autour de la ville étaient évidemment disséminées au hasard, groupées sans aucune pensée d'ensemble municipal, séparées les unes des autres par des champs, des bois, des marécages. Quant à la ville proprement dite, à la vieille cité lutécienne, tout ce qu'il est permis de penser, c'est qu'elle était fort laide et fort mal ordonnée.

L'histoire de l'île de la Cité, berceau de Paris, est l'histoire de la ville elle-même jusqu'au onzième siècle. Le Paris des deux rives n'avait alors qu'une médiocre importance ; à cause de Notre-Dame et du Palais, ces deux métropoles religieuse et politique, tous les événements se concentraient dans la Cité, et la population, les églises, les établissements de tout genre ne cessaient de s'y entasser. A partir du onzième siècle, et à mesure que le Paris des deux rives s'agrandit, la Cité perd de son importance, mais non de sa popularité, car elle reste le centre des affaires politiques, et même, à cause du Parlement, le centre des affaires commerciales ; elle garde ce caractère jusqu'à la fin du quinzième siècle. A dater de cette époque, et surtout de 1789, la Cité cesse de jouer le premier rôle dans l'histoire de Paris ; la richesse s'en est éloignée ; il n'y reste qu'une population misérable et souffrante ; elle devient même un repaire de vagabonds, de repris de justice et de prostituées ; aucun événement ne vient la remettre en saillie, et elle ne garde d'importance politique que par le Palais de Justice et surtout par la Préfecture de Police, positions de premier ordre dont les révolutions ne manquent jamais de s'emparer.

La Cité présentait encore, il y a soixante ans, l'aspect peu séduisant qu'elle avait au moyen âge : à l'extérieur, privée de quais, sauf dans sa partie occidentale, ayant ses maisons hautes, fétides, obscures, pressées sur les bords de la Seine, bordée d'eaux sales, d'herbes dégoûtantes, de blanchisseries, de guenilles suspendues de toutes parts, elle offrait à l'intérieur un amas inextricable de ruelles hideuses, de masures noires, de bouges infects, ruche malsaine où nos pères se sont entassés pendant des siècles, et dans laquelle on ne comptait pas moins de cinquante-deux rues, six impasses, trois places, dix paroisses, vingt et une églises ou chapelles, deux couvents, outre l'Hôtel-Dieu, les Enfants-Trouvés, le Palais avec ses dépendances, l'archevêché, le cloître Notre-Dame et la cathédrale. Aujourd'hui le marteau des démolitions a fait disparaître près de la moitié de ces rues et de ces édifices, et l'on peut prévoir l'heure où l'île qui fit jadis la gloire et la force des Parises ne sera occupée, de l'orient à l'occident, que par des monuments publics, une cathédrale, un hôpital, un palais de justice, une préfecture, un tribunal de commerce, un square, et on ne sait combien de casernes ou de postes de police. A vrai dire nous ne regretterons pas les bouges avinés, les cloaques infects que l'on fait disparaître et qui avaient transformé plusieurs quartiers de la Cité en foyers de débauche et de vol. Sous les Mérovingiens ces ruelles étroites que nous voyons détruire constituaient à elles seules le vrai Paris.

Les successeurs de Clovis siégeaient encore à la Tour, c'est-à-dire au palais situé vers l'occident de l'île, et qui servait en même temps de résidence aux rois et aux comtes, d'hôtel municipal et de prétoire. Comme on l'a vu plus haut, à l'extrémité opposée de l'île, près du lieu où l'on remarque aujourd'hui la promenade et la fontaine de l'archevêché, existait, même avant Clovis, la cathédrale de Paris, alors dédiée sous le vocable de Saint-Étienne. C'était là que Frédégonde avait cherché un asile après la mort de Chilpéric Ier. L'édifice, dont on ne nous a pas conservé l'aspect, avait été superposé à d'anciennes constructions romaines dont on a retrouvé les débris en 1711, parmi lesquels figuraient les effigies de plusieurs divinités gauloises ou romaines. On y remarque Ésus, le taureau sacré, le dieu Cernunnos, en compagnie de Jupiter, de Vulcain, de Castor et de Pollux.

Entre l'église cathédrale et le palais se trouvait une assez vaste place, consacrée au commerce, et que plusieurs annalistes ont appelée place du *Marché-Neuf;* une petite place contiguë, qui avoisinait évidemment la Seine et qui était quelquefois submergée, portait le nom de *Marché-Palu* ou *Palud*.

L'église Saint-Étienne n'avait pas tardé à devenir trop étroite pour la grande affluence des fidèles ; on éleva près d'elle, on lui adjoignit une vaste chapelle, dédiée sous le vocable de la sainte Vierge, et que les chartes mérovingiennes appellent *la basilique de Notre-Dame, basilica domnæ Mariæ*. On n'en connaît pas les dimensions. Une autre basilique était située dans la Cité; c'était Saint-Denis de la Chartre, qui s'élevait à l'extrémité méridionale du pont Notre-Dame et au coin septentrional de la rue du Haut-Moulin. Cette église, plusieurs fois reconstruite, a été démolie en 1810 pour faire place au quai de la Cité. A côté et au sud de Saint-Denis de la Chartre on remarquait la chapelle Saint-Symphorien ou saint-Luc, ou, pour mieux dire, la chapelle de Sainte-Catherine, sur l'emplacement de laquelle l'autre ne fut élevée que plus tard. Dans l'espace que termine au nord le Palais de Justice, et qui, vers le sud, s'étend aux abords de l'Hôtel-Dieu, on rencontrait le quartier qu'on appelait alors la *Ceinture de saint Éloi*; il y avait là un monastère que ce saint avait fait bâtir vers l'an 632, et où il avait placé trois cents religieuses sous la direction de sainte Aure. On y remarquait également un oratoire dedié à saint Martial, et qui, à une autre époque, reçut le nom de Saint-Éloi. A l'extrémité du Marché-Neuf s'élevait une chapelle baptismale, d'abord dédiée à saint Jean, et qui reçut plus tard le nom de Saint-Germain le Vieux. L'auteur de la vie de sainte Geneviève dit que la patronne de Paris y rassembla un grand nombre de femmes, comme dans un asile sûr, lorsqu'on apprit la marche d'Attila vers le territoire des Parises. Vis-à-vis de la cathédrale, à l'angle formé par la rue Saint-Christophe et les bâtiments du parvis Notre-Dame, on remarquait sous les Mérovingiens une petite église placée sous l'invocation de Saint-Christophe ; il est douteux, comme plusieurs l'affirment, qu'elle servit de chapelle aux comtes de Paris ; ainsi qu'on l'a vu plus haut, la charte de Vandemir nous apprend qu'à cette époque elle était la chapelle d'un monastère de filles.

L'île de la Cité était ceinte d'une muraille flanquée de tours romaines; elle communiquait avec les deux rives de la Seine par deux ponts, qui n'étaient pas dans le même axe, et aux extrémités desquels se trouvaient des ouvrages de défense. A l'extrémité occidentale, et comme adossée au palais des rois mérovingiens, on remarquait l'espèce de citadelle qu'on appelait la Tour. Vers la région septentrionale de l'île, non loin du lieu où, de nos jours, on construit le tribunal de commerce, et à l'entrée du quai aux Fleurs, il y avait une prison que l'auteur des Gestes du roi Dagobert appelle prison de Glaucin, *carcer Glaucini*. « Il est très-présumable, dit judicieusement Dulaure, mais il n'est pas certain qu'il existait, du temps de la domination romaine, sur la rive de la Seine, près du Pont-au-Change, et sur l'emplacement du quai aux Fleurs, une prison dont parle Grégoire de Tours (*Greg. Turon. Historia,* lib. VIII, cap. 33), et que l'auteur des Gestes du roi Dagobert nomme *carcer Glaucini,* prison de Glaucin; elle était voisine d'une porte de Paris (*Gesta Dagoberti regis,* cap. 33). Je place cette prison sur le quai aux Fleurs parce que deux églises, celles de Saint-Denis et de Saint-Symphorien, à cause de leur voisinage de cette prison, ont porté le surnom de la *Chartre,* mot qui signifie prison, et que ces églises étaient situées près de ce quai. Je place cet établissement pendant la période romaine parce qu'on a la preuve de son existence peu de temps après cette période, que les premiers rois francs n'étaient guère en usage de faire construire des édifices, et que le mot *Glaucin* est latin.

« Une tour voisine de cette prison, ou qui en faisait partie, se nomma d'abord *tour de Marquefas,* puis *tour Roland.* »

Les faubourgs de la rive gauche, vers le déclin de la période mérovingienne, devaient être séparés les uns des autres par de vastes espaces livrés à la culture, tels que le clos du Chardonnet, le clos Bruno, le clos l'Évêque, les domaines dépendant des abbayes de Saint-Victor, de Sainte-Geneviève, de Saint-Germain. De loin en loin on rencontrait des groupes d'habitations, des chapelles, disséminées presque au hasard sur les hauteurs ou dans la vallée. Le palais des Thermes continuait de servir de résidence d'été aux héritiers de Clovis, lorsque les plaisirs de la chasse ou le besoin de distractions pacifiques ne retenaient pas ces princes dans leurs maisons de plaisance beaucoup plus éloignées, telles que Chelles, le Vaudreuil, Nogent. La rive gauche de la Seine, à l'occident du palais des Thermes et de l'abbaye de Saint-Germain, était presque entièrement couverte de prairies marécageuses ; ces vastes espaces, tantôt verdoyants, tantôt à demi inondés, correspondaient à ce que nous appelons aujourd'hui le faubourg Saint-Germain, le Gros-Caillou, la plaine de Grenelle. En se rapprochant de la Cité on rencontrait la chapelle de Saint-André, la chapelle de Saint-Séverin, l'église de Saint-Julien le Pauvre, le bourg et l'oratoire de Saint-Marcel, la chapelle Saint-Jean de Latran, et, en se rapprochant des Thermes, la chapelle Saint-Benoît et un hôpital qu'on nommait l'aumônerie de Saint-Benoît.

Sur la rive droite de la Seine les faubourgs et les villages de la banlieue étaient déjà beaucoup plus considérables et plus importants que ceux de la rive gauche. C'est une question controversée que de savoir si les administrations mérovingiennes les avaient entourés d'une muraille. Déjà, à coup sûr, on pénétrait dans ces quartiers de Paris par des portes spéciales, notamment par la porte des Bagaudes, mais il n'est pas bien établi que ces ouvrages fussent reliés entre eux par une enceinte. Quoi qu'il en soit, à l'extrémité septentrionale du Grand Pont s'élevait une forteresse dont il ne nous reste que le souvenir, et qui occupait l'espace appelé de nos jours place du Châtelet.

Sur la gauche de cette forteresse, dans la campagne, on rencontrait un village considérable, déjà appelé bourg de Saint-Germain, et qui entourait la vieille église de Saint-Germain le Rond, plus tard appelée Saint-Germain l'Auxerrois. Dans l'origine cette église, située sur la route de Paris à Nanterre, n'était, dit-on, qu'une simple chapelle, un oratoire construit au lieu où saint Germain d'Auxerre, se trouvant en voyage, s'arrêta pour opérer un miracle sous les yeux du peuple de Paris. Plus tard, vers l'an 581, Chilpéric Ier agrandit cette chapelle commémorative et y fit élever une église que, dans le testament de Bertram, évêque du Mans, on appelle la Basilique neuve, *Basilica nova*, vraisemblablement par opposition avec l'église Saint-Vincent et Saint-Germain, déjà construite sous Childebert. C'est là, selon nous, l'opinion la plus probable ; nous la dégageons d'une multitude d'hypothèses mises en avant par les érudits et les antiquaires les plus respectables, qui ne sont nullement d'accord sur l'origine et sur la fondation de Saint-Germain l'Auxerrois.

Comme pour augmenter la confusion, cette église, bâtie sur l'emplacement de l'oratoire élevé en mémoire de saint Germain d'Auxerre, fut destinée par Chilpéric Ier à servir de sépulture à saint Germain de Paris, sur le tombeau duquel s'opéraient chaque jour de nombreux miracles. Les traditions populaires lui attribuèrent dans la suite le nom de Saint-Germain l'Auxerrois, et d'ailleurs les restes mortels de saint Germain de Paris n'y furent point transportés, selon le désir de Chilpéric, mais ils furent et demeurèrent inhumés dans l'église Saint-Vincent et Sainte-Croix, qui, à son tour, reçut le nom de Saint-Germain, et que nous appelons aujourd'hui Saint-Germain des Prés.

Ainsi, sur la rive gauche, à quelque distance de la résidence mérovingienne, existait l'église fondée par Childebert, et que l'on s'habituait déjà à nommer Saint-Germain des Prés, et, sur la rive droite, dans le bourg de Saint-Germain d'Auxerre, l'autre église, bâtie par Chilpéric Ier, et que, pour la mieux distinguer de l'autre, on appelait Saint-Germain le Rond (1). Qu'on nous

(1) Le corps de saint Germain de Paris avait été inhumé dans l'oratoire de Saint-Symphorien, qui attenait à l'église Saint-Vincent (Saint-Germain des Prés). Cette chapelle était trop étroite pour contenir l'affluence des fidèles, et Chilpéric Ier fit bâtir une basilique où les reliques du saint devaient être transportées. Bertram, évêque du Mans, qui avait prévu cette translation, voulut que la donation mentionnée dans son testament suivît le corps de saint Germain : *Si sanctum corpus ejus in basilica nova.... si concesserint ut mihi transferatur villa ipsa ubi semper ejus corpus fuerit, semper ibi deserviat*. L'église construite sous l'invocation de saint Germain, évêque de Paris, est donc bien distincte de Saint-Vincent et de la chapelle où fut inhumé saint Germain, et cette basilique est donc évidemment celle qu'on nomme de nos jours Saint-Germain l'Auxerrois.

Tous nos historiens et tous les diplômes parlent de cette église sans lui appliquer aucun surnom; on l'appelle simplement l'église de Saint-Germain. Dans une charte de 691 Vandemir et Ercamberte distinguent l'église de Saint-Germain de celle de Saint-Vincent ou Saint-Germain. Dans la Vie de saint Éloi, saint Ouen l'appelle basilique de Saint-Germain confesseur; au neuvième siècle on la nommait *Saint-Germain le Rond*, rond, parce que sa forme était circulaire; Abbon, moine de Saint-Germain des Prés, dans son poëme sur le siége de Paris par les Normands, en 886, raconte comment ils quittèrent Saint-Germain d'Auxerre, passèrent la Seine et s'en vinrent piller et brûler l'abbaye de Saint-Germain des Prés; il dit :

« Germani Teretis contemnunt littora sancti,
« Æquivocique legunt. . . . . . . »

pardonne d'insister sur ce point ; nous avons à cœur d'être bien compris et de laisser dans l'esprit de nos lecteurs une idée exacte des monuments de cette époque.

L'évêque de Paris saint Landri, dont nous avons rappelé la popularité et les bienfaits, fut inhumé, en 656, en l'église Saint-Germain (l'Auxerrois), qui servait dès lors de paroisse aux villages de la banlieue septentrionale, situés sur les emplacements occupés plus tard par les quartiers des Bourdonnais, des Halles et du Louvre. A l'autre extrémité de la même banlieue, dans le bourg de la Grève, on remarquait, dès le sixième siècle, et sous l'épiscopat de saint Germain, une petite église dédiée sous le vocable de Saint-Germain et de Saint-Protais. Fortunat, qui lui donne le titre de basilique, parle de deux miracles qui y furent opérés sous ses yeux par Saint-Germain. Le testament d'Ermentrude, cité par D. Mabillon, mentionne cette basilique en ces termes : *Basilicæ domini Gervatii, annulo aureo, nomen meum in se habentem scriptum, præcipio.* On ignore à quelle époque cette église fut érigée en paroisse, mais il est vraisemblable que, durant la période mérovingienne, elle n'était qu'une chapelle desservie par quelques clercs de la cathédrale. Il est superflu de dire que l'église actuelle de Saint-Gervais et de

---

« Ils abandonnent le rivage de Saint-Germain le Rond et occupent « celui qui doit son nom à l'autre Germain. » Dans les bulles de Benoît VII, en 983, et d'Alexandre III, en 1165, elle est nommée *abbatia Sancti Germani Rotundi.* L'abbé Lebeuf mentionne le même surnom en s'étendant seulement sur son origine. « On la nomma *Sanctus Germanus Teres,* dit-il, soit à cause de la forme dont l'église était construite relativement aux baptistères, qui étaient presque toujours ronds, « soit à cause que le cloître de cette église était entouré de murailles en « forme ronde, comme quelques anciens châteaux.

Saint-Protais, édifice dont la date est beaucoup moins ancienne, a été construite en partie sur l'emplacement de la chapelle primitive, et, selon toute apparence, sur le cimetière qui y était attenant. La basilique mérovingienne, comme on le verra plus tard, fut détruite, dès la seconde race, par les pirates septentrionaux qui assiégèrent Paris.

Tout à fait au nord de la banlieue, après avoir traversé de vastes espaces occupés par des marais, des champs cultivés et des bois, on rencontrait la chapelle de Saint-Laurent, autour de laquelle se groupaient plusieurs habitations rurales. L'origine de cette petite église est peu connue; on sait néanmoins qu'elle existait déjà au sixième siècle ; mais elle n'était pas située au lieu où s'élève l'église actuelle du même nom. Elle avait été fondée sur l'emplacement où existe aujourd'hui la maison de Saint-Lazare, et en face d'elle, de l'autre côté de la route on avait établi un cimetière. Dans la même direction, mais à une moins grande distance de la Seine, on remarquait la basilique de Saint-Martin des Champs. La tradition rapporte que, vers l'an 385, cet illustre patron de la Gaule, ayant traversé Lutèce, guérit miraculeusement un lépreux près de cette ville. Pour perpétuer la mémoire de cet événement on avait élevé un humble oratoire formé de branches d'arbres, et qui existait encore au temps de Grégoire de Tours. Plus tard on construisit vers le même lieu une abbaye et une église. On ignore également la date précise de cette fondation; on voit seulement que, dans une charte de l'année 629, Dagobert accorde une foire à l'abbaye de Saint-Denis et en fixe le champ sur le chemin qui conduit de la Cité dans un lieu nommé *le Pont* ou *le Pas Saint-Martin*.

Childebert III, dans un diplôme de l'an 710, parle de cette foire de Saint-Denis, établie entre *les basiliques de Saint-Laurent et de Saint-Martin* (1). En se rapprochant encore de la Seine, et au midi de l'abbaye de Saint-Martin, on rencontrait la petite chapelle de Saint-Pierre, oratoire qui existait déjà au cinquième siècle. Nous avons déjà vu que saint Médéric ou saint Merry, mort vers l'an 700 de l'ère chrétienne, avait été inhumé dans cette modeste chapelle, qui ne tarda pas à devenir célèbre par les miracles opérés au tombeau du saint. Sous la seconde race cet édifice religieux fut agrandi et dédié sous le vocable de Saint-Merry.

Les archéologues se plaisent encore à visiter la chapelle souterraine qui fut construite en souvenir de la crypte où le tombeau de saint Merry avait été déposé; ce monu-

ment vénérable avait été longtemps abandonné à l'oubli, et de nos jours il servait d'atelier aux lampistes et aux balayeurs de l'église. On l'a soigneusement restauré. Dans son état actuel il constitue une chapelle carrée; sa

---

(1) Bréquigny, *Diplomata, Chartœ*, p. 131 et 389.

voûte se divise en quatre travées, dont les nervures retombent d'une part sur une colonne centrale, de l'autre sur des consoles ou sur des colonnes engagées. Les clefs sont sculptées de rosaces, les chapiteaux de feuilles de vigne ; le jour arrive par de petites ouvertures à grilles serrées. Quelques pierres tombales, usées par le frottement, subsistent encore çà et là dans le dallage.

Vers l'an 633, sous l'administration de saint Éloi, qui fut appelé en 640 à l'évêché de Noyon, on établit, au nord de Paris, et à l'est de la basilique de Saint-Gervais et Saint-Protais, un cimetière qui fut affecté à la sépulture de la communauté des religieuses de Saint-Martial. Une chapelle, dédiée sous l'invocation de Saint-Paul, fut construite dans ce cimetière, et on l'appelait Saint-Paul des Champs. Plus tard elle fut érigée en église paroissiale. Autour d'elle se groupèrent successivement des maisons et des fermes dont l'agglomération forma le bourg de Saint-Éloi. Des champs et des jardins cultivés, qui s'étendaient à l'orient de ce village et jusque sur les bords de la Seine, portent, sur les anciens monuments et sur les chartes la dénomination de Cultures Saint-Éloy. Entre ces champs et le fleuve s'étendait une lisière de terres basses, sujettes aux inondations et ordinairement marécageuses.

On se tromperait fort si l'on attribuait aux édifices civils et religieux de cette époque, aux dénominations de bourgs, de villages, de quartiers, de rues et de ville que nous sommes contraint d'employer, la signification ou l'aspect qu'ils ont aujourd'hui, à l'heure du plus splendide épanouissement de la grande capitale. Sous les Mérovingiens, en dépit de l'importance relative qu'avait Paris, comme place de guerre et cité commerciale et comme résidence des rois de Neustrie, la ville était laide, mal bâtie, presque entièrement dépourvue d'édilité et de police, et elle présentait le triste spectacle d'un amas de maisons exiguës, inégales, sombres, et pour la plupart construites en bois, à travers lesquelles circulaient des rues infectes, étroites, fangeuses, qui n'étaient point pavées, et qui n'étaient dégagées des eaux pluviales ou ménagères par aucun système d'égout ou de balayage. On se débarrassait tant bien que mal des immondices, mais nous ne voyons nulle part que la communauté des citoyens eût à sa charge l'entretien des rues et des places publiques. Évidemment quelques mesures de précaution étaient prises dans ce but, faute de quoi Paris aurait été promptement inhabitable; mais l'absence de règlements sérieux et impératifs devait favoriser les plus graves abus et compromettre au plus haut degré la santé du peuple.

Paris, comme la plupart des villes gallo-franques, avait conservé, sous la domination mérovingienne, quelques débris des institutions autrefois accordées aux cités romaines, et, entre autres, la curie, les magistratures électives, les assemblées municipales. L'administration était dirigée par un officier nommé par le roi; tout se faisait sous sa surveillance, et, en cas d'abus tyrannique ou d'excès de pouvoir, l'évêque de la ville, légitimement investi de la mission de *défenseur*, s'adressait au roi pour obtenir la réparation des injustices, l'adoucissment de l'oppression. Les princes mérovingiens accueillaient ces réclamations avec une respectueuse condescendance; mais les leudes et les préposés du fisc se montraient plus durs et plus intraitables et se résignaient difficilement à épargner les habitants ou à renoncer aux spoliations.

L'industrie et le commerce n'avaient point encore été dépouillés de garanties et de protection.

Il y avait des foires dans les Gaules sous la domination romaine, et il y en eut encore après. Le roi Dagobert en fonda une à Paris, dans un lieu situé entre l'église Saint-Martin et celle de Saint-Laurent, et, comme on l'a vu, nommé le Petit-Pas ou le Petit-Pont de Saint-Martin (*Pacellus sancti Martini*), et il en céda les revenus à l'abbaye de Saint-Denis, qu'il venait de fonder. Le roi Dagobert, dans l'édit de fondation de cette foire, ordonne à tous ses officiers de ne porter aucun empêchement à ce marché, soit dans la cité de Paris, soit au dehors, et de ne percevoir sur les marchandises transportées aucun des droits en usage, dont il fait le dénombrement. Parmi ces droits nous en trouvons plusieurs qui sont relatifs à la navigation sur la Seine; il y avait alors : 1° des droits de navigation; 2° des droits qu'on percevait sur le port au débarquement des marchandises; 3° des droits de *péage* qu'on payait en passant sur ou sous les ponts, et 4° enfin d'autres droits qu'on payait encore pour être autorisé à laisser les barques sur le rivage.

Il y avait en outre un droit de passage, qui devait être perçu sur les marchandises qui passaient par la Cité pour se rendre au champ de foire. Ce dernier droit se prélevait au bénéfice de la caisse municipale ou servait aux embellissements de Paris.

Il devait en être de même de certains autres droits touchant le mélange des vins et du droit dit *laudaticos*, qui ne peut se rapporter qu'au droit perçu pour l'annonce ou plutôt pour le cri ou criage des marchandises. On nous dispensera d'entrer un peu avant dans l'examen de ces divers droits, dont nous ne voulons ni justifier ni contester l'utilité. Il y avait des bateliers pour opérer le transport des marchandises par eau, et ces bateliers, que nous trouvons sous le roi Dagobert, étaient évidemment les successeurs de ces nautes que nous avons trouvés existants dès le règne de Tibère.

En résumé on se figure ce que pouvait être la condition des Gallo-Romains sous la domination brutale des leudes francs, toujours avides d'exactions et de pillages, et qui, au mépris des ordonnances royales et épiscopales, ne connaissaient d'autre droit que la force. L'histoire se tait sur les souffrances journalières que devait endurer la population indigène, et c'est à peine si elle permet d'en supposer l'existence. Il serait peut-être téméraire de suppléer à son silence; mais on peut se faire une idée des exactions et des violences qui signalèrent la prise de possession de notre ancienne patrie par quelques bandes barbares. Toutefois, comme les vainqueurs se composaient de quelques milliers d'hommes, on sent que le fléau de leurs déprédations n'atteignit qu'une portion des vaincus. Ces derniers ne furent point réduits en esclavage; on se contenta de les placer dans une condition sociale inférieure à celle des conquérants; ils conservèrent les biens immobiliers qu'on ne leur avait pas arrachés dès le premier jour; les lois étendirent sur leurs personnes et sur leurs propriétés une protection moins forte sans doute que celle qui garantissait les Francs, mais enfin on tint compte de leur vie et de leurs fortunes, et, au bout de quelques années, l'adoucissement des mœurs des barbares, opéré par leur conversion à la foi catholique, ne laissa subsister entre les vainqueurs et les vaincus qu'une inégalité humiliante sans doute pour ceux-ci, mais pourtant tolérable. Ainsi le Gallo-Romain fut jugé un homme vil ; son sang fut estimé une fois moins que celui d'un Franc, et les lois de l'époque consacrent à chaque page cet abaissement des vaincus (1).

Quant à la population de race franque, beaucoup moins nombreuse que l'autre, et dont il faut néanmoins tenir compte, elle avait ses lois et ses coutumes propres. Dans le royaume de Paris, comme dans tout le territoire envahi par les Francs, les terres placées sous le droit germanique se divisaient en plusieurs classes :

Les *alleux,* domaines libres et indépendants ; les *bénéfices,* domaines concédés par les rois ou les chefs moyennant certaines redevances personnelles ; les terres du troisième ordre, appelées *tributaires* parce qu'elles se trouvaient assujetties envers un supérieur à un tribut ou à une

---

(1) « Titre 43, § I. Le meurtrier d'un Franc *libre* (*ingenuum*) ou de tout autre étranger (*barbarum*) vivant sous la loi salique sera condamné à payer deux cents sous.

« § II. Le meurtrier d'un Franc antrustion sera condamné à payer six cents sous.

« § III. Le coupable du meurtre d'un Gaulois convive du roi sera condamné à payer trois cents sous.

« § IV. Tout coupable d'un meurtre sur la personne d'un Gaulois propriétaire, c'est-à-dire de celui qui possède des terres en propre dans le canton où il fait sa résidence, sera condamné à payer cent sous.

« § V. Le meurtrier d'un Gaulois tributaire sera condamné à payer quarante-cinq sous.

« Titre 15. Le Gaulois qui aura dépouillé un Franc sera condamné à payer soixante-deux sous. Le Franc coupable du même crime envers un Gaulois sera condamné à payer trente sous.

« Titre 34. Le Gaulois coupable d'avoir exercé des violences arbitraires sur la personne d'un Franc sera condamné à payer trente sous. Le Franc coupable du même crime envers un Gaulois sera condamné à payer quinze sous. » (*Loi salique.*)

servitude. Ceux qui en étaient les cultivateurs ou colons étaient tantôt des fermiers libres, obligés à une redevance annuelle, tantôt des esclaves attachés à la *glèbe*, c'est-à-dire à la terre, et qui devaient à leurs maîtres, sans aucune réserve, le fruit de leur travail.

Cette division des immeubles avait pour effet de créer diverses classes de personnes, savoir :

Les propriétaires d'*alleux*; ceux-ci, ne devant rien à personne, ni tribut ni hommage, étaient tous autant de petits souverains possédant au même titre que le roi et aussi nobles, quoique moins puissants, que lui. Quant à ceux qui ne possédaient que de petits alleux sans importance, ils formaient moins une aristocratie qu'une classe moyenne, dite des hommes libres (*ahrimanns, Racihembourgs*);

Les *bénéficiers*, noblesse secondaire, et vassale soit du roi, soit des propriétaires de terres saliques;

Les *tributaires* ou colons, sorte de fermiers jouissant souvent d'une grande liberté personnelle, mais qui, en tant que cultivateurs, étaient assujettis à des tributs ou impôts envers les propriétaires d'alleux ou de bénéfices;

Enfin les *esclaves*, appelés plus tard *serfs*, dont la condition variait.

Les Gaulois et les Francs, lorsqu'ils étaient investis de dignités et de charges, ou possesseurs de bénéfices, prenaient les noms de *leudes*, de *fidèles* et d'*antrustions*. Ces titres étaient spécialement donnés à ceux qui, soit comme courtisans, soit comme frères d'armes, suivaient les rois dans leurs palais ou à la guerre, et aussi étaient-ils encore qualifiés de *compagnons*.

Les rois mérovingiens, bien que sans cesse appauvris par l'avidité des leudes et par les donations faites aux églises, possédaient environ cent soixante maisons royales. Ces châteaux n'étaient que de riches métairies, grossièrement construites, mais abondantes en cultivateurs, en troupeaux et en productions de tout genre. Les rois fainéants passaient leur vie à se promener d'une ferme à une autre, et sur toute la route ils étaient hébergés, eux et leur suite, par les villages, les châteaux et les abbayes, qui ajoutaient encore à cette onéreuse hospitalité quelques riches présents.

LIVRE III.

PARIS SOUS LES CARLOVINGIENS.

CHAPITRE PREMIER.

De l'avénement de Pepin le Bref aux invasions des Normands.

Paris avait joué un grand rôle sous la première race et n'en avait pas moins eu à souffrir de la tyrannie des rois barbares qui y avaient longtemps résidé. Vers le déclin de la race mérovingienne Paris s'était vu dépouiller, sous quelques rapports, de l'honneur et des bénéfices qui appartiennent aux capitales. Les successeurs de Clovis, une fois tombés sous la domination des maires, habitèrent les grands manoirs de l'Oise et cessèrent de séjourner à Paris. Ils n'y venaient que bien rarement, pour assister à de vaines parades, et *pour faire les monarques*, selon l'expression pittoresque d'Éginhard. Sous la race carlovingienne cette déchéance s'accrut rapidement. Paris alors entra dans une période de décadence qui contrastait d'abord avec la gloire des Francs et ne tarda pas ensuite à faire participer la ville dont nous racontons les annales à toutes les misères et à tous les amoindrissements du royaume, devenu vassal de l'empire germanique et soumis à des rois qui ne savaient ni le gouverner, ni le défendre. Nous n'entreprendrons pas de retracer ici l'histoire de notre pays durant la période carlovingienne : notre cadre est plus restreint; nous nous bornerons à dégager de l'ensemble des événements ceux qui concernent Paris, et, à vrai dire, les chroniques de cette époque n'en mentionnent qu'un bien petit nombre.

Il y avait eu, avec l'avénement des Pepins, comme une invasion nouvelle des Francs d'Autrasie, comme l'effacement de la Neustrie. A l'exemple de Charles-Martel, Pepin le Bref, durant son règne, ne cessa de conduire des expéditions du nord au sud, de refouler les Saxons, de combattre les Lombards, de ravager l'Aquitaine. Peu de jours après son sacre il assista à la translation des reliques de saint Germain de Paris, qui, inhumées depuis près de deux siècles dans la chapelle de Saint-Symphorien, alors contiguë au monastère de Saint-Vincent, furent transportées dans l'église même (à Saint-Germain des Prés). Pepin se fit un honneur d'être du nombre de ceux qui enlevèrent le cercueil du saint évêque et le déposèrent pieusement dans la nouvelle tombe. A l'occasion de cet événement il donna à l'église Saint-Germain la terre de Palaiseau. Cinq ans plus tard, en 757, Tassillon, duc de Bavière, étant venu à Compiègne jurer fidélité au roi des Francs, Pepin conduisit son vassal près des tombeaux de saint Denis, de saint Martin de Tours et de saint Germain de Paris, et réclama de lui qu'il renouvellerait devant ces témoins augustes ses engagements de vassal.

Pepin passa une partie de l'hiver de 763 à Gentilly, sur la Bièvre, près de Paris; il célébra au même lieu la fête de Pâques, en 767. Abstraction faite de ces incidents, on ne voit nulle part que ce prince ait fait à Paris un séjour de longue durée, et, s'il mourut à Saint-

Denis, ce fut parce qu'il avait voulu se faire transporter, agonisant, auprès des reliques du martyr patron de la Gaule.

L'évêque de Paris était alors Déodefrid, dont le nom seul est venu jusqu'à nous. Il eut pour successeur Erkenrad, qui eut avec l'abbaye de Saint-Denis un différend auquel Charlemagne mit fin vers l'an 775, en ordonnant qu'il serait fait appel au *jugement de Dieu par la croix*. Le comte de Paris, nommé Gérard, assista à cette épreuve. Sous l'épiscopat d'Erkenrad un incendie consuma les titres et les chartes de l'Église de Paris; l'évêque s'adressa alors à Charlemagne, qui confirma par un diplôme l'Église dans la possession de tous les biens et de tous les serfs qu'elle avait avant la destruction des actes. C'est également au même Erkenrad qu'on attribue l'établissement des chanoines de la cathédrale de Paris.

Charlemagne, doué d'un vaste génie et presque toujours occupé à combattre les barbares du Nord et du Sud, parcourut plus d'une fois son empire, soit pour tenir des assemblées nationales, alors appelées champs de mai, soit pour s'assurer des besoins des peuples et y pourvoir. Il dut plus d'une fois s'arrêter à Paris, la clef des provinces neustriennes, et vraisemblablement il charge ses *missi dominici* d'inspecter en son nom cette ville et ceux qui l'administraient.

« Nous voulons, avait-il dit dans l'un de ses capitulaires, que, à l'égard de la juridiction et des affaires qui jusqu'ici ont appartenu aux comtes, nos envoyés s'acquittent de leur mission quatre fois dans l'année : en hiver, au mois de janvier; dans le printemps, au mois d'avril; en été, au mois de juillet, et, en automne, au mois d'octobre. Ils tiendront chaque fois des plaids où se réuniront les comtes des comtés voisins.

« Chaque fois que l'un de nos envoyés observera, dans sa légation, qu'une chose se passe autrement que nous ne l'avons ordonné, non-seulement il prendra soin de la réformer, mais il nous rendra compte avec détail de l'abus qu'il aura découvert.

« Que nos envoyés choisissent dans chaque lieu des échevins, des avocats (*advocati*, lieutenants des comtes), des notaires, et qu'à leur retour ils nous rapportent leurs noms par écrit.

« Partout où ils trouveront de mauvais vicaires (*vicarii*, vicomtes), avocats ou centeniers, ils les écarteront, et en choisiront d'autres qui sachent et veulent juger les affaires selon l'équité. S'ils trouvent un mauvais comte ils nous en informeront. »

On voit que, par cette sage création, l'empereur pouvait se faire représenter jusqu'aux extrémités de ses vastes domaines et pourvoir aux besoins qui, autrement, lui seraient demeurés inconnus. Dans un empire où tout appelait des réformes et la révision des lois, le système monarchique acquérait de l'unité, et tâchait de prévaloir contre les obstacles que soulevaient sans cesse la barbarie des mœurs, la diversité des langues, des coutumes, des origines, et l'absence de toute communication régulière avec le pouvoir central.

L'un des plus célèbres établissements de Charlemagne est celui des écoles, où l'on enseignait la grammaire, l'arithmétique et le plain-chant, science alors fort en honneur. Chaque monastère, chaque maison épiscopale en devait avoir une. Charlemagne ne dédaignait pas de chanter lui-même au lutrin et surveillait les clercs qui s'acquittaient mal de cet office. Il avait institué dans son palais une espèce d'académie qui devint le modèle de plusieurs autres, et dont les principaux membres étaient Pierre de Pise, Angibert et Alcuin, savant anglais plein de savoir et de vertu. Charlemagne lui-même prenait part aux travaux de cette société, sans distinction de rang et de position sociale. Chacun des académiciens s'était donné un nom tiré de l'histoire ou de l'Ancien Testament; le roi des Francs avait choisi celui de David. Le sujet le plus ordinaire de leurs dissertations connues était la dialectique, la rhétorique et l'astronomie. Il est inutile d'ajouter que ces sciences en étaient encore à leurs premiers pas, et les monuments de l'époque qui subsistent encore attestent quel était alors, en dépit du génie de Charlemagne, l'empire de la barbarie et de l'ignorance.

L'institution de ces écoles, dans les principaux diocèses et dans les principales villes, a donné lieu à cette assertion que Charlemagne avait le premier fondé l'Université de Paris. Rien de moins établi que cette tradition, qu'aucun monument ne justifie. Le premier qui ait enseigné publiquement à Paris est un moine de Saint-Germain d'Auxerre, nommé Rémy ; il donnait des leçons de dialectique et de musique. Cet exemple, celui d'Alcuin, celui de Jean Scot et de plusieurs autres religieux, montre que les moines, ainsi que les clercs séculiers, étaient admis à professer dans le palais et dans les autres écoles. Les monastères de Saint-Denis et de Saint-Germain des Prés furent, sous la seconde race, les lieux les plus célèbres où la jeunesse put aller acquérir de l'instruction. Hilduin, Hincmar, Usuard, Abbon, Aimoin furent élèves de ces écoles illustres.

Lors de son passage à Paris, en l'année 800, Charlemagne était accompagné de sa fille Théodrade, qui parut en cette occasion, disent les historiens, avec une magnificence toute royale. Cette princesse se retira peu de temps après dans un cloître. En l'an 803 Charlemagne adressa à Étienne, comte de Paris, et qui avait succédé à Gérard, l'ordre de publier plusieurs capitulaires ajoutés à la loi salique. Par un capitulaire de 813 il réforma et organisa la police du guet de Paris, ordonnant au comte de punir d'une amende de quatre sous ceux qui, faisant partie de cette troupe, auraient manqué à leur devoir et enfreint la discipline.

Le moine de Saint-Gall, dans une chronique plus curieuse qu'exacte, raconte le fait suivant, qui attesterait le zèle dont Charlemagne était animé lorsqu'il s'agissait des écoles et de la jeunesse. « Le glorieux Charles, dit-il, revenait dans la Gaule après une longue absence; il donna ordre qu'on lui amenât les enfants qu'il avait confiés, dans l'école de Paris, à l'Écossais Clément; il voulut qu'on lui montrât leurs lettres, leurs vers, leurs poëmes, leurs discours, leurs panégyriques, leurs copies, afin qu'il pût juger de leurs talents et de leurs dispositions. Lorsqu'il eut vu que les enfants de médiocre condition avaient fait des progrès au-dessus de toute espérance, et que les nobles, au contraire, avaient négligé la culture de l'esprit pour les amusements du corps, le sage prince, à l'exemple du souverain Juge, les sépara, et, faisant mettre les premiers à sa droite, il leur dit : « Courage, mes chers enfants; vous avez été fidèles à nos ordres, vous avez bien mérité de notre empire. Les évêchés les plus illustres et les plus riches bénéfices vous seront réservés. Je vous appellerai à ma cour; je choisirai parmi vous les ministres et les fonctionnaires ; je vous inscrirai au rang des juges et des magistrats. » Puis, se tournant vers les autres, qui étaient à sa gauche, et exprimant sa colère par les traits du visage : « Quant à vous, leur dit-il, délicats et mignons, qui, pleins d'une vaine confiance dans le rang et la richesse de vos parents, avez outragé notre majesté, et qui, au mépris de nos ordres, avez préféré la paresse, le jeu, le luxe et les vices aux vertus et aux belles-lettres, je vous le dis, et j'en jure par le Roi du ciel, n'attendez ni grâces, ni honneurs, pas même une obole de votre empereur, dont vous dédaignez les injonctions. Je ferai de vous des exemples si vous ne vous repentez et si vous n'expiez votre négligence par votre diligence et votre zèle. »

Charlemagne éleva Étienne, comte de Paris, au rang de ses *missi dominici*. Vers le même temps Irminon, abbé de Saint-Germain des Prés, rédigea son *Polyptisque*, espèce d'inventaire qui renfermait la statistique complète des biens et des sujets de l'abbaye. Ce livre terrier est un document très-important pour l'histoire, en ce qu'il contient de précieux renseignements sur la condition des personnes et des terres et sur l'organisation de la société au temps de Charlemagne. Il indique cinq grandes classes d'hommes existant à cette époque : les hommes libres, les colons, les lides, les serfs et les esclaves. Les esclaves, devenus très-peu nombreux, allaient bientôt entièrement disparaître pour rentrer dans la condition des serfs. Les lides, gens à moitié serfs, commençaient à croître en nombre, tandis que les hommes libres devenaient de plus en plus rares. L'abbaye de Saint-Germain comptait dans ses domaines plus de dix mille personnes qui relevaient d'elle, et les esclaves atteignaient à peine le chiffre de six cents. A cette époque, c'est-à-dire dans la première période du neuvième siècle, la population servile dépendant des églises et des abbayes de Paris s'élevait à plus de cent mille âmes. Les terres appartenant aux mêmes établissements religieux étaient sans doute d'une immense étendue, puisque l'église cathédrale possédait à elle seule plus de six mille *manses* (environ soixante-dix mille hectares), qui lui rapportaient près de huit cent mille livres de notre monnaie. Alors que l'Église exerçait sur le pauvre une autorité pleine de mansuétude et disputait le terrain aux envahissements de la force brutale et du sabre, cette grande puissance territoriale, cette multitude de serfs dont elle disposait, attestait, quoi qu'on puisse dire, un incontestable progrès social. L'Église, en effet, assurait seule aux masses un peu de sécurité et de paix; elle stipulait pour le faible et l'opprimé, et ne cessait de transformer l'esclavage en servage, le servage en colonat.

Louis le Débonnaire, fils et successeur de Charlemagne, ne séjourna guère plus souvent à Paris que son père. Cependant il visita en 814, l'année même de son avénement à la couronne, les églises de cette ville. Plus tard, en 834, ce prince, victime pour la seconde fois de l'ingratitude et de l'ambition de ses fils, fut conduit prisonnier à Paris par Lothaire. Louis le Débonnaire se montra en plusieurs occasions favorable aux églises et aux monastères de Paris. Sur la proposition de Begon, comte de cette ville, il prit sous sa protection le monastère de Saint-Pierre des Fossés. En 820 il confirma l'évêque de Paris dans la juridiction qu'il exerçait sur la terre de Sainte-Marie dans l'Ile, sur le grand chemin qui, du côté de Saint-

Germain, conduisait de Saint-Pierre (Saint-Merry) au lieu dit de Tudéla, et sur la rue Saint-Germain l'Auxerrois, avec défense à tous autres officiers qu'à ceux de l'évêque de lever ni cens ni droits dans l'étendue de sa juridiction.

L'évêque de Paris (il s'appelait alors Inchad) assista en 825 à la réunion synodale qui eut lieu à Paris, et où l'on délibéra sur la question du culte des images, qui préoccupait alors le monde chrétien. Les évêques assemblés à Paris discutèrent sans discernement, et envoyèrent au pape un recueil des textes des Pères qui se rattachaient à la grande querelle suscitée par les iconoclastes d'Orient. Ils rejetèrent le second concile de Nicée et se firent remarquer par une inconcevable ignorance des documents et des actes qui servaient de base à leurs déclarations synodales. L'empereur Louis le Débonnaire, fort peu éclairé lui-même sur ces matières importantes, envoya au pape Eugène II les textes colligés et commentés par l'assemblée des évêques réunis à Paris, et le pape, contraint d'agir avec beaucoup de prudence et de réserve, laissa les préventions des évêques de France se dissiper par le temps et avec le secours d'une instruction plus complète. Quatre ans plus tard, en 829, eut lieu le huitième concile de Paris, auquel se trouvèrent réunis vingt-cinq évêques qui siégèrent en l'église cathédrale de Saint-Étienne. Les plus connus sont Ebbon de Reims, saint Aldric de Sens, Renouard de Rouen, Landran de Tours, Jonas d'Orléans, Jessé d'Amiens, Rantgaire de Noyon, Rothade de Soissons, Adalelme de Châlons-sur-Marne, Hildeman de Beauvais, Godefroy de Senlis, Frécule de Lisieux, Halitgaire de Cambrai, Francon du Mans, saint Héribalde d'Auxerre, Jonas de Nevers, Hubert de Meaux, Inchad de Paris, et Hélie, évêque de Chartres ou de Troyes. Les actes de ce concile sont divisés en trois livres; ce sont moins des canons que des instructions tirées des saints Pères. Le premier livre traite des devoirs des évêques, des prêtres, des clercs et des moines; le second livre, des devoirs des rois et des sujets. Un roi, dit le concile, doit commencer par se bien régir lui-même, par régler sa maison et donner bon exemple aux autres. Il doit rendre la justice sans acception des personnes, se montrer le défenseur des étrangers, des veuves et des orphelins, réprimer les larcins, punir les adultères, ne pas entretenir des personnes de mœurs impures, exterminer les parricides, protéger les églises, nourrir les pauvres, mettre les hommes équitables à la tête des affaires, choisir pour conseillers des vieillards sages et sobres, différer les effets de sa colère, défendre la patrie avec justice et courage, conserver la foi catholique, ne pas souffrir les impiétés de ses enfants, *et ne pas manger hors des repas.* Le concile recommande ensuite aux sujets la soumission au souverain, attendu que sa puissance est de Dieu; il les exhorte en outre à l'étude de la loi chrétienne, à la pratique des vertus, à l'amour de la prière et à l'assiduité aux offices divins. Le troisième livre des actes du concile de Paris renferme une lettre adressée par cette assemblée aux empereurs Louis et Lothaire. Il y est dit : « Nous prions Votre Piété de permettre la tenue des conciles provinciaux au moins une fois l'an; d'établir des écoles publiques au moins en trois villes différentes de votre empire; d'empêcher que les clercs et les moines n'aillent si souvent à la cour vous importuner, etc.; d'apporter un grand soin à choisir de bons pasteurs aux églises, de dignes abbesses et de bons ministres d'État; d'élever les princes, vos enfants, dans la crainte de Dieu, et d'entretenir chez eux la charité et la concorde. » En terminant les évêques du concile de Paris font remarquer aux deux empereurs qu'une des principales causes des désordres, c'est que les princes se mêlent plus qu'ils ne devraient des affaires ecclésiastiques et les évêques plus qu'il ne convient des affaires séculières.

Évidemment on assistait à l'une des luttes que les Églises de France engageaient pour établir leur indépendance, pour secouer dans ce qu'il avait d'irrégulier et d'illégitime le joug du pouvoir temporel, et pour rappeler au clergé lui-même la juste limite de ses droits en matière d'administration civile.

Durant ce même concile, en exécution du canon qui prescrivait aux évêques de pourvoir aux besoins de leurs clercs, l'évêque de Paris, Inchad, fit un partage des biens de son Église en deux menses, la mense épiscopale et la mense capitulaire; il présenta donc à l'assemblée une charte où il est dit : « Nous donnons et allouons à nos frères (les chanoines) les terres d'Andrésy, *Hileriacum*, Orly, Chevilly, Chatenay, Bagneux, etc., etc., pour leur subsistance et le luminaire de l'église. Nous voulons que la dîme de toutes les terres que nous donnons à nos frères soit dévolue à l'hôpital Saint-Christophe, dans lequel ils doivent, à l'époque fixée, laver les pieds des pauvres..... Signé d'Inchad, évêque de Paris, qui, à cause de la perte de ses yeux, n'a pu souscrire ce privilége. » Quelques années plus tard ce partage fut ratifié et confirmé par Charles le Chauve. En attendant, Hilduin, abbé de Saint-Denis, jouait un rôle politique dans les conflits lamentables qui troublaient le règne de Louis le Débonnaire. Durant le cours de ces agitations, Inchad étant mort, son successeur, Erkenrad II, fit avec pompe, en 843, la translation des reliques de sainte Bathilde de Chelles à Notre-Dame, car l'ancienne cathédrale de Saint-Étienne commençait à être délaissée pour cause de vétusté. L'épiscopat d'Erkenrad II fut fécond en améliorations utiles, et ce prélat ne cessa d'être fidèle à l'empereur Louis, persécuté par ses propres fils et jugé par des évêques complices de la révolte. Erkenrad survécut longtemps à ce malheureux prince, qui mourut en 840, au moment où il marchait pour faire rentrer l'un de ses fils dans le devoir.

De son vivant Louis le Débonnaire avait plusieurs fois partagé ses États entre ses fils, mais ces partages, souvent irréguliers et mal motivés, avaient donné lieu à de fréquentes rébellions. La mort de l'empereur ouvrit à ses trois fils, Lothaire, Louis le Germanique et Charles le Chauve, et à son petit-fils Pepin II, fils de Pepin, dernier roi d'Aquitaine, un prétexte immense de querelles et de guerres de famille. La succession impériale, entre princes peu scrupuleux et habitués à violer leurs serments, semblait ouverte au plus fort. D'après les volontés du dernier empereur la Gaule devait appartenir à Charles le Chauve; mais Lothaire, foulant aux pieds les recommandations de son père, entreprit de lui en ravir la portion la plus considérable. Lothaire avait reçu de Louis le Débonnaire, et du consentement des Francs, la couronne et le titre d'empereur; mais cet honneur ne lui semblait pas assez grand, et il voulait réduire à l'obéissance ou dépouiller de leur apanage ses divers compétiteurs. Ces derniers se réunirent contre lui, à l'exception de Pepin II, à qui Lothaire consentait à abandonner le royaume d'Aquitaine. La guerre fut déclarée. Cependant l'empire se dissolvait de toutes parts, et chaque nationalité tendait à rentrer dans son lit naturel. La Gaule se séparait de la Germanie, la Germanie de la Gaule, l'Italie de toutes deux ; mais surtout le Midi s'isolait du Nord.

La bataille de Fontanet, qui fut livrée le 25 juin 841, précipita cette tendance de chaque peuple à se constituer d'après ses propres éléments. Elle fut longue, vaillamment disputée, et la plus sanglante de celles dont fasse mention l'histoire du moyen âge. Des évaluations exagérées portent à cent mille hommes la perte des deux armées, et un auteur contemporain assure que l'empereur Lothaire laissa quarante mille guerriers sur le champ du combat. « Les vêtements de lin des morts, dit un poëte de ce siècle, blanchissaient la campagne comme la blanchissent les oiseaux d'automne. » Plus loin le même barde fait entendre cette chaleureuse imprécation : « Ce combat n'est pas digne de louange : qu'il ne soit célébré par aucun chant ! Que l'Orient, le Midi, l'Occident et l'Aquilon pleurent les morts ! Maudit soit ce jour ! qu'il ne soit pas compté dans le cercle de l'année ! qu'il soit effacé de toute mémoire ! que le soleil lui refuse ses rayons et l'aurore son crépuscule ! » Jamais, en effet, depuis les Teutons et les Cimbres, tant de sang barbare n'avait coulé dans une journée. Deux ans après, et par le conseil des évêques, un traité de paix intervint enfin entre les trois frères. Le nouveau partage de l'empire eut lieu à Verdun ; toute la partie de la Gaule située au couchant de la Meuse, de l'Escaut, de la Saône et du Rhône, fut abandonnée à Charles le Chauve : ce fut là le nouveau royaume de France. La Germanie tout entière fut donnée à Louis, et l'Italie à Lothaire. Par l'effet du traité de Verdun Paris redevint capitale de la France; mais, en ces temps de désolations sociales et de guerres calamiteuses, cet honneur était moins enviable que dangereux.

Plusieurs conciles furent tenus à Paris en 845, 846 et 848. Leurs actes offrent peu d'intérêt. En 857 mourut Erkenrad II, évêque de Paris, qui eut Énée pour successeur. Ce dernier obtint en 867, de Charles le Chauve, la restitution de l'île située à l'orient de la cathédrale, et qui fut successivement appelée île de Notre-Dame et île Saint-Louis. Les comtes de Paris en avaient usurpé la possession; Charles le Chauve la retira de leurs mains et la restitua à l'Église de Paris.

Or, depuis plusieurs années, un redoutable ennemi menaçait le royaume et la capitale de Charles le Chauve. Des pirates du Nord, des barbares qu'on désignait sous le nom de Normands (*Northmen*) ne cessaient d'attaquer les nations chrétiennes. Leurs flottes partaient à certains intervalles des ports de la Scandinavie (la Norwége et le Danemark modernes), et arrivaient en quelques jours à l'embouchure des fleuves gaulois. Chacune d'elles obéissait à un chef électif qu'ils nommaient *roi de la mer* (konong) et qui était toujours le plus brave. Ces pirates procédaient dans leurs invasions d'une manière uniforme : ils remontaient les fleuves aussi loin que la profondeur des eaux pouvait le permettre à leurs barques, et, ainsi campés sur les flots, ils envoyaient sur les deux rives des bandes de pillards avides, qui portaient partout l'incendie et la désolation. Des fleuves il passaient dans les rivières, et, chaque fois qu'une île leur semblait offrir un retranchement favorable, ils s'y fortifiaient, soit pour y passer l'hiver, soit pour y déposer leur butin.

On ne peut se faire une idée des désastres qui accompagnaient ces invasions rapides. De vastes cantons étaient dévastés à ce point qu'on n'y rencontrait ni un homme, ni un animal domestique. Les habitants des campagnes, pourchassés comme des bêtes fauves, abandonnaient leurs récoltes, fuyaient au hasard, et cherchaient un asile dans les forêts lointaines ; les villes étaient pillées ou livrées aux flammes, les églises et les monastères profanés et réduits en cendres, et il n'y avait un peu de sûreté que pour les nobles, d'ailleurs en petit nombre, qui se retranchaient dans leurs châteaux forts. C'était surtout aux prêtres et aux signes extérieurs du culte que les barbares portaient une haine implacable ; aussi les religieux s'éloignaient-ils en toute hâte à leur approche, emportant avec eux les vases sacrés et les reliques saintes.

L'an 845 Ragnar, l'un de ces rois de mer, entra dans la Seine avec une centaine de barques et la remonta en ravageant ses bords. Charles le Chauve, qui campait sur la rive droite, n'osa les attendre, et, se hâtant d'abandonner Paris, se réfugia avec toute sa noblesse au couvent de Saint-Denis. Le samedi saint Ragnar entra dans Paris sans y éprouver de résistance. Les Normands massacrèrent et pendirent à des arbres les habitants qui n'avaient pu fuir et se gorgèrent d'un riche butin. Charles le Chauve parvint à les éloigner en leur payant la somme énorme de sept mille livres pesant d'argent. Cette lâche concession ne devait avoir d'autre résultat que d'encourager les pirates à entreprendre de nouvelles invasions ; aussi revinrent-ils très-promptement à la charge. Déjà ils avaient pris Trèves, Cologne, Rouen, Nantes, Saintes, Bordeaux, et désolé le territoire de ces villes; en 857 ils remontèrent de nouveau la Seine jusqu'à Paris, mirent le feu à l'église de Sainte-Geneviève et à plusieurs autres édifices consacrés à Dieu, et, après avoir répandu partout la désolation et l'épouvante, se retirèrent en emmenant prisonnier l'abbé de Saint-Denis.

D'après une chronique contemporaine Ragnar rendit compte au roi des Danois de la prise de Paris. « Il lui rapporta, dit-il, combien il avait trouvé le pays bon et fertile. Il ajouta que dans ce pays les morts avaient plus de courage que les vivants, et qu'il n'avait trouvé d'autre résistance que celle que lui avait opposée un vieillard nommé Germain (1), mort depuis longtemps, et dans la maison duquel il était entré. »

Un autre auteur contemporain (2) ajoute, en parlant de la prise des villes de Paris, d'Orléans et de Clermo
« Il ne restait pas une ville, pas un village ou un hameau, qui n'eût éprouvé à son tour l'effroyable barbarie des païens... Ils parcouraient ces provinces, d'abord à pied, car alors ils ignoraient l'usage de la cavalerie, mais plus tard à cheval comme les nôtres. Les stations de leurs vaisseaux étaient autant d'asiles pour tous leurs brigandages; ils bâtissaient auprès des cabanes qui semblaient former de grands villages, et c'est là qu'ils gardaient, attachés à des chaînes, leurs troupeaux de captifs. »

Durant l'un des intervalles de repos que les invasions

---

(1) Saint Germain l'Auxerrois. Ragnar, ayant pillé son église, en avait été miraculeusement puni.

(2) *Ex miraculis S. Benedicti.*

des pirates laissaient au pays, Charles le Chauve fit transférer le corps de saint Maur, de l'abbaye de Glanfeuil, en Anjou, dans celle de Saint-Pierre des Fossés, près de Paris, au bord de la Marne.

Charles le Chauve était incapable de gouverner. On voit pourtant qu'il essayait de suivre les exemples de son aïeul Charlemagne pour entretenir la force et la prospérité de son royaume. Une lettre du pape Nicolas Ier témoigne des soins et des encouragements qu'il donnait à l'étude des beaux-arts dans ses États, et surtout à Paris, comme l'avaient fait ses prédécesseurs.

Charles le Chauve séjournait fréquemment à Saint-Denis, qu'il faisait fortifier contre les Normands. Les rois avaient sans doute alors un palais à Saint-Denis, puisqu'il est question de cette résidence dans les historiens. La reine Hirmintrude y mourut en l'an 869.

Quelques généalogistes donnent pour fille à Charles le Chauve une Alpaïs, femme de Conrad, établi comte de Paris en 869. Conrad était, dit-on, de sang royal. Avant lui Bégon, comte de Paris, avait épousé une autre princesse nommée aussi Alpaïs, fille de Louis le Débonnaire.

L'évêque de Paris, Énée, ancien professeur aux écoles palatines, mourut en 870. Demeuré étranger aux occupations du gouvernement civil, ce prélat prit une part active aux affaires ecclésiastiques. Il fut chargé de réfuter, au nom de la province ecclésiastique de Sens, les doctrines du schisme grec de Photius, ce qu'il fit dans un ouvrage qui nous est resté.

Ingelvin, son successeur, demanda à Charles Chauve la jouissance de l'abbaye de Saint-Éloi, située dans le fief de l'Église de Paris. Le roi l'accorda (871), pour que

Dieu lui donnât des enfants de sa femme Richilde, et à condition que l'Église de Paris prierait pour lui et les siens. A plusieurs reprises Charles le Chauve conclut avec les Normands de honteuses trêves, rachetant à prix d'argent les prisonniers et les terres qu'il n'avait osé défendre. Louis le Germanique étant mort, le roi de France, qui n'avait pas la force de repousser les pirates, entreprit de s'emparer de l'Allemagne. Comme il se portait vers le Rhin avec ses armées, les Danois, commandés par Rollon, leur principal chef, reparurent à Rouen et menacèrent Paris. Charles le Chauve, battu par les Germains, revint en France, et acheta tristement la paix en payant aux pirates cinq mille livres d'argent, à condition qu'ils sortiraient du royaume.

Vers ce même temps brilla un moment un guerrier issu d'une famille saxonne, et que Charles le Chauve, pour se l'attacher d'une manière plus durable, avait mis en possession de tout le pays entre la Seine et la Loire et créé duc de France. C'était Robert (*Rod-Berth*), surnommé *le Fort*. Cet homme illustre, qui fut la tige de la famille des Capétiens, reçut du roi la mission de protéger la Neustrie contre les Normands. Il s'en acquitta glorieusement pendant six ans et fit éprouver aux barbares la puissance de son courage.

Le 6 octobre 877 mourut Charles le Chauve, âgé de cinquante-quatre ans; il en avait régné trente-huit comme roi de France et près de deux comme empereur d'Occident.

CHAPITRE II.

Paris sous les successeurs de Charles le Chauve. — Siége de Paris. — Déclin de la race carlovingienne. (877-987.)

L'autorité royale allait en s'affaiblissant; la puissance territoriale et personnelle des seigneurs ne cessait de s'accroître.

Charles le Chauve, cédant à la volonté des seigneurs, avait reconnu, dans l'assemblée de Quercy-sur-Oise, en 877, l'hérédité des bénéfices, soit territoriaux, soit consistant en charges publiques, et il étendit cette faveur au titre de comte, c'est-à-dire au gouvernement militaire des provinces. Cette révolution fut accomplie lorsque depuis longtemps les malheurs publics et l'indifférence des grands avaient aboli l'usage des assemblées nationales (champs de mai), remplacées peu à peu par de simples conciles d'évêques. Elle termina l'ère monarchique commencée sous Clovis, continuée sous Pepin et Charlemagne, et vit naître une nouvelle forme de gouvernement, qui fut le règne ou la puissance des *fidèles,* et qui, de leur nom (féal, féaux), prit celui d'ère féodale.

Il n'y avait plus sur le territoire de la France, et il ne resta bientôt dans tout l'Occident, que des nobles et des serfs, dont les degrés de puissance ou d'esclavage variaient. A la tête des seigneurs se trouvait le roi; la province qu'il gouvernait avait la première place parmi les autres fiefs et s'appelait toujours le royaume.

Chaque grand feudataire ou possesseur de grands fiefs

(et à la mort de Charles le Chauve ils étaient près de vingt-cinq) rendait hommage au roi en qualité de grand vassal. Cet hommage de pure forme ne constituait aucune souveraineté bien efficace, et, quand il gênait le feudataire, ce dernier s'en affranchissait par une révolte, jusqu'à ce que le roi ou les autres vassaux le contraignissent de nouveau à se soumettre.

A cette époque, qu'on pourrait appeler l'âge de fer de la civilisation, les lettres et les sciences semblèrent s'éteindre, et les arts restèrent dans la décadence où ils étaient tombés depuis plusieurs siècles. L'architecture ne produisit aucun monument qui soit arrivé jusqu'à nous dans son intégrité. Toutes les constructions de ce siècle se rattachaient d'ailleurs, d'une manière évidente, à l'architecture romaine. Les proportions furent changées, mais les formes restèrent les mêmes. Toutefois les besoins du climat, les traditions septentrionales, la nécessité d'approprier les édifices aux usages du culte, et enfin les relations que les guerres et les alliances établirent entre les Francs et les Maures, ne tardèrent pas à altérer sensiblement l'art dont Rome avait transmis les principes et les règles, pour y substituer une manière nouvelle et préparer la révolution architectonique qui s'opéra au onzième siècle.

Après la mort de Charles le Chauve le royaume de France et la ville de Paris virent se succéder plusieurs rois trop faibles pour ressaisir les prérogatives de la puissance suprême, et qui se résignèrent plus ou moins à subir le joug des grands et des seigneurs. Louis le Bègue se montra sans volonté et sans talents; ses deux fils, Louis III et Carloman, firent preuve de courage, mais ils moururent jeunes, et le royaume passa sous la dépendance de l'empereur Charles le Gros.

Ce prince, bien qu'il fût dépourvu de génie et de courage, gouvernait alors l'empire le plus étendu qui eût existé depuis le règne de Charlemagne. L'Italie reconnaissait ses lois, la Germanie entière lui était soumise, et enfin la Gaule, à l'exception du royaume de Provence, conservé par Boson, venait de se donner à lui. Mais toute cette puissance n'était qu'apparente : d'un côte l'organisation du régime féodal annihilait l'autorité des rois, et de l'autre les invasions sans cesse renouvelées des pirates morcelaient, ruinaient et ensanglantaient tout le territoire depuis le Tibre jusqu'au Wéser.

Gottfried, chef des Normands établis en Frise, ne se crut point engagé par les derniers traités; il se hâta de les rompre; mais Charles le Gros, n'espérant point le vaincre, le fit périr dans des embûches. Cet assassinat fournit aux pirates un prétexte pour recommencer leurs ravages. Sous la conduite de Sigefried, chef des Normands de la Meuse, ils désolèrent les bords de la Somme et de l'Oise et remontèrent la Seine jusqu'à Paris. Leur flotte, de sept cents vaisseaux à voiles, couvrait le fleuve dans l'espace de deux lieues (886).

L'évêque de Paris étant mort, Gozlin, abbé de Saint-Germain et de Saint-Denis, fut élu à sa place. Son premier soin fut de prendre des mesures pour mettre à couvert la capitale du royaume et de bâtir à la hâte des forts et des tours destinés à retarder les ravages des Normands. Eudes, comte de Paris, dirigea ces travaux et prit les dispositions militaires que lui suggérait son expérience. Il était fils de Robert le Fort et digne de continuer la lutte si vaillamment soutenue par son père contre les barbares. Pendant que, d'accord avec l'évêque et avec Hugues-l'Abbé, ils se préparaient à la résistance, de nouvelles hordes de Normands remontaient la Seine, débarquaient au lieu qui porte de nos jours le nom de Malmaison, et venaient mettre le siége devant Paris. C'était pour la quatrième fois, depuis leur apparition sur les côtes de la France, qu'ils se présentaient sous les murs de cette ville, que déjà ils avaient prise et pillée plusieurs fois, ne laissant après eux, dans l'esprit des habitants, qu'un souvenir indicible de terreur et de désespoir (1).

(1) Résumons ces diverses invasions des Normands à Paris. En 845 ces pirates, sous la conduite de Ragnar (Ragenaire), avaient remonté la Seine avec cent vingt vaisseaux qui arrivèrent à Paris le 28 mars, veille de Pâques. Les habitants avaient pris la fuite, dit le chroniqueur (*Mirac. S. Germani*), et la ville n'était plus qu'un désert. Les religieux de Sainte-Geneviève se retirèrent avec le corps de leur patrone à Athies, de là à Draveil; ceux de Saint-Germain s'enfuirent à Combes-la-Ville, en Brie, avec le corps du saint évêque. Cependant, le jour de Pâques même, les Normands se jetèrent avec fureur dans l'abbaye Saint-Germain des Prés et enlevèrent tout ce qu'ils purent emporter. Une maladie qui se déclara parmi eux arrêta leurs ravages en faisant périr un grand nombre des leurs.

Charles le Chauve était à Saint-Denis; Ragenaire lui fit faire des propositions de paix, et Charles, ne pouvant l'éloigner par la force, lui donna 7,000 livres d'argent pour prix de son départ.

En 851 et 852 les Normands prirent, pillèrent et brûlèrent Paris, Rouen, Beauvais, et bon nombre d'autres villes. Ils n'épargnèrent aucune abbaye, aucun monastère.

En 857 ils revinrent encore à Paris et brûlèrent la basilique de Saint-Pierre et de Sainte-Geneviève et toutes les autres églises, excepté celles de Saint-Étienne, de Saint-Denis, de Saint-Vincent et Saint-Germain, qui se rachetèrent de l'incendie par de grosses sommes d'argent.

Cette invasion des Normands, marquée par plus de ruines que celle de 845, inspira des plaintes amères à Paschase Radbert, abbé de Corbie, auteur contemporain. « Qui eût jamais pu croire, s'écrie-t-il, que les « pirates ramassés de différentes nations seraient venus humilier un

On était à la fin de novembre (885). La flotte normande portait trente mille pirates, sous les ordres du konong Sigefried; ce chef, avant de tenter contre Paris une attaque à force ouverte, eut recours à la ruse et demanda une entrevue à l'évêque Gozlin. On l'introduisit auprès du prélat guerrier, et il se borna à demander la permission de remonter la Seine jusques au delà de Paris, s'engageant à empêcher toute violence et tout désordre. L'évêque, après s'être concerté avec le comte de Paris, répondit que, chargé par le seigneur Charles, empereur, de veiller à la garde de la ville, il ne pouvait laisser passer les Normands. Le konong se retira, annonçant qu'il allait s'ouvrir un chemin avec son épée.

Paris n'était plus tel que nous l'avons décrit au déclin de la période mérovingienne. Depuis plus d'un siècle cette

« royaume si glorieux, si puissant, si populeux? Aucun roi n'aurait
« espéré, aucun habitant de la terre n'aurait cru que jamais un ennemi
« pût entrer dans notre Paris. » Ainsi, dans l'opinion générale, Paris, quoique délaissé par les rois carlovingiens, était toujours la capitale du royaume. Dans le mois de janvier de l'année 861, selon les *Annales de Saint-Bertin*, le jour de Pâques selon Aimoin, historien des *Miracles de saint Germain*, les Normands de la Seine revinrent sur Paris, qu'ils brûlèrent. Ils entrèrent dans l'abbaye de Saint-Germain des Prés, pendant que les moines, au nombre de vingt à peu près, qui ne s'étaient pas retirés à Emant avec les autres, chantaient matines. Les religieux parvinrent cependant à se cacher dans les bâtiments ou les souterrains de l'abbaye, et un seul fut tué. Les Normands égorgèrent plusieurs serviteurs de l'abbaye, pillèrent le monastère et mirent le feu au cellier. Ils poursuivirent les négociants de la ville qui s'enfuyaient, en remontant la Seine, chargés de ce qu'ils avaient pu prendre avec eux, et les firent prisonniers; puis ils retournèrent à Oissel. Les faubourgs de la ville, et celui du midi surtout, durent souffrir de cette nouvelle invasion. Après la retraite des Normands Charles le Chauve rendit un capitulaire pour que les ravages fussent réparés.

ville, abandonnée par les souverains, n'avait cessé d'être désolée par les incursions des pirates et les calamités qui pesaient sur le royaume; elle avait donc dépéri, s'était amoindrie, et avait vu disparaître, par l'incendie, la dévastation et le pillage, les vastes faubourgs, les beaux villages, les maisons de plaisance, les fermes, les églises et les abbayes que, depuis Julien César et Clovis 1er, on avait construits sur les deux rives de la Seine. La plupart des édifices chrétiens avaient été pillés ou brûlés, on avait égorgé ou fait prisonnier les religieux et les clercs, les colons s'étaient enfuis, emportant leurs meubles et leurs épargnes, et il ne restait, autour de Saint-Germain l'Auxerrois, de Saint-Pierre, de Saint-Laurent, de Saint-Martin, comme aussi autour du palais des Thermes, de Sainte-Geneviève, de Saint Germin des Prés et de Saint-Julien le Pauvre, que des oratoires à demi ruinés, des cloîtres profanés ou détruits, et de chétives demeures exposées sans défense aux attaques de l'ennemi. La ville principale était d'ailleurs toujours renfermée dans l'île de la Cité, protégée par un rempart dont il avait fallu à la hâte réparer les brèches, et communiquant encore avec les rives opposées de la Seine par deux ponts de bois. Celui du nord, jeté sur le grand bras du fleuve, était défendu à son extrémité par une grosse tour qui occupait une partie de l'espace appelé de nos jours place du Châtelet; l'autre pont, qui joignait la ville à la rive gauche, était situé à peu de distance de notre place du Pont-Saint-Michel, et une tour moins considérable en protégeait également les abords. Un mur bordait l'île et formait comme une seconde enceinte de tous côtés baignée par la rivière. La tour du Nord, au moment où apparurent les Normands, n'était qu'à moitié construite; pour la mettre en état de résister aux barbares on l'éleva d'un étage, avec de la charpente. En réalité c'était là une place de guerre mal défendue et hors d'état d'arrêter longtemps l'ennemi, à moins que la garnison et les habitants ne fissent des prodiges de dévouement et de patience. Eudes, comte de Paris et fils de Robert le Fort, confia la garde des principaux postes à son frère Robert, au comte Ragenaire (Ragner) et à un seigneur nommé Aledran, qui, récemment, et malgré son courage, n'avait pu garantir Pontoise de l'attaque des Normands. L'évêque Gozlin, selon la coutume de cette époque d'ignorance, ne croyait pas manquer à la sainteté de son caractère en prenant part aux combats livrés à des païens en faveur d'une population chrétienne; son neveu Ebb, possesseur d'abbayes, mais séculier et soldat, servait sous ses ordres. Les forces militaires dont ils disposaient étaient peu considérables, tandis que les Normands, qui venaient d'appeler à eux des renforts, se trouvaient au nombre de quarante mille. Leurs barques et leurs navires, de guerre ou de transport, couvraient la Seine dans un espace de deux lieues. Sur plusieurs de ces bâtiments de pirates on avait établi des machines destinées à battre la tour du Nord, tandis que les colonnes de Sigefried, qui se déployaient dans la campagne, l'attaqueraient du côté de la terre.

Le premier jour les Normands firent pleuvoir sur la tour une grêle de traits et de pierres, puis ils donnèrent l'assaut; on se battit jusqu'au soir avec un acharnement égal, de près ou de loin, et pour emporter ou défendre le pont de bois attenant à la tour. De part et d'autre un grand nombre d'hommes furent tués; l'évêque de Paris fut blessé d'une flèche; son écuyer périt d'un coup d'épée. La nuit suspendit le combat; mais, vers le soir, les charpentes qui formaient le second étage de la tour avaient été détruites, les parapets étaient fortement endommagés, et les soldats ne pouvaient plus se maintenir dans cette position derrière les créneaux. Pendant la nuit le comte de Paris fit réparer le dégât; il fit établir au-dessus de la tour une nouvelle charpente plus solide que l'autre, et, dès le point du jour, la garnison se vit en mesure de résister avec avantage aux efforts de l'ennemi. Le lendemain les Normands recommencèrent le combat et rencontrèrent une résistance plus énergique encore que celle de la veille.

« Les Normands la saluent de nouveau (la tour) avec le soleil, dit le poëte (28 novembre), et envoient aux fidèles de terribles combats. » Tous leurs efforts étaient dirigés contre la tour, qu'ils cherchaient à saper. Les assiégés faisaient pleuvoir sur eux de la poix, de la cire fondue, de l'huile bouillante, et les précipitaient dans le fleuve. En même temps les nôtres leur criaient : « Allez rafraîchir vos brulûres dans la Seine ; ses eaux répareront votre chevelure et la rendront plus lisse. » Ceux qui étaient rebutés par les obstacles retournaient au camp, où ils étaient insultés par leurs femmes : « D'où viens-tu ? te sauves-tu d'un four ? » C'était ainsi qu'elles appelaient par dérision la tour à cause de son peu de hauteur. « Je le vois,
« fils du diable, vous ne pourrez jamais en triompher.
« Quoi ! ne t'ai-je point donné du pain, du vin et de la
« chair de sanglier ? Et tu reviens sitôt à ton gîte ! »

Cependant des renforts de pirates arrivent au pied de la tour, et la lutte recommence plus terrible. Le konong Sigefried ayant fait établir, à la manière des anciens, des galeries couvertes à l'abri desquelles on approchait de la muraille pour la saper et la détruire, le comte de Paris fit rouler d'en haut des quartiers de roche qui rompirent ces galeries, et partout où on aperçut une brèche les assiégés versèrent des flots de poix bouillante et de résine enflammée. L'infanterie des barbares s'étant lassée en de vains efforts, Sigefried ordonna aux cavaliers de mettre pied à terre et de monter à l'assaut ; ils furent reçus vaillamment par les Parisiens. Eudes et Ebb l'Abbé firent des sorties et tuèrent de leurs propres mains un grand nombre de barbares. Pendant qu'ils chassaient devant eux l'ennemi, étonné de leur courage, un pan de la muraille de la tour du Nord s'écroula sous les coups du bélier, et les Normands s'élancèrent sur la large brèche qui semblait leur ouvrir passage. Les Français tinrent bon. Du milieu de la tour et des parapets ils lancèrent sur les barbares des masses énormes de traits et de pierres et les contraignirent à s'arrêter. Les Normands essayèrent de mettre le feu à la tour, mais le vent chassait la flamme contre eux, et les assiégés, qui combattaient à quelques pas du fleuve, réussirent à éteindre les commencements d'incendie. Dans cette glorieuse journée la perte des assiégeants fut très-considérable ; du côté des assiégés on eut à déplorer la mort du comte Robert, frère du comte de Paris.

Le konong Sigefried, n'espérant point venir à bout d'une résistance si hardie, prit le parti de suspendre l'attaque, de bloquer Paris et de dévaster ou de livrer aux flammes tout le pays d'alentour. Les hordes placées sous ses ordres se répandirent dans la campagne et y exercèrent les plus horribles ravages. Durant le cours de ces dévastations les Normands établirent leur camp près de Saint-

Germain l'Auxerrois, s'y fortifièrent avec soin et se mirent à l'abri de toute attaque qui viendrait du dehors. Comme une garnison française cantonnée dans l'abbaye de Saint-Germain des Prés ne cessait de les harceler, ils résolurent de la tenir en respect, et ils dirigèrent contre cette position des forces nombreuses ; ils établirent ensuite tout à l'entour du monastère, érigé en forteresse, une ligne de circonvallation et des retranchements, et au moyen de ces ouvrages de guerre ils paralysèrent une partie des forces de l'assiégé. Pour venir à bout de la résistance des deux tours ils construisirent de hautes machines roulantes, du haut desquelles un certain nombre d'archers, mis à couvert, lançaient des flèches sur ceux qui, derrière les créneaux, protégeaient les abords des deux ponts. Peu de jours après, les assauts et les combats corps à corps recommencèrent, et les Normands furent partout repoussés avec perte, malgré la hardiesse de leurs efforts. Exaspérés par la mort de leurs compagnons et par l'héroïque résistance du peuple de Paris, les barbares égorgèrent les prisonniers qu'ils avaient faits dans la campagne et entassèrent leurs cadavres dans le fossé creusé au pied de la grande tour ; ils espéraient épouvanter les assiégés, et, dans le cas contraire, déterminer une infection causée par le voisinage de tant de corps privés de sépultures. Durant cet affreux massacre l'évêque de Paris était debout sur le rempart de la tour ; il en appela à la justice de Dieu contre les barbares ; puis, emporté par l'excès de son zèle, il lança lui-même un trait sur l'ennemi et tua l'un des soldats normands qui égorgeaient les captifs. Le reste de la journée et la nuit même furent employés par les barbares à combler les fossés et à avancer de nouveau les galeries couvertes. Le lendemain ils battirent en brèche la tour du Nord, avec trois béliers. Les assiégés, sans se laisser intimider par ces attaques, précipitèrent sur les galeries des poutres garnies de pointes de fer et des amas de pierres; puis, ayant ainsi réussi à écraser les galeries et ceux qui étaient postés dessous, ils déjouèrent victorieusement la tentative des pirates.

Ceux-ci construisirent d'énormes brûlots; ils se servirent à cet effet de gros navires, qu'ils chargèrent de matières inflammables et qu'ils poussèrent vers les ponts de bois. Les assiégés se croyaient perdus et invoquaient l'intercession de saint Germain, leur ancien évêque, dont ils possédaient le tombeau. Quelques estacades placées en avant des ponts retinrent les brûlots à distance et préservèrent les ponts de l'atteinte de la flamme. Ce fut ainsi que les assiégés virent arriver la fin de janvier, ayant chaque jour à lutter et à combattre, et redoublant de courage au milieu de leurs épreuves.

Or, le 6 février (886), une crue subite des eaux emporta le petit pont et laissa exposée sans secours à la fureur des Normands la poignée de braves qui occupait cette position. Les Normands attaquèrent la tour du Midi et sommèrent ses défenseurs de capituler; ceux-ci, au nombre de douze, répondirent par un courageux refus; bientôt après, écrasés par le nombre et cernés par les flammes, ils tombèrent au pouvoir des barbares, qui les égorgèrent lâchement, à la vue du peuple impuissant à les défendre. Le vieux poëme qui a transmis à la postérité les annales de ce mémorable siége nomme les douze citoyens de Paris qui périrent ainsi pour la cause de la religion et de la patrie; ils s'appelaient Ermanfroid, Érivée, Ériland,

Odoacre, Ervic, Arnold, Solic, Gobert, Wido, Ardrade, Eimard et Gozsuin. Le plus brave d'entre eux, Érivée, avait été épargné, parce que les pirates comptaient sur une forte rançon, mais il ne voulut pas survivre à ses compagnons de gloire (1) et il mourut avec eux. Le supplice

(1) Voici comment le poëte carlovingien raconte cet événement :
« Douze guerriers se trouvaient alors seuls renfermés dans la tour. Les Normands, voyant de la rive droite la ruine du pont, traversent la Seine, investissent la tour, l'attaquent de toutes parts. Les citoyens voudraient, mais en vain, courir à la tour ; ils voudraient porter le secours de leurs armes à ses défenseurs, qui, haletants, au nombre de douze, combattent vaillamment sans avoir craint jamais les formidables épées des Danois. Il est difficile de raconter leurs combats ; mais voici leurs noms : Ermenfred, Ervée, Ériland, Odoacre, Ervic, Arnold, Solic, Gobert, Wido, Ardrade, Eimard et Gozsuin. Les Normands, ne pouvant s'emparer de la tour, approchent de ses portes une charrette chargée de matières sèches et y mettent le feu. Les guerriers, craignant pour leurs faucons que la flamme du bûcher ne les suffoque, coupent leurs liens et les laissent partir en liberté ; puis ils se défendent longtemps. Ils cherchent à éteindre l'incendie ; mais, ne pouvant y réussir, ils se retirent sur la partie du pont qui tenait encore à la tour. Ils résistèrent encore dans cette position jusqu'au soir. Abbon lui-même va nous raconter la généreuse mort de ces douze guerriers. Javelots, pierres, flèches rapides, tout est mis en œuvre contre ces héros par le peuple ennemi de Dieu ; mais comme les efforts des Normands ne pouvaient triompher : « Guerriers, s'écrient-ils avec perfidie, venez vous remettre à « notre foi ; vous n'avez rien à craindre. » O douleur ! ils se confient à ces paroles mensongères, espérant pouvoir se racheter par une riche rançon. Hélas ! désarmés, ils subissent le glaive d'une nation sanguinaire, et, tandis que leur sang coule, leurs âmes s'élevant vers le ciel vont y recevoir la palme du martyre qu'ils ont si glorieusement achetée. Bientôt, après tous les autres, Ervée se montre à ces païens. A sa beauté, à son port majestueux, ils le croient un roi, et l'espérance d'une si riche proie a suspendu leurs coups ; mais lui, jetant les yeux sur ce qui l'entoure, et voyant ses chers compagnons massacrés, tel qu'un lion à la vue du sang, il entre en fureur, s'efforce d'échapper aux mains qui le retiennent, se roule, se débat contre ses liens, et cherche des armes pour venger la

imméritée de ces hommes de cœur, loin d'intimider les Parisiens, ne fit qu'exalter leur résistance par la certitude qu'ils acquirent qu'il ne leur serait point fait quartier. Dès le lendemain les Normands rasèrent la tour du Midi.

Ils levèrent ensuite leur camp, moins pour renoncer au siége que pour tendre des embûches aux assiégés ; ceux-ci, sous la conduite d'Ebb, se portèrent dans la plaine qui s'étendait autour de Saint-Germain (l'Auxerrois) et mirent le feu aux tentes de l'ennemi ; les Normands revinrent en forces et obligèrent les Parisiens de se renfermer dans leur enceinte. Une horde de ces pirates se porta néanmoins dans la direction de Chartres et du Mans, sans pouvoir se rendre maîtresse de ces villes, et se vit contrainte de se borner à quelques actes de pillage. Sur ces entrefaites le comte Heinric (Henri), qui déjà avait combattu les Normands dans la Frise, reçut de l'empereur Charles le Gros l'ordre de se porter au secours de Paris à la tête d'un corps d'armée ; il se mit en marche vers le milieu de février, réussit à donner avis de son approche au comte de la ville assiégée ; puis, tandis que ce dernier dirigeait une sortie contre les Normands, il attaqua les barbares sur leurs flancs et sur leurs derrières, et réussit à introduire des renforts dans la place. Sigefried, un moment découragé, proposa à ses compagnons de lever le siége ; mais ils s'y refusèrent, et le contraignirent, au contraire, à atta-

mort de ses frères et la blessure faite à sa patrie ; mais, ne pouvant y parvenir, sa voix, qui du moins est restée libre, retentit comme un tonnerre aux oreilles de ces furieux : « Voici ma tête, frappez ; pour aucune « somme d'argent je ne marchanderai ma vie. Quand mes frères meurent, « pourquoi me laisser vivre ? Hommes avides, n'attendez rien de moi. » On le mit à mort ; mais ce ne fut que le lendemain. Les barbares égorgèrent les autres. »

quer l'abbaye de Saint-Germain des Prés. La garnison qui occupait ce poste important offrit aux barbares une forte rançon et fut épargnée. Quelques jours se passèrent sans événements graves, puis Sigefried tenta un nouvel assaut contre la tour du Nord et fut repoussé. Dans cette attaque désespérée deux konongs qui combattaient avec Sigefried reçurent la mort de la main des assiégés. Sigefried, vaincu et rebuté par les difficultés de l'entreprise, leva le siége avec une partie des siens et se jeta sur quelques provinces neustriennes, qu'il pilla et ravagea; cependant la moitié de son armée resta sous les murs de Paris et continua d'attaquer la ville. Les chaleurs étant venues, des maladies contagieuses vinrent ajouter leurs ravages aux misères de Paris. L'évêque Gozlin mourut, pleuré de son peuple (1); on ne tarda pas à apprendre la mort de Hugues l'abbé, et bientôt, exposée au fer et à la peste, la ville se vit réduite aux dernières extrémités. Le comte de Paris se rendit auprès de Charles le Gros pour réclamer des secours, et confia, pendant son absence, à l'abbé Mars la défense de la place assiégée. Cette situation fut de courte durée, et bientôt après on vit reparaître Eudes, à la tête de quelques renforts qu'il introduisit dans la ville en passant sur le corps de l'armée assiégeante. Il annonçait l'arrivée prochaine de troupes plus considérables, et

(1) « Qui pourrait prêter volontiers l'oreille au récit qui va suivre? Que la terre gémisse, ainsi que la mer et le ciel, dans toute l'étendue d'un pôle à l'autre! Gozlin, ce prélat du Seigneur, ce héros si humain, s'en va dans le séjour des astres, astre brillant lui-même, habiter avec le Seigneur. Au milieu de nous il fut notre rempart; il fut pour nous un bouclier, une hache à deux tranchants, un arc et une flèche terribles. Hélas! des sources de larmes s'échappent de tous les yeux, et la douleur, jointe à l'effroi, a brisé les cœurs. » (Abbon.)

sa promesse se réalisa au bout de quelques jours, lorsque le comte Heinric signala à son tour sa présence dans le pays voisin de Paris. Ce lieutenant de l'empereur amenait avec lui une armée composée de Français et de Germains, et bientôt il se jeta avec une aveugle impétuosité sur les barbares. Dans cette première action il tomba et périt accablé par le nombre, et sa mort déconcerta le courage de son armée. Les Normands profitèrent de cette circonstance pour donner encore un furieux assaut à la ville. Ils attaquèrent avec une vigueur inouïe, et plusieurs d'entre eux escaladèrent les murailles et occupèrent la tour du Nord; un soldat français, nommé Gerbaud, donnant aux assiégés l'exemple de l'audace, s'avança presque seul vers les barbares, renversa leurs échelles, les rejeta dans les fossés, et, soutenu bientôt par une troupe nombreuse, sauva la ville et déjoua l'entreprise de l'ennemi. Une sortie ordonnée à propos par le comte de Paris mit fin au combat, refoula l'assiégeant jusque dans son camp, et les Parisiens, reprenant aux pirates une croix dont ils s'étaient emparés, la reportèrent processionnellement sur leurs remparts en chantant le *Te Deum*.

Tant d'héroïsme étonnait l'empire et rendait la France fière de sa capitale. Charles le Gros assembla une armée et parut enfin sur les hauteurs de Montmartre. Or ce lâche souverain, n'osant imiter la valeur de ses sujets, n'intervint que pour payer une rançon aux Normands qu'il aurait pu attaquer et détruire. Ainsi se termina le siége de Paris, après avoir duré plus de treize mois. Les Normands, renonçant à se rendre maîtres d'une ville dont on leur payait la rançon tandis qu'elle était digne d'une délivrance plus glorieuse, levèrent leur camp et se portèrent dans la direction de Sens et de la Bourgogne.

Charles le Gros, déshonoré par sa conduite pusillanime, se replia précipitamment vers l'Alsace, harcelé par les Normands, et maudit par ses peuples. C'était un prince méprisé, et qu'une révolte des grands ne tarda pas à chasser du trône. Réduit à la plus extrême misère et n'ayant pour vivre que les dons du charitable évêque de Mayence, il mourut de chagrin, et par sa mort fut dissoute l'union des royaumes qui l'avaient reconnu pour maître.

La mort de Charles le Gros éteignait la race de Charlemagne et ne laissait presque plus subsister que des rejetons illégitimes de ce grand homme. Charles le Simple, dernier fils de Louis le Bègue, n'avait que des droits contestables, le mariage de sa mère Adélaïde ayant été déclaré nul par l'Église. Il ne restait donc plus d'héritier direct du sceptre carlovingien, et les grands qui déposèrent Charles le Gros crurent devoir donner la couronne à Eudes, comte de Paris, que son courage contre les Normands avait justement rendu célèbre. Ce fils de Robert le Fort ne gouvernait réellement que la Neustrie, et son pouvoir fut constamment mis en question par les grands vassaux, qui s'accommodaient mal d'obéir à un homme leur égal de la veille. Outre les guerres civiles auxquelles leurs révoltes donnèrent lieu, la Neustrie eut encore à supporter les affreux ravages des Normands. Eudes remporta sur eux une brillante victoire, et Paris fut pour quelque temps délivré des incursions de ces pirates.

Eudes, étant mort en 898, eut pour successeur Charles le Simple, qui prétendait descendre de Charlemagne. Douze ans plus tard une armée de pirates normands remonta la Seine et mit le siége devant Paris. Pendant ne trêve de trois mois que les barbares accordèrent à cette ville leurs bandes ravagèrent les bords de l'Yonne et ceux de la Saône, et enfin le territoire de Chartres. Le *onong*, ou chef principal aux ordres duquel ils étaient soumis, était le roi de mer Roll ou Rollon (Raoul), dont le nom occupe une si grande place dans l'histoire du dixième siècle. Ce chef redoutable avait promené ses armes dévastatrices dans la Neustrie, la Lorraine, l'Aquitaine et l'Angleterre, portant partout la désolation et l'incendie. Pour se venger d'un échec qu'il venait de recevoir devant les murs de Chartres, il exerça des cruautés inouïes dans les campagnes de la Neustrie, pillant les églises, égorgeant les prêtres, brûlant les villes et emmenant les femmes en esclavage. Charles le Simple, faible d'esprit et de puissance, tremblait devant ce redoutable adversaire; mais la clameur du peuple devint si vive qu'il résolut de mettre à tout prix un terme à tant d'excès. Jusqu'à ce jour la lâcheté des Carlovingiens avait acheté à prix d'or une paix honteuse; le roi Charles consentit à un plus grand sacrifice, et fit offrir à Rollon, pour s'y établir lui et ses pirates, la plus fertile province du royaume, celle qui comprenait la Neustrie occidentale. En échange d'un don si précieux il demanda que les Normands se reconnussent vassaux de la France et se convertissent à la foi chrétienne. Le pirate n'eut garde de rejeter des propositions si avantageuses, et toutefois, comme la Neustrie maritime était alors ruinée et dévastée, il demanda et obtint la cession de tous les droits de la couronne sur la petite Bretagne. Enfin Charles le Simple s'efforça de se concilier l'affection de Rollon en lui accordant pour épouse sa propre fille Ghisèle.

Le royaume de France ne fut point préservé des révolutions. Un parti puissant s'était formé contre le roi Charles le Simple. Robert, comte de Paris et frère du roi Eudes, se mit à la tête des vassaux rebelles et se fit sacrer roi à Reims (922). Lors de son avénement au trône ce prince possédait, outre le comté de Paris, que l'on appelait aussi duché de France, plusieurs monastères, et notamment ceux de Saint-Martin de Tours, de Saint-Denis et de Saint-Germain des Prés. On n'avait vu jusque là que des abbés tirés du rang des moines et dont le devoir et le vœu principal étaient celui de célibat; mais, dans les malheurs et les désordres du dixième siècle, les seigneurs laïques s'emparèrent des plus riches abbayes. Robert, comte de Paris, fut le premier *abbé marié* de Saint-Germain des Prés, « si tant est, dit Félibien, qu'il mérite le nom d'abbé; car sous ces sortes d'abbés c'était le doyen qui avait soin du spirituel, pendant que les abbés jouissaient du temporel, c'est-à-dire des biens. Ceux d'entre eux qui étaient les plus raisonnables, continue l'historien, n'osaient se qualifier abbés; ils se disaient seulement protecteurs et défenseurs des monastères. »

Charles le Simple, étant parvenu à rassembler une armée, revint en France pour combattre Robert. Les deux partis se rencontrèrent près de Soissons; Robert fut tué, mais Charles fut obligé de prendre la fuite. Hugues le Grand, fils de Robert, qui lui succéda au comté de Paris, ne put se faire reconnaître roi de France; les seigneurs, craignant sa trop grande puissance, lui préférèrent son beau-frère Raoul, duc de Bourgogne, qui fut sacré à Saint-Médard de Soissons le 13 juillet 923. L'année suivante, Charles le Simple ayant été fait prisonnier par

Herbert, comte de Vermandois, Raoul se trouva seul roi de France.

Son règne dura douze ans et ne fut qu'une longue série de guerres contre les barbares et contre les grands vassaux de la couronne. Raoul déploya beaucoup de courage et d'intelligence; mais lorsqu'il mourut, en 936, les Français ne formaient plus une nation, ni la France une monarchie. Le territoire de l'ancienne Gaule était découpé en une multitude de petites États sujets à de fréquentes révolutions, toujours en guerre les uns contre les autres, et entre lesquels il n'existait guère d'autre droit que la force.

Raoul ne laissait point d'enfants. A sa mort un seul homme concentrait entre ses mains la plus grande prépondérance : c'était Hugues le Grand, comte de Paris et duc de France. Il aurait pu sans peine prendre le titre de roi; mais, comme Pepin d'Héristal et Charles Martel sous la première dynastie, il préféra se contenter du pouvoir, et attendre, pour joindre le nom à la chose, un concours de circonstances plus favorables.

Il fallait pourvoir à la vacance du trône. Hugues le Grand désigna au choix des seigneurs le jeune Louis d'Outre-Mer, fils de Charles le Simple, depuis treize ans réfugié en Angleterre. Ce prince fut agréé par les grands feudataires, et on le rappela dans son royaume, qui en était réduit aux étroites proportions du comté de Laon.

Paris n'était plus qu'une ville vassale, gouvernée par un comte plus puissant que le roi. Or, bien qu'épuisée par les siéges, les famines et les calamités trop fréquentes de cet âge de fer, la vieille Lutèce se reconstituait peu à peu et vit sa population s'accroître, ses faubourgs se relever, son commerce reprendre un peu de vie. Les évêques qui avaient succédé à Gozlin ne sont guère connus que de nom. L'un d'eux, Théodulfe, mourut vers l'an 920, et entoura, dit-on, d'une clôture l'habitation des chanoines de Notre-Dame; Fulrad vivait en 922, Adelhme de 930 à 935. Gautier ou Walter, son successeur, était, en 941, chancelier de Hugues le Grand, comte de Paris. On ne sait rien de ses successeurs Albéric, Constance et Garin; on a à peine retenu le souvenir de Rainald Ier (979) et d'Élisiard, qui assista à la déchéance de la dynastie carlovingienne. Les chroniques du dixième siècle parlent d'un ouragan ou d'une peste qui, vers l'an 942, désolèrent Paris. Le comte Hugues le Grand fit nourrir en cette occasion, à ses dépens, une grande quantité de pauvres malades qui venaient à la cathédrale implorer le secours de la Vierge.

Louis d'Outremer étant mort à Reims (954), son fils Lothaire, encore très-jeune, lui succéda sans opposition, sous la tutelle et la surveillance du comte de Paris, Hugues le Grand. Ce dernier mourut en 956. Il laissait trois fils, dont l'un fut nommé duc de Bourgogne, et un autre, appelé Hugues Capet ou Chapet (de la grosseur de sa tête ou de son habitude de porter un chaperon), fut reconnu comte de Paris et duc de France.

Le roi de France envahit les terres de l'empire. Cette expédition aventureuse n'eut d'autre résultat que d'amener sur le territoire de la France une puissante armée germanique, sous les ordres d'Othon. L'empereur semblait vouloir prendre sa revanche. Après avoir ravagé la campagne il vint camper sous les murs de Montmartre, pour se donner la satisfaction assez étrange de faire chanter un *alleluia* à ses troupes en face des murs de Paris. Malgré cette bravade il fut mis en fuite par le roi Lothaire, aidé de son grand vassal Hugues Capet, et se trouva trop heureux de conclure la paix et de regagner la Germanie (980).

Lothaire mourut à Reims en 986. Son fils Louis V, qu'il avait fait proclamer roi, lui survécut peu de temps et mourut après un règne de dix-sept mois; il fut, dit-on, empoisonné par sa femme, Blanche d'Aquitaine (987). Il ne laissait point d'enfant, et, selon l'ordre de succession légitime, la couronne devait appartenir à son oncle, Charles de Lorraine; mais on fit déclarer qu'il s'en était rendu indigne en se reconnaissant vassal d'un souverain étranger. Cette décision ouvrait un libre champ à l'ambition de Hugues Capet, et ce grand vassal parvint enfin à échanger contre le titre de roi ceux de comte de Paris et de duc de France, si longtemps illustrés par ses pères (987).

CHAPITRE III.

Paris sous les Carlovingiens.

Paris, sous les premiers Carlovingiens et au déclin de cette dynastie, cessa d'être la résidence des souverains et présenta bien souvent l'aspect de la décadence. Les fléaux se succédèrent pour l'accabler. D'horribles famines désolèrent le pays, et, de 845 à 876, il y eut quatorze années durant lesquelles les classes inférieures, réduites aux extrémités les plus horribles de la disette, endurèrent des souffrances sans exemple et moururent misérablement. La contagion, les maladies pestilentielles venaient ensuite, qui apportaient aux Parisiens un autre contingent de calamités. Quant aux guerres politiques et féodales, quant aux incursions des barbares, aux incendies, aux pillages, aux dévastations et aux massacres qu'elles entraînaient à leur suite, il suffit de les rappeler pour faire comprendre l'état de dépérissement dans lequel languissaient les populations d'alors. Nous avons vu, à la gloire de nos ancêtres, qu'en dépit de ces affreuses épreuves ils avaient trouvé dans leur désespoir la force de résister aux Normands, de soutenir leurs assauts et de les repousser durant treize mois d'un siége héroïque. Cet événement inouï, à une époque où les peuples des villes et des campagnes ne savaient que fuir devant l'ennemi, éleva très-haut en France la renommée de Paris; cette place devint comme un lieu de refuge, une citadelle chrétienne, et de toutes parts on vint s'y cacher ou y déposer les reliques des saints, les vases sacrés, tout ce qu'on voulait soustraire aux fureurs des barbares. Ce mouvement, qui poussait sous l'abri des murailles de Paris les habitants des villes et des villages de la France, se continua après les invasions, durant les guerres féodales, et donna à Paris, à demi dépeuplé et ruiné, de nouveaux citoyens qui s'y établirent pour la plupart ou se cantonnèrent dans sa banlieue.

Le commerce s'était maintenu jusqu'au déclin de Louis le Débonnaire, mais les guerres et les ravages des barbares avaient fini par le détruire. Les annales de Saint-Bertin rapportent qu'en 861 les Normands mirent en fuite les négociants, les navigateurs sur la Seine, et les firent prisonniers. Les autres incursions des pirates, en faisant disparaître toute sécurité, rendirent longtemps impossibles les opérations régulières du négoce, et ne laissèrent parfois subsister qu'un colportage exercé par des individus isolés et hors d'état de pourvoir aux besoins d'une ville. Les marchands syriens, qui, sous la première race, abondaient à Paris, en disparurent pour toujours; les Juifs, qui vivaient de brocantage, de prêts et d'usures, s'y maintenaient seuls, malgré les avanies et les extorsions que leur infligeaient les hommes puissants. On voit toutefois, dans un capitulaire de Charles le Chauve daté de 864, qu'il existait encore à Paris un établissement où l'on frappait monnaie.

Dans d'aussi dures conditions on vit peu à peu s'éteindre les habitudes de la politesse et du goût et tout ce qui restait de la civilisation gallo-romaine; les mœurs se dégradèrent, on renonça à la culture des lettres, les écoles se fermèrent d'elles-mêmes, et la grossièreté et l'ignorance des habitants ne furent guère combattues par des nobles qui vivaient de pillage et de rapines, par un clergé presque entièrement dépourvu d'instruction et trop souvent indigne du saint ministère. Le découragement social avait gagné toutes les classes et se manifestait par l'injustice, la violence, la brutalité et l'oubli du devoir; l'abrutissement des serfs correspondait à la tyrannie des seigneurs; la licence effrénée des gens de guerre pesait particulièrement sur le pauvre. Les possesseurs de bénéfices ecclésiastiques ne donnaient pas toujours l'exemple du respect des mœurs, et plus d'une fois associaient aux fonctions sacerdotales le métier des armes. Nous n'aimons point les exagérations historiques, et nous croyons rester au-dessous de la vérité en signalant toutes ces misères sociales du dixième siècle; il nous semble, en interrogeant les chroniques et en tenant compte des faits, qu'à aucune époque la situation de Paris ou de la France ne fut aussi déplorable. « Ne rougissons pas de l'avouer, disait Hervée, archevêque de Reims, dans le concile de Troffi, nos péchés et ceux du peuple attirent sur nous les fléaux qui nous dévorent. La voix de nos iniquités est montée jusqu'au Ciel. La fornication, l'adultère, l'homicide ont inondé la surface de la terre. Au mépris des lois divines et humaines et des mandements des évêques, chacun vit aujourd'hui au gré de ses passions; le plus puissant opprime le plus faible; les hommes sont comme les poissons de la mer, parmi lesquels les plus gros dévorent les plus petits. Le monde entier semble livré à l'esprit du mal, et nous ne pouvons méconnaître les maux terribles dont Dieu nous frappe dans sa colère. » Les Pères du concile, dans le troisième canon, déroulaient à leur tour, pour leurs contemporains et pour l'histoire, la triste situation des églises de France à cette époque ; ils disaient : « De tant de couvents qui existaient naguère en France, les uns ont été brûlés par les païens, les autres sont dépouillés de leurs biens et presque détruits, et, s'il reste encore quelques vestiges des anciens édifices, il ne reste plus de traces de la discipline. Les communautés religieuses vivent sans règle. L'indigence de ces maisons, le libertinage de ceux qui y demeurent, et surtout l'abus d'y mettre des laïques pour supérieurs et abbés, deviennent la source de ces désordres. La pauvreté oblige les moines à sortir de leurs cloîtres pour vaquer, malgré eux, aux affaires séculières, et nous devons dire avec douleur que les pierres du sanctuaire sont dispersées dans toutes les voies publiques. On voit aujourd'hui des abbés laïques demeurer dans des monastères d'hommes ou de filles avec leurs femmes, leurs enfants, leurs gens de guerre et leurs chiens de chasse. » Les ordonnances des conciles, les réclamations des synodes ne cessaient de signaler les plaies morales qui affligeaient alors la société chrétienne, et d'indiquer, comme remèdes souverains à tant de maux, le retour à Dieu, la soumission à l'Évangile, la foi, la résignation, la charité. N'hésitons pas à dire que ces avertissements étaient bien souvent écoutés, et que, dans le cœur des multitudes, les sentiments chrétiens ne cessaient de se ranimer avec ferveur, comme pour consoler le monde des misères extérieures qu'engendraient le règne de la force et les abus inhérents à l'organisation féodale.

Paris était délaissé par les rois, mais il était gouverné par ses comtes, officiers dont le titre remontait à la période romaine, et dont les attributions s'étaient peu à peu modifiées sous l'empire du droit germanique

Durant la période mérovingienne il y avait, parmi les officiers de la couronne, le *comte des domestiques*, qui était quelquefois maire du palais et préfet de Paris (*præfectus urbis*). Sous la seconde race le titre de comte, qui s'appliquait généralement aux chefs, aux gens de la maison du roi, acquit une haute importance, et soit que l'office de *préfet* eût disparu, soit qu'on eût changé le nom de cet officier, le premier magistrat, le gouverneur civil et militaire de la ville fut appelé comte de Paris.

Ces hauts dignitaires, jusqu'au jour où fut reconnue l'hérédité des bénéfices, étaient nommés par le roi; Marculfe nous a conservé la formule de leurs provisions. Ils étaient obligés de connaître les lois et de tenir leurs audiences régulièrement et à jours marqués. C'était à eux aussi qu'appartenait l'administration politique de leur province, le commandement des troupes, la conduite de l'arrière-ban et la connaissance de tous les délits qui s'y commettaient. Enfin le roi s'en remettait à eux du soin de la perception de ses revenus dans l'étendue de leur juridiction.

Le comte de Paris jouissait de grandes prérogatives et d'amples revenus; il avait la propriété des revenus de plusieurs lieux de sa juridiction, et les deux tiers des droits qui se levaient dans la ville étaient pour lui (1).

L'étendue de la juridiction du comte, le comté, répon-

---

(1) Le troisième tiers appartenait à l'évêque par donation royale. Il paraît que ce fut la première donation faite à l'évêché de Paris. (Delamare, t. I, p. 99.)

dait au *pagus* des Gallo-Romains (1) et se subdivisait en plusieurs juridictions inférieures.

Dans quelques-unes des villes de la province se trouvait un magistrat immédiatement subordonné à celui de la capitale et portant également le nom de comte. Ainsi le comte de Paris avait sous ses ordres les comtes de Corbeil, de Montlhéry, d'Étampes et de Dammartin (2). Après ces comtes subalternes venaient les centeniers, qui rendaient la justice dans ce qu'on a appelé depuis les châtellenies, et enfin les cinquanteniers ou dizainiers, juges du dernier degré, qui résidaient dans les villages.

Le comte de Paris avait un lieutenant, appelé *vicomte*, chargé spécialement de garder et gouverner la ville et de commander les gens de guerre. A dater du règne de Charles le Chauve tout annonce que le titre de comte de Paris était devenu héréditaire et s'était maintenu dans la maison de Robert le Fort, dont les descendants, après avoir peu à peu placé Paris et plusieurs provinces sous leur suzeraineté, ne tardèrent pas à être, pour les faibles héritiers de Charlemagne, ce qu'avaient été, pour les Mérovingiens fainéants, les fils et les petits-fils de Pepin le Vieux.

Paris, sous les Carlovingiens ni sous leurs successeurs, n'avait jamais été réduit à l'état de ville purement féodale; il avait conservé une juridiction commerciale et civile qui fonctionnait simultanément avec la juridiction des comtes et vicomtes; c'est elle qui fixait la coutume,

---

(1) Brussel, p. 702.

(2) De là vient cette distinction qui se trouve si souvent dans les anciennes ordonnances entre les comtes du premier ordre et ceux du second : *Inter comites majores, vel primi ordinis, et inter comites minores, vel secundi ordinis.* (Delamare, *ib.*)

c'est elle qui décidait dans les procès de commerce; on ne terminait pas tous les différends en champ clos. « Lorsque Clovis entra dans les Gaules, nous dit le savant Paulin de Lumina, il trouva dans chaque cité un sénat qui, dans son district, avait la même autorité et le même crédit que le sénat de Rome avait dans tout l'empire; il était spécialement chargé de rendre la justice aux citoyens, de faire exécuter les ordres du prince, et il était consulté par ses officiers sur les matières importantes, telles que les impositions des subsides et les objets concernant le service et le bien de la cité. Ces sénateurs prononçaient leurs jugements sous l'autorité et à la poursuite de ces officiers. Cet ordre, si conforme à l'équité et au droit des gens, parut si admirable à Clovis que, bien loin de gêner la liberté des peuples accoutumés à se reposer sur des concitoyens éclairés et rompus aux affaires des intérêts de leur fortune et de leur vie, en substituant à ces sénats des tribunaux arbitraires, il les confirma au contraire et voulut qu'ils jugeassent chacun de ses sujets en suivant la loi sous laquelle il était né. » Sous Charlemagne les anciennes villes municipes avaient conservé leur sénat ou conseil de ville.

Paris, ville municipe, garda sous Clovis et sous ses successeurs son sénat ou conseil municipal, et l'administration des comtes n'apporta sur ce point aucun changement. Quant à l'autorité de l'évêque et des possesseurs de fiefs situés tant à Paris que dans sa banlieue, elle était sans doute féodale, mais la *Cité*, le corps des habitants libres de la ville, subsistait en dehors de leur puissance seigneuriale (1).

(1) M. Rittiez, *l'Hôtel-de-Ville et la Bourgeoisie de Paris.*

La période dont nous venons d'esquisser le souvenir ne vit s'élever dans Paris qu'un très-petit nombre d'édifices religieux; il y en eut même dont on se borna à changer le nom, presque toujours à la suite de la translation de nouvelles reliques. C'est ainsi que, lors des ravages des Normands, les prêtres de Saint-Germain le Rond (Saint-Germain l'Auxerrois), voulant soustraire aux barbares le corps de saint Landri, l'un des patrons de leur église, transportèrent dans la chapelle de Saint-Nicolas, existant alors dans la Cité, leurs reliques et les châsses précieuses qui les renfermaient. On les y laissa longtemps après la pacification du pays, et la chapelle où avait été déposé le corps de l'illustre évêque de Paris fut désormais dédiée sous le vocable de Saint-Landri. Les plus anciens monuments qui fassent mention de cette église sont une charte du douzième siècle et des lettres épiscopales émanées, aussi bien que la charte, de l'évêque Maurice de Sully, dont nous aurons bientôt à rappeler le nom. Nous constaterons également les transformations successives de l'église de Saint-Landri, qui fut rebâtie vers la fin du quinzième siècle, dont la dédicace n'eut lieu qu'en 1660, et qui, après avoir été supprimée, en tant que paroisse, durant les mauvais jours de la Révolution, a été définitivement détruite en 1829.

Les chartes et les chroniques carlovingiennes mentionnent l'église de Saint-Barthélemy, qui s'élevait à l'angle du quai aux Fleurs, vers le lieu où de nos jours on construit le nouveau tribunal de commerce. Quelques annalistes veulent que dès la première race cette église ait existé à l'état de chapelle. Le plus ancien monument qui s'y rapporte est une charte datant du règne du roi Robert ; il y est dit qu'elle a été bâtie à une époque déjà fort reculée. Eudes, comte de Paris, ayant été élu roi, fit construire ou réparer cette chapelle, vers l'an 890, et y plaça des chanoines. En 965 Salvator, évêque d'Aleth, en Bretagne, craignant les effets de la guerre que faisait Richard, duc de Normandie, à Thibaud, comte de Chartres, se réfugia à Paris avec une grande quantité de reliques, parmi lesquelles on comptait les corps de dix-huit saints. Salvator présenta ces reliques à Hugues Capet, comte de Paris, qui les fit déposer solennellement dans la chapelle de Saint-Barthélemy.

Cette église était alors la chapelle du palais des comtes de Paris et ne devint chapelle royale qu'à l'avénement de Hugues Capet; elle conserva ce titre après la construction de la Sainte-Chapelle du palais par saint Louis, et l'on voit encore que, du temps de Malingre, « à cause, dit l'historien, que cette église avoit été autrefois la chapelle du roy, le roy en étoit le premier paroissien. » Salvator, en se retirant dans son diocèse, laissa à Hugues Capet, pour prix de l'hospitalité qu'il en avait reçue, le corps entier de saint Magloire. Hugues Capet, étant encore comte de Paris, agrandit à cette occasion la chapelle de Saint-Barthélemy et la changea en abbaye, en remplaçant les chanoines par des moines de l'ordre de Saint-Benoît. Avec l'assentiment d'Éliziarn ou Éliziard, évêque de Paris, et en agissant sous l'autorité de Lothaire et de Louis, son fils, derniers rois carlovingiens, Hugues fit dédier l'église sous le titre de *Saint-Barthélemy et Saint-Magloire;* mais le nom de ce dernier saint ayant bientôt prévalu parmi le peuple, elle ne fut plus appelée que l'église de Saint-Magloire.

L'usage où était le clergé de la cathédrale de venir faire une station dans cette église, le jour de la Saint-Barthélemy, remonte presque à l'époque de sa fondation. Les chanoines de Notre-Dame avaient le droit de chanter tierce dans le cloître, de faire ensuite la procession des châsses *par les grottes et les voûtes*; après la procession les religieux de Saint-Magloire entonnaient la messe et la continuaient; mais ils s'arrêtaient à *l'alleluia*, dont le chant appartenait au chapitre de la cathédrale, qui, après avoir chanté sexte dans le cloître, s'en retournait à Notre-Dame.

En anticipant sur les destinées de cet édifice, nous dirons que l'église Saint-Barthélemy fut reconstruite au seizième siècle et réparée sous le règne de Louis XV; que, des travaux ayant été de nouveau entrepris vers l'an 1778, ce qui restait de l'ancienne église s'écroula en 1787. La Révolution interrompit les ouvriers qui étaient employés à la rebâtir; l'église à demi construite fut démolie; on établit sur son emplacement une salle de spectacle appelée théâtre de la Cité, et successivement un bal public très-populaire dans ce quartier mal habité, qui reçut le nom de Prado, et autour duquel circulaient d'obscures galeries fréquentées par la débauche.

On remarquait dans la Cité, vers la fin de la seconde race, une chapelle construite en l'an 926 par Théodore, vicomte de Paris, et qui n'était séparée que par un chemin de l'église de Saint-Éloi. C'était Saint-Pierre des Arcis (*arcisterium, asceterium*, monastère), d'abord simple oratoire et qui plus tard fut érigée en paroisse (1). Elle

---

(1) Cette petite église était déjà une paroisse en 1129; il en est question à l'occasion de la maladie des Ardents, qui se manifestait alors à Paris (voir Jaillot, Sauval, etc.).

Quant à son surnom *des Arcis*, on n'en connaît ni l'origine ni la signification. L'église était appelée en latin *ecclesia S. Petri de Arcessiis*,

était située aux abords du Grand-Pont, remplacé à une époque plus récente par le Pont-au-Change.

Sur la rive droite de la Seine, et lorsque les Normands eurent cessé de ravager les campagnes voisines de Paris et les pauvres faubourgs de cette ville, la piété de nos pères éleva successivement les églises ou chapelles de Saint-Leufroy, de Saint-Magloire, de Sainte-Opportune et de Saint-Merry; sur la rive gauche, et durant la même période, on construisit les églises de Notre-Dame des Champs et de Saint-Étienne des Grès.

Saint-Magloire, qui n'était d'abord qu'un oratoire dédié à saint George, avait été bâtie au milieu du cimetière que la communauté de Saint-Barthélemy de la Cité avait sur la rive droite de la Seine et sur la chaussée qui conduisait de Paris à Saint-Denis(1). Elle occupait l'angle de la rue Saint-Denis et de la rue Saint-Magloire.

La chapelle existait dès le onzième siècle. Peu après l'an 965, Salvator, évêque d'Aleth, qui s'était réfugié à Paris portant les reliques de saint Magloire, fut inhumé dans le cimetière avec Junan, premier abbé de Saint-Magloire.

---

de Assisiis, *Arsiciis*, *de Arsis* Une bulle d'Innocent II, de 1136, la nomme *ecclesia S. Petri de Arsionibus*. L'abbé Lebœuf et Jaillot pensent qu'elle reçut une dénomination particulière pour la distinguer des autres églises de Saint-Pierre, et que *Arcis* peut venir du mot latin *arcisterium*, *asceterium*, monastère, mot qui désignait également le prieuré de Saint-Éloi et ses dépendances. Dulaure propose en ces termes une autre conjecture : « Outre l'église de Saint-Pierre des Arcis, située dans l'île de « la Cité, on trouve une rue de Saint-Pierre des Arcis, située près de « cette église; une rue des Arcis, située hors de la Cité, dans la direction « de la rue Saint-Martin. Ce nom dériverait-il d'*archista*, *archistes*, qui « signifie *archer* ou fabricant d'arcs, ou d'*arsitium*, qui veut dire une « arcade ou un édifice dont le plan a la forme d'un arc? »

(1) Lebœuf, *Hist. du Diocèse de Paris*, t. Ier, p. 281.

Quant à Saint-Leufroy, bien qu'il ne soit fait pour la première fois mention de cette chapelle qu'au douzième siècle, elle existait dès la seconde race, puisque les religieux de la Croix-Saint-Leufroy, du diocèse d'Évreux, s'y réfugièrent pour se soustraire aux fureurs des Normands. Cette chapelle était située vers le milieu de la place du Châtelet, dans l'ancienne rue Saint-Leufroy, qui passait sous cet édifice et aboutissait au Pont-au-Change. Un peu plus tard elle se trouvait sous le patronage du chapitre de Saint-Germain l'Auxerrois; mais la paroisse de Saint-Jacques la Boucherie, sur le terrain de laquelle l'église de Saint-Leufroy se trouvait construite, s'attribuait sur elle diverses prérogatives. D'anciens documents établissent que vers l'an 1191 Saint-Leufroy avait déjà le titre de paroisse.

L'église Sainte-Opportune, dont l'origine n'est guère mieux connue, a laissé son nom au quartier où elle se trouvait située, et qui est compris entre la rue Saint-Denis et la rue de la Monnaie. Les reliques de sainte Opportune y ayant été transportées en 877, Louis le Bègue et Louis le Gros se plurent à l'enrichir de leurs donations, au nombre desquelles on vit figurer les petits marais de Champeaux, qui s'étendaient au delà du cimetière des Innocents jusqu'à la rue de la Chanvrerie (culture du chanvre). Elle était desservie par des chanoines que nommait le chapitre de Saint-Germain l'Auxerrois.

Nous avons déjà mentionné Saint-Merry, nom que prit la petite chapelle de Saint-Pierre lorsqu'en 884, par la permission de l'évêque Gozlin, les restes du pieux solitaire Médéric y furent transportés en grande pompe. Exposée aux déprédations des pirates scandinaves et à demi ruinée, elle fut considérablement agrandie lorsque, sous les successeurs de Charles le Simple, de meilleurs jours se levèrent pour Paris.

Sur la rive gauche, au milieu des décombres, à peine déblayés, qu'avait amoncelés l'invasion des barbares, on rencontrait l'église de Saint-Étienne *des Grès*, que les clercs et les fidèles, à force de sacrifices, avaient pu racheter de l'incendie. Ce fait est attesté par un passage des Annales de Saint-Bertin. Aux termes d'un acte de donation faite aux religieux de Marmoutiers par l'évêque de Paris, cette église était située « non loin de la ville, et près de Sainte-Geneviève. » Il ne faut pas la confondre avec la cathédrale de Paris, qui, dans l'origine, avait été dédiée sous le vocable de Saint-Étienne, et qui, depuis ses agrandissements successifs, portait déjà le nom de Notre-Dame. Cette église dépendait de la cathédrale. Saint-Étienne des Grès était l'une des *quatre filles* de Notre-Dame, et son desservant, à cause de ce titre, avait le droit de prendre rang parmi les prêtres cardinaux qui assistaient l'évêque dans les grandes solennités. Son surnom *des Grès* ne paraît pas lui avoir appartenu avant le treizième siècle; on a beaucoup disserté sur l'origine, l'orthographe et la valeur de ce mot, mais tout indique qu'il se rattachait aux marches, aux degrés (*de gressis*) qu'il fallait monter pour entrer dans cette église par le portail de la rue Saint-Jacques. Beaucoup au midi de cette église, la chapelle de Notre-Dame *des Champs* s'élevait dans un champ de sépulture occupant alors des emplacements où de nos jours existent le quartier Saint-Jacques et la rue d'Enfer. Vers la fin de la seconde race cette église fut usurpée par des seigneurs laïques; car on voit qu'en 1084 Adam Payen et Gui Lombard, *qui la tenaient de leurs ancêtres,* la donnèrent au monastère de Marmoutiers, près de Tours, propriétaire de quelques terres dans le voisinage de Saint-Étienne des Grès. L'abbé envoya un certain nombre de ses religieux pour demeurer à Notre-Dame des Champs, qui devenait un prieuré dépendant de son abbaye.

La plupart des chroniques de la seconde race sont consacrées au récit des calamités qui accablèrent Paris et la France sous les débiles successeurs de Charlemagne. On n'y rencontre que de loin en loin des indices se rattachant aux mœurs, aux coutumes, à la civilisation du peuple, et les historiens ont soigneusement recueilli ces fragments épars.

Voici comment le moine de Saint-Gall décrit les vêtements des Francs contemporains de Charlemagne : « Leur chaussure est dorée en dehors et soutenue par de longues courroies. L'étoffe qui couvre leurs jambes et leurs cuisses est entourée de bandelettes qui se croisent, et qui, de la même couleur que l'étoffe qu'elles entourent, sont d'un travail plus recherché. Le corps des Francs est revêtu d'une veste longue. A leur ceinturon ou baudrier est attachée une épée placée dans son fourreau, fixée par des courroies et par une étoffe blanche et luisante. Un manteau double, de couleur blanche ou bleue, et de forme carrée, leur sert de surtout; ce manteau descend, devant et derrière, depuis les épaules jusqu'aux pieds; sur les côtés il couvre à peine les genoux. Ils portent à la main droite un gros bâton, dont les nœuds sont à égale distance, et dont la pomme d'or ou d'argent est ornée de ciselures. » Évidemment ce riche costume était celui des seigneurs et des grands, et on se garda bien, malgré le malheur des temps, d'en diminuer le luxe. Le moine Abbon, s'adressant aux nobles parisiens, leurs dit : « Une agrafe d'or fixe la partie supérieure de votre habillement; pour vous préserver du froid vous couvrez votre corps de la pourpre de Tyr; vous ne voulez d'autre manteau qu'une chlamyde chargée d'or; la ceinture qui presse vos reins doit être ornée de pierres précieuses. »

Tout fait présumer que le peuple, étranger à ce faste inutile, avait conservé, sous la seconde race comme sous la première, le costume des Gallo-Romains; le principal vêtement des gens pauvres et des ouvriers était une tunique de laine, assez semblable aux blouses de nos voituriers. Les femmes avaient une plus longue tunique, serrée à la taille par une ceinture, soutenant une pièce d'étoffe en forme de tablier. Les hommes riches avaient les jambes nues et les pieds garantis par des sandales; une tunique étroite et de courtes jaquettes ou braies, recouvertes d'un manteau assez large, auquel était attaché un capuchon (*cucullus*). Les femmes des grands et des nobles portaient des robes longues, faites avec les plus précieux tissus; elles entouraient leurs cheveux de bandelettes, et les cachaient, ainsi que leurs oreilles et leur cou, au moyen d'un voile qui leur servait également de manteau.

On connaît une figure de Charles le Simple (929) qui nous représente ce prince vêtu d'une longue tunique, sur laquelle s'étend une *dalmatique*, sorte de manteau raccourci, emprunté aux Orientaux de ce temps, et entièrement doublé d'hermine, fourrure qui devait être alors d'un prix considérable. Mais ce qui doit principalement fixer l'attention sur ce monument d'une époque si reculée, c'est la forme toute nouvelle des chaussures de ce monarque, consistant en souliers fort découverts et dont le bout commence à former une légère pointe. Nous voyons donc que les arts et l'industrie ne furent pas absolument délaissés, même au moment des ravages des Normands.

L'ignorance était extrême ; les écoles fondées par Charlemagne n'étaient plus fréquentées que par ceux qui aspiraient au sacerdoce, et encore le clergé lui-même, à l'exception d'un petit nombre de religieux instruits et érudits, se composait-il d'hommes dépourvus des connaissances les plus vulgaires, et dont beaucoup savaient à peine lire et écrire et se trouvaient hors d'état d'initier les fidèles aux notions du christianisme. Les superstitions les plus fâcheuses étaient en honneur, et c'est à peine si dans les rangs du peuple on osait condamner l'astrologie, les divinations, la pratique de la magie et des sortiléges. Vers le déclin de la dynastie carlovingienne, comme une fausse interprétation des textes saints avait fait croire que le monde allait être détruit en l'an 1000, nul ne se souciait du travail et de la fatigue, nul ne comptait sur l'avenir, et on laissait dépérir non-seulement les choses matérielles, les édifices publics et religieux, mais encore la raison, le goût, tout ce qui est du ressort de l'étude et de l'intelligence.

LIVRE IV.

PARIS SOUS LES PREMIERS CAPÉTIENS.

CHAPITRE PREMIER.

Paris sous Hugues Capet, Robert et Philippe 1ᵉʳ (987— 1108).

Hugues Capet, déjà duc de France, comte de Paris et d'Orléans, frère du duc de Bourgogne et beau-frère du duc de Normandie, se fit reconnaître roi par ses propres vassaux. Une fois fortifié de leur adhésion il obtint aisément celle des autres possesseurs de fiefs, dont aucun ne pouvait isolément lui disputer la prépondérance, et qui tous ensemble n'étaient point placés dans des conditions territoriales et politiques aussi favorables. L'élection du nouveau roi, soit tacite, soit formelle, ne souffrit donc aucune difficulté ; ce fut une affaire qui se traita promptement entre les sept ou huit prélats et seigneurs qu'elle intéressait plus particulièrement. « Charles, dit une chronique, oncle de Louis V, et qui voulait régner aprèslui, fut rejeté par les Français, et ceux-ci élurent pour roi Hugues, fils de Hugues le duc. » Un autre chroniqueur est plus exact et n'associe pas à cet événement la nation entière, qui n'était point politiquement constituée. « Le duc de Bourgogne, frère de Hugues, dit cet annaliste, et tous les grands revêtirent du pouvoir royal Hugues, duc de France (1). » Ainsi Hugues Capet fut sacré à Reims et prononça dans cette cérémonie le serment suivant : « Moi, Hugues, selon la volonté de Dieu roi futur des Français, dans ce jour de mon ordination, je promets, en face de Dieu et de ses saints, que je conserverai intacts vos priviléges canoniques, vos lois et votre justice; je vous défendrai tant que je pourrai, avec l'aide de Dieu, comme un roi le doit à tout évêque et clerc de son royaume, comme il le doit aussi aux églises qui lui sont soumises (*sibi commissæ per rectum*), et au peuple qui lui est confié; je ferai droit à chacun par notre autorité. » Peu de jours après Hugues vint à Paris, y fixa sa résidence, et depuis lors cette ville n'a jamais perdu les droits ni le titre de capitale de la France. Durant son règne, et pour affermir sa dynastie, Hugues associa à la royauté son fils Robert.

Le premier roi capétien, presque entièrement absorbé par la nécessité de combattre Charles de Lorraine, son compétiteur, et de réduire sous sa suzeraineté les provinces méridionales, n'eut pas le temps d'embellir ou d'accroître Paris; mais cette ville mit à profit le retour de l'ordre et de la sécurité pour déblayer les ruines dont elle était encombrée. Des habitations élégantes et belles, si on les comparait aux demeures du peuple, s'élevèrent de nouveau dans sa banlieue et sur les deux rives de la Seine. On vit reparaître, du milieu des décombres, au midi, les bourgs de Saint-Marcel, de Saint-Germain des Prés et de Sainte-Geneviève; au nord, le bourg de Saint-Germain l'Auxerrois, le Bourg-l'Abbé, le Beaubourg et

---

(1) Raoul Glaber, II, chap. 5.

le bourg Saint-Éloi, situé autour de l'église Saint-Paul. Entre ces villages, qui ne tardèrent pas à devenir riches et populeux, se trouvaient, d'un côté, des champs et des marais qui furent peu à peu desséchés, ensemencés et convertis en jardins; de l'autre, des espaces couverts de vignes ou de vastes prairies; c'est ce qu'on appelait alors des *cultures*, des prés, des clos. Parmi ces terrains, qui devaient plus tard se couvrir de maisons et de rues, on remarquait, au nord de Paris, les cultures Saint-Éloi, Sainte-Catherine et Saint-Lazare, et la culture l'Évêque, située vers l'occident de la banlieue, et qui s'étendait au delà du quartier que nous appelons aujourd'hui la Ville-l'Évêque. Au midi de Paris, le long de la Seine, s'étendait un long vignoble appartenant à l'abbaye de Saint-Germain des Prés, et qui est remplacée, de nos jours, par les rues de la Harpe, Serpente, Hautefeuille, Saint-André des Arcs, etc. A l'est de ces vignes on trouvait le clos Mauvoisin, plus tard appelé clos Garlande, et d'autres *cultures* qui portaient également le nom de clos et que nous ne tarderons pas à énumérer. On y remarquait aussi la terre de Laas (de Lias ou de Liaas) et la terre d'Alez, consacrées comme les autres à la culture de la vigne, qui, dans l'origine, n'étaient que des fermes isolées, des métairies appartenant à des abbayes ou à de puissantes familles, et qui ne tardèrent pas à être entourées de murailles le long desquelles serpentaient des chemins entrelacés au hasard et selon les caprices d'une propriété en dehors de toute pensée commune, de toute édilité centrale.

Ces fermes, ces villes, ces maisons de plaisance, ces vastes terres ne furent évidemment ceintes de murs ou mises en rapport que durant les deux siècles qui suivirent l'avénement de Hugues Capet. L'historien, même éclairé par l'étude des chartes, ne pourrait assigner une date précise à ces constructions, à ces transformations successives ; c'est bien assez qu'on puisse indiquer avec certitude le moment où furent élevées les églises, les abbayes, les chapelles principales. Nos lecteurs, qui, depuis vingt ans, ont vu Paris s'accroître d'une manière prodigieuse, sont bien en mesure de se faire une idée juste des agrandissements successifs et timides auxquels présidèrent les premiers Capétiens ; nous nous abstiendrons de suppléer par des hypothèses plus ou moins discutables à des notions réelles dont les éléments font défaut, et qui, d'ailleurs, ne présenteraient qu'un médiocre intérêt.

La ville de Paris faisait partie du domaine patrimonial et personnel de Hugues Capet. En montant sur le trône ce roi l'inféoda, sous le titre de comté, à son frère Othon, à condition de retour à la couronne à défaut d'héritiers mâles. Un vicomte administrait la ville pour le comte titulaire. Othon étant mort sans enfants, le comté de Paris se trouva réuni aux possessions de la couronne, et l'officier que le roi préposa au gouvernement spécial de sa capitale prit le titre de *prévôt*, pour faire entendre que ce n'était plus au nom du comte, mais au nom du roi, qu'il rendait la justice et dirigeait la cité. Paris ne fut jamais tenu en fief, mais en ville royale et municipale. Pour diminuer l'oppression féodale au profit de la couronne, les Capétiens attirèrent peu à peu à Paris les affaires des évêques et des communautés privilégiées de toutes les contrées qui formaient alors la France, et l'importance de Paris se éveloppa en même temps que la puissance du souverain.

Le prévôt de Paris était un magistrat investi d'une grande autorité et qui néanmoins était populaire. Il n'avait au-dessus de lui que le roi, et, dans la suite, le plaid ambulatoire ou parlement qui siégeait partout où le prince jugeait à propos de le convoquer. Le prévôt de Paris avait la préséance sur les baillis, les sénéchaux et les autres juges ordinaires du royaume. Les attributions de cet officier royal ne furent d'ailleurs ni bien définies, ni bien limitées sous les premiers successeurs de Hugues Capet; elles furent lentes à se régulariser et à s'établir, et durent varier selon les temps et les circonstances. Il serait aujourd'hui assez difficile de se rendre compte d'une pareille magistrature, et ses rouages nous semblent tant soit peu confus; aussi ne nous étonnons-nous pas de tant de conflits qui s'élevaient au sujet de la prévôté; elle avait sans cesse des démêlés soit judiciaires, soit administratifs ou fiscaux. Dieu sait combien le prévôt eut maille à partir avec les bourgeois de Paris et ses échevins, soit à propos du guet, soit à propos des quais à entretenir, des rues à paver. Le prévôt de Paris était en réalité le grand-voyer de la ville. Le voyer titulaire, qui était un magistrat des plus importants, chargé qu'il était de la police des marchés et des rues, n'était en plusieurs circonstances que son assesseur (1).

Pour ne pas revenir trop fréquemment sur cette institution, nous croyons devoir anticiper sur le récit des faits historiques et dire ce que devint la prévôté sous la dynastie capétienne.

Le prévôt de Paris représentait donc le roi au fait de

(1) M. Beugnot, *Essai sur les institutions de saint Louis*, pag. 119 et suiv.

la justice; il était en même temps le chef de la noblesse, et commandait à l'arrière-ban, sans être sujet aux gouverneurs, au lieu que les baillis et sénéchaux y étaient assujettis. Il avait de toute ancienneté, douze gardes, qui devaient avoir hoquetons et hallebardes en le suivant à l'audience et par la ville. Ces gardes étaient huissiers exploitants par tout le royaume et dans Paris. Avant la création des huissiers audienciers ces gardes avaient fonctions d'audienciers et faisaient *bailler les audiences*.

On réserva plus tard au prévôt de Paris une séance marquée aux lits de justice, au-dessous du grand-chambellan; c'est lui qui eut, dans la suite, la garde du parquet et le droit d'assister aux états généraux, comme premier juge ordinaire et politique du royaume. Son costume était semblable à celui des ducs et pairs, et il portait un bâton de commandement couvert d'une toile d'argent ou de velours blanc. Il connaissait du privilége des bourgeois de Paris pour arrêter leurs débiteurs forains. A la démission du prévôt sa charge passait au procureur général du parlement. Le roi reprenait, pour ainsi dire, par les mains de son procureur général, l'office vacant.

Il était aussi le conservateur des priviléges de l'Université, et c'est pour la conservation de ces priviléges que Philippe-Auguste, par ses lettres de l'année 1200, ordonna que le prévôt de Paris prêterait serment entre les mains du recteur de l'Université.

Son installation se faisait au Châtelet, par un président à mortier et par quatre conseillers de la grand'chambre du parlement de Paris. Le jour de son installation le président à mortier lui adressait les paroles suivantes : « Je vous installe dans la charge de Paris, pour l'exercer dignement et au contentement du roi et du public. » Ce jour-là on plaidait une cause devant le président à mortier et les quatre conseillers de la grand'chambre qui étaient venus l'installer, et le prononcé était un arrêt, et non un jugement, parce que les cinq commissaires représentaient le parlement; mais, dans l'origine, le prévôt de Paris avait une juridiction de tous points indépendante, commettait des lieutenants, se choisissait des conseillers à son gré, et n'avait point d'autre greffier qu'un clerc domestique. Le prévôt de Paris logeait au Châtelet.

Revenons sur nos pas.

Le pouvoir de Hugues Capet était mal affermi; beaucoup de contrées vassales de la couronne, et particulièrement les provinces du Midi, refusaient de le regarder comme leur roi. Il parvint, à force de ruses, et quelquefois à force ouverte, à les contenir; mais l'on sent ce que pouvait être son influence à une époque où chaque grand vassal n'obéissait qu'autant que son caprice lui conseillait de le faire. Un jour qu'un seigneur de Périgord nommé Adalbert venait de s'emparer de Tours et d'ajouter à ses titres celui de comte de cette ville, Hugues lui envoya demander : « Qui t'a fait comte ? » L'orgueilleux vassal se contenta de lui faire répondre ces mots : « Qui t'a fait roi ? »

Hugues Capet mourut à Paris en 996. Les chroniqueurs nous ont conservé les dernières paroles qu'il adressa à son royal héritier : « O mon cher fils, par la sainte et divine Trinité, je t'adjure de ne point te laisser dominer par les conseils des flatteurs, ni corrompre par les dons des méchants! » Puis il lui recommanda de protéger les abbayes et d'honorer *notre père saint Benoît et son ordre*. Les Capétiens, sur le lit funèbre comme sur le trône, se plaçaient sous la protection du clergé.

De son vivant Hugues Capet s'occupa d'introduire dans le diocèse de Paris, et particulièrement dans les abbayes de Saint-Maur des Fossés, de Lagny et de Saint-Denis, des changements importants, qui s'opérèrent sans beaucoup d'obstacles; ils n'étaient d'ailleurs accompagnés d'aucune violence.

Les assemblées nationales cessèrent avec les premiers rois de la troisième race, de même qu'elles avaient été interrompues sous les derniers rois de la seconde. Hugues, quand il en aurait eu l'envie, n'aurait pu réunir des états; les autres grands vassaux ne s'y seraient pas rendus; souverains comme le duc de France, ils ne lui auraient pas obéi. En effet la France était alors une république aristocratique et fédérative, reconnaissant un chef impuissant. Cette aristocratie, dont tous les membres se croyaient égaux, était sans peuple.

Pendant que les provinces qui composent aujourd'hui la France, alors soumises à des maîtres particuliers et distribuées en souverainetés indépendantes, prenaient part aux querelles obscures de leurs seigneurs, le roi Robert, fils et successeur de Hugues Capet, se voyait exposé aux foudres de l'excommunication à l'occasion d'un mariage contraire aux canons de l'Église. Il avait épousé Berthe de Bourgogne, veuve du comte de Blois, sa cousine au quatrième degré et sa parente par alliance spirituelle. Ce mariage fut déclaré nul par le pape; mais le roi Robert, révoquant en doute la justice de cette décision, refusa de s'y soumettre. Il fut retranché de la communion des fidèles et son royaume mis en interdit. La terreur qu'inspira cette peine infligée au roi et au peuple fut si générale que le malheureux prince se vit abandonné de tout le monde, comme s'il eût été atteint d'une maladie contagieuse. Il ne resta plus auprès de lui que deux serviteurs, et encore ces hommes, jugeant abominables tous les vases dans lesquels le roi avait bu ou mangé, les purifiaient par les flammes. Robert était sincèrement attaché à l'Église; cet abandon universel lui ouvrit les yeux, et il répudia Berthe. Il épousa ensuite Constance d'Aquitaine. La nouvelle reine, douée d'une rare beauté, était l'une des plus méchantes femmes de son siècle. Telle est du moins la renommée que lui ont faite les chroniqueurs de la France septentrionale.

Robert était un prince très-pieux ; il a composé des hymnes encore en usage dans l'Église. Il excellait surtout dans l'art de chanter au lutrin. Voici l'éloge que l'on trouve de ce roi dans une pièce historique de son temps : « Il avait coutume de se rendre chaque année, toute affaire cessante, au monastère de Saint-Denis, le jour de la fête de saint Hippolyte. Là, dans le chœur, parmi les chantres et autres officiants, il figurait, revêtu d'une précieuse chape de soie, faite exprès pour lui, et tenant en main son sceptre d'or. Il chantait avec tant d'ardeur que sa voix faisait retentir les voûtes de l'église, psalmodiant gravement et d'un ton solennel avec ceux qui psalmodiaient. Si l'on entonnait des airs gais et allègres, alors on le voyait, transporté de joie, chanter très-gaiement et exciter les chanteurs à la gaieté (*gaudens cum gaudentibus*). » (*Recueil des Historiens de France*, par dom Bouquet, t. X, p. 381.)

Son règne, quoique long, paraît, sans doute par le défaut de mémoires contemporains, un des plus stériles en événements remarquables, et ne fournit presque rien de particulier à l'histoire de Paris.

Robert mourut à Melun au mois de juillet 1031, dans la soixantième année de son âge. Son corps fut porté à Paris, et de là à Saint-Denis. La piété de ce prince, ses fondations religieuses l'ont fait qualifier de saint par quelques historiens du moyen âge.

Ce prince fit élever la seconde église de Saint-Germain l'Auxerrois et rebâtir le palais qu'habitaient les rois dans la Cité, en y ajoutant la chapelle Saint-Nicolas. Il avait, comme les rois ses prédécesseurs, plusieurs autres palais hors de Paris. L'un des plus importants était celui de Saint-Denis, où il tenait souvent les assemblées publiques, et qu'il donna ensuite à l'abbaye. Robert assembla, en 1008, dans son palais de Chelles, un concil equi accorda quelques priviléges au monastère royal de Saint-Denis. L'un des religieux de cette abbaye, qui a écrit la vie de ce roi, dit que Robert fonda ou reconstruisit quatorze monastères et sept églises. Outre l'église de Saint-Germain l'Auxerrois et la chapelle de Saint-Nicolas, le prieuré de Saint-Germain en Laye est le seul de ces établissements qui fût situé dans le diocèse de Paris. Ce fut, dit-on, avec les libéralités de Robert que l'abbé Morard entreprit la reconstruction de Saint-Germain des Prés. Mais, comme le remarque Lebœuf, ce ne fut qu'après l'an 1000, lorsque la terreur qu'inspirait cette époque fatale eut été dissipée.

Nous ne tarderons pas à parler de ces divers monuments ; leur description ne pourrait ici trouver place sans ralentir et rendre obscure l'analyse rapide des faits généraux qui se rattachent aux annales parisiennes.

Le règne de Henri Ier, fils de Robert II, fut signalé par des guerres civiles et par la plus épouvantable famine dont le souvenir soit resté dans l'histoire. Durant trois années consécutives les pluies et les intempéries des saisons empêchèrent les fruits et les grains de mûrir. Il s'ensuivit une disette si horrible que la chair humaine fut mise en vente dans un marché et que l'on fut obligé de déterrer les morts pour se nourrir. Les hommes allèrent à la chasse les uns des autres. Pour comble de misère la mortalité presque générale amena la peste, et enfin les loups et les animaux féroces, aiguillonnés par la faim, se réunirent par bandes et attaquèrent les vivants et les morts, également incapables de leur résister. Les évêques, au milieu de cette désolation générale, se signalèrent par leur charité; mais elle fut impuissante pour soulager tant de maux. Enfin le Ciel vint au secours de la France, et la récolte de 1034 égala en abondance celle de trois années ordinaires.

Peu d'événements méritèrent d'être inscrits, à cette époque, dans les annales particulières de Paris. Le 16 octobre 1050, Imbert étant évêque de cette ville, un concile s'y réunit pour juger l'hérésie de Bérenger et de ses sectaires. Le roi Henri Ier assista à cette assemblée avec un grand nombre de seigneurs, de clercs et d'évêques. Bérenger n'osa y comparaître, quoiqu'il en eût reçu l'ordre. On y lut une lettre de lui à l'évêque d'Angers, Brunon, qui propageait avec lui des hérésies et niait la présence réelle de Notre-Seigneur dans l'Eucharistie. Les évêques laissèrent à plusieurs reprises éclater l'indignation que leur inspiraient les doctrines du sectaire. Ils se hâtèrent de les condamner solennellement, ainsi que le livre de Jean Scot, où Bérenger et ses complices les avaient puisées. Le concile déclara en outre que, si Bérenger et ses adhérents ne se rétractaient, toute l'armée de France, le clergé en tête, revêtu de ses habits ecclésiastiques, irait les chercher en quelques lieux qu'ils fussent pour les saisir et les forcer à se soumettre à la foi catholique ou à mourir. » Les hérésiarques se rétractèrent avec plus ou moins de sincérité.

Trois ans plus tard, en 1053, le bruit se répandit que le corps du premier évêque de Paris, saint Denis, avait été trouvé dans l'église de Saint-Emmeran, à Ratisbonne; il y avait été transporté, disait-on, sous le règne de l'empereur Arnould, par un certain Gisalberg, qui l'avait furtivement enlevé de l'abbaye de Saint-Denis, au temps de l'abbé Èble, en 892. Le pape Léon IX, qui se trouvait alors en Bavière, l'avait visité, et venait de reconnaître publiquement l'authenticité de cette sainte relique par une bulle du 7 octobre 1052.

A ces nouvelles tout Paris fut en émoi. Le roi de France, de l'avis de ses conseillers, jugea que le plus sûr moyen de démentir ces bruits étranges était de faire solennellement l'ouverture de la véritable châsse du saint précieusement conservée dans l'abbaye de Saint-Denis et de l'exposer aux yeux de tout le monde. Il ordonna, à cet effet, une cérémonie, qui eut lieu le 9 juin 1053. En présence d'Eudes, frère du roi, et de toute la noblesse, on tira d'un caveau profond, situé derrière le grand autel, les coffres d'argent où le roi Dagobert avait fait déposer les corps de saint Denis et de ses deux compagnons, avec les reliques de la Passion de Jésus-Christ, le tout renfermé dans une espèce d'armoire enrichie extérieurement d'or et de pierreries. Dans l'un des coffres on trouva les ossements de saint Denis enveloppés dans un voile tellement rongé de vétusté qu'il tomba en poussière entre les mains de ceux qui le tenaient. Tous les assistants virent ainsi les reliques du martyr. On les enveloppa de nouveau dans un voile précieux envoyé exprès par le roi. Elles furent portées en procession et replacées sur le grand autel, où, pendant quinze jours, elles demeurèrent exposées à la dévotion du peuple de Paris, des pèlerins et des clercs.

Henri Ier étant mort en 1060, son fils Philippe Ier lui succéda sous la tutelle de son oncle Beaudoin V, comte de Flandre. Philippe était indolent, efféminé et livré à ses passions. En 1092 il répudia la reine Berthe, sous un prétexte imaginaire de parenté, et épousa Bertrade, qu'il avait enlevée à son mari, Foulques le Réchin (le Rechigné), comte d'Anjou. Il assembla un concile à Reims pour faire approuver ce double adultère, qu'il appelait mariage; mais il fut excommunié par le pape (Urbain II). Les foudres de l'Église le décidèrent enfin à éloigner Bertrade (1097); mais il la reprit trois ans après (1100) et fut excommunié une seconde fois par le concile de Poitiers. Quelques années plus tard il renouvela ses soumissions, et, comme Berthe était morte depuis longtemps, il parvint enfin à obtenir les dispenses si souvent refusées. Cette victoire, si c'en fut une, paraît être la seule qu'il eût encore remportée; elle fut la dernière. Le 29 juillet de l'an 1108 Philippe Ier mourut à Melun, après un règne de quarante-huit ans, l'un des plus longs et des moins glorieux dont l'histoire ait gardé le souvenir.

Dans sa jeunesse Philippe Ier, livré à ses passions, se montra toujours disposé à rançonner les églises et à piller les monastères. « Il fut, disent les chroniqueurs, un homme très-vénal dans les choses de Dieu, » et il prit sa part de ce système d'oppression et de tyrannie corruptrice dirigé par les souverains de son temps contre le clergé et l'Église catholique. Plus tard il eut des remords et fit des actes de piété et de pénitence : c'était là, en général, la vie féodale. Sous son règne on vit s'élever au plus haut degré la puissance des papes et commencer les croisades.

La féodalité, parvenue sous Hugues Capet, sous Robert et sous Philippe Ier, à son plus haut degré de puissance, commença à déchoir avec les croisades; ces expéditions affranchirent les rois de la rivalité de leurs grands vassaux et facilitèrent le mouvement d'émancipation qui portait les habitants des villes à secouer le joug de leurs seigneurs.

Paris participa à ce mouvement, mais d'une manière moins apparente que ne le firent les petites villes et les bourgades dépendant du domaine royal. Résidence des souverains, administrée par un officier directement nommé par le roi, Paris ne subissait pas l'oppression féodale dans ce que cette autorité avait de honteux et de tyrannique; mais, de tout temps, cette ville avait compté dans son enceinte une classe bourgeoise nombreuse et fière d'être à la tête des populations du royaume.

Dès l'avénement des Capétiens, la sécurité et l'ordre ayant cessé d'être chaque jour mis en question, un bien-être inaccoutumé se manifesta dans les grandes villes du royaume et plus particulièrement à Paris. Au lieu de ces huttes de paille et de boue, trop longtemps le séjour des marchands et des artisans, s'élevèrent peu à peu des maisons à plusieurs étages, défendues par une tour carrée, et dont le rez-de-chaussée était garni de marchandises et d'objets de commerce. Ces boutiques renfermaient des hommes simples, mais riches, bien que dissimulant avec soin leurs richesses, et déjà pleins du sentiment de leur importance ou de leur nombre. Les seigneurs, plutôt jaloux qu'inquiets de cette prospérité des vilains, y trouvaient leur compte en augmentant les impôts et en établissant des tributs de toute sorte. Les vilains payaient, quelquefois en murmurant, mais ne continuaient pas moins à s'enrichir aux dépens mêmes de cette noblesse devenue nécessairement tributaire de l'industrie et du luxe. Ils conservaient toutefois au fond du cœur une secrète inimitié contre leurs maîtres, et leur orgueil se révoltait d'être placés à un degré si bas de l'échelle sociale. Les nombreux voyages qu'ils entreprenaient en Italie, où beaucoup de villes jouissaient de la liberté républicaine, commençaient à leur donner des notions politiques fort embarrassantes pour leurs seigneurs, et, d'un autre côté, les nécessités du commerce répandaient parmi eux des connaissances pratiques fort imparfaites sans doute, mais de beaucoup supérieures à celles de leurs dominateurs.

De cette situation naquit nécessairement le fait grave de l'émancipation des villes et des communes. Les marchands, les bourgeois, à mesure que s'augmentait leur importance, se lassaient d'être taillables et corvéables à merci, et, tantôt à prix d'argent, tantôt à main armée, se faisaient concéder des franchises et des priviléges. Les chartes royales et seigneuriales constituèrent la cité ou commune sur des bases indépendantes du caprice des grands. On s'obligea, tantôt à payer à ceux-ci une redevance annuelle, tantôt à les assister dans certaines entreprises, d'autres fois à recevoir d'eux un magistrat supérieur, une sorte de préfet ou de lieutenant qui se concertait pour administrer avec les fonctionnaires municipaux élus par le peuple. En revanche chaque ville proclama son droit de se garder elle-même, de choisir ses magistrats ; chaque citoyen fut déclaré libre d'exactions, exempt de tailles, et put contracter mariage avec toute personne de son choix, sans que son refus de se soumettre, en cette occasion, à la volonté des seigneurs, entraînât d'autre peine qu'une légère amende. En d'autres termes, c'était la liberté encore imparfaite et mal définie sans doute, mais enfin, malgré ses imperfections, bien supérieure à l'état de servitude.

Sous Philippe Ier avaient eu lieu, hors de France, la lutte mémorable entre la papauté et l'empire, la conquête de l'Angleterre par les Normands, et plusieurs autres événements de même ordre auxquels l'indolent Capétien n'avait pris aucune part. Le roi de France avait vécu obscurément à Paris, laissant toutes choses s'arranger sans sa participation, et ne mêlant jamais son nom ignoré aux noms des hommes dont l'énergie remuait le monde. Cependant le roi était possesseur de nombreuses richesses, sa cour était remplie de seigneurs de haut parage, et la présence du souverain et de ses nobles vassaux contribuait à répandre à Paris le luxe, le faste et les habitudes corruptrices qu'enfantent la paresse et la galanterie. On ne voit dans aucun monument historique la trace de l'influence qu'exerçaient sur Paris les événements lointains. Se passionnait-on, dans cette ville, en faveur de Grégoire VII ou des Hohenstaufen, pour Guillaume le Bâtard ou pour son compétiteur Harold : c'est ce qu'on ignore. Le prévôt de Paris était alors un nommé Étienne, qui, ainsi qu'on l'a vu plus haut, exerçait en même temps des fonctions militaires, administratives et judiciaires. Le siége de son tribunal était au Châtelet.

Sous Robert le siége épiscopal de Paris avait été occupé par Azelin (de 1016 à 1020) et par Francon, mort en 1030. Soupçonné de simonie, Azelin s'était démis de ses fonctions et avait cherché un refuge dans le diocèse de Gand. Son successeur avait été chancelier du roi et avait siégé au concile qui condamna les manichéens d'Orléans, en 1022. L'un de ceux qui, après lui, gouvernèrent l'Église de Paris, fut Imbert de Vergy, également appelé Hécelin. Il était fort aimé de Henri Ier, qui, dans une charte, le qualifie de *grand;* il assista, en 1050, à l'assemblée solennelle convoquée à Paris pour juger Bérenger et les sectaires qui niaient la présence réelle et ne voulaient voir dans l'Eucharistie qu'un symbole. Vers la fin du règne de Philippe Ier ce prince appela à Notre-Dame des Champs les religieux de Marmoutiers et réforma l'abbaye de Saint-Magloire, alors située rue Saint-Denis. L'évêque de Paris, Geoffroy, fils du comte de Boulogne, fut accusé de simonie par le pape Grégoire VII et contraint d'aller se justifier à Rome, en 1077. Il parvint à se faire absoudre, revint à Paris, où il exerçait encore les fonctions d'archichancelier, et où il jouit d'un grand crédit jusqu'à sa mort, arrivée en 1095. Son successeur, Guillaume de Montfort, frère de Bertrade, la reine répudiée, n'accepta l'évêché de Paris qu'avec une répugnance modeste; il fallut les conseils du vénérable Yves de Chartres et l'approbation formelle d'Urbain II pour le déterminer à adhérer au choix des chanoines de Notre-Dame. Il était d'ailleurs assez jeune et se laissait trop volontiers aller à de profanes amusements, et particulière-

13.

ment à celui de la chasse. En 1102 il entreprit le pèlerinage de Jérusalem et mourut en route. Foulques, qui fut appelé à le remplacer, ne parut qu'un instant sur le siége de Paris (1102-1104). Après lui l'évêque de Paris fut Gualon, légat du pape en Pologne. Il assista au concile de Beaugency, pour la réconciliation du roi avec l'Église. Quand Philippe Ier eut fait sa soumission, Gualon partit pour Rome, où le pape l'accueillit avec une grande faveur, tandis que le clergé de Paris écrivait au souverain pontife pour le remercier de lui avoir donné un pasteur aussi vénérable. Gualon, très-estimé du pape Pascal II, était en outre ami de saint Anselme de Cantorbéry. Il souscrivit une charte mémorable de Louis VI, fils et successeur de Philippe Ier. Aux termes de cet acte le roi de France accordait aux serfs de l'Église de Paris des droits judiciaires égaux à ceux des hommes libres, c'est-à-dire le droit d'être témoins et de se battre en duel, singulière concession qui était pourtant un progrès notable sur l'état antérieur (1). Mentionnons en passant les démêlés de l'évêché de Paris et de l'abbaye de Saint-Denis au sujet de certaines prétentions épiscopales qui paraissaient contraires aux droits et aux libertés de l'église abbatiale. L'affaire, portée d'abord au conseil du roi, en 1067, fut renvoyée à l'examen du pape, qui donna gain de cause à l'abbé de Saint-Denis, lequel devint indépendant de l'évêque de Paris. Rappelons, en outre, quelques autres différends avec l'abbaye de Lagny, la donation de l'église Saint-Christophe, faite aux chanoines de la cathédrale; celle des autels des cures de Conflans, de Clamart, de

---

(1) M. Eug. de la Gournerie.

Montmartre et de Pantin, faite aux religieux de Saint-Martin des Champs; celle enfin des autels (c'est-à-dire du patronage) des cures de Suresnes et d'Avrinville, qui fut faite aux religieux de Saint-Germain des Prés. Ces incidents, aujourd'hui fort oubliés, sont les seuls qu'il nous soit possible de discerner, dans les annales ecclésiastiques de Paris, sous les règnes de Robert, de Henri Ier et de Philippe Ier.

CHAPITRE II.

Paris sous Louis le Gros et Louis le Jeune (1108-1180).

Louis VI, d'abord surnommé *l'Éveillé*, et plus tard *le Gros*, à cause de sa corpulence, avait été associé au trône de son père Philippe Ier. En 1108 il régna seul, mais sa puissance était encore fort précaire. Pendant plus de huit ans il lui fallut combattre sans relâche et employer toutes les forces de la couronne, quelquefois sans succès, pour réduire à l'obéissance les seigneurs de la banlieue de Paris. Il fut forcé de faire la guerre aux seigneurs de Montmorency, qui venaient de piller les terres de l'abbaye de Saint-Denis, dont le roi de France était le vassal. Le seigneur du Puiset, château situé dans la Beauce, provoqua ensuite sa colère; le roi de France eut besoin de trois ans d'efforts pour réduire ce petit vassal. Il lui fallut successivement combattre les seigneurs de Corbeil, de Montlhéry, de Châteaufort et de Montfort-l'Amaury. Plus tard il se vit contraint de tourner ses forces contre Enguerrand de Coucy et Thomas de Marne, dans une guerre dont la liberté d'Amiens fut le prétexte. C'est à cette époque que nous voyons ce roi légaliser, par la concession de certaines chartes, le soulèvement de plusieurs grandes communes. La révolte des bourgeois avait de beaucoup précédé cette sanction royale, et la couronne obéit plutôt à un instinct d'ambition qu'à un généreux élan en affranchissant la classe moyenne dans un rayon voisin de Paris.

Indépendamment de ces luttes soutenues à main armée contre des vassaux rebelles, Louis le Gros eut souvent à combattre le roi d'Angleterre, duc de Normandie. Le pape Calixte II vint en France et pacifia les deux princes, mais la paix que le pontife avait réussi à établir ne fut pas de longue durée. Quelques années s'étaient à peine écoulées que le roi d'Angleterre détermina par ses intrigues son gendre Henri V, empereur d'Allemagne, excommunié au concile de Reims, à diriger contre le roi de France une armée considérable. Cette démonstration hostile de l'empereur prouva combien en vingt ans de règne Louis le Gros avait consolidé sa puissance et élevé la prépondérance de la couronne. De toutes parts les grands feudataires amenèrent leurs contingents de troupes; aucun n'écouta les conseils de la peur; les milices, en déployant leurs bannières, se rangèrent avec le roi et les grands sous l'oriflamme. C'était le drapeau de Saint-Denis, dont la célèbre abbaye se félicitait de compter les rois de France au nombre de ses vassaux. Dans tous les dangers publics on déployait ce saint étendard, dont la seule vue encourageait les gens de guerre. En peu de temps plus de deux cent mille hommes se trouvèrent réunis autour de Louis le Gros, prêts à marcher contre l'ennemi commun, en poussant ce cri de bataille de nos rois: *Montjoie et Saint-Denis!* Leur attitude épouvanta l'empereur, et la France ne fut point envahie (1124).

Louis le Gros fut un prince entreprenant, un guerrier infatigable; s'il ne fut pas doué du génie qui fait les grands hommes, il eut du moins l'intelligence de comprendre mieux que ses pères quel devait être le véritable rôle d'un roi au milieu de la société féodale. Louis le Gros ne doit pas avoir tout l'honneur de la sage politique qui prévalut sous son règne; il faut aussi en faire hommage aux conseils du célèbre Suger, abbé de Saint-Denis, qui, de précepteur du roi, était devenu son conseiller le plus intime.

Gilbert, d'abord archidiacre de Paris, occupait le siége épiscopal depuis l'an 1116. Pendant son épiscopat, qu'aucun événement important n'a signalé, il fit confirmer par Louis VI les anciens priviléges de la cathédrale, de l'évêque et des chanoines, en ce qui concernait *leurs familles*, c'est-à-dire leurs serfs et leurs domestiques. Étienne de Senlis, fils du comte de Senlis, lui succéda en 1124. L'affection qu'il portait à l'abbaye de Saint-Victor, déjà célèbre, et l'étroite amitié qu'il avait pour Thomas, son prieur, suscitèrent à Étienne plusieurs querelles avec les chanoines de la cathédrale, qui craignaient que l'évêque, à cause de leur relâchement, ne les remplaçât par des chanoines réguliers, comme ceux de Saint-Victor. Étienne et les chanoines signèrent un accord en 1127; mais la même année l'évêque eut une discussion avec Louis VI. Se plaignant de la nomination faite par le roi à quelques bénéfices, il alla jusqu'à prononcer une excommunication contre lui; mais, malgré les plaintes de Bernard, abbé de Clairvaux, qui s'était réuni au prélat, le pape Honoré II déclara l'excommunication abusive et leva l'interdit.

Bientôt réconcilié avec Étienne, Louis le Gros assista au concile de Saint-Germain des Prés, où il se trouvait, ainsi que Suger, pour la réformation du monastère d'Argenteuil.

La même année (1129) Paris et le reste de la France furent affligés de la maladie du *feu des ardents*. Ce mal, quoique déjà connu par les ravages qu'il avait causés en

945 et 1041, était devenu d'autant plus terrible qu'il paraissait sans remède. Cette affreuse maladie, à ce qu'il paraît, devait son origine à un déréglement de mœurs. « Dieu, dit Corrozet, espandit son ire sur les coupables, les affligeant d'une ardeur extravagante et feu nuisible (qu'on appelle feu sacré) qui leur rongeoit misérablement les membres avec lesquels ils avoient failly et lesquels ils avoient employés au service du diable. » Le mal devint contagieux et épidémique, et l'évêque, voyant que tout l'art des médecins était impuissant, eut recours à la protection divine. Il ordonna des jeûnes, des prières publiques, et, comme la maladie continuait, il fit une procession solennelle en l'honneur de sainte Geneviève. On alla chercher la châsse de la sainte à l'église de Sainte-Geneviève, et on la porta avec la plus grande pompe à Notre-Dame, au milieu d'un nombreux concours de peuple. Pendant le trajet les malades en foule s'empressèrent de la toucher, et l'on assure qu'ils furent au même instant guéris. Depuis ce jour, disent les chroniques, la maladie cessa. Le pape Innocent II, qui vint en France l'année suivante pour éviter la persécution de l'antipape Anaclet, ayant été informé du fait et de toutes ses circonstances, en consacra la mémoire par une fête qui se célébrait autrefois le 26 novembre ; plus tard on construisit près de Notre-Dame une église du titre de Sainte-Geneviève des Ardents, en mémoire de cet événement miraculeux.

Innocent II passa toute l'année 1131 en France. Il célébra les fêtes de Pâques à Saint-Denis avec beaucoup de magnificence. Le dimanche matin il partit du prieuré de Saint-Denis de l'Estrée, avec ses cardinaux qui formaient une cavalcade. Les barons et les châtelains de l'abbaye marchaient à pied et servaient d'écuyers en tenant le cheval du pape par la bride. Les juifs de Paris, qui étaient accourus sur leur passage, avec une grande affluence de peuple, présentèrent au souverain pontife le livre de la loi en rouleau couvert d'un voile. Le pape leur dit : « Plaise à Dieu d'ôter le voile de vos cœurs! » Il arriva ensuite à la grande église, qui était richement décorée. Après avoir célébré la messe il descendit avec sa suite dans les cloîtres, où l'on avait dressé les tables du festin. L'assemblée mangea d'abord l'agneau pascal, couchée sur des tapis à la manière des anciens; ensuite on continua le repas à l'ordinaire. En sortant de Saint-Denis le pape vint à Paris. Toute la ville se porta à sa rencontre pour honorer son entrée. Le roi Louis le Gros et son fils, Philippe, déjà associé au trône, mais qui ne devait pas survivre à son père, se portèrent à sa rencontre et le reçurent avec les plus grands témoignages de respect. A la sortie de Paris les nobles, les seigneurs et les fidèles se firent un devoir de l'escorter et de lui prodiguer toutes sortes d'honneur.

Peu de mois après, le prince Philippe, fils de Louis le Gros, passait dans les rues de la ville. Un pourceau s'étant jeté dans les jambes de son cheval, l'animal effrayé se cabra, jeta à terre son cavalier, et Philippe, à peine âgé de seize ans, mourut des suites de cet accident.

Louis le Gros s'éteignit à son tour, vers l'an 1137, après avoir eu la gloire de commencer en même temps l'affranchissement de la royauté et celui des communes.

Son successeur, Louis VII, dit le Jeune, était âgé de dix-huit ans, et venait d'épouser la trop fameuse Éléonore, héritière des ducs d'Aquitaine. Le règne de ce prince fut long et signalé par des événements importants, par des guerres féodales et par l'une des plus sanglantes croisades dont l'histoire ait gardé souvenir. Nous ne raconterons ni ces entreprises, ni ces épreuves; elles n'exercèrent qu'une influence inaperçue sur la condition de la capitale, et notre mission n'est point de reproduire ici, en sous-œuvre, les annales de la France et de l'Europe catholique, mais de mentionner les faits particuliers à Paris. Au point de vue artistique, monumental et intellectuel, cette ville, déjà puissante, était le foyer d'un développement continu que nous retracerons tout à l'heure; mais sa population était calme, jouissait de la sécurité et du bien-être, et assistait, sans y participer d'une manière très-active, aux incidents généraux, tels que les guerres soutenues contre les grands vassaux, l'immense mouvement des guerres saintes et la querelle terminée en Angleterre par le martyre de saint Thomas Becket.

Louis le Jeune s'imagina de méconnaître les pouvoirs ecclésiastiques de l'archevêque de Bourges, régulièrement élu par les chanoines de cette ville et sacré par le pape; il vit mettre en interdit son royaume, et, pendant plusieurs années, toutes les églises de Paris et de la France furent désertes (1142). Le roi s'étant repenti et ayant fait sa soumission, le pape Célestin II consentit à relever ce prince des censures ecclésiastiques. « Le roi, disent les chroniques, envoya des députés à Célestin pour traiter avec lui, et ils obtinrent tant de sa douceur qu'en leur présence, et devant tous ces nobles qui fréquentent Rome, il leva la main avec bonté, et, étant debout, il fit le signe de la croix du côté de la France et lui donna l'absolution de l'interdit porté contre elle (*Chron. Maurin.*, p. 87). »

L'orgueil de Louis VII, qui attira dans cette circonstance

le fléau de l'interdit sur Paris et sur le royaume, n'était point dans les habitudes de ce prince; les écrivains contemporains, et particulièrement Étienne de Tournay, témoignent du respect du roi pour les droits des églises. « Un jour que le roi, disent les chroniques, revenait à Paris, il fut surpris par la nuit et coucha dans un village des chanoines de Notre-Dame, appelé Créteil (*Christolium*). Les habitants fournirent la dépense de son séjour. Le lendemain, étant à Paris, Louis VII, suivant son usage, se rendit à l'église de Notre-Dame pour assister aux offices. A son arrivée il vit avec surprise que les portes de cette église lui étaient fermées; il demanda la cause de cet affront, ajoutant que, si quelqu'un avait offensé le chapitre, il voulait le dédommager. « Vraiment, Sire, lui répondirent les chanoines, c'est vous-même qui, contre les coutumes et libertés sacrées de cette sainte église, avez soupé hier à Créteil, non à vos dépens, mais à ceux des habitants de ce village. Voilà pourquoi l'église a suspendu les offices et vous a fermé sa porte. Plutôt que de souffrir la moindre atteinte aux droits de leur église, tous les chanoines sont prêts, s'il est nécessaire, à endurer toutes sortes de tourments. » A ces mots le roi, frappé de terreur, gémit, soupira, versa des larmes, et s'excusa en disant aussi humblement qu'il lui fut possible : « Je ne l'ai point fait exprès; la nuit m'a surpris en chemin; il était trop tard pour que je pusse continuer ma route et aller jusqu'à Paris. Les habitants de Créteil se sont empressés de fournir à mes dépenses; je ne les y ai point forcés, mais je n'ai pas voulu repousser leur accueil obligeant. Qu'on fasse venir l'évêque Thibaut et le doyen Clément, tout le chapitre, et même le chanoine prévôt de ce village;

si je suis déclaré coupable, je ferai satisfaction. Je m'en rapporte à leur décision sur mon innocence. »

Après avoir ainsi parlé le roi restait devant la porte de Notre-Dame, en attendant le résultat de ses demandes, et récitait dévotement ses prières. L'évêque faisait des démarches auprès des chanoines, sollicitait en faveur du roi et offrait d'être garant de ses promesses. Les chanoines intraitables ne se confièrent ni aux paroles du roi, ni à celles de leur évêque; ils ne cédèrent que lorsque ce prélat leur eut remis deux chandeliers d'argent pour gage de la parole de ce prince. Alors seulement ils lui ouvrirent les portes de leur église. Louis VII, après avoir restitué les frais de son souper à Créteil, vint déposer solennellement sur l'autel de Notre-Dame, comme un monument éternel du respect dû aux biens de l'Église, une baguette sur laquelle était inscrit le récit succinct du délit et de sa réparation. Étienne de Tournay ajoute que l'on conservait cette baguette dans les archives du chapitre.

Louis le Jeune, comme Louis le Débonnaire et Robert, ne savait point faire respecter les légitimes priviléges du pouvoir temporel; il s'humiliait sans nécessité, non devant la religion, dont l'autorité est infaillible, mais devant des moines, parfois ignorants, souvent ambitieux, et qui trop souvent abusaient de sa piété timorée et scrupuleuse pour revendiquer des droits abusifs. L'abbé de Saint-Denis, Suger, le tenait en garde contre de pareilles exigences et cherchait à le convaincre de l'importance des devoirs de la royauté. Suger n'avait point désapprouvé, comme on le lui impute, la croisade prêchée par saint Bernard à Vézelan, en 1146, mais il avait conseillé au roi de rester en France et de laisser ses vassaux et ses adversaires s'aventurer dans cette expédition lointaine. Louis VII insista et partit pour la Terre-Sainte (1147-1149). Durant l'absence du roi Suger gouverna le pays, à titre de régent, et Paris eut beaucoup à s'applaudir de la sagesse de son administration.

Louis VII, après avoir célébré la fête de Pâques à Saint-Denis, en 1147, avec le pape Eugène III, avait tenu à Paris un concile asssemblé pour examiner les doctrines de Gilbert de la Porrée, évêque de Poitiers. Ce prélat affirmait, entre autres choses, que l'essence divine n'était pas Dieu, et que la nature divine ne s'était pas incarnée, mais seulement la personne du Fils. L'année suivante, les mêmes doctrines ayant été soumises au jugement du concile de Reims, Gilbert de la Porrée consentit à se rétracter.

En 1152 le roi de France se ligua avec quelques vassaux contre Henri II, roi d'Angleterre. Les deux princes luttèrent ensemble pendant quelques années; mais, bien que leurs querelles fussent, par intervalles, mêlées de traités de paix, on pouvait prévoir dès lors cette longue rivalité entre la France et l'Angleterre, rivalité qui, après des fleuves de sang répandu, n'est point encore entièrement éteinte.

Henri II eût été facilement vainqueur de Louis le Jeune, moins puissant que lui. Déjà il gouvernait la Flandre comme tuteur et gardien, en l'absence du souverain. Il contraignit ensuite les comtes de Toulouse à lui rendre hommage, et réduisit à son obéissance le Berri, le Limousin, la Marche, l'Auvergne et le Quercy, de telle sorte qu'il en vint à posséder en France une étendue de territoire correspondant à quarante-sept de nos départements actuels, tandis que Louis VII en avait à peine vingt, en comptant ses domaines et ceux des grands vassaux de la couronne.

En 1158 Henri Plantagenet voulut avoir une entrevue avec le roi de France. Il vint en France, s'aboucha avec Louis VII, et, pour écarter toute occcasion de discorde future, il lui proposa d'unir leurs deux familles par un mariage. Il fut convenu que Henri Plantagenet, fils aîné du roi d'Angleterre, âgé de trois ans, épouserait Marguerite, fille de Constance de Castille, seconde femme de Louis VII, âgée d'environ six mois.

Pour donner plus de solennité encore à cette réconciliation, et en même temps pour témoigner à Louis une plus entière confiance, Henri II vint à Paris, au mois de septembre 1158, avec une suite peu nombreuse. On s'empressa de lui rendre des honneurs infinis; le roi lui abandonna son palais pour habitation, tandis que lui-même, avec la reine Constance, alla demeurer au cloître de la cathédrale. Dès le lendemain la jeune Marguerite, qui devait épouser Henri, fut remise à la garde du roi d'Angleterre, et Louis, pour lui faire plus d'honneur, l'accompagna jusqu'à Mantes.

Louis VII, étant devenu veuf par la mort de Constance, épousa Alix, fille de Thibaud le Grand et sœur des comtes de Blois, de Champagne et de Sancerre. Il la fit sacrer dans l'église Notre-Dame de Paris, par Hugues, archevêque de Sens, qui couronna en même temps le roi.

Louis VII avait accordé, en 1155, à l'évêque de Paris, pour lui et tous ses successeurs, et au chapitre de Paris, l'exemption du droit de *gîte* ; ce droit donnait au roi et à ses officiers la faculté de demeurer et de prendre le fourrage nécessaire à leurs chevaux dans les terres du domaine de l'évêché et du chapitre. Il est dit dans le titre de cette exemption que le roi Louis avait été élevé dans le cloître Notre-Dame, et c'est à cette circonstance, sans doute, qu'il faut attribuer l'affection particulière que ce prince eut toujours pour l'église Notre-Dame.

L'évêque Thibaud avait obtenu du roi, dès l'an 1147, avant son voyage d'outre-mer, l'abolition d'un usage digne des temps les plus barbares : c'était la coutume où étaient les officiers du fisc, à la mort de l'évêque, d'enlever tout ce qu'ils trouvaient dans sa maison et dans ses châteaux hors de la ville. Le roi déclara qu'il voulait que tous les lieux dépendants de l'évêché de Paris fussent, à la mort du titulaire, remis sous la garde du chapitre et réservés au futur évêque. A la mort de Thibaud, le roi, jouissant de la régale, donna aux religieuses de Notre-Dame d'Hières un droit dont le principal revenu était les offrandes faites à la cathédrale pendant la vacance, à la charge principale pour les religieuses d'entretenir le luminaire de l'église. L'évêque Thibaud fut, comme il l'avait demandé, inhumé à Saint-Martin des Champs. Philippe de France, frère du roi Louis VII et archidiacre de Paris, fut élu évêque, et, par modestie, céda sa place au fameux *Pierre Lombard,* surnommé *le Maître des sentences,* qui fut ainsi le successeur de Thibaud, en 1157.

Philippe de France était archidiacre de Paris; l'autre frère du roi, Henri, était abbé de Saint-Denis de la Chartre et chanoine de Notre-Dame. Cette famille de clercs assise sur le trône est un symbole fidèle et caractéristique de l'époque. Pourtant il ne faudrait pas croire que, abbés ou archidiacres, toute cette cléricature princière s'adonnât sincèrement au rigorisme de la vie chrétienne.

Ils subissaient l'influence des idées de leur temps ; mais les austérités du christianisme n'étaient guère de nature à toucher leur cœur. Ils revêtaient les habits sacerdotaux, ils suivaient les rites de l'Église, ils récitaient ponctuellement leurs oraisons ; mais ils tenaient, comme dit douloureusement Félibien, une conduite plus séculière qu'ecclésiastique. Il est à soupçonner que, dans les dignités de l'Église, ce qui les touchait surtout, c'étaient les gros bénéfices qu'elles rapportaient (1).

L'un des derniers actes du règne de Louis le Jeune fut la grande assemblée de la noblesse, qu'il convoqua à Paris pour l'engager à prêter assistance au fils du roi d'Angleterre, Henri, révolté contre son père (1173).

Quelques années après, en 1179, Louis VII réunit les prélats et les grands du royaume dans le palais épiscopal de Maurice de Sully, pour faire approuver l'association au trône de son fils, âgé seulement de quatorze ans. Le jeune Philippe fut alors sacré à Reims. L'année suivante ce prince épousa Isabelle, fille de Baudouin, comte de Hainaut, et quelques mois après ce mariage Louis VII mourut à Paris (18 septembre 1180).

(1) Félibien. — M. de Gaulle.

CHAPITRE III.

Mouvement intellectuel et moral depuis le règne de Hugues Capet jusqu'à la mort de Louis le Jeune. — **Philosophie, sciences, arts et lettres.**

Le dixième siècle avait vu resplendir la gloire de Gerbert, dont le vaste génie embrassait toutes les connaissances de l'esprit humain. Né en Auvergne, élevé par charité dans le cloître de Saint-Gérald d'Aurillac, Gerbert s'était de bonne heure rendu en Espagne et bientôt à Rome, et il avait été initié aux sciences dont les Arabes avaient gardé le dépôt. De retour en France il avait enseigné la dialectique, la rhétorique, la géométrie, l'astronomie, la musique, la philosophie, la physique, et de tous les points de l'Europe chrétienne on était venu solliciter ses leçons. Il avait eu pour disciples de futurs empereurs et le prince Robert, fils de Hugues Capet. On s'étonnait de la lucidité et de la puissance de son enseignement; on vantait son habileté vraiment prodigieuse à construire des instruments de musique et d'astronomie, et, d'après le témoignage confus des chroniqueurs, qui l'admiraient sans pouvoir le comprendre, on est fondé à croire que ce savant illustre avait, de son temps, inventé le télescope et appliqué la vapeur à des usages hydrauliques. Lorsqu'il vint à Paris, à la cour de Hugues Capet, diriger l'éducation de Robert, son arrivée opéra une révolution complète dans les études et imprima aux écoles de cette ville un élan vigoureux que depuis lors elles ne perdirent plus. De ces écoles restaurées sortirent bientôt les maîtres qui fondèrent à leur tour des académies célèbres et portèrent sur tous les points de la France la lumière de l'intelligence philosophique.

On sait que, sous le règne de Robert, l'illustre savant, dont Paris et l'Europe saluaient le nom, fut élu pape et gouverna l'Église sous le nom de Sylvestre II. En ces temps, qu'on a qualifiés d'âge de fer, l'Église catholique avait pour mission de faire l'éducation de l'humanité tout entière et d'introduire parmi les peuples la civilisation et la charité. Sous les premiers Capétiens, au milieu des souffrances inouïes qu'endurait le royaume, la religion s'efforça d'atténuer les misères publiques et de soutenir les âmes par la résignation et l'espérance. De toutes parts aussi la piété des fidèles se manifestait par des fondations chrétiennes, par la construction de nouvelles abbayes et de nouvelles églises. Peu à peu les calamités cessèrent, les bienfaits de plusieurs règnes pacifiques réagirent sur l'intelligence et sur les mœurs. Il y eut des poëtes dont les naïfs essais charmaient nos ancêtres; des institutions se manifestèrent dont l'existence témoignait à elle seule des progrès de la société.

Au moyen âge le malheur des temps avait fait reconnaître la faiblesse de l'homme isolé; tous les éléments de la société tendaient donc à se réunir pour mettre la force de chaque individu au service de la communauté, et en retour celle de la communauté au service de chacun de ses membres. De là, pour les classes ouvrières, la cause des corporations d'artisans qui se formaient par métier, profession et genre de commerce, dans un but de charité ou de défense réciproque; de là les communes pour la

14.

bourgeoisie ; de là également, pour les hommes plus éminents, une association plus épurée, plus intellectuelle, plus noble, et qui était appelée chevalerie.

Le but avoué de la chevalerie était de servir de tutelle aux opprimés, aux veuves et aux orphelins, et, avant toute chose, de défense et d'appui aux femmes. Le chevalier, armé de pied en cap, suivi de son écuyer, seul ou réuni à d'autres, se présentait partout comme le redresseur des torts et le champion des faibles. La lance à la main et l'écu au bras, il provoquait l'oppresseur à un combat singulier, et sa victoire délivrait le malheureux. Des chevaliers étaient-ils faits prisonniers de guerre : esclaves de leur parole, ils se rendaient d'eux-mêmes en captivité, et l'on ne songeait point à s'assurer autrement de leurs personnes. Quand les occasions de combat à outrance leur manquaient ils faisaient diversion à leur humeur belliqueuse par des fêtes appelées tournois. C'étaient des batailles simulées, où l'on ne pouvait se servir que d'armes émoussées. Les chevaliers de toutes les nations s'y rendaient, et rien de plus ordinaire que d'y voir combattre, sans haine et sans colère, dans le seul but de plaire aux dames ou de multiplier les prouesses, des guerriers qui le lendemain devaient se trouver sur un champ de bataille plus sérieux et chercher à s'arracher la vie. Celui des chevaliers convoqués au tournoi qui demeurait seul debout après avoir renversé les autres combattants, ou qui ne trouvait personne qui osât lui disputer l'honneur de la journée, était proclamé vainqueur. On le conduisait alors vers la reine du tournoi, appelée la dame de beauté, qui lui décernait le prix ; c'était tantôt une arme, tantôt une écharpe, quelquefois un ruban, un gant, une couronne.

Le soir, le même banquet réunissait vainqueurs et vaincu, et tous, rangés autour d'une énorme table, dans les salles basses ou dans les galeries ornées de trophées de quelque château, prenaient part à de copieux repas, dont le paon, le héron, le sanglier, le bœuf, et les vins d'Espagne ou d'Italie, formaient la base essentielle.

La langue parlée à Paris, aussi bien que dans les provinces situées au nord de la Loire, était le roman wallon, dialecte d'où est issue notre langue nationale et qui était alors un dérivé multiple des idiomes barbares et du latin. Le roman wallon participait de la prononciation sourde des Allemands et des Belges, et florissait particulièrement en Normandie, en Champagne et en Picardie. On le désignait au moyen âge sous le nom de langue d'*oyl* ou d'*oui*, pour le distinguer du roman provençal, en usage dans les provinces méridionales, et qu'on appelait langue d'*oc*.

Dès l'avénement de la dynastie capétienne on avait pu remarquer les symptômes d'une nouvelle régénération intellectuelle. L'étude des lettres et de la philosophie se réveilla dans le silence des cloîtres; l'ordre de Saint-Benoît commença dès lors à rendre à la science ces longs et durables services qui lui assurent encore la reconnaissance des siècles. Les Capétiens protégeaient avec zèle les progrès déjà sensibles du goût.

L'espace nous manque pour citer les noms des hommes qui, à cette époque de labeur et de renaissance, contribuèrent à étendre le domaine de la science et de la vérité. Du midi au nord, de Cluny au mont Saint-Michel, le sol de la France était couvert de monastères qui servaient de foyers à la double science du chrétien et du philosophe; les écoles de la Normandie étaient célèbres, celles de Paris avaient acquis une juste renommée; on y accourait de tous les points de l'Europe.

Paris et la France neustrienne s'enorgueillissaient alors au spectacle de ces générations de jeunes hommes qui se pressaient, dans les sanctuaires de la science, autour des docteurs et des maîtres ; ceux-ci, en possession d'un savoir relativement considérable, mais dont les limites étaient mal définies, étaient encore employés à défricher le sol intellectuel au profit de l'avenir. La philosophie, qui semblait s'être éteinte sous les pas des barbares et depuis plusieurs siècles, apparaissait de nouveau avec son cortége de vérités puissantes ou d'erreurs dangereuses, avec ses principes justes ou ses fausses doctrines, avec ses services réels ou ses futiles vanités, qui, selon qu'on emploie cette force morale au bien ou au mal, en font une arme de civilisation chrétienne ou un instrument de mort.

Le douzième siècle vit resplendir la popularité et la gloire d'Abélard et de saint Bernard, deux noms bien différents, et sans doute très-inégaux, mais qu'il est impossible de ne pas rappeler lorsqu'on étudie le passé du peuple parisien. Dès le règne de Philippe Ier et sous Louis VI, Guillaume de Champeaux, philosophe scolastique, enseignait avec beaucoup d'éclat à l'école du cloître Notre-Dame, à Paris, et au cloître de Saint-Victor ; il était l'un des plus zélés défenseurs de la doctrine des réalistes et il s'était acquis le surnom orgueilleux de « colonne des docteurs ». Abélard prit place parmi ses disciples et attira son attention par son instruction précoce, sa mémoire surprenante et son entraînante faconde. Bientôt l'élève se posa comme le rival du maître, fit subir des échecs au professeur, et humilia ce dernier au point de le contraindre à renoncer à l'enseignement pour ne pas se voir plus longtemps éclipsé par un jeune rival (1108-1112). Ce fut alors qu'Abélard ouvrit lui-même une école de philosophie scolastique sur la montagne de Sainte-Geneviève. Nourri à la fois des doctrines platoniciennes de Guillaume de Champeaux et des doctrines péripatéticiennes de Roscelin, dont il avait longtemps suivi les leçons, le nouveau venu dans la science, après avoir combattu ses deux maîtres, entreprit de concilier leurs doctrines opposées et de les accorder en quelque sorte dans une théorie intermédiaire. Abélard réussit mieux à réfuter ses maîtres qu'à substituer à leurs enseignements une doctrine inattaquable; il ne sut point établir une distinction lucide et précise entre les notions et les idées, et son système intermédiaire, qui reçut le nom de *conceptualisme*, n'eut jamais la consistance de la vérité et n'eut droit qu'à prendre place parmi les opinions livrées aux disputes de la science. Quelle que fût sa doctrine, elle manquait de base; elle avait le tort immense de faire prévaloir l'autorité des mots sur celle des choses, de réduire la recherche de la vérité à un exercice de dialecticien, et surtout d'expliquer les dogmes de la foi révélée par la seule puissance de la raison. Dans son système la foi n'était qu'une opinion provisoire (*æstimatio*), qui attendait les secours de la logique et du syllogisme pour avoir un droit définitif à la soumission de l'esprit humain. On comprend que c'en était assez pour soulever contre lui la juste réprobation des dialecticiens pieux et des docteurs orthodoxes. Nonobstant leurs attaques et leurs avertissements, le talent d'Abélard exerçait une influence presque sans bornes; de tous les points de la France et de l'Europe on venait assister à ses enseignements.

« La foule des rues, jalouse de le contempler, s'arrêtait sur son passage ; pour le voir les habitants des maisons descendaient sur le seuil de leurs portes, et les femmes écartaient leur rideau, derrière les petits vitraux de leur étroite fenêtre. Paris l'avait adopté comme son enfant, comme son ornement et son flambeau. Paris était fier d'Abélard et célébrait tout entier ce nom dont, après sept siècles, la ville de toutes les gloires et de tous les oublis a conservé le populaire souvenir. » Mais bientôt sa vie entra dans une nouvelle phase de fautes et de malheurs qui ont en quelque sorte le caractère de la légende et non celui de l'histoire.

Une jeune fille nommée Héloïse (1), nièce de Fulbert, chanoine de Paris, et à peine âgée de dix-sept ans, vivait alors dans la cité, près des écoles ; elle était de noble naissance, mais orpheline et pauvre, et certaines traditions la rattachent par les liens du sang à l'illustre famille des Montmorency (2). Elevée au monastère d'Argenteuil, elle y avait reçu une instruction inouïe chez une femme, au moyen âge ; elle savait le latin, le grec, et même l'hébreu, et sa réputation, dans un âge si tendre, était digne de celle d'Abélard (3). Sa figure était plus intelligente que belle (4), et toutefois elle appelait justement les regards. On ignore comment Abélard la vit, la rencontra et l'aima,

---

(1) Helwide, Helwisa ou *Louise* ; ce sont les variantes d'un même nom.

(2) Si cette parenté était légitime, ce devait être par les femmes. Au surplus rien n'est moins prouvé. Héloïse écrivant à Abélard dit quelque part : *Genus meum sublimaveras*, ce qui s'accorde peu avec une origine illustre.

(3) *In toto regno nominatissimam* (Ep. 1, p. 10). On a attribué, à tort, à Héloïse, d'avoir composé le *Roman de la Rose*.

(4) *Per faciem non infima*, dit Abélard.

mais il n'épargna rien pour se faire admettre chez l'oncle de cette jeune fille, et Héloïse fut confiée à ses dangereuses leçons. La science servait, aux yeux du monde, de prétexte à ces entrevues ; mais Abélard, abusant de la fascination de sa renommée et du prestige de son esprit, ne tarda pas à séduire celle qui avait été commise à son honneur. Héloïse donna le jour à un fils qui, pour attester le savoir de son père et de sa mère, reçut d'eux le nom d'Astrolabe (1118). Les deux coupables, pour échapper à la colère de Fulbert, se réfugièrent en Bretagne, et Abélard offrit d'effacer la tache faite à la réputation d'Héloïse; celle-ci, plus romaine que chrétienne, refusa elle-même cette réparation, ne voulant pas que le monde pût lui reprocher un jour d'avoir terni la gloire d'Abélard par un hymen qui devait les humilier tous les deux. Cependant ils écoutèrent l'un et l'autre la voix du devoir plutôt que celle de l'orgueil, et leur mariage, béni par l'Église, eut lieu et demeura quelque temps secret. Abélard quitta la Bretagne et conduisit Héloïse au monastère d'Argenteuil, où elle revêtit l'habit religieux sans prendre le voile et dans le seul but de trouver un asile assuré. Ce fut dans cette période de sa vie que le chanoine Fulbert, avide de se venger d'Abélard, aposta des sicaires qui le surprirent la nuit, et, au lieu de le tuer, le mutilèrent honteusement. Ce lâche attentat remplit d'indignation la ville de Paris et la jeunesse des écoles, et l'infortuné Abélard, cédant à l'opprobre plutôt qu'à la piété, se réfugia dans un cloître. Or, comme il ne voulut pas être seul à mourir au monde, il exigea et il obtint sans peine d'Héloïse qu'elle embrasserait avant lui, et irrévocablement, la vie monastique ; elle n'avait pas vingt ans lorsqu'elle accomplit ce sacrifice, avec une âme encore plus pénétrée des passions humaines que du sentiment catholique.

Religieux et moine de Saint-Denis, Abélard ne pouvait se résigner à se cacher à jamais dans cette retraite; une immense popularité l'y avait suivi, et les multitudes s'étonnaient de n'être plus excitées par sa parole. Abélard se laissa persuader et se détermina enfin à reparaître aux yeux des hommes; il quitta Saint-Denis, où, d'ailleurs, par son humeur inflexible et irritable, il avait soulevé contre lui des haines; puis il s'établit dans la Brie, au prieuré de Maisoncelle, qui dépendait alors du comte de Champagne (1120). Ce fut là qu'il retrouva un auditoire attentif et enthousiaste, et le nombre des étudiants devint bientôt si considérable que, dans ce pays retiré, on manqua de vivres pour tant de monde. Plus tard il transféra à Nogent-sur-Seine le théâtre de son enseignement. Nous ne mentionnerons pas autrement sa célébrité, ses erreurs, sa rétractation; ces incidents, qui émurent vivement la France au douzième siècle, ne se rattacheraient pas assez à l'histoire spéciale de Paris.

Aucune légende n'est restée populaire à Paris autant que celle des amours d'Abélard et d'Héloïse. Avant les démolitions qui ont fait disparaître, de nos jours, la moitié des vieilles rues de la Cité, on considérait avec curiosité, vers le quai aux Fleurs, une maison qu'on disait avoir été jadis habitée par Héloïse et par le chanoine Fulbert. Ne parlez au peuple ni des croisades du douzième siècle, ni de l'affranchissement des communes, ni de la querelle des investitures, ces grands événements qui ébranlèrent l'Europe du moyen âge; mais parlez-lui de la beauté naïve d'Héloïse et des malheurs d'Abélard, et vous éveillerez toutes les sympathies de la foule. Qu'était-ce donc au temps où les générations se pressaient en foule pour assister aux leçons du maître, pour prendre part à des luttes scolastiques aujourd'hui dédaignées et oubliées, et qui alors passionnaient le monde ?

Entraînés par le mouvement des esprits, les rois favorisaient le développement des universités dans l'Europe occidentale. Ces corporations savantes commençaient déjà à être constituées en communes, avec des honneurs et des priviléges pour les professeurs et les écoliers ; chaque jour elles croissaient en force et en dignité.

En ce temps-là il était extrêmement difficile de se procurer des livres manuscrits ; la nécessité d'apprendre de vive voix faisait que les cours n'étaient pas alors fréquentés par de jeunes adolescents, mais par des hommes faits et considérables qui participaient souvent à l'administration du pays. Les universités du moyen âge ne ressemblaient donc en aucune façon aux corps scientifiques qui ont reçu ce nom dans les temps modernes et qui constituent à tous ses degrés la hiérarchie de l'enseignement.

A cette époque florissaient les universités de Bologne et d'Oxford, mais l'université de Paris était la plus célèbre et la plus renommée ; de tous les points de l'Europe chrétienne se réunissaient dans cette ville les élèves et les gens avides de science qui venaient puiser aux sources mêmes du savoir et rapportaient ensuite, dans leurs pays lointains, la semence des doctrines et le culte des lettres. Il était généralement avoué que nulle part ailleurs qu'à Paris la jeunesse n'était instruite d'une manière aussi complète, aussi scientifique, aussi féconde en résultats utiles ; quiconque voulait passer pour théologien devait avoir étudié à l'université de Paris. Aussi l'affluence des étrangers était si considérable, dans les quartiers où enseignaient les professeurs, que leur nombre égalait parfois celui des habitants ordinaires de la ville. Les écrivains de cette époque exaltent avec enthousiasme l'honneur que l'Université faisait rejaillir sur Paris. « Tout ce qu'un pays a pu jamais produire de précieux, disent-ils, tout ce qu'une époque a enfanté de spirituel et de noble, tous les trésors des sciences et toutes les richesses de la terre, tout ce qui procure des jouissances diverses à l'esprit et au corps, doctrines de la sagesse, ornement des arts libéraux, élévation de sentiments, douceur de mœurs, tout cela est rassemblé dans Paris. » L'admiration était si grande qu'on regardait Paris comme la source de toute sagesse, comme l'arbre de vie, comme le « candélabre dans la maison du Seigneur ». On l'appelait « la reine des nations et le trésor des princes ». Les charmes de son séjour, l'abondance de toutes les choses nécessaires à la vie, le caractère hospitalier de ses habitants y attiraient et y enchaînaient les étrangers jusqu'à leur faire oublier leur patrie. De grands dignitaires de l'Église se trouvaient honorés du titre ou des fonctions de professeur à l'université de Paris ; plusieurs professeurs émérites, choisis dans ce corps savant, étaient élevés aux plus hauts postes de l'Église ; les papes eux-mêmes aimaient à attirer auprès d'eux ceux de ces hommes qui par leurs connaissances ou leurs vertus devenaient l'ornement de l'Église.

Il serait impossible de préciser la date où commença la célébrité de ces écoles ; mais sous le successeur de Louis le Jeune on renommait déjà celle de la rue du Fouare, près de Saint-Julien le Pauvre, au Petit-Pont, et celles de la Montagne Sainte-Geneviève. De nombreux libraires, dont l'industrie donna son nom à l'une des rues de Paris, fournissaient, sous la direction des professeurs, les matériaux et les instruments de la science; les fondations des rois et des princes pourvoyaient à l'entretien des étudiants pauvres; les franchises accordées par les rois, l'habitude de se réunir à certaines solennités religieuses maintenaient chez les élèves l'esprit de corps et l'union intérieure. Les règlements prescrivaient des vêtements décents, fixaient les leçons des professeurs, les exercices oraux des étudiants. Le matin, de bonne heure, les écoles se remplissaient; on commençait par la leçon du maître; l'après-midi se passait en discussions réciproques; venaient ensuite de nouvelles leçons et des conférences; des répétitions terminaient la journée. Est-il nécessaire de dire que les élèves ne cédaient que trop souvent à d'autres séductions qu'à celles de la science, que le luxe les excitait à la débauche, que leurs repas dégénéraient parfois en excès, et que, dans l'orgueil de leur instruction, ils dédaignaient les humbles bourgeois de Paris et se permettaient des actes d'agression et de licence qui amenaient de sanglantes querelles? C'est pourquoi, dans le récit des chroniqueurs contemporains, tout n'est pas enthousiasme et louange. « O Paris! s'écrie l'un d'eux (1), ô repaire de tous les vices, ô source de tout mal, ô flèche d'enfer, comme tu blesses au cœur les jeunes gens dépourvus de raison! » Nous ne parlons pas des écarts de l'intelligence vaniteuse qui, se croyant désormais en possession de la vérité et du flambeau des connaissances

---

(1) *Petr. Cellens.*, Ep. IV, 10.

humaines, poussaient les orgueilleux dans les sentiers du sophisme et de l'hérésie; les exemples des chutes et des erreurs n'affligeaient que trop souvent la société chrétienne au sein de laquelle on cherchait à arborer le drapeau de la science (1).

(1) Un écrivain contemporain, dont on a plusieurs fois vanté les patientes recherches, a décrit l'organisation de l'université de Paris, au treizième siècle, en mettant en évidence les défauts et les contradictions de cette institution célèbre. Voici ce passage, qui, sous une apparence de bonhomie, n'est pas exempt de malice et renferme quelques vérités :

« Votre voisin, le roi d'Aragon, veut, avec son université de Saragosse, faire une étude générale, une université de Paris. Il en demande les statuts ; je lui conseille de demander aussi les régents et les écoliers. « Mais que vous importe? me direz-vous; faites-moi connaître l'université de Paris, je la ferai connaître au roi d'Aragon ; je ne veux que cela ; car il ne veut pas autre chose, car il veut seulement une université sur le modèle de celle de Paris. » Frère André, je vais le satisfaire, ou vous satisfaire.

« Il faut d'abord que son université soit en partie ecclésiastique, en ce que ses membres porteront nécessairement l'habit de clerc, et en partie laïque, en ce que ses membres ne seront plus nécessairement tenus à avoir la tonsure.

« Il faut ensuite qu'il la divise en quatre facultés : celle de théologie, celle de décret ou droit canon, celle de médecine, celle des arts. Vous voudrez savoir pourquoi j'omets la faculté de droit civil, aujourd'hui une des principales branches de l'enseignement public; je vous répondrai que, si le roi d'Aragon établissait à Saragosse cette faculté, son université ne serait plus comme celle de Paris.

« Il faut que la faculté des arts, seulement chargée d'enseigner la grammaire, la rhétorique et la philosophie, qui, dans la hiérarchie des sciences, est la dernière, soit la première. Il faut que les autres facultés obéissent à son chef, qu'on appelle recteur; il faut qu'elles ne puissent l'élire; il faut qu'elle seule l'élise. Ce n'est pas très-raisonnable, mais c'est comme à Paris.

« Il faut que cette faculté des arts soit divisée en nations, que les nations soient divisées en provinces, que les provinces soient divisées en royaumes. Ces divisions ne sont pas non plus très-bonnes; mais je ne vous les donne que pour les divisions de l'université de Paris.

Le douzième siècle avait produit saint Bernard et Abélard. Tout ce qu'il y avait de bons et de mauvais germes dans l'esprit humain fut remué par ces deux hommes d'un génie si rare et si différent : l'un, sublime, grand, vrai et profond; l'autre, habile, adroit et fascinateur. La pensée

« Il faut aussi que l'autorité qui pourra faire arrêter les écoliers ne puisse les juger et que l'autorité qui pourra les juger ne puisse les arrêter ;

« De plus, que tous les écoliers et tous les membres de l'Université, n'importe qu'ils aient des différends ou entre eux ou avec des habitants de la ville, soient jugés d'après leurs priviléges ;

« De plus, que la collection de ces priviléges forme une législation particulière qui les exempte de la législation générale.

« Pour que le roi d'Aragon ait à Saragosse une véritable université de Paris, il est encore indispensable que la sienne s'empare d'un vaste terrain qui portera le nom de Pré aux Clercs, où les écoliers se prétendront exclusivement maîtres, où ils insulteront, où ils maltraiteront ceux qui voudront contester leurs droits.

« Les écoliers devront en outre se conduire dans les rues de la ville à peu près comme dans le Pré aux Clercs.

« Le roi d'Aragon devra aussi trouver convenable que son université censure les actes du gouvernement, les actions des grands de l'État, les opinions du pape, la doctrine du clergé séculier et régulier.

« Il y aura encore plus de ressemblance si l'université de Saragosse porte le titre de fille aînée des rois, si cette fille aînée est tracassière, capricieuse, et si, lorsqu'on voudra lui parler raison, elle ne manque pas de faire suspendre les prédications, de faire fermer les églises, afin que le peuple mutiné reflue vers les hôtels des magistrats ou le palais des rois.

« Enfin, et comme dernière condition, cette université sera tout à la fois si puissante que, dans certains temps, le pape, le roi lui fassent humblement la cour ; si faible que, dans d'autres temps, un simple délégué du pape puisse la réformer jusque dans ses institutions fondamentales; si pauvre qu'elle n'ait pas en propre la plus petite église pour ses offices, le plus petit édifice pour ses réunions, en sorte qu'elle soit obligée de tenir ses assemblées autour des bénitiers des grandes églises et de déposer dans les couvents du voisinage ses coffres, ses arches et ses archives (*). »

(*) Monteil, *Histoire des Français*, t. I, p. 232.

suivit les deux routes qu'ils tracèrent. Pendant que leur parole occupa le siècle, d'autres savants, littérateurs ou chroniqueurs, prirent rang dans le mouvement moral ou intellectuel; tels furent Suger, Pierre Lombard, Othon de Freisengen, et quelques autres.

Il existait alors une foule de poëtes populaires cultivant la « gaie science ». Les troubadours, les trouvères, et avec eux les ménestrels ou jongleurs, formaient une sorte de chevalerie errante littéraire; ils parcouraient les châteaux et les provinces, récitant leurs naïves ballades en s'accompagnant de la harpe. Partout, sur leur passage, ils étaient accueillis avec faveur, souvent avec enthousiasme. Les événements contemporains, les belles actions des châtelains et la beauté des dames faisaient habituellement le texte de leurs poëmes.

La musique était encore à l'état d'enfance. Le chant grégorien ayant pris naissance vers la fin du sixième siècle, on employait comme signes les sept premières lettres de l'alphabet; mais cet usage avait cessé depuis plus de cinquante ans lorsque François, écolâtre de la cathédrale de Liége, publia, en 1086, le premier traité de musique à plusieurs parties. Guy d'Arezzo, moine de Pomposie, près de Ravenne, avait inventé la gamme dont on se sert encore, moins le *si*, qui ne fut ajouté qu'au dix-septième siècle, ce qui compléta les cinq tons pleins et les deux demi-tons dont la gamme diatonique se compose. L'orgue, ce prodigieux instrument dont les effets secondent si bien les inspirations religieuses, était connu dès le huitième siècle et employé dans les églises.

Les troubadours, les trouvères et les ménestrels contribuèrent aux progrès de la musique en la répandant sur leur chemin, dans les châteaux et dans les cours. Sauf de rares exceptions, les airs de cette époque étaient fort monotones, et les chants pleins de trivialité que nous entendons encore dans les campagnes peuvent seuls donner quelque idée de ce qu'était l'art musical au moyen âge.

Il y avait aussi des orgues portatives, et l'on employait même dans les solennités de l'Église des instruments à vent. On connaissait alors la guitare, la citole à cordes, la cithare ou lyre, la vielle, le cor, le flageolet, la flûte à bec, les tambours, les tambourins et les cornemuses. Quelquefois on donnait des espèces d'aubades, en faisant entendre plusieurs de ces instruments réunis; mais comme les règles de l'harmonie étaient encore inconnues, cette masse confuse de sons devait produire un effet qui de nos jours ne satisferait guère l'oreille.

CHAPITRE IV.

Architecture chrétienne. — Notre-Dame de Paris.

Chaque race d'hommes a eu son architecture religieuse, appropriée à son caractère, à son climat, à ses croyances.

L'architecture des peuples issus de la race franco-germanique devait avoir, comme leur esprit et leur ciel, quelque chose de sombre et de mystérieux ; il fallait, autant que cela est permis à la faiblesse des œuvres de l'homme, qu'elle donnât une idée de l'infini ; elle devait également rappeler ces ombrages des vieilles forêts, les premiers temples de nos ancêtres. « Les forêts des Gaules, dit un illustre contemporain (1), ont passé dans les temples de nos pères, et nos bois de chênes ont maintenu leur origine sacrée. Ces voûtes ciselées en feuillages, ces jambages qui appuient les murs et finissent brusquement comme des troncs brisés, la fraîcheur des voûtes, les ténèbres du sanctuaire, les ailes obscures, les passages secrets, les portes abaissées, tout retrace les labyrinthes des bois dans l'église gothique. »

La nouvelle architecture mit, entre l'invasion des barbares et les croisades, sept siècles à épurer, par l'imitation libre et raisonnée des temples antiques et mauresques, les genres germanique et saxon, qui, lourds et roides, affectaient les formes massives ou colossales, dédaignaient

(1) M. de Chateaubriand.

les ornements, apparaissaient rudes dans l'expression, mais alliaient à ces défauts l'immensité, la grandeur, la recherche de l'infini. Elle s'affranchit à la fois de la forme carrée et du plein cintre, et, comme pour se rapprocher davantage du ciel, elle rayonna en ogives. La flèche gothique s'élança dans les airs « comme une riante fiancée dans sa robe de dentelles »; elle laissa à ses pieds la tour romane, et ce n'est pas le moindre de nos étonnements que de comprendre par quels efforts de travail ou de hardiesse les pieux artistes de cette époque élevèrent jusque dans les nues ces édifices frêles et découpés à jour, comment leur prodigue génie les enrichit de sculptures enlacées l'une dans l'autre avec un luxe de détails qui surpasse et éblouit. La basilique, au dedans toute brillante des reflets de ses rosaces, tout harmonieuse dans la variété incessante de ses contours, présentait à chaque pas, entre ses faisceaux de colonnes, une sorte d'incertitude vague et mystérieuse qui disposait le cœur à s'isoler de la terre et à mieux comprendre les merveilles de Dieu; au dehors elle étalait ses myriades de statues, les noirs enfoncements de ses trois portails, et la gigantesque façade, surmontée de clochers, d'aiguilles et d'arêtes, sur laquelle s'harmonisaient, sans confusion, des galeries légères, des fenêtres à trèfle et à ogive, des niches, des broderies, des fleurs de pierre; et sur le tympan, au fond d'une suite d'arcs concentriques et décroissants, figurant une perspective, la représentation du jugement dernier, des joies célestes et des peines éternelles. Les autels chargés de dorure, les pavés de mosaïque, les murs couverts de peintures ou de fresques, ouvrages précieux que le temps et l'incrédulité ont fait disparaître, étaient illuminés par

des lueurs diversement colorées qui s'échappaient, en gerbes de feu, d'or, d'azur ou de topaze, de ces verrières magnifiques, fleurs et feuillages de la forêt chrétienne. Et au milieu de ces merveilles, par ces fûts pittoresquement groupés, sous ces arceaux croisés en tous sens et réunis par des clefs pendantes, à travers ces longues gerbes solaires teintes de toutes les nuances de l'arc-en-ciel, l'Église apparaissait visiblement « cette Jérusalem nou-
« velle venant de Dieu, et parée comme une épouse qui
« s'est revêtue de ses riches ornements pour paraître de-
« vant son époux (1) ».

(1) Que dire des orgueilleux architectes des temps modernes qui ont qualifié l'art catholique de dégénéré et de barbare? Ce qu'on appelle la barbarie du douzième et du treizième siècle, c'est le développement d'une force pleine de grandeur, bien qu'imparfaite; c'est celui des grandes idées, s'avançant d'une marche audacieuse. La barbarie est là où les forces s'éteignent, où les idées dégénèrent et se rapetissent, où l'on s'abandonne à une oisiveté pleine de présomption et d'ignorance. Au moyen âge l'esprit s'élève, bien qu'il n'ait pas toujours les moyens d'exécuter sa pensée; aujourd'hui, au contraire, on voit bien une certaine perfection dans les arts, mais à l'extérieur seulement; le génie et l'inspiration disparaissent sous les efforts d'un travail purement mécanique. Regarder la cathédrale de Cologne, le Münster de Strasbourg, comme des œuvres de dégénération, serait tout aussi peu raisonnable que de regarder les *Nibelungen* comme une pâle copie d'Homère, Shakspeare comme un Sophocle dégénéré, et le christianisme comme un paganisme en décadence.

Les grands architectes du moyen âge sont demeurés inconnus, à l'exception de quelques-uns, comme Erwin de Steinbach, qui bâtit le Münster de Strasbourg. Le temps nous a dérobé le nom de la plupart des autres, comme il nous a laissé ignorer celui des poëtes auxquels on doit les *Nibelungen*.

Ce qu'on ne saurait assez admirer, c'est que tant de guerres, tant de dévastations, tant de troubles, dans un temps où il n'y avait que de petites fortunes, n'aient pas empêché les villes de l'Allemagne et de l'Italie d'élever, à force d'activité, d'enthousiasme et de persévérance, tant et de si grands édifices. A Rome, par exemple, qui n'était cependant alors

Il fallait des siècles entiers pour la construction de ces cathédrales, et les siècles auraient à peine suffi si les populations catholiques ne s'étaient souvent imposé des dîmes volontaires. Le riche fournissait de l'or, le pauvre contribuait plus souvent encore de son denier; car la maison de Dieu était surtout celle du pauvre. Les communes et les provinces rivalisaient d'ardeur et de zèle; des confréries pieuses, dont les membres, bien qu'appartenant à toutes les conditions sociales, s'intitulaient maçons ou tailleurs de pierre, se mettaient laborieusement à l'œuvre; le clergé fournissait les plans et dirigeait la pensée. Pierre le Chanteur et Robert de Flamesbourg, pénitencier de l'abbaye Saint-Victor à Paris, nous apprennent que les confesseurs substituaient parfois à la pénitence l'obligation de contribuer par une aumône à la construction des ponts, à l'entretien des routes, à l'achèvement des églises. Plusieurs milliers d'hommes travaillaient nuit et jour à la cathédrale de Strasbourg. « C'est un prodige inouï, dit Aimon, abbé de Saint-Pierre-sur-Dive, de voir des hommes

---

ni une ville puissante, ni une ville active, on éleva ou l'on rétablit, au temps des Hohenstaufen, vingt églises, tandis qu'aujourd'hui c'est à peine si, dans l'espace de cent ans, il s'en élève une seule à Berlin. Sans doute que cet effet a sa cause et dans l'affaiblissement de la foi et dans le système de guerre suivi de nos jours, système qui absorbe la plus grande partie des ressources publiques; mais il faut l'attribuer aussi à l'activité des hommes d'alors, toute dirigée vers la chose publique. Pleins d'amour pour une patrie dont ils voyaient se développer l'indépendance, ils oubliaient pour elle les jouissances et les plaisirs. Enfin la noble émulation qui s'établissait entre les différentes villes contribua non moins efficacement à ces résultats. Mais, dans l'état actuel des choses, on aurait grand'-peine, en France, à construire une cathédrale de Strasbourg, et la Prusse ne pourrait plus, aujourd'hui, élever une cathédrale de Cologne, l'Autriche une église de Saint-Étienne.

puissants, fiers de leur naissance, habitués à une vie voluptueuse, s'attacher à un chariot, et traîner des pierres, de la chaux, du bois, tout ce qu'il faut pour les saints édifices. Parfois mille personnes, hommes et femmes, sont attelées à un seul chariot, tant la charge est pesante ; et cependant on n'entendrait pas le plus léger bruit. Quand ils s'arrêtent en route, ils se parlent, mais seulement de leurs péchés, dont ils se confessent avec larmes et prières. Alors les prêtres les exhortent à déposer les haines, à remettre les dettes, et, si quelqu'un se trouve endurci au point de ne pas vouloir pardonner à ses ennemis et de repousser les exhortations pieuses, il est aussitôt détaché du chariot et rejeté de la sainte compagnie. » Il continue en disant que pendant la nuit on allumait des torches sur les chariots et à l'entour de l'édifice en construction, et que la veillée était animée par des chants. Ainsi s'élevèrent ces admirables basiliques de Reims, de Chartres, d'Amiens, de Cologne, de Rouen, et tant d'autres que le vandalisme révolutionnaire a profanées ou détruites. Les siècles qui ont produit de semblables monuments méritent-ils d'être appelés barbares, et ne peuvent-ils pas opposer au dédain des temps modernes l'impuissance où nous sommes de rien édifier qui ait le triple caractère de la foi, de l'inspiration et de la durée ?

On nous pardonnera d'insister sur un sujet qui met en évidence les merveilles accomplies par le sentiment chrétien, qui laisse entrevoir l'impuissance où sont réduits les peuples chez lesquels la croyance et la foi se sont effacées, qui, enfin, montre ce qu'était l'art, ce qu'il pourrait devenir sous l'influence des idées religieuses, et comment il puisait de nouveaux perfectionnements dans la piété de l'artiste. Dès l'origine de la société chrétienne l'art n'avait point cessé d'être regardé comme un ministère dont les fonctions sont saintes ; l'ouvrier chrétien sentait qu'il avait mission de propager le vrai et le beau, qu'il exerçait un sacerdoce artistique auxiliaire du sacerdoce des autels, et qu'il avait pour devoir d'imprimer à ses œuvres le cachet de toutes les perfections inhérentes à ses croyances. Dépositaire des débris de la civilisation passée, l'Église fondait une civilisation nouvelle, et, pour achever d'instruire le barbare, qu'elle avait rendu chrétien, elle embrassait l'homme dans toutes ses facultés, et, après avoir enseigné le dogme et la morale dans la chaire, elle sculptait, elle peignait sur tous les murs l'histoire des bienfaits de Dieu, le symbole des fins de l'homme, les redoutables et les consolantes vérités que résument ces mots : peines et récompenses éternelles. Quand, de nos jours, hommes faibles et chancelants dans les sentiers de Jésus-Christ, quand nous considérons ces prodigieuses cathédrales que nous a léguées l'art catholique, nous sommes saisis d'une sorte de vertige et nous ne comprenons pas ces grandes œuvres. C'est que la foi unie à la science enfante des merveilles, et que cette alliance n'est possible qu'avec l'humilité, apanage des chrétiens d'alors. Aussitôt que l'artiste entre dans cette voie il marche vers l'infini, il ne voit rien d'impossible, il pense plus qu'il ne peut réaliser ; il aime son œuvre dans celui qui l'inspire, dans celui qui lui tiendra compte de son travail ; s'attachant de toute son âme, de toute sa puissance d'expression, à rendre cette œuvre digne de celui à qui il la dédie, il se rapproche de la perfection idéale, alors même qu'au point de vue de la forme il reste imparfait et inférieur à la nature. Et d'ailleurs ce n'était pas sur la terre que les artistes du moyen âge cherchaient le modèle des figures célestes; c'était dans la prière et dans la méditation, c'était dans l'intuition d'un monde meilleur. Il y avait unité entre le peuple et l'artiste, et le statuaire ou le peintre ne se glorifiaient pas alors, comme aujourd'hui, de n'être point compris de la foule et de n'être devinés que par le petit nombre. Alors le peuple entier, associé à la pensée de l'artiste, travaillait avec lui pour le salut éternel, et ce but moral effaçait l'art pour en faire une force sociale. Qu'importe que l'érudition se soit fatiguée à chercher les noms des auteurs des grands monuments du moyen âge, puisqu'ils étaient l'ouvrage du peuple, l'ouvrage de tous? Et quand les touristes modernes s'étonnent de rencontrer si souvent, sous les voûtes des églises gothiques, la statue colossale de saint Christophe portant sur ses épaules l'Enfant Jésus, d'où vient qu'ils ne comprennent pas encore qu'indépendamment de la tradition pieuse, chère au moyen âge, que cette sculpture nous retrace, il nous est également permis d'y retrouver l'image du peuple chrétien tel que l'avaient fait l'espérance et la foi?

Durant cette période de puissance et de foi Paris vit enfin commencer les travaux de la magnifique cathédrale qui fait l'admiration et l'orgueil du peuple.

Ainsi qu'on l'a vu plus haut, dès le quatrième siècle, alors que Paris n'était encore qu'une bourgade appelée Lutèce, une église s'élevait sur l'emplacement où a été bâtie plus tard l'église de Notre-Dame, et il en est question dans la vie de saint Marcel. Vers le milieu du sixième siècle, sous Childebert, fils de Clovis, cette église portait le nom de Sainte-Marie, et déjà on l'appelait l'église Notre-Dame, car il importait de la distinguer des autres temples catholiques déjà fondés à Paris. Une charte de 558 atteste que « le seigneur évêque Germain » officiait et présidait dans cette « église-mère, » *matri ecclesiæ Parisiacæ*. Nous avons dit en quels termes hyperboliques le poëte Fortunat, contemporain de Childebert, avait célébré la magnificence de ce monument. « Des colonnes de marbre, s'écriait-il, soutiennent un splendide édifice, d'autant plus gracieux qu'il est plus pur. Eclairé par de riches vitraux, il reçoit les premiers rayons du soleil, et l'artiste a su renfermer la lumière du soleil dans les murs du temple (1).

Cette église était située sur le bord de la Seine, à peu près sur l'emplacement où ont été bâties depuis la chapelle inférieure et la dernière cour de l'archevêché. A cette indication, qui nous est fournie par les monuments contemporains, l'abbé Lebeuf ajoute : « Comme on était alors plus exact qu'on ne l'a été depuis à tourner le *chevet* ou le *fond* des églises vers l'orient, sans avoir égard à l'alignement des rues, dont le désordre, d'ailleurs, était alors très-grand, il est probable que le chevet de cette petite église était dans la direction du lieu où est maintenant Saint-Gervais. Il faut se figurer qu'alors la pointe de l'île se terminait à peu près à l'endroit où était autrefois le Pont-Rouge; car l'espace appelé *le Terrain* ne s'est formé que par succession de temps, des décombres que produisit la démolition des vieilles églises

---

(1) *Splendida marmoreis attollitur aula columnis*, etc. Plusieurs écrivains font application de cette pièce de vers à l'église Saint-Vincent, depuis lors appelée Saint-Germain des Prés. Nous sommes de ceux qui pensent qu'elle a été composée en vue de célébrer l'église cathédrale de Paris, car l'épître est intitulée *de Ecclesia Parisiaca*, ce qui indique l'église principale, la cathédrale.

auxquelles a succédé la cathédrale que nous voyons à présent. Comme le pont Notre-Dame n'existait pas encore, il n'y avait pas de rue qui continuât en ligne droite à partir du Petit-Pont; mais elle devait suivre une diagonale pour arriver à la porte du Nord, où était le Grand-Pont, seule issue que l'île eût alors de ce côté. Il est facile après cela de s'imaginer comment devaient être disposées les rues aboutissant à cette grande rue qui conduisait d'un pont à l'autre. Quant aux chapelles et monastères qu'on a vus s'élever de tout côté au milieu de cet espace, ils ne doivent point embarrasser, parce qu'il n'y eut qu'une seule église dans la Cité jusqu'au règne de Childebert. » Un acte de l'an 1331, conservé autrefois dans les archives de l'archevêché, prouve encore que la première église de Paris fut dédiée sout le vocable de Saint-Étienne. C'est une charte par laquelle le chapitre de Notre-Dame, érigeant en dignité la chevécerie de Saint-Étienne des Grès, motive cette faveur sur la vénération qu'il a pour saint Étienne et pour son église, *que nos registres*, disent les chanoines, *démontrent très-évidemment avoir été la plus ancienne et le premier siége de l'évêque.*

L'église cathédrale était alors composée de deux édifices, dont l'un était la basilique de Notre-Dame et l'autre celle de Saint-Étienne. Cet état de choses existait dès le sixième siècle. Deux siècles plus tard, en 857, l'église Sainte-Marie avait été livrée aux flammes par les Normands; elle fut réparée, sous Charles le Simple, par les soins de l'évêque de Paris, Anchéric. Sous la troisième race, en 1109, elle reçut une précieuse relique. Anselle ou Anjeau, Parisien de nation et *preschantre du saint sépulcre en Hiérusalem*, envoya un fragment considérale de la *vraie croix de Notre-Seigneur à l'évêque et aux chanoines*, du nombre desquels il avait été avant que d'aller en *Hiérusalem*, *sous la guide et conduite de Godefroi de Bouillon*. Vingt ans plus tard la maladie pestilentielle connue sous le nom de *mal des ardents* ayant désolé le diocèse de Paris, Étienne, évêque de la ville, ordonna des prières publiques, et, comme on l'a vu plus haut, l'on porta processionnellement à Notre-Dame la châsse qui contenait les reliques de sainte Geneviève. En mémoire de cette cérémonie et des guérisons qui la signalèrent, le pape Innocent II ordonna que chaque année on célébrerait une fête commémoratrice de cet événement. Cependant l'église de Sainte-Marie, si chère à la population parisienne, tombait en ruines et se trouvait d'ailleurs trop étroite pour l'affluence des fidèles ; on la rebâtissait par portions détachées, jusqu'au moment où Maurice de Sully, évêque de Paris (1), résolut de la re-

(1) Ce prélat, secondé par les libéralités des fidèles, fit d'abord abattre l'ancienne église bâtie par Childebert Ier et jeta les fondements de celle que nous voyons aujourd'hui. Plusieurs auteurs ont prétendu que cet édifice avait été commencé par Robert, fils de Hugues Capet, et continué par ses successeurs, jusqu'à Philippe-Auguste, sous le règne duquel Maurice de Sully eut la gloire de l'achever. Il est démontré que cette opinion est évidemment fausse. Non-seulement l'architecture de cette église n'offre aucun caractère qui puisse la faire attribuer aux siècles qui ont précédé cet évêque, mais il existe plusieurs témoignages qui prouvent formellement que ce fut Maurice qui la fit commencer. Robert, moine d'Auxerre, dit, sous l'an 1175, que l'évêque Maurice fit construire cette église *dès les fondements*. Les mêmes expressions se trouvent dans le *Miroir historial* de Vincent de Beauvais, et Jean de Saint-Victor ajoute que le pape Alexandre III, réfugié alors en France, posa la première pierre du nouvel édifice en 1163. L'abbé Lebeuf prétend cependant que les anciens fondements furent conservés, et qu'ils servirent pour bâtir le chœur de l'église actuelle, qui est, dit-il, trop étroit pour la hauteur et la

construire sur un plus vaste plan. « A ses frais plus qu'à ceux d'autrui, disent les chroniques (1177 — 1182), et par un travail des plus magnifiques et des plus coûteux, il a rebâti l'église de la bienheureuse Vierge Marie, Mère de Dieu, à laquelle le siége épiscopal est attaché. » Ce fut le pape Alexandre III qui posa la première pierre de cet édifice, durant son séjour en France, et alors que la nécessité de résister aux usurpations de Frédéric Barberousse l'avait contraint de s'éloigner de l'Italie. On était alors aux fêtes de Pâques, en 1163.

Bien que la splendide cathédrale fût loin d'être terminée, en 1181, le grand autel fut consacré en cette même année et on y célébra l'office divin quatre ans plus tard. Après la mort de Maurice de Sully (1196) les travaux furent continués suivant les dispositions par lui adoptées (1).

largeur de l'édifice. Cette raison ne persuaderait pas absolument, s'il n'était pas d'ailleurs visible que le chœur et la nef ne sont pas sur le même alignement; ce qui porte à croire que l'évêque Maurice, voulant, suivant l'ancien usage, orienter son église, ou obéir à un préjugé pieux, se sera probablement servi en tout ou en partie des anciens fondements et qu'il aura fait faire un léger coude à la nef pour qu'elle pût se trouver en face de la nouvelle rue que cet évêque avait fait percer en 1163 et 1164. Cette rue avait été ouverte afin de procurer un accès plus facile à l'église de Notre-Dame, à laquelle on ne parvenait de ce côté que par la petite rue *des Sablons*, qui existait au siècle dernier entre les bâtiments de l'Hôtel-Dieu et les maisons de la rue Neuve-Notre-Dame.

(1) Malgré les soins et l'activité que Maurice de Sully mit à la construction de l'église de Notre-Dame, il n'eut pas la gloire de la terminer; il mourut le 11 septembre 1196, et laissa cent livres pour la couvrir en plomb.

Maurice de Sully ne borna pas là sa munificence; il fit rétablir le palais épiscopal, dont la chapelle existait encore il y a quelques années, et employa en fondations plusieurs biens au profit de son chapitre, comme l'indique le nécrologe de l'église de Paris, où sont également détaillées

Lorsqu'il s'agit d'un monument dont la construction s'est continuée sous plusieurs règnes, qui a été successivement agrandi, embelli, modifié, restauré par les princes qui ont gouverné la France, et qui, aujourd'hui encore, est l'œuvre capitale des artistes et des architectes, on comprendra que nous nous trouvions contraint d'anticiper sur l'ordre des dates, et de raconter, du premier abord, tout ce qui se rattache à l'histoire d'un si remarquable édifice. En morcelant notre récit, en reprenant pierre à pierre, et à chaque règne, l'histoire des transformations et des accroissements de l'église métropolitaine de Paris, nous affaiblirions le grand intérêt qui s'attache, au point de vue de l'art, à ce monument populaire, et nous cesserions d'être bien compris de nos lecteurs. C'est donc une nécessité pour nous de dire ici, par avance, ce que devint l'œuvre conçue par Maurice de Sully, par qui elle fut complétée, et en quel état elle se présente aux regards des contemporains.

ses autres libéralités. Il donne à cette église une table d'autel en or, pesant vingt marcs; un calice en or, de deux marcs et demi; un encensoir également en or, de quatre marcs; des tables d'argent, outre deux chapes, trois mitres, et quelques autres ornements; de plus, deux cent livres destinées à la distribution des matines, dont la moitié serait affectée aux chanoines et l'autre moitié aux pauvres clercs de l'église.

Son successeur, Eudes de Sully, parent de Philippe-Auguste, roi de France, et de Henri II, roi d'Angleterre, continua les travaux sans interruption depuis 1196 jusqu'en 1208, époque de sa mort. Il fut inhumé au milieu du chœur, sous une tombe de cuivre sur laquelle était représentée son effigie. Depuis, Pierre de Nemours et les évêques ses successeurs terminèrent ce grand édifice.

La nef, dont la construction est postérieure à celle du chœur, fut bâtie vers le commencement du treizième siècle, ainsi que la façade principale, que l'on présume avoir été achevée sous le règne de Philippe-Auguste, c'est-à-dire au plus tard en 1223.

Les travaux continuèrent sous Eudes de Sully (1197-1208); mais la grande façade occidentale ne fut commencée que vers la fin de l'épiscopat de Pierre de Nemours, qui siégea de 1208 à 1219. Vers l'année 1218 on détruisit les restes de la vieille église de Saint-Étienne, qui faisaient obstacle au développement de la partie méridionale et de la façade de Notre-Dame. On pense communément qu'en 1223, à la mort de Philippe-Auguste, le grand portail était à peu près terminé jusqu'à la corniche, au bas de la galerie qui réunit les deux tours. Il est probable aussi que, vers la même époque, et dès les premières années du règne de saint Louis, on reconstruisit les portails du transept, dont l'architecture romane contrastait par sa sévérité avec l'abondante ornementation du treizième siècle. C'est à cette période que remonte également la construction du portail septentrional et de la porte Rouge, celle des premières chapelles qui suivent le transept, et enfin les deux derniers étages des tours et leur galerie intermédiaire. Jean de Paris, archidiacre de Soissons, mort vers 1270, laissa cent livres tournois pour la construction des chapelles latérales, qui furent établies entre les contreforts de la nef ; les chapelles absidales ne furent guère terminées que vers la fin du treizième siècle ou dans les premières années du siècle suivant. On nous a conservé le nom du chanoine Pierre de Fayel, qui donna deux cents livres Parisis pour aider à faire *les histoires* de la clôture du chœur et pour les nouvelles verrières, ainsi que ceux des sculpteurs, maître Jean Ravy, qui commença « lesdictes histoires, » et maître Jean Le Bouteiller, qui les parfit en 1351.

Durant plusieurs siècles on s'abstint d'introduire de

trop graves changements dans l'économie de ce splendide édifice; il n'en fut pas de même dans les temps modernes. Après avoir mis son royaume sous la protection spéciale de la Vierge, Louis XIII déclara, dans ses lettres patentes du 10 février 1638, qu'il consacrerait dans le sanctuaire de Notre-Dame de Paris le souvenir de ce vœu solennel. « Afin, disait-il, que la postérité ne puisse manquer à suivre nos volontés à ce sujet, pour monument et marque incontestable de la consécration présente que nous faisons, nous ferons construire de nouveau le grand autel de l'église cathédrale de Paris, avec une image de la Vierge qui tienne entre ses bras celle de son précieux Fils descendu de la croix, et où nous serons représenté aux pieds du Fils et de la Mère, comme leur offrant notre couronnement et notre sceptre. »

Le vœu de Louis XIII, il faut le dire, a été la cause, dans la plupart de nos grandes cathédrales du Nord, de travaux regrettables au point de vue de l'art. Les anciens sanctuaires ont été bouleversés, et les monuments si précieux qu'ils renfermaient détruits pour faire place à des décorations d'un goût douteux et qui n'ont pas même le mérite de la matière. En effet, excepté Notre-Dame de Paris, les autres cathédrales, ainsi modifiées, ne présentent guère dans leurs sanctuaires qu'un amas assez triste de plâtre peint et doré, de nuages en ciment, de rayons en bois, de statues ou de bas-reliefs en stuc. A Paris, du moins, le sanctuaire de l'église métropolitaine offrait une sorte de portique à arcades en marbre blanc et rouge, revêtues de bronzes dorés d'une grande magnificence. Le pavage était formé d'une belle mosaïque à grands dessins, et un groupe en marbre blanc, œuvre de Coustou (Nicolas), remplissait l'arcade du fond. A droite et à gauche, sur deux riches piédestaux, portant les armes de France en bronze doré, on voyait deux statues agenouillées, en marbre ; celle de droite, qui représentait Louis XIII, était de Coustou le jeune, et celle de gauche, Louis XIV, était de Coysevox. Six figures d'anges, en bronze, œuvres des sculpteurs ci-dessus nommés, décoraient chaque pilier, et une grille en fer et cuivre doré complétait cette décoration, évidemment fort riche, mais qui était en complet désaccord avec le style de l'antique cathédrale.

La piété assez malentendue des modernes continua, durant près d'un siècle, à détruire le caractère artistique et l'harmonie architecturale de l'église. On semblait se faire un point d'honneur de la mutiler par de prétendus rajeunissements. De 1699 à 1753 la cathédrale perdit ses anciennes stalles du quatorzième siècle, toute la clôture à jour du rond-point, l'antique maître-autel avec es colonnes de cuivre et ses châsses, tous les tombeaux du chœur, les vitraux de la nef, du chœur et des chapelles. Les travaux entrepris dans le but de réparer ou de consolider l'édifice le dépouillaient aussi tour à tour de ses moulures, de sa végétation de pierre, de ses gargouilles, de ses clochetons. Mais la mutilation la plus grave fut accomplie en 1771, sous la direction du célèbre architecte Soufflot, avec l'assentiment et le concours du chapitre. Pour laisser le passage plus libre aux processions et aux cérémonies, Soufflot fit disparaître le trumeau qui divisait la grande porte occidentale en deux parties. Ce pilier fut entièrement supprimé, avec la statue du Christ qui s'y trouvait posée et les curieux bas-reliefs qui en couvraient la base. Puis on entailla toute la partie inférieure du

NOTRE-DAME DE PARIS. FAÇADE PRINCIPALE.

tympan, sans respect pour sa belle sculpture du Jugement dernier, afin d'y introduire l'arc de la nouvelle porte, élargie et exhaussée aux dépens de l'ancienne ornementation. Sur la fin du règne de Louis XV un dallage uniforme en grands carreaux de marbre vint prendre la place des dalles funéraires qui couvraient en quantité innombrable tout le sol de l'église, et qui présentaient les effigies d'une foule de personnages illustres. Les années 1773 et 1787 virent dégrader de la manière la plus déplorable, sous prétexte de restauration et par des architectes, le mur méridional des chapelles de la nef, les arcs-boutants du chœur, les parties supérieures de la façade occidentale. On était encore à l'œuvre quand éclata l'orage qui menaça la cathédrale d'une destruction complète. Il faut le dire cependant, un certain ordre fut maintenu jusque dans la dévastation. Les mêmes hommes qui arrachaient des portails et des niches toutes les grandes figures qu'on leur avait signalées comme rappelant des souvenirs monarchiques respectèrent les voussures et les tympans qui présentaient seulement à leurs regards des personnages sacrés. On fit valoir, pour sauver ces admirables modèles, des considérations astronomiques et même mythologiques; elles obtinrent un succès que n'aurait jamais eu alors l'appel le plus éloquent à la vieille foi de la population parisienne. Au mois d'août 1793 un arrêté de la Commune décida que sous huit jours les *gothiques simulacres* des rois au portail de Notre-Dame seraient renversés et détruits, ainsi que les effigies religieuses en marbre ou en bronze. Le conseil municipal réitéra cette prescription au mois de brumaire de l'an II, ordonnant la suppression immédiate de tous les saints du portail; mais le citoyen Chaumette réclama en faveur des arts et de la philosophie; il sut se faire entendre de ses fanatiques collègues en leur affirmant avec vivacité que l'astronome Dupuis avait trouvé son système planétaire dans une des portes collatérales de l'église. Le conseil décréta donc que le citoyen Dupuis serait adjoint à l'administration des travaux publics, afin de conserver les monuments dignes d'être connus de la postérité. L'intervention de Dupuis sauva ce qui restait; puisse ce grand service rendu le faire absoudre de ses agressions contre les traditions religieuses (1). Depuis lors, de meilleurs jours s'étant levés pour la France, la cathédrale de Paris fut déblayée, purifiée et rendue au culte.

Les travaux de restauration si habilement dirigés par M. Viollet-le-Duc, et qui se poursuivent avec une louable persévérance, ne tarderont pas à rendre à cette vaste cathédrale non-seulement sa solidité, gravement compromise par le temps, la négligence ou l'abandon, mais encore la majesté et la richesse des siècles de foi qui l'ont vue surgir du sol et porter aux nues ses tours carrées, ses galeries, ses arcs-boutants, sa flèche et ses immenses voûtes. Au moment où nous cherchons à décrire ce monument élevé par la piété de nos pères, rétabli dans sa splendeur par l'intelligence des générations actuelles, les ouvrages d'art prescrits par la loi dans ce but ne sont point entièrement achevés, et c'est tout au plus s'ils pourront l'être dans un avenir prochain. Cependant la façade occidentale, qui donne sur la place du Parvis, est déjà complétement restaurée, ainsi que la façade méridionale de la nef, le chœur et le rond-point. Il ne reste qu'à terminer la série des rois

---

(1) M. F. de Guilhermy.

de la galerie et à replacer les statues qui manquent encore aux ébrasements de la porte Sainte-Anne et de celle de la Vierge. Les architectes ont encore à exécuter, au dehors, la restauration des deux pignons des transepts et de la façade septentrionale de la nef, et l'achèvement de la couverture en plomb et de sa crête ornée; à l'intérieur, la réfection des verrières coloriées, la restauration des voûtes hautes, le rétablissement de l'autel et du pavé du sanctuaire, la réparation des piliers sapés, il y a plus d'un siècle, pour la pose des placages en marbre et des stalles, enfin l'exécution des peintures murales. En attendant que ces travaux aient atteint leur complément, l'auguste cathédrale présente encore et pour peu de temps un intérieur dépouillé. Dans ce vaste édifice, autrefois rempli des objets les plus précieux, on ne trouve plus que des débris informes, de misérables clôtures en bois, des tableaux délabrés, pour la plupart fort médiocres. Les échafaudages, les cloisons provisoires, les toiles qui interceptent partout le regard ne permettent ni au touriste, ni au chrétien, de saisir l'ensemble ou de mesurer les proportions de ce prodigieux édifice. Or s'il existe, dans d'autres diocèses, à Chartres, à Reims, à Amiens, des cathédrales dont la dimension est encore plus grande, il n'en est aucune qui égale celle de Paris par la beauté des proportions, par le fini des détails, par la puissance historique et religieuse des souvenirs.

Ces souvenirs sont chers à la population parisienne et ont été transmis d'une génération à l'autre. En 1239 le roi saint Louis, la reine Blanche, la reine Marguerite et les princes capétiens conduisirent processionnellement à Notre-Dame la sainte Couronne d'Épines, envoyée au roi de France par l'empereur Baudoin. Neuf ans plus tard, le même roi, avant de partir pour la croisade, « print en grande révérence à Nostre-Dame le bourdon et l'escharpe du pellerin, par la main de Gauthier, évesque soixante-seizième dudict lieu ». Chaque année, depuis 1436, le premier vendredi d'après Pâques, le corps de ville se rendait solennellement à Notre-Dame; là, après avoir entendu la messe, célébrée dans la chapelle de la sainte Vierge, il assistait au *Te Deum* chanté pour remercier Dieu d'avoir délivré la ville de la domination des Anglais. Tous les ans, de 1449 à 1605, le 1er mai, les maîtres orfévres se rassemblaient à minuit devant le grand portail de la cathédrale, pour faire leur offrande à l'auguste protectrice de la France. Ce jour-là ils posaient sur un pilier un *may*, nom qu'ils donnaient à un ouvrage d'orfévrerie « en forme de tabernacle à diverses faces, èsquelles on voyoit de petites nichées remplies et ornées de diverses figures de soye, or et argent... Ce may, ainsi posé au grand portail à heure de minuict, y demeuroit jusqu'au lendemain, après vespres, que l'on le transportoit devant l'image de la Vierge ». Touchante cérémonie qui annonçait peut-être la pieuse coutume des générations contemporaines de consacrer le mois de mai à la Mère de Dieu.

Vers le milieu du seizième siècle un redoublement de ferveur se manifesta dans la vieille basilique. Le protestantisme étendait ses ravages en Allemagne, en Angleterre, en France, et le culte de Marie se développait en proportion des attaques qui lui étaient livrées par les ennemis de notre foi. Parmi les vingt et un autels et les soixante et une chapellenies qui y étaient annexées, l'autel de la sainte

Vierge se distinguait de tous les autres par les riches décorations offertes, par les dons des fidèles, par les *ex-voto*, témoignages nombreux des miracles opérés dans ce sanctuaire. En 1582 le cardinal de Lorraine, du haut de la chaire de Notre-Dame, entouré « d'une incrédible affluence, admonestoit le peuple qu'il falloit plustost mourir que de permettre qu'autre religion eust cours en France que celle que nos ancestres avoient si estroictement observée ».

Insensiblement l'usage s'introduisit de remplacer les mays, consistant en ouvrages d'orfévrerie, par des tableaux religieux, commandés par la confrérie des orfévres, et dont la collection était devenue à la longue fort considérable.

Pour restituer au chœur de Notre-Dame son caractère primitif on s'est vu contraint, mais à regret, de faire disparaître les mays ; ces tableaux s'harmonisaient sans doute avec l'œuvre de restauration entreprise sous Louis XIV ; mais, du moment que cette décoration disparaissait, que les chapelles retrouvaient leur caractère primitif, que les baies en ogives, que les piliers romans et les gerbes de colonnettes reprenaient leur place, ces tableaux devenaient choquants et devaient à tout prix être enlevés, comme la décoration à laquelle ils appartenaient. Ils étaient en outre dans un état de dégradation dont on ne peut se faire une idée quand on ne les a pas examinés de près. C'est donc, à tous les points de vue, une excellente mesure qu'a prise la fabrique de Notre-Dame quand elle a songé à les envoyer au Louvre, où ils seront au moins soignés et entretenus, en attendant qu'on leur assigne une place digne de leur première destination.

Tous nos anciens annalistes se complaisent à mentionner les mays.

« Le troisième tabernacle, dit Florent Le Comte, se posa en 1608. Il fut plus beau et plus riche, de forme triangulaire, où étoit posée à chacun de ses angles une figure de relief scize sur sa base avec tous les ornements nécessaires, et qui, se rencontrant, formoient industrieusement le cul-de-lampe orné des armes de France, de monseigneur le Dauphin et de celles du corps des orfévres, armes qui leur furent données par Philippe de Valois, roi de France ; la cuve duquel cul-de-lampe étoit soutenue par six colonnes posées deux à deux de chaque côté des figures, et le milieu des angles étoit marqué par une figure pareillement assise sur son frontispice en forme de dôme, qui finissoit à un gros vase court, revêtu de feuillages. Le vuide de ses faces étoit enrichi de moulures pour enchâsser les trois tableaux qui le rendoient en sa perfection. En cet ordre ils le présentèrent à la sainte Vierge le premier jour de may 1608 ; depuis lequel temps ils ont continué tous les ans un nouveau, contenant la vie de la sainte Vierge, ce qui a fini en 1629 (1). »

En 1629 Anne d'Autriche fit élargir la chapelle de la Vierge d'une partie saillante sur l'abside, partie que M. Viollet-le-Duc a supprimée. Cette modification (ces embellissements, comme on disait) en amena d'autres, et força les orfévres à transformer leurs dons. Jusque-là les peintures avaient été l'accessoire des reliquaires ; à partir de 1630 les reliquaires disparurent et les tableaux restèrent. Ils devaient, d'après la requête présentée à

---

(1) *Cabinet des Singularités*, par Florent Le Comte, Paris, Nicolas Le Clerc, 1699, t. I, p. 79 et suiv.

MM. du chapitre, avoir onze pieds de haut, représenter les actes des Apôtres, et être suspendus aux colonnes et piliers tant du chœur que de la nef de l'église.

Pendant soixante-dix-huit ans, jusqu'en 1708, les mays vinrent se ranger le long des piliers d'Eudes de Sully et sur les gerbes de Jean de Chelles. A cette époque la place manqua ; il fallut en chercher une autre. Les orfévres choisirent la vieille abbaye de Saint-Germain des Prés. Mais là également l'espace ne tarda pas à devenir trop étroit, et, au milieu du dix-huitième siècle, les dimensions furent réduites aux proportions d'une toile de chevalet. Ces toiles étaient suspendues aux murs de la sacristie, où la Révolution les trouva.

« En 1731, dit la *Description de l'Église de Paris*, le chapitre de Notre-Dame fit faire une réparation qui a infiniment plu aux curieux : c'est le nettoiement et la restauration de tous ces tableaux que le temps et la poussière avaient tout obscurcis et maltraités. *Achille-René Grégoire*, peintre et élève du sieur Restoux, par un secret particulier à lui connu, les a non-seulement nettoyés, mais même les a rétablis dans leur ancien et premier état, et cela sans aucune altération de sa part. C'est le témoignage qu'en ont rendu Louis Boullogne, premier peintre du roi ; Vanclève et Nicolas Coustou, sculpteurs ; Nicolas de Largillière, peintre ; Guillaume Coustou, sculpteur ; Claude Hallé, peintre, et Hyacinthe Rigaud, peintre, par leur certificat du 9 juin 1732. Depuis ce temps le chapitre a bien soin de faire bien entretenir tous les tableaux de l'église (1). »

(1) *Description historique des curiosités de l'Église de Paris*, par Gueffier, Paris, Gueffier, 1763, p. 120.

Transportés en 1792 au Muséum de la république, où Alexandre Lenoir en dressa le catalogue (1), les mays y furent conservés jusquen 1800. A cette date l'organisation et l'installation des musées de provinces, créés par le premier consul, en enleva une partie, qui constitua le premier fonds de l'école française de ces musées. On les y retrouve tous, et on les reconnaît facilement à leur invariable dimension. En 1804, quand l'empereur Napoléon eut relevé les autels et rétabli le culte, ce qui restait des mays fut divisé en trois parts : la première fut envoyée dans les églises nouvellement rouvertes et dont les murailles étaient tout à fait nues depuis 1793; la seconde resta au Louvre, et c'est là que l'on puisa de nouveau des spécimens de l'école française quand un décret de l'empereur, du 15 février 1811, eut accordé deux cent neuf tableaux aux villes de Lyon, Dijon, Grenoble, Caen, Toulouse et Bruxelles; la troisième retourna à Notre-Dame, où elle est restée jusqu'au mois d'août 1862.

Ces soixante-seize compositions (des contestations judiciaires entre la confrérie et le chapitre firent qu'il n'y eut de may ni en 1681 ni en 1682) n'étaient pas des chefs-d'œuvre, tant s'en faut. Tout en voulant témoigner de leur dévotion au culte de la Vierge, les orfévres tenaient à ne pas compromettre les intérêts de la confrérie. Ils s'adressaient de préférence soit à des jeunes gens enchantés de faire un grand tableau dont les frais ne fussent pas à leur charge, soit à des artistes plus âgés, mais que leur obscurité rendait modestes sur la question des hono-

---

(1) Cette liste, document inappréciable au milieu du désordre d'alors, a été publiée *in extenso* dans le *Bulletin archéologique du Comité historique*, vol. III, p. 275 et suiv.

raires. Mais, si elles ne sont pas toutes des chefs-d'œuvre, ce sont du moins des œuvres dont la valeur historique est indiscutable. Pendant soixante-seize ans, il ne faut pas l'oublier, tous les artistes français, les plus illustres ou les plus inconnus, ont signé au moins une fois de leur nom les mays de Notre-Dame.

En 1804, aux approches du sacre de Napoléon Ier, on avait cherché à réparer autant que possible le sanctuaire de Notre-Dame, mutilé et dégradé par les vandales révolutionnaires. Alors on y replaça des grilles, ainsi que le groupe de Coustou, et l'on s'occupa d'élever un autel. Onze années plus tard les deux statues des rois furent replacées sur des piédestaux carrés, ainsi que les anges. En 1831 on transporta ces deux statues à l'île des Cygnes, où l'on alla les prendre pour les conduire au musée de Versailles. Ces statues sont maintenant au Louvre. Les remarquables stalles en bois sculpté du temps du cardinal de Noailles avaient été laissées des deux côtés du chœur pendant la Révolution.

Les choses étaient en cet état lorsque les travaux de restauration furent entrepris en 1845. A plusieurs reprises les architectes avaient manifesté des inquiétudes à l'endroit des anciens piliers du sanctuaire, revêtus de marbre, dont la solidité leur paraissait fort compromise. Cependant on hésitait à autoriser l'enlèvement de ces restes d'une décoration placée dans un but religieux et qui consacrait un souvenir. A la fin de l'année 1857 on se détermina à prendre ce parti, sur les instances de M. Viollet-le-Duc, architecte, qui put enfin s'assurer de l'état des piliers. Une partie des marbres ayant été enlevée à cet effet, on reconnut que ces piliers se trouvaient dans les plus dangereuses conditions. Sapés, troués de tous côtés dans l'opération du scellement des marbres, leurs chapiteaux brisés, leurs arcs recoupés, ils ne présentaient plus que des maçonneries écrasées sous la charge. L'urgence de les réparer au plus tôt apparut alors dans toute son évidence. C'est ce travail qui vient d'être terminé; travail d'autant plus délicat que les parties supérieures restaurées ne devaient faire aucun mouvement, sous peine de voir les voûtes hautes et les arcs-boutants fléchir et rendre ainsi inutiles une dépense considérable et des ouvrages d'une grande importance. Par des moyens ingénieux, quoique très-simples, on a réussi non-seulement à reprendre par le pied les piliers, mais encore à refaire les chapiteaux brisés et les arcs au-dessus. Des étais combinés avec soin ont permis de replacer de cette manière, sous une charge énorme, des blocs de pierre d'une grande dimension, sans que les constructions supérieures aient subi la moindre altération.

Dans ses conditions actuelles, et en dépit des embellissements aussi destructeurs, parfois, que le vandalisme lui-même, l'église métropolitaine de Paris ne cesse d'offrir aux regards des motifs d'admiration, aux cœurs des sujets de prière.

La fin légitime de l'art est de glorifier Dieu, et ces sublimes *tailleurs d'images* du douzième et du treizième siècle avaient bien compris leur mission. Si nous élevons les yeux sur la façade occidentale de l'église, si nous étudions les merveilles symboliques répandues avec profusion sur les façades du sud et du nord, sous les voûtes, sous les nefs, dans les transepts, nous restons confondus au spectacle de tant de patience et de génie. Sur la façade occi-

dentale s'ouvrent trois portes. La porte centrale, appelée
« porte du Jugement », présente à l'homme l'idée de la
redoutable épreuve qu'il devra subir, inévitablement, au
sortir de cette vie, et le jour terrible, le jour de colère,
Dies iræ, où paraîtra l'étendard de la croix, *Vexilla
crucis*, où le son éclatant de la trompette réveillera les
morts au fond du sépulcre et les rassemblera tous (*coget
omnes ante thronum*) devant le trône du souverain Juge.
Alors, nous dit l'Église, la nature et la mort seront dans
l'*effroi; tout ce qui était caché* sera révélé, aucun crime ne
demeurera impuni, et, tandis que les *maudits*, saisis d'un
indicible effroi, seront chassés vers la gauche pour devenir *la proie de la douleur et du remords*, les justes,
confirmés en grâce, prendront place à la droite de Dieu
et demeureront pour l'éternité habitants du ciel, fils aimés
de Dieu et concitoyens des anges.

Donc, sur la porte du Jugement, nos regards considèrent d'abord la figure de Jésus-Christ, tenant d'une main
le livre des saints Évangiles, bénissant de l'autre. Sous ses
pieds il foule le dragon et le basilic (*super aspidem et ba-
silicum ambulabis, et conculcabis leonem et draconem*).
Autour de Notre-Seigneur sont les douze apôtres; près
d'eux, dans la zone supérieure, les Vertus; dans la zone
inférieure, les Vices. Au-dessus de l'Homme-Dieu, sur le
grand linteau inférieur qui couronne la porte, la résurrection, et l'image des anges qui, au son de la trompette,
réveillent les morts endormis dans le tombeau. Le linteau
supérieur représente les âmes pesées dans la balance et
séparées selon leurs mérites. Au centre du tympan on retrouve encore l'image du Sauveur dans sa gloire, montrant à son Père ses plaies sacrées qui intercèdent pour

nous (*Patri monstrat dura vulnera*). Près de lui, à droite et à gauche, outre les instruments de la Passion, on remarque les figures agenouillées de la sainte Vierge et de l'apôtre saint Jean. Sous les voussures, divisées en six rangées de claveaux, apparaissent des élus, des réprouvés, des anges, des prophètes, des docteurs, des martyrs et des vierges. Toute cette statuaire se distingue par la beauté du style et par le fini incomparable de l'exécution ; c'est l'une des plus magnifiques pages architecturales qui nous soient restées des siècles vraiment chrétiens.

Sur le stylobate nos ancêtres avaient sculpté vingt-quatre bas-reliefs, représentant douze Vertus en opposition avec douze Vices, placés immédiatement au-dessous. M. Didron, dont le nom fait autorité lorsqu'il s'agit d'archéologie chrétienne, donne en ces termes l'explication de ces bas-reliefs.

1° En haut, à gauche du spectateur, la *Foi* : une grande femme de trente ans, calme, dans un vêtement simple, porte de la main droite un écusson chargé d'une croix ; à côté est une rose. Au-dessous, l'*Idolâtrie* : un homme chétif, amaigri, se prosterne devant une petite figure en relief sur un médaillon.

2° L'*Espérance* : une femme plus jeune que la Foi, plus rassurée qu'elle, les yeux au ciel ; elle porte sans doute sur un champ de bataille, d'une main ferme, un écusson où flotte au vent un étendard attaché au bout d'une pique. Au-dessous, un malheureux s'enfonce dans le flanc droit un glaive qui ressort par le flanc gauche : c'est le Suicide personnifiant le *Désespoir*.

3° La *Charité* : une jeune femme se dépouille de ses vêtements pour en couvrir un enfant tout nu ; l'écusson qu'elle tient à la main est chargé d'une brebis qui vient d'abandonner sa toison pour en faire des tissus. Au-dessous, l'*Avarice*: une femme vieille, décharnée, entassant des poignées d'écus dans un coffre-fort bardé de fer. En été l'Avarice se cache les mains dans une sorte de manchon, vêtement inutile pourtant dans cette saison, tandis qu'en hiver la Charité se dépouille de ses vêtements les plus nécessaires.

4° La *Justice*: femme plus jeune que la Charité, portant sur son écusson une salamandre qui ne redoute pas les flammes qui l'entourent : la Justice ne craint aucun obstacle. Au-dessous, l'*Injustice* : un homme encore vigoureux n'a plus la force de soutenir égaux les plateaux d'une balance; il ne traverserait pas les flammes pour faire à chacun son droit.

5° La *Prudence* : une femme armée d'un serpent qui s'enroule autour d'un bâton; elle délibère avec lenteur. Au-dessous, l'*Imprudence* ou la *Folie* : un homme presque nu frappe l'air d'un bâton noueux; un olifant à la bouche, il sonne ses secrets à tous les échos; sa tête est renversée et flotte à tout vent.

6° La *Modestie*, grandeur des sentiments : une femme assise pose tranquillement sur ses genoux un écu chargé d'un aigle au vol abaissé. Au-dessous, un homme tombant d'un cheval lancé au galop : *Orgueil*, *Témérité*.

A droite, de l'autre côté de la grande porte, sont douze médaillons distribués de la manière suivante :

1° Le *Courage* : un guerrier de face (1), couvert d'une cotte de mailles, casque en tête fleuronné d'une fleur de

(1) Il faut peut-être remarquer que les autres Vertus ne sont que de profil ou des deux tiers.

lis, une épée nue à la main droite, à la gauche un écusson chargé d'un lion passant. Au-dessous, la *Lâcheté* : un soldat bien armé fuit, non devant des ennemis, mais au cri d'une chouette qui glapit, devant un lièvre qui le poursuit. Il a jeté son épée pour fuir plus vite.

2° La *Douceur* : une femme, regardant le Courage et la Force, porte sur son écusson une vache passante, bête plus douce que forte. Au-dessous, à côté de la Lâcheté, la *Cruauté :* le soldat tire son épée du fourreau et menace un moine inoffensif.

3° La *Concorde* : comme la Douceur, dont elle naît, elle porte un animal domestique, un mouton, dans son écusson. Au-dessous, la *Colère* : une femme grande, maigre, assise sur un fauteuil, renverse d'un coup de pied dans le ventre un homme, son mari probablement, qui accourait lui faire un présent.

4° La *Chasteté* : elle porte un lis sur son écusson ; elle reçoit du ciel un phylactère où ses devoirs de femme mariée sont écrits. Au-dessous, l'*Incontinence* : un bourgeois furieux bat sa femme ; aux pieds gisent une bouteille de vin, une cruche, une quenouille brisées.

5° La *Sobriété* : une femme, d'une physionomie intelligente, porte sur son écusson un chameau agenouillé, le plus sobre des animaux. Au-dessous, l'*Intempérance* : un homme ivre chancelle, et n'écoute pas les représentations d'un évêque.

6° La *Persévérance* : une femme dont l'écusson porte, d'après M. Gilbert, un compas et un aplomb sur une base écrite, et, d'après M. Didron, une couronne. Au-dessous, un moine sort pendant la nuit de son couvent, laissant ses vêtements sur la porte.

Aux deux extrémités des médaillons que l'on vient de décrire sont sculptés, sur les faces latérales des contre-forts, deux doubles bas-reliefs qui servent en quelque sorte de prologue à la série des Vices et des Vertus. Les deux sujets donnant un exemple de vertu sont Job sur le fumier et Abraham prêt à sacrifier son fils. Sous la confiance de Job est un homme grand, armé, qui semble craindre pourtant, parce qu'il entend gronder un ruisseau près de lui et qu'un corbeau croasse sur sa tête. Sous l'obéissance d'Abraham est l'Impiété bravant le Ciel : un guerrier habillé de fer, debout sur les murs crénelés d'une ville, lance un javelot contre la foudre qui tonne. Sur les deux faces latérales étaient de grandes statues en pierre représentant les douze apôtres avec leurs attributs, foulant aux pieds les vices qu'ils ont combattus, les honneurs qu'ils ont anathématisés.

Enfin, au milieu, sur le trumeau, était une statue de Jésus-Christ. Ces divers groupes, ces statues, ces pieux monuments de la foi de nos ancêtres ont été rétablis à la place qu'ils occupaient dans l'origine, où ne tarderont pas à y être replacés par les savants architectes aux soins desquels a été confiée la restauration de Notre-Dame.

On remarque à la porte du Jugement des traces nombreuses de coloration et de dorure, surtout dans la partie supérieure du tympan. Le nimbe du Christ y est encore complétement doré. Les *Annales archéologiques* de M. Didron nous fournissent, au sujet de la statuaire de cette porte et de la coloration des figures, un renseignement de la plus haute importance. C'est un extrait de la relation qu'un évêque de la grande Arménie, nommé Martyr, a laissé de son voyage en France, sous le règne de Charles VIII, entre les années 1489 et 1496. Le prélat

résume ainsi ses observations sur Notre-Dame de Paris :
« La grande église est spacieuse, belle, et si admirable qu'il est impossible à la langue d'un homme de la décrire. Elle a trois grandes portes tournées du côté du couchant. Entre les deux battants de la porte du milieu le Christ est représenté debout. Au-dessus de cette porte est le Christ présidant au jugement dernier; il est placé sur un trône d'or et tout garni d'ornements en or plaqué. Deux anges sont debout à droite et à gauche; l'ange à droite est chargé de la colonne à laquelle on attacha le Christ et de la lance avec laquelle on lui perça le côté. L'ange qui est debout, à gauche, porte la sainte croix. Du côté droit est la sainte Mère de Dieu agenouillée, et du côté gauche saint Jean et saint Étienne. Sur la voussure sont les anges, les archanges et tous les saints. Un ange tient une balance, avec laquelle il pèse les péchés et les bonnes actions des hommes. A la gauche, mais un peu plus bas, sont Satan et tous les démons qui le suivent; ils conduisent les hommes pécheurs enchaînés et les entraînent en enfer. Leurs visages sont si horribles qu'ils font trembler et frémir les spectateurs. Devant le Christ sont les saints apôtres, les prophètes, les saints patriarches et tous les saints, peints de diverses couleurs et ornés d'or. Cette composition représente le paradis, qui enchante le regard des hommes. Au-dessus sont les images des vingt-huit rois, représentés la couronne en tête; ils sont debout sur toute la longueur de la façade. Plus haut encore est la sainte Vierge, mère du Seigneur, ornée d'or et peinte de diverses couleurs; à droite et à gauche sont des archanges qui la servent. » Ce récit, on le voit, est d'une assez complète exactitude.

La porte qui s'ouvre à la droite de la porte centrale est désignée sous le nom de *porte Sainte-Anne*; elle est composée de fragments ayant appartenu à un édifice du douzième siècle, que les maîtres du treizième ont intercalés au milieu de l'architecture de cette époque. Le premier linteau de la porte appartient au style du treizième siècle et représente le Mariage de la sainte Vierge. Le linteau supérieur est presque entièrement du douzième siècle; il représente la Visitation, la Naissance du Sauveur, les bergers et les mages. Au centre du tympan est la Vierge couronnée, tenant l'enfant Jésus devant elle; à droite et à gauche, et sur le second plan, sont des anges, un roi et un évêque. Les cordons qui surmontent et ceignent ces figures représentent des anges thuriféraires, des rois ancêtres de Marie, des prophètes et des vieillards de l'Apocalypse.

Un stylobate orné d'arcatures ogivales, avec leurs colonnettes, leurs archivoltes bordées de billettes et leurs fonds semés de fleurs de lis en creux, garnit les ébrasures de la porte Sainte-Anne; il a été refait depuis peu; l'ancienne décoration avait subi de fâcheuses dégradations. Au-dessus de cette base il y avait place de chaque côté pour quatre statues accompagnées de colonnettes, de splendides chapiteaux et de dais en forme de châteaux (1). L'abbé Lebeuf, si bon juge en pareille matière, croyait que ces figures étaient antérieures à la porte où elles se trouvaient posées et qu'elles avaient été réservées de quelque autre église. Il y reconnaissait d'abord saint Pierre et

(1) Les chapiteaux sont enveloppés de branches entières de chêne, d'orme, de vigne, etc.
Les dais sont de véritables châteaux forts en miniature.

saint Paul. Deux reines, placées chacune entre deux rois, lui paraissaient être la reine de Saba et Bethsabé, symboles bibliques de l'Église. Un des rois, tenant un instrument à cordes, était David ; un autre, Salomon. Le troisième et le quatrième représentaient des personnages de la généalogie royale de la Vierge. Ces effigies de rois et de reines, d'une forme aplatie et d'un trait minutieux, semblaient les plus anciennes de toute la basilique. On dit qu'elles ressemblaient fort à celles du portail occidental de la cathédrale de Chartres. Elles sont gravées dans les *Antiquités* de D. Montfaucon, avec des noms mérovingiens ; le David y prend celui de Chilpéric Ier, qui se croyait, dit-on, un peu musicien ; les autres passaient, nous ne savons en vertu de quels renseignements, pour Clotaire Ier et Clotaire II, Arégonde, Gontran et Frédégonde. Nous n'avons pas besoin d'ajouter que l'opinion de l'abbé Lebeuf a seule, sur ce point, quelque valeur à nos yeux.

La figure longue et mince adossée au pilier-trumeau est celle de saint Marcel, neuvième évêque de Paris, mort le 1er novembre 436. Elle date des premières années du treizième siècle ; mais, sous l'influence du style roman d'une partie des sculptures de la porte, l'artiste qui l'a faite lui a donné un caractère plus ancien.

Le trumeau est comme une haute tour carrée, couronnée de tourelles et percée de longues ouvertures, les unes cintrées, les autres ogivales. Deux anges, en tuniques ornées de pierreries, les ailes ouvertes et les mains élevées, sont placés en consoles sous le linteau. Sur la dernière assise de chaque montant de la porte on voit le commencement d'un rinceau qui devait descendre jusqu'en bas et qui s'est arrêté en chemin. Son feuillage un peu plat, mais d'une exécution savante, encadré de perles, rappelle les rinceaux si vantés de la porte des Valois à Saint-Denis.

Comme les tympans des deux autres portes, celui de la porte Sainte-Anne se partage dans sa hauteur en trois zones. Les additions faites au treizième siècle pour le compléter ont introduit dans les sujets une espèce de surabondance, une confusion même, qui n'existaient pas dans le principe. L'histoire de sainte Anne et celle de la Vierge s'y mêlent avec un certain désordre dans la partie inférieure, qui appartient au treizième siècle, tandis que la sculpture romane se présente au-dessus avec une régularité parfaitement claire. Ainsi qu'à la porte centrale, il faut rattacher ici au tympan le premier personnage ou le premier groupe de chacun des quatre cordons de la voussure.

A droite, quatre personnages debout dans cette voussure, jeunes, imberbes, coiffés de chapeaux en pointe, tenant à la main des restes de baguettes, sont les descendants de David, que le grand-prêtre avait convoqués pour choisir parmi eux un époux à Marie.

A la gauche de la porte centrale, sous la tour du Nord, est placée la *porte de la Vierge* ; elle était aussi remarquable par le génie du sculpteur que par la composition ; mais les iconoclastes de 1793 l'ont presque entièrement mutilée et détruite. De nos jours on s'est efforcé de lui restituer ses ornements et son caractère. Sur les linteaux, au milieu des rois et des prophètes de l'Ancien Testament, dont les artistes du moyen âge prodiguaient volontiers l'effigie, on remarque des groupes figurant l'ensevelissement de la Vierge. Le tympan représente le couronnement de

Marie; la Mère de Dieu est assise à la droite de son Fils; un ange pose une couronne sur sa tête; deux anges s'agenouillent devant elle; sur quatre rangs apparaissent des anges, des patriarches, des rois de la tribu de Juda et des prophètes inspirés de l'Esprit-Saint.

Le fond du cadre ogival offre trois divisions; dans la première six figures assises, représentant des prophètes, portent des phylactères sur leurs genoux; dans la seconde la Vierge est ensevelie par les apôtres; dans la troisième elle est couronnée par un ange. Sur les deux faces latérales du portail étaient huit grandes statues représentant Aaron avec sa tiare de grand-prêtre, Moïse armé des Tables de la loi, saint Jean-Baptiste portant l'agneau sur son disque, saint Bernard, Philippe-Auguste et deux anges. Au-dessus des niches, de chaque côté, sont plusieurs sculptures qui, quoique mutilées, méritent de fixer l'attention. On y remarque, à droite, le démon tentant un jeune homme, à gauche les symboles des quatre évangélistes. Au fond des niches de petits bas-reliefs représentent, entre autres sujets, le martyre de saint Étienne, saint Pierre, vêtu en évêque, tenant les clefs du Paradis, le martyre de saint Denis, saint Michel terrassant le dragon.

Dans le haut du tympan Marie glorifiée paraît comme reine des anges et des hommes. Assise à la droite de son Fils, qui la bénit, elle vient de recevoir sa couronne des mains d'un ange sortant d'une nuée au sommet de l'ogive. La tête du Christ est également couronnée. Deux anges, un genou en terre, portent chacun à deux mains un chandelier, l'un bien complet, avec son cierge, l'autre en partie brisé.

La scène se complète par la voussure tout historiée de

personnages. Marie a pour témoins de son triomphe les anges, les patriarches, les rois ses aïeux et les prophètes. Les figures se disposent sur quatre rangs, quatorze au premier comme au second, seize au troisième aussi bien qu'au dernier, soixante en totalité. Chacune se place sous un petit dais en château, qui sert de socle à la suivante. Le premier personnage de chaque cordon, à droite et à gauche, est en pied; les autres ne se font voir qu'à mi-corps. Les huit figures principales sont six prophètes et deux rois placés debout, presque semblables à ceux qui siégent dans le tympan; leurs mains tiennent des banderoles qu'ils considèrent avec attention et dont ils semblent méditer le sens. Il y en a qui se communiquent leurs réflexions. Un prophète compte avec ses doigts, comme s'il supputait les temps de la venue du Messie; un autre est coiffé d'un bonnet en forme de conque (1). Les bas-reliefs les plus curieux, et qui se trouvent au nombre de trente-sept, sont ceux qui représentent les douzes signes du zodiaque et les travaux agricoles des douze mois de l'année, sculptés, dans l'ordre suivant, sur les faces des pieds-droits de la porte : le Verseau ou janvier, représenté par un jeune homme à cheval sur un poisson; les Poissons ou février, le Bélier ou mars, le Taureau ou avril, les Gémeaux ou mai, le homard ou Cancer en juin, le Lion en juillet, la Vierge en août, la Balance en septembre, le Scorpion en octobre, le Sagittaire en novembre, et le Capricorne en décembre. A côté de chaque signe sont des figures indiquant les travaux propres à chaque mois.

Sur le pilier du centre, auquel est adossée la statue de

---

(1) M. F. de Guilhermy.

la Vierge, sont sculptés, sur les deux faces latérales, les âges de l'homme et les saisons.

Dans le tympan d'une des ogives de l'arcature du stylobate, en face de l'Océan, la Terre est représentée sous la forme d'une femme forte, assise et comme immobile sur son siége. De la main droite elle tient une haute plante herbacée qui sort d'un vase ; de la gauche, un chêne chargé de glands. Une jeune fille, personnification de la race humaine, s'agenouille dans le giron de sa mère et lui saisit la mamelle droite, où elle puise la vie. Ce beau et curieux bas-relief a par malheur beaucoup souffert.

Le zodiaque de Notre-Dame est conforme aux usages de l'année ecclésiastique ; il commence avec le mois de janvier, tandis qu'au treizième siècle, et jusqu'à la réforme du calendrier, sous le règne de Charles IX, l'année civile ne s'ouvrait qu'à Pâques. La coutume de sculpter des zodiaques aux façades des églises remonte aux premiers siècles chrétiens ; on en trouve un sur les murs de marbre de l'ancienne cathédrale d'Athènes ; l'Italie en possède un très-grand nombre en sculpture, en peinture et même en mosaïque. En France il est peu d'églises d'une certaine importance qui n'en présente au moins un. L'église de Saint-Denis en avait un en mosaïque, un autre gravé en creux sur les dalles des chapelles absidales, et un troisième en bas-relief sur sa façade. Le dernier subsiste ; il est aussi resté quelques fragments des deux autres. A Notre-Dame il se pourrait faire que le sculpteur n'ait pas seulement voulu s'assujettir à une tradition généralement suivie, mais encore convoquer la nature entière au triomphe de la Vierge.

Dans les arcatures on remarque les statues de plusieurs

saints, et entre autres celles des protecteurs de Paris et de la Gaule. Au-dessus des trois portes se développe une riche galerie composée de colonnes détachées, et, dans les entre-colonnements, l'art moderne, se conformant avec docilité aux traditions du moyen âge, a rétabli les statues de vingt-huit rois qui ne sont pas, comme beaucoup l'affirment, des rois de France, mais bien les ancêtres de Marie, les héritiers de David.

On ne se lasse pas d'étudier les détails de cette façade occidentale, l'une des plus magnifiques pages architecturales que le vieux Paris déroule encore sous nos yeux. Nous avons esquissé, trop à la hâte, les trois portails, les cordons brodés et dentelés qui les surmontent, l'immense rosace centrale, la haute et frêle galerie d'arcades à trèfle qui porte, sur ses fines colonnettes, une plate-forme massive, enfin les deux noires tours, avec leurs auvents d'ardoises, parties harmonieuses d'un tout sublime, superposées en cinq étages gigantesques : œuvre colossale d'une époque, à la fois une et complexe, création humaine de l'art, où sur chaque pierre on voit apparaître la fantaisie de l'ouvrier, disciplinée par le génie chrétien. Mais combien d'efforts ne reste-t-il pas à faire pour réparer, au dehors et à l'intérieur, le travail destructeur des iconoclastes et les embellissements marqués à l'empreinte du faux goût des architectes païens des deux derniers siècles ! Qui a renversé cette prodigieuse effigie de saint Christophe qui plaisait au peuple et nous apprenait, en symbole, à porter Jésus-Christ dans notre cœur ? Que sont devenues ces myriades de statues qui remplissaient tous les entrecolonnements de la nef et du chœur ? Qui a remplacé le vieil autel gothique par un long sarcophage de pierre et de marbre ? Qui a détruit les verrières et englué les murs d'un badigeonnage jaune si fort à la mode au temps de Louis XV et de Louis XVIII? Les modes artistiques ont fait plus de mal à ce majestueux édifice que les révolutions et le temps; elles ont déployé avec une lamentable profusion, à l'intérieur du monument, leurs volutes, leurs entournements, leurs draperies, leurs guirlandes, leurs flammes de pierre, leurs nuages de bronze, leurs chérubins bouffis qui ressemblent trop souvent aux petits amours sculptés par les maçons de la Renaissance.

Félicitons notre siècle d'avoir enfin compris l'art du moyen âge et d'avoir renoncé à la dérisoire mission de restaurer Notre-Dame selon le goût moderne. Nous aimons voir restituer à ce monument splendide tout ce qui se rattache à l'œuvre primitive des tailleurs de pierre qui exécutèrent les ordres de Maurice de Sully et se montrèrent dociles à la pensée du saint roi. Notre-Dame est un édifice de transition, qui tient à la fois de l'architecture saxonne et de l'architecture des croisades. L'ogive s'est installée sur ces larges chapiteaux qui ne devaient porter que des pleins-cintres. C'est là une construction hybride aussi intéressante pour l'artiste que pour l'antiquaire et l'historien. L'art se transformait tandis qu'on élevait le monument.

La porte du transept septentrional est désignée sous le nom de *porte du Cloître*, parce qu'autrefois elle communiquait à cette annexe de la cathédrale, au célèbre cloître de Notre-Dame, dont il ne reste aucune trace. Ainsi que la porte du Sud, cette porte septentrionale date de la seconde moitié du treizième siècle; elle conserve encore la statue de son trumeau, une magnifique figure de la Vierge;

le divin Enfant seul a été mutilé par l'inepte marteau des révolutionnaires. Sous les pieds de la Mère de Dieu rampe le serpent, ennemi du genre humain ; les bas-reliefs qui décorent le tympan et les linteaux rappellent des légendes du moyen âge, et, en même temps, l'histoire de Marie. Les trois voussures qui entourent le tympan portent des anges, des saintes femmes et des docteurs. A la suite de cette porte, en s'avançant vers le chœur, on rencontre la *Porte rouge*, enclavée entre deux contre-forts sous une fenêtre de chapelle, et dont le tympan représente le couronnement de la Vierge, Mère de Dieu. Du côté de Notre-Seigneur l'artiste a sculpté la figure d'un roi ; du côté de Marie, celle d'une reine ; tous deux sont à genoux, et on croit avec raison que ces images sont celles de saint Louis et de la pieuse Marguerite de Provence. La porte méridionale, dite *des Martyrs*, est particulièrement dédiée à saint Étienne, en commémoration de l'église Saint-Étienne qui existait autrefois sur cet emplacement et qui fut démolie lorsqu'on voulut construire la cathédrale actuelle. Le bas-relief du tympan retrace quelques scènes du martyre du saint diacre qui, le premier, après la résurrection du Sauveur, eut la gloire de verser son sang en témoignage de la divinité de Jésus-Christ. Au sommet du tympan Notre-Seigneur, entouré de deux anges, bénit saint Étienne. Les trois voussures de cette porte sont décorées de figures de saints, de moines, d'ecclésiastiques, et principalement d'anges portant les couronnes destinées aux martyrs.

Sur le côté méridional de Notre-Dame s'élevait autrefois le palais archiépiscopal. L'un des plus lugubres souvenirs de la révolution de 1830 est celui qui se rattache aux saturnales des 13 et 14 février 1831, alors qu'une populace en délire, sous les yeux d'une autorité impuissante et lâche, osa détruire de fond en comble cet édifice et livrer aux plus lamentables profanations les croix, les reliques, tous les trésors de la religion et de l'Église. Nous décrirons plus tard cet édifice.

De tous les vitraux qui décoraient la cathédrale il ne reste que les trois roses des trois portails. La verrière de la rose occidentale montre au centre la Vierge couronnée, tenant un sceptre et portant l'enfant Jésus qui bénit. La rose du transept méridional présente, sur son vitrail, les douze apôtres, et beaucoup d'évêques et de saints qui ont en main soit les palmes du triomphe, soit les instruments de leur martyre. Des anges leur apportent des couronnes d'or. La rose du transept nord, consacrée, comme le portail, à la vie de la sainte Vierge, nous montre encore Marie avec son Fils, mais entourée des patriarches, des juges, des prêtres, des prophètes et des rois.

La cathédrale de Paris est construite en forme de croix latine; on compte dans cette église cinq nefs, trente-sept chapelles affectées au culte ou servant de passages, trois roses de quarante pieds de diamètre chacune, cent treize fenêtres, soixante-quinze colonnes ou piliers libres, non compris les colonnes engagées, cent huit colonnettes aux baies de la tribune. Les contre-forts, les clochetons, les gargouilles historiées, les pinacles, les colonnettes monostyles ou groupées en faisceaux dans les galeries, dans les fenêtres, dans l'intérieur des tours, aux retombées des arcs, les balustrades à jour, les pignons feuillagés, les corniches chargées de végétations, les consoles en figures d'hommes et d'animaux sont en quantité vraiment innombrable. On dirait que le treizième siècle, cette époque empreinte de tant d'originalité et de puissance, a voulu se résumer dans ce monument, qui inspire une sorte de terreur religieuse mêlée d'admiration et de respect.

Les vers suivants, écrits dans un tableau qui était placé autrefois à l'entrée de l'église, près de l'image de saint Christophe, donnent les dimensions de l'édifice :

> Si tu veux sçauoir comme est ample
> De Nostre-Dame le grand temple,
> Il a dans son œuure, pour seur,
> Dix et sept toises de haulteur,
> Sur la largeur de vingt et quatre,
> Et soixante-cinq, sans rabattre,
> A de long. Aux tours hault montées
> Trente-quatre sont bien comptées ;
> Le tout fondé sur pilotis,
> Ainsi vray que je te le dis.

Au point d'intersection des quatre branches de la croix existait autrefois une haute flèche qui fut seulement démolie en 1797, parce que, dit-on, elle menaçait ruine. On vient de rétablir cette flèche en charpente, qui datait du commencement du treizième siècle, ainsi que le démontrait de la manière la plus évidente la sculpture qui décorait la base du poinçon sous la couverture (ce fragment a été conservé). Les gravures d'Israël Sylvestre, le plan de Gomboust, celui de Méréan nous ont conservé l'aspect de la flèche centrale de la cathédrale. Quant aux descriptions anciennes, elles sont, comme celles de plusieurs grands édifices de Paris, d'un laconisme incroyable.

Le Père du Breuil, dans son *Théâtre des Antiquités de Paris*, s'étend fort longuement, comme chacun sait, sur les autels de la cathédrale, sur les dignités et priviléges des chanoines ; mais de l'édifice le peu qu'il veut bien consigner dans son livre est assez obscur.

« La charpenterie, dit-il, qui soustient la couverture de plomb de ceste cathédrale église ne porte que sur les quatre gros murs, non plus que celle du *petit clocher*, qui est au-dessus du milieu de la croisée, basty sur un gros tronc de bois, soustenu seulement par quatre grosses poultres qui posent sur les quatres principaux pilliers d'icelle croisée.... Dans le petit clocher sont six petites cloches, non comprise la cloche de bois. »

Il ne faut pas prendre à la lettre, bien entendu, la description du P. du Breuil, qui probablement n'était jamais monté dans la charpente de la flèche et qui en parlait sur le dire de quelque sonneur. La souche de cette flèche, qui existait encore en place il y a quelques années, ne reposait pas sur « quatre poutres, » mais bien sur un système de charpente fort ingénieux et bien conçu, lequel reportait en effet toutes les pesanteurs sur les quatre piliers du transept. Lorsqu'on a voulu, de nos jours, reconstruire la flèche, ce même système a été suivi avec de notables améliorations. La hauteur de la nouvelle flèche est de quarante-cinq mètres depuis le faîtage du comble jusqu'à la croix. Cette croix porte six mètres. Du pavé de l'église au coq on compte quatre-vingt-dix mètres environ.

La flèche actuelle est sur un plan octogonal dont la base a sept mètres de largeur hors œuvre. Elle se compose d'un étage fermé, dégageant le comble, de deux étages à jour, portant des plates-formes accessibles, et de la pyramide supérieure. Elle est entièrement en bois de chêne de Champagne, choisi et enmagasiné depuis longtemps, car il s'agissait de trouver des pièces ayant jusqu'à quinze mètres de longueur, qui aujourd'hui se trouvent rarement dans nos forêts. Ces bois, taillés l'été dernier (1858) dans les chantiers de M. Bellu, sur les dessins et tracés de M. Viollet-le-Duc, architecte de la cathédrale, ont passé tout l'hiver à l'air libre. Le montage a été commencé le 14 février 1859 et fini le 10 mai, sans difficulté comme sans accident. La charpente, imprimée au minium, a été recouverte de plomb.

Bien que l'ensemble de la flèche présente une silhouette assez sévère, la plomberie l'enrichit de crochets, de chapiteaux, de gargouilles et de frises. On estime que cette plomberie pèsera 200,000 kilogrammes environ. Quatre grandes contre-fiches, décorées d'arcatures rampantes, des statues des douze Apôtres et des quatre symboles des évangélistes, étayent la flèche dans les quatre noues du comble. Cette disposition, qui existait dans l'origine, a été rétablie par l'architecte, à l'aide des renseignements trouvés sur place.

Celui qui considère Notre-Dame, qui en étudie les prodigieux détails, les merveilleux ornements, ne peut détacher ses regards des deux tours carrées élevées comme des sentinelles aux extrémités de la façade principale. Au-dessus de la galerie de la Vierge, terrasse à ciel ouvert, bordée d'une balustrade à jour, qui forme le troisième étage du portail, les deux tours commencent à se détacher de la masse du monument. Une arcature à jour les relie encore l'une à l'autre et forme la transition entre la partie pleine du portail et la séparation absolue des clochers. Cette arcature, haute et légère, se compose d'ogives géminées, avec colonnettes en faisceaux pour supports et trèfles percés dans les tympans. Suspendue entre les tours, elle va se prolonger ensuite sur leurs quatre parois et les enveloppe d'une brillante galerie. Respectant les contre-forts qui lui font obstacle, elle laisse seulement sur les parements de leurs piles l'empreinte de son passage. A son sommet elle porte une balustrade découpée en quatre-feuilles, à tous les angles de laquelle sont venus percher des oiseaux, s'accroupir des démons et des monstres. Ces pittoresques figures viennent d'être rétablies; les anciennes n'existaient plus; mais quelques-unes, en tombant, avaient laissé leurs pattes attachées à la pierre.

Les tours s'élèvent ensuite carrément, désormais libres dans l'espace. Leurs angles disparaissent derrière des contre-forts énormes, bordés dans toute leur hauteur de longues suites de feuilles en crochets, surmontés de gargouilles et de clochetons. A chaque tour, et sur chacune des quatre faces, s'ouvrent deux baies ogivales, d'une dimension extraordinaire, dont les ébrasures sont tapissées de colonnettes et dont les archivoltes se divisent en nombreuses rangées de tores. Les cordons externes des arcs descendent sur des mascarons à têtes grimaçantes. Enfin, pour couronner l'œuvre, au-dessus d'une double ligne de grandes et larges feuilles, une balustrade semblable à celle de la dernière galerie que nous venons de décrire environne la terrasse revêtue de plomb où l'architecte a posé sa dernière assise. A l'un des angles de la balustrade de chaque tour une tourelle terminée par un fleuron recouvre la cage de l'escalier. Les parties latérales des tours présentent le même système d'architecture, excepté cependant aux étages inférieurs, où se trouvent de longues baies en ogive simple pour donner du jour aux porches, et des tourelles polygonales percées de barbacanes pour contenir des escaliers (1)... L'escalier qui conduit au sommet de chaque tour n'a pas moins de trois cent quatre-vingts degrés. L'étage inférieur forme un porche en avant des collatéraux de la nef. Dans les étages supérieurs on trouve de vastes salles voûtées. Il y a surtout, dans chaque tour, à la hauteur de la galerie de la Vierge, une salle immense et magnifique, où la lumière habilement ménagée vient grandir encore les formes de l'architecture. Chacune de ces salles contient dans un de ses angles un escalier remarquable, emprisonné dans une tourelle de pierre percée à jour. Il n'est pas possible de se faire une idée des proportions colossales de Notre-Dame tant qu'on n'en a point parcouru en détail les tours, les terrasses, les galeries.

La sonnerie de la cathédrale de Paris avait autrefois une grande réputation. La tour du Nord renfermait sept cloches, et il y en avait six autres dans le clocher central du transept. Les deux plus grosses de toutes, qu'on appelait les bourdons de Notre-Dame, étaient placées dans la tour du Midi. Sans parler des autres cloches d'aujourd'hui, qui n'ont aucune importance, nous dirons que Notre-Dame a conservé le plus gros et le plus harmonieux de ses deux bourdons. Les Parisiens lui ont voué une affection singulière, et dans les jours solennels le peuple se plaît fort à l'entendre sonner. Le poids en est évalué à trente-deux milliers (2). Il porta d'abord le nom de Jacqueline, du nom de sa marraine, Jacqueline de la Grange, femme de Jean de Montaigu (3).

---

(1) M. de Guilhermy.
(2) *Idem.*
(3) Cette cloche, baptisée en 1400, fut refondue en 1686 et reçut alors les noms d'Emmanuel-Louise-Thérèse.

En arrière des tours s'élève le grand pignon triangulaire qui clôt le comble de la nef. Sur la pointe un ange sonne de la trompette, soit pour annoncer le jugement à venir, soit pour convoquer le peuple chrétien. Il est contemporain de la façade; le sculpteur l'a disposé de manière à donner le moins de prise possible aux vents et aux tempêtes qui l'assaillent sans relâche.

Tel est ce portail superbe, évidemment conçu et exécuté par le même homme dans sa partie la plus considérable et la plus magnifique. On peut assurer aussi que les travaux se sont poursuivis rapidement, sans éprouver de retards, depuis les soubassements des portes jusqu'au point où les tours commencent à se séparer de la masse. L'unité de l'ensemble, la similitude des profils et des innombrables détails attestent, mieux que ne le pourrait faire le texte le plus avéré, que tout ici a été produit d'un seul jet, sous l'influence d'un même art et d'une même inspiration. Combien ne regrettons-nous pas de ne pouvoir dire quel fut le maître de cette œuvre! Il n'a pas songé à nous transmettre son nom, et ses contemporains n'ont rien fait pour suppléer à son silence. « L'homme, l'artiste, l'individu s'effacent sur ces grandes masses sans nom d'auteur; l'intelligence humaine s'y résume et s'y totalise. Le temps est l'architecte, le peuple est le maçon. » Nos lecteurs auront reconnu sans peine dans ces dernières lignes le style coloré de celui qui a écrit la *Notre-Dame de Paris*. Quant à la partie supérieure des tours et à la galerie qui les réunit, elles témoignent, la galerie surtout, par ses formes amincies et par une certaine exagération de légèreté, d'une reprise qui aura probablement eu lieu dans la seconde moitié du treizième siècle, vers le temps où Jean de Chelles commença son portail méridional. Il serait impossible en effet d'admettre que la galerie des rois et celle des tours soient contemporaines. L'œuvre s'est arrêtée pendant bien des années au couronnement du portail, et l'on peut aisément se rendre compte d'une interruption pareille (1).

Les façades latérales de l'église sont fort belles et enrichies de remarquables sculptures. Du côté du nord s'élevait autrefois le célèbre cloître de Notre-Dame, dont il ne reste plus aujourd'hui aucune trace. A la base des chapelles construites sous l'épiscopat de Matiffas de Bucy on voit encore sept charmants bas-reliefs du commencement du quatorzième siècle, dont les sujets sont la Mort de Marie, entourée des apôtres, le transport de son cercueil jusqu'à la vallée de Josaphat, l'Assomption, Jésus-Christ adoré par des anges, le Couronnement de la Vierge, la Vierge intercédant auprès de son Fils, et quelques épisodes de la légende de Théophile. Ces bas-reliefs donnaient autrefois dans l'espace clos réservé pour le chapitre, entre le cloître et les dépendances de l'évêché.

Les voûtes de Notre-Dame sont contre-boutées à l'extérieur par vingt-huit grands arcs-boutants, de treize à quatorze mètres chacun, et dix-huit petits, de six mètres, supportant la pousse des voûtes des galeries intérieures. Les piliers des arcs-boutants du chœur sont surmontés de pyramidions gothiques très-délicatement travaillés. Il est probable que ces pyramidions ont été ajoutés après la première construction. Les piliers de la nef, quoique d'une

---

(1) Voir les savantes études de M. F. de Guilhermy.

construction postérieure à ceux de l'abside, suivant la tradition, se terminent carrément sans pyramidions.

Trois galeries à l'extérieur forment, à diverses hauteurs, des espèces de ceintures d'entre-lacs qui unissent ensemble toutes ces formes pyramidales et servent à circuler autour de l'église.

Comme la plupart des charpentes des anciennes églises, celle de Notre-Dame est construite en châtaignier et appelée vulgairement la *forêt*. La partie centrale au-dessus de la croisée supportait autrefois un clocher couvert en plomb, qui fut abattu en 1793.

La couverture du grand comble est toute en plomb. Lorsqu'on la refit en 1726 on employa dans cette opération 1,236 tables de plomb, de trois pieds de haut sur dix pieds de long, pesant ensemble 420,000 livres.

Le pignon du grand comble, situé entre les deux tours, est surmonté de la statue d'un ange tenant en ses mains une trompette. Le pignon méridional est surmonté d'une statue de saint Étienne.

Tout le côté méridional de la cathédrale de Paris était à ce point défiguré par le voisinage des bâtiments et dépendances de l'archevêché que, lors de la destruction du palais archiépiscopal, à la suite des orgies révolutionnaires de 1831, les parties extérieures de la cathédrale ne présentaient, au sud, qu'un amas de débris, de ruines, de restaurations provisoires faites à diverses époques. En démolissant le palais archiépiscopal, qui se trouvait situé entre le flanc méridional de la cathédrale et la Seine, on ne laissa subsister, pour le service de l'église, qu'un bâtiment construit par Soufflot, et qui n'était, en réalité, qu'un vestibule mettant la cathédrale en communication avec le palais de l'archevêque. C'était une construction massive, sans caractère, ayant deux étages, et venant masquer lourdement trois des belles chapelles du chœur, dont les claires-voies avaient été détruites. Une loi votée en 1845 ordonna que ce dernier vestige de l'archevêché disparaîtrait, et qu'à sa place on élèverait un bâtiment destiné à contenir tous les services de l'Église. C'est le monument que l'on aperçoit accolé au flanc méridional du chœur de Notre-Dame. A côté d'aussi vastes constructions il paraît à peine offrir l'étendue nécessaire à de nombreux services; cependant il contient un cloître, deux sacristies, une salle capitulaire, un vestiaire, des caves, des magasins et la salle du trésor. Au centre du cloître sont une piscine et une fontaine.

Toutes les chapelles de Notre-Dame étaient autrefois décorées de lambris en marbre et en menuiserie, enrichis de dorures, et dont les divers panneaux offraient de très-belles peintures. Quelques-unes de ces chapelles renfermaient des monuments érigés à des personnages distingués par leur rang, par leur piété ou par leurs exploits militaires. Ces chapelles, qui étaient fermées par des grilles en fer exécutées par les premiers artistes, furent dépouillées de leurs ornements en 1793; les monuments seuls, échappés à la destruction, après avoir été déposés au Musée de la rue des Petits-Augustins, ont été en partie restitués à la basilique métropolitaine et quelques-uns replacés dans les diverses chapelles où ils avaient été érigés par les familles.

On comptait autrefois quarante-cinq chapelles, distribuées tant au pourtour que dans la croisée de l'église;

mais, plusieurs ayant été supprimées et d'autres réunies en une, par suite des travaux d'embellissement exécutés aux dépens des familles auxquelles elles furent concédées par le chapitre, il en résulte que le nombre de ces chapelles a été réduit à vingt-neuf.

Nous avons constaté, d'après l'examen de l'enveloppe extérieure de la cathédrale, que ce monument présente une agglomération de styles d'architecture appartenant à diverses époques; l'intérieur conserve une plus grande unité; cependant les fenêtres hautes de la nef et du chœur, hors de proportion avec l'ordonnance intérieure, détruisent l'harmonie de l'architecture primitive, et les chapelles ajoutées le long des collatéraux, en reculant les fenêtres, ont assombri la nef centrale. Nous n'en regrettons pas moins la suppression systématique de tous les vitraux peints qui remplissaient les trois rangs de fenêtres dans les chapelles, dans la tribune et dans le pourtour des maîtresses voûtes. Toutes ces baies, garnies aujourd'hui de verres incolores, laissent arriver le jour avec trop d'abondance et de liberté. L'architecte du treizième siècle, qui crut devoir agrandir toutes les fenêtres hautes, comptait sur la présence des vitraux peints pour colorer la lumière et pour réchauffer les tons par trop uniformes des grandes murailles. Il aurait, nous n'en pouvons douter, adopté d'autres combinaisons s'il n'avait eu à sa disposition ce moyen sûr d'illuminer l'édifice des teintes les plus brillantes et les plus variées (1).

Ainsi qu'on l'a vu plus haut, Notre-Dame de Paris est bâtie en forme de croix latine. Sa longueur dans œuvre,

---

(1) M. F. de Guilhermy.

c'est-à-dire depuis le portail jusqu'au mur de l'abside, est de cent trente mètres; sa largeur est de quarante-huit mètres d'une porte à l'autre de la nef transversale; la hauteur de la voûte est d'environ trente-cinq mètres. Cette voûte est soutenue par cent vingt grosses colonnes dans le style roman.

Ces colonnes auraient dû être surmontées d'arcs en plein cintre; mais la construction de l'édifice avançant lentement, l'art subissant alors une transformation, il arriva, suivant l'expression de M. Victor Hugo, « que l'architecte achevait de dresser les premiers piliers de la nef quand l'ogive, arrivant de la croisade, vint se poser en conquérante sur les larges chapiteaux romans qui ne devaient porter que des pleins-cintres; maîtresse dès lors, l'ogive a construit le reste de l'édifice. »

Ces colonnes sont donc les premières parties construites; la hauteur du fût et du chapiteau ensemble n'est que de huit mètres. Les colonnes reçoivent les nervures de la voûte des bas-côtés et de la voussure ouverte sur la nef; la plate-forme du chapiteau du côté de la nef sert encore de base à trois minces colonnes en faisceau, qui s'élèvent le long des murs à plus de vingt mètres, pour rejoindre la retombée des nervures croisées de la grande voûte.

Au-dessus des bas-côtés règne une galerie divisée par cent huit colonnes, chacune d'une seule pièce; elle n'est interrompue que par la croisée. On y monte par trois escaliers, deux qui sont à l'entrée de la nef et l'autre à la droite du chœur, du côté de la chapelle de la sainte Vierge. C'est à ces galeries qu'on attachait pendant la guerre les drapeaux pris sur les ennemis; on les ôtait pendant la paix.

L'église est éclairée par cent treize vitraux, sans y comprendre les trois grandes roses, dont l'une est à la façade principale et les deux autres aux faces latérales. Les vitraux, à l'exception des roses, sont aujourd'hui en verroterie blanche entourée d'un liséré bleu et jaune. Autrefois ils étaient en couleur et parfaitement en harmonie avec la destination de l'édifice. Suger, suivant l'auteur de sa Vie, en avait fait don à l'église de Notre-Dame. Le faux goût du siècle dernier les a fait successivement supprimer, à dater de 1741. On voyait encore, il y a une vingtaine d'années, dans la chapelle d'Harcourt, une très-belle verrière de la fin du seizième siècle, représentant le Jugement dernier et les portraits des donateurs. Cet ouvrage a disparu, à ce qu'il paraît, dans une prétendue restauration.

La rose qui est du côté de la rivière a été reconstruite en 1726, tant pour la pierre que pour la vitrerie, par Claude Pinel, appareilleur, sous les ordres de Boisfranc, architecte du roi. Les frais de réparation, qui s'élevèrent à la somme de 80,000 livres, furent payés par le cardinal de Noailles, archevêque de Paris, dont les armes, peintes sur verre, furent placées au centre de la rose, en place d'une peinture du Christ.

La vitrerie de la grande rose au-dessus de l'orgue a été réparée en 1731; elle a quatorze mètres de diamètre; celles des portails de la croisée en ont treize. Les trois roses sont admirables, tant pour les nervures de pierre qui les soutiennent que pour les vitraux qui les forment.

Du seuil de la grande porte au transept le nombre total des travées est de dix, mais les deux premières, comprises entre les tours, forment une espèce de porche intérieur dont l'élévation est d'ailleurs égale à celle du reste de la nef. Ces deux travées n'ont pas la même largeur que les suivantes; un faisceau de colonnes les sépare, de chaque côté, l'une de l'autre, et des colonnettes, placées en second ordre, montent à la voûte. De grandes baies ogivales ouvrent sur les salles de l'étage supérieur des tours. A la première travée, au-dessus de l'entrée de l'église, se trouve la tribune de l'orgue, construite au treizième siècle, et dont la voûte croisée de nervures repose sur les piles latérales. Avant l'établissement des orgues cette tribune pouvait recevoir des chanteurs ou servir à la représentation de quelques scènes du drame liturgique, ce qui avait lieu encore, il n'y a pas longtemps, dans certaines églises d'Italie. Deux piliers admirables, formés de la réunion de nombreuses colonnes qui s'élèvent d'une seule venue jusqu'à la maîtresse voûte, soutiennent chacun le poids d'un des angles des tours et marquent, en même temps que la limite du porche, le commencement de la nef proprement dite; ils portent un vigoureux arc-doubleau renforcé d'énergiques moulures. Huit travées appartiennent donc spécialement à la nef. La nécessité de consolider les parties voisines des tours n'a pas permis de donner à la première une largeur pareille à celle des sept autres; aussi cette travée présente-t-elle un arc en ogive surhaussée qui n'a pas eu de place pour se développer davantage. Deux files de sept colonnes monostyles servent d'appuis aux arcs latéraux, et une dernière s'engage de chaque côté dans le pilier d'angle du transept. Ces colonnes sont d'un très-fort diamètre; elles ont des socles carrés, avec grandes feuilles sur les angles, des bases entourées de scoties et de moulures plates, des chapiteaux d'une grosseur peu commune, sculptés d'une riche et puissante végétation tout empruntée à la flore parisienne. La première colonne de chaque file est cantonnée de quatre autres, évidemment destinées à dissimuler les porte-à-faux du second ordre et des arcs latéraux. La seconde colonne ne conserve plus qu'une seule de ces colonnes engagées, qui lui vient en aide pour porter le groupe de colonnettes implanté sur son chapiteau. Dégagées enfin de toutes ces excroissances d'une invention peu habile et d'un aspect désagréable, les colonnes qui suivent ont une allure franche et régulière. Tous les arcs latéraux sont en ogive, bordés de moulures toriques. Au-dessus de chaque colonne s'élève un triple faisceau qui va recevoir les retombées des voûtes, et qui porte aussi deux petites colonnes sur lesquelles s'appuient les cordons des arcs formerets. Une grande tribune, toute voûtée en pierre, d'une largeur à peu près égale à celle du premier collatéral, se prolonge dans toute l'étendue de la nef, au-dessus des arcs inférieurs. A la première travée, plus étroite que les suivantes, nous l'avons dit, elle n'a que deux baies soutenues par de solides pilastres, et encore cette précaution n'a-t-elle pas suffi; le tassement des tours a occasionné dans les arcs une dépression très-sensible. Sur chacune des sept autres travées de la nef, et sur deux travées en retour dans le transept, la tribune ouvre par une triple ogive encadrée d'un grand arc de même forme. La baie médiane dépasse celles qui l'accompagnent; à elles trois elles ont pour appuis deux colonnes légères, taillées chacune dans un seul bloc, et deux pilastres engagés, tous couronnés de chapiteaux à crochets. Cette arcature ajoute beaucoup à l'effet du monument par ses proportions, bien plus considérables que celles des galeries de la plupart de nos basiliques. Les voûtes sont d'ailleurs partagées en travées par des arcs-doubleaux et croisées de nervures. Deux cordons toriques, avec un filet intermédiaire, forment les nervures ; les arcs-doubleaux présentent un bandeau plat accompagné aussi de deux tores. Les clefs sont sculptées de fleurons accostés de têtes d'hommes ou d'animaux. Cette maîtresse voûte paraît nue et dégarnie. Les nervures, au lieu de s'y croiser à chaque travée, suivant le système le plus ordinaire, ne se rencontrent qu'une fois de deux en deux travées. Des voûtes ainsi disposées se prêtent mieux assurément à recevoir de grandes figures peintes que celles où des nervures multipliées fractionnent l'espace en compartiments étroits; mais, réduites soit à la teinte de la pierre, soit à celle du badigeon, elles ne paraissent pas suffisamment remplies. L'œil, qui vient d'ailleurs de mesurer l'étendue de l'édifice par le nombre des travées inférieures, ne s'habitue pas facilement à voir les divisions du plan diminuées de moitié par l'arrangement de la voûte ; les proportions réelles du monument semblent amoindries d'une manière très-notable.

Les collatéraux de la nef sont doubles sur une longueur de huit travées. A l'entrée de chacun de ces deux bas-côtés, sous la tour, une vaste salle carrée, sans divisions, forme un porche correspondant aux deux premières travées de la nef médiane. Ensuite le bas-côté est divisé par une file de sept colonnes en deux galeries, dont les deux points extrêmes sont marqués par des piliers. Les colonnes sont alternativement monostyles, et entourées de douze minces colonnettes entièrement détachées du fût central, auquel elles adhèrent seulement par les bases et par les chapiteaux. Voûtes croisées de nervures à chaque travée; arcs-doubleaux, nervures et chapiteaux pareils à ceux de la nef; colonnes engagées dans les intervalles des chapelles; feuilles sculptées sur les angles de presque toutes les bases; petites clefs fleuronnées, quelquefois en forme de croix.

Les chapelles sont au nombre de quatorze, sept au nord comme au midi. Elles sont petites et ne tiraient autrefois leur importance que de leurs fondations ou des choses précieuses qui s'y trouvaient rassemblées. Des colonnettes s'engagent dans leurs angles; à leurs voûtes, autour d'une clef d'un feuillage élégant, se croisent des nervures formées d'un cordon torique qui se détache sur un bandeau (1).

Avant les destructions de la période révolutionnaire on remarquait au bout de la nef, et à côté du dernier pilier à droite de l'entrée du chœur, presque vis-à-vis la chapelle de la Vierge, la statue équestre de Philippe le Bel, élevée en ce lieu, par ses ordres, après la victoire de Mons-en-Puelle, et le représentant au moment où il avait été surpris à la seconde attaque des Flamands, c'est-à-dire armé de son casque, visière baissée, de son épée et de ses gantelets, mais sans brassards. Le cheval était caparaçonné. Le roi avait accordé une rente annuelle à Notre-Dame pour la fondation d'une fête qui se célébrait tous les ans à l'anniversaire de la bataille. Quelques savants ont cru que cette statue représentait Philippe de Valois; mais la discussion a établi que c'était bien Philippe le Bel. Cette figure, curieuse pour l'étude des costumes et de l'art à cette époque, fut détruite, en 1792, à coups de sabre, au milieu des vêpres, par les Marseillais.

Sous la nef transversale ou croisée on voyait le céno-

---

(1) M. F. de Guilhermy, *Description archéologique des Monuments de Paris*.

taphe du cardinal de Noailles et de l'abbé Laporte, supprimé en 1804, lorsqu'on déblaya l'entrée principale du chœur.

En entrant, à gauche, sous la tour septentrionale, on remarque, près de la porte de l'escalier, un grand bas-relief qui fixe souvent l'attention des curieux par son originalité : c'est la pierre du tombeau d'un chanoine nommé Antoine Yver, mort le 24 février 1467. Ce tableau a environ huit pieds de haut sur quatre de large. La partie supérieure représente le Jugement dernier ; Jésus-Christ, environné de ses anges, lance de sa bouche deux glaives ; il a sous ses pieds un globe et dans la main un livre ouvert sur lequel on lit : *Miserebor cui voluero, et clemens ero in quem mihi placuerit.* Au-dessus de la tête on lit sur une banderole : *Clamabant alterutrum : sanctus, sanctus, sanctus.* La seconde partie du tableau représente un homme qui sort nu d'un tombeau, sur lequel on voit un cadavre rongé de vers ; cet homme a les cheveux courts et joint les mains ; sur sa tête on lit : *Et non intres, Domine, in judicium cum servo tuo,* etc. Cette figure d'homme suppliant est tournée de profil et placée entre saint Étienne, que l'on reconnaît à sa tunique diaconale et aux pierres éparses sur lui, et saint Jean l'Évangéliste, qui tient une coupe remplie de serpents. Au-dessous du cadavre on lit plusieurs versets de psaume. Au bas du tableau est la longue épitaphe d'*Étienne Yver, licencié en droit canonique, chanoine de cette église et de celle de Rouen, conseiller du roi en sa cour de parlement, originaire de Péronne, diocèse de Noyon.*

Autour du chœur règne un bas-relief continu où se succèdent treize sujets tirés du Nouveau Testament, et dont plusieurs sont traités avec un sentiment et un art admirables. La scène marche de l'est à l'ouest. L'établissement du massif de la porte latérale du chœur ayant causé la suppression de tout ce qui précédait, c'est par la Visitation que commence aujourd'hui l'histoire évangélique. Puis viennent, sans interruption, l'annonce de la venue du Sauveur aux bergers; la naissance du Christ; l'adoration des mages; Hérode conseillé par le démon et présidant au massacre des enfants arrachés des bras de leurs mères par des gardes armés de glaives; la fuite en Égypte : Marie pressant son Fils sur son sein avec une tendresse infinie; les simulacres des dieux égyptiens renversés de leurs autels à l'arrivée de l'Enfant-Dieu; la Présentation : une femme portant des colombes dans un panier pour l'offrande légale; la Vierge soutenant Jésus debout sur un autel; le vieillard Siméon tendant, pour le recevoir, ses deux mains couvertes d'une nappe; Marie retrouvant dans le temple l'Enfant qui discute avec deux docteurs; Jésus debout dans l'eau du Jourdain, qui s'amoncèle autour de lui jusqu'à mi-corps, et recevant le baptême des mains de saint Jean; un ange tenant la tunique; les noces de Cana : le Christ, la Vierge, l'époux et l'épouse à table; les urnes dans lesquelles s'est opéré le miracle; des serviteurs apportant à goûter l'eau changée en vin; l'entrée à Jérusalem : les apôtres, des palmes à la main; Jésus monté sur l'âne; Zachée sur son arbre; un personnage étendant à terre ses vêtements; spectateurs sur la porte de la cité sainte; la Cène : dans une enceinte crénelée Jésus à table avec les douze apôtres; saint Jean l'Évangéliste couché sur la poitrine de son Maître; deux apôtres; le Christ lavant les pieds à saint Pierre, qui tient un livre; le jardin des Oliviers : les apôtres endormis; Jésus en prières; le Père éternel, qui se montre à mi-corps dans une nuée pour bénir son Fils; plusieurs anges. Deux cordons de feuillage encadrent le bas-relief. La sculpture se continuait sur le jubé; c'est ici qu'on voyait les mystères de la Passion et de la Résurrection. Mais l'ancien jubé fut démoli du temps du cardinal de Noailles et remplacé par une lourde décoration qui elle-même a fait place à deux ambons de marbre. La clôture historiée reprend du côté du midi, et les sujets se suivent en remontant de l'ouest à l'est. Cette seconde partie, moins ancienne que l'autre, n'a été achevée qu'au milieu du quatorzième siècle; le badigeon dont on l'avait couverte laissait à peine apercevoir quelques traces de la peinture dont elle était rehaussée.

Il ne paraît pas que jamais l'intérieur de la cathédrale de Paris ait été peint en totalité; les chapelles du chœur seulement avaient reçu ce genre de décoration. On a découvert, il y a quelque temps, sur l'un des murs de refend de la chapelle du fond, une belle peinture du quatorzième siècle, représentant la Vierge, assise sur un trône d'or avec l'enfant Jésus. A gauche on aperçoit encore saint Denis à genoux, tenant sa tête entre ses mains. A droite est un autre évêque agenouillé. Au-dessous de la Vierge deux anges enlèvent une âme dans un linceul, sous la forme d'un jeune homme nu. Cette peinture surmontait évidemment un tombeau et probablement celui de Matiffas de Bucy, le fondateur de ces chapelles. D'autres traces de peintures très-finement touchées se voient encore dans les chapelles du rond-point; quelques-unes sont faites sur des fonds gaufrés et dorés. De précieux vitraux remplissaient les fenêtres du chœur jusqu'au moment où le chapitre les fit enlever ; ceux de la chapelle d'Harcourt, entre autres, passaient pour des chefs-d'œuvre (1).

On rétablit des vitraux aux fenêtres qui en ont été dépouillées, et, bien qu'ils aient ce caractère moderne qui fait leur infériorité relative, ils n'en contribuent pas moins à restaurer la splendeur de l'édifice. Des anciens vitraux qui décoraient l'intérieur de la cathédrale il ne reste que les trois roses des portails. Chacune de ces roses complète les imageries sculptées sur chacun des trois portails qu'elle surmonte. La verrière de la rose occidentale, qui date de l'époque de la façade, montre au centre la Vierge couronnée, tenant un sceptre et portant le Christ qui bénit ; à l'entour sont les douze prophètes qui annoncent la venue de Notre-Seigneur. Dans les deux compartiments disposés entre la zone des prophètes et la circonférence sont peints les signes du zodiaque et les travaux des mois de l'année qui y correspondent. Le dernier cercle représente les Vertus, sous la figure de femmes couronnées, armées de lances et d'écus, sur lesquels sont peints les attributs qui leur conviennent ; de leurs lances elles frappent les Vices, remplissant les médaillons placés au-dessous de ceux qu'elles occupent. La rose du transept nord, dont le portail est, ainsi que nous l'avons vu, consacré à la vie de la Vierge, montre encore Marie avec son Fils, mais entourée des patriarches, des juges, des prêtres, des prophètes et des rois. La porte du midi, dite des Martyrs, est surmontée d'une rose pareille à celle du nord, mais dont le vitrail présente les douze apôtres, quantité d'évêques et de

(1) M. Viollet-le-Duc.

saints personnages, qui tous ont en main soit les palmes du triomphe, soit les instruments de leur glorieux supplice. Des anges déposent des couronnes d'or sur la tête de cette assemblée de saints. Les écoinçons de cette rose, qui remplissent les deux angles entre elle et la galerie à jour, formaient autrefois claire-voie, comme la rose du nord; mais cette disposition primitive a été changée lors de la reconstruction du pignon méridional. Les galeries à jour qui soutiennent ces roses ont perdu leurs anciens vitraux.

La cathédrale de Paris ne renferme pas de cryptes, et les archevêques morts durant le dix-neuvième siècle sont provisoirement déposés dans un caveau fort bas et fort étroit. Les fondations de Notre-Dame de Paris ne sont point établies sur pilotis, ainsi que l'ont prétendu bon nombre d'auteurs qui ont écrit l'histoire de ce monument religieux; l'édifice repose sur une excellente maçonnerie assise sur le sable et sur des libages d'une grande dimension. Les constructions en élévation n'ont pas été toutes exécutées avec le même luxe ni avec le même soin; celles qui datent de la fin du douzième siècle sont composées de matériaux peu résistants, sauf les piles principales provenant de la butte Saint-Jacques; mais toute la façade et les parties qui s'y rattachent, de la base au sommet des tours, sont en pierre dure connue sous les noms de roche, de cliquart et de liais. Cette façade, à la fois ornementée et solide, est entièrement montée en assises de pierre d'une égale hauteur dans toute l'épaisseur des murs et des piles (1).

---

(1) M. Viollet-le-Duc.

Au moment où nous écrivons ces lignes les travaux du dehors et surtout ceux de l'intérieur sont loin encore d'être terminés, et cependant le sanctuaire de Notre-Dame a pu être rendu au culte. On peut déjà se faire une idée du beau spectacle qu'il offrira aux yeux des fidèles. Débarrassé des gros piliers qui masquaient les cérémonies, il présentera, les jours de fête, un large espace étincelant de lumière et d'or. Déjà les vitraux supérieurs sont posés; ils représentent le couronnement de la Vierge, l'Annonciation et la Visitation, puis les fondateurs de l'Église, les Pères, les saints du diocèse et les apôtres.

Si l'on a changé les dispositions du chœur, tel que l'avait défiguré Robert de Cotte, sous Louis XIV, on s'est maintenu à cet égard dans de justes limites, afin de ne pas punir un vandalisme par des destructions qui mériteraient un nom pareil. Le chœur ne sera donc pas entièrement privé des décorations les plus remarquables qui l'enrichirent au commencement du dernier siècle. Le groupe de Coustou, les statues des rois, les anges en bronze, le pavage en mosaïque et les belles stalles en bois sculpté reprennent aujourd'hui leur place, et leur effet est loin de déparer l'architecture de la vieille basilique, dont l'abside, on le sait, est d'un fort beau style. Des grilles en fer forgé et doré entourent le sanctuaire, qui, par son caractère et la quantité d'objets d'art qu'il renferme, sera de tous points digne de la cathédrale de Paris. Un maître-autel neuf, revêtu d'une table de marbre blanc de plus de quatre mètres de longueur, et surmonté d'un simple gradin sculpté et doré, s'élève sur le pavage en mosaïque.

L'activité imprimée aux travaux que nous venons d'indiquer n'a pas fait négliger ceux, non moins considérables, qui ont pour objet l'extérieur de l'église. La galerie des Rois se complète rapidement, et bientôt ses vingt-huit niches n'offriront plus de lacune. La porte Sainte-Anne, qui s'ouvre au pied de la tour méridionale, et l'une de celles dont le fantastique serrurier Biscornet passa longtemps pour avoir forgé les admirables pentures de fer, a reçu ses dernières statues. Il en sera prochainement de même de la porte de la Vierge, qui donne accès dans la tour du Nord, et dont les statues, mutilées ou détruites, ont pu être reconstituées, grâce aux savantes et minutieuses recherches de l'architecte. Tout récemment on a remonté la voûte de la croisée sous la flèche, à laquelle les plombiers s'apprêtaient à donner la dernière main. La façade méridionale du transept va se couvrir d'échafaudages, car c'est sur ce point que l'œuvre de la restauration de Notre-Dame doit entreprendre les derniers travaux de consolidation. On peut constater en effet sur cette façade de sérieuses dégradations. La rose, réparée en grande partie par les soins du cardinal de Noailles, vers 1726, menace ruine encore une fois, et l'entablement qui la surmonte s'est brisé sous le poids du pignon.

Un grand nombre d'aiguilles, de balustrades et de motifs divers d'ornementation manquent dans les parties inférieures. On sait que la rose du midi n'offre pas un dessin exactement semblable à celui de la rose du nord. Un quatre-feuilles en marque le centre, d'où partent deux rangs d'ogives, le premier de douze ogives, le second de vingt-quatre. Viennent ensuite des compartiments tréflés à la circonférence, entre les arcs, et dont le sommet touche les bords de la rose. Tous les matériaux qui doivent entrer dans la construction de la nouvelle rose sont prêts et jonchent aujourd'hui le vaste chantier établi dans ce but près de la sacristie qui a remplacé celle que Soufflot avait malencontreusement accolée aux chapelles du chœur. La quantité, les dimensions de ces matériaux donnent facilement une idée de l'importance de l'opération qu'on va entreprendre (1).

Ainsi apparaîtra, dans un temps peu éloigné, l'antique cathédrale complétement restaurée, rajeunie, et digne de la capitale d'un grand empire.

(1) M. Ch. Friès.

CHAPITRE V.

Églises, abbayes, monuments et fondations.

D'autres monuments s'étaient élevés, à la faveur de la paix, qui n'étaient pas moins chers au peuple de la grande capitale. Sous le règne de Robert, et dans les premières années du onzième siècle, on reconstruisit la belle église de Saint-Germain le Rond, qui, à dater de cette époque, demeura désignée sous le vocable de Saint-Germain l'Auxerrois. Cette église était l'une des principales paroisses de Paris; au témoignage de l'abbé Lebeuf, un diplôme du roi Louis VI, de l'an 1110, relatif à la voirie de l'évêque de Paris, sert à prouver que les seigneuries de cet évêque, outre la censive dans la Cité, étaient celles de Saint-Germain, de Saint-Éloi, de Saint-Marcel, de Saint-Cloud et de Saint-Martin de Champeaux en Brie; il est évident que ce diplôme entend parler de Saint-Germain l'Auxerrois. L'abbé Lebeuf ajoute : « En descendant de siècle en siècle on remarque dans l'histoire de cette église tous les caractères de cette primauté qui la plaçait au-dessus des églises *extra muros;* elle fut la première émanée de la cathédrale, et cet avantage, joint aux priviléges accordés à l'évêque pour cette espèce de second siége, contribua beaucoup à attirer autour de Saint-Germain l'Auxerrois de nombreux habitants. Sur ce territoire on construisit peu à peu des fours, des halles, des places marchandes. Alors s'élevèrent de nouvelles paroisses; beaucoup de terres labourées s'appelèrent du nom de *cultures de l'évêque.* »

Plusieurs historiens ayant affirmé, en s'appuyant sur un passage mal interprété du moine de Fleury (Helgaud), que le roi Robert avait placé des moines à Saint-Germain l'Auxerrois, le savant Lebeuf réfute cette opinion. « C'est, dit-il, une idée sans fondement de croire que ce roi (Robert) mit des moines à Saint-Germain; il est évident, par une charte de Walon, évêque de Paris, rapportant celle d'Imbert, son prédécesseur, de l'an 1030, qu'elle était desservie par des chanoines sous le roi Robert. » Les auteurs de la *Gallia christiana* disent, il est vrai, qu'en 581 il existait quatre abbayes aux portes de Paris : Saint-Laurent à l'est, Sainte-Geneviève au sud, Saint Germain des Prés à l'ouest, et Saint-Germain l'Auxerrois au nord; mais cette dernière église était desservie par des chanoines de la cathédrale de Paris et non par des moines. Les mêmes chanoines, lorsque le quartier où est situé Saint-Germain l'Auxerrois eut augmenté en population, nommèrent un vicaire pour remplir sous leurs yeux les fonctions du saint ministère. On ne sait pas bien à quelle époque cette église fut érigée en cure; il est certain qu'on la désigna sous le nom de *royale* parce qu'elle avait été bâtie et reconstruite par des rois. (Nous ne tarderons pas à consacrer un chapitre spécial à Saint-Germain-l'Auxerrois.)

Sous Henri Ier la chapelle de Sainte-Marine, qui existait dans la Cité, fut érigée en église paroissiale ; c'était la plus petite paroisse de Paris; elle ne contenait qu'une douzaine de feux. Les murs extérieurs du bâtiment subsistent encore et ne vont que trop tôt disparaître sous le marteau des démolisseurs. Ils dépendent d'ailleurs d'une propriété particulière et sont affectés à un atelier.

Sous le même roi on reconstruisit l'abbaye et l'église de Saint-Martin des Champs, que les pirates avaient livrées aux flammes aux époques désastreuses des invasions. Le roi, dans le diplôme qu'il donna en 1060 au sujet de cette reconstruction, dit que, « faisant rebâtir l'église dévastée par la rage tyrannique des Normands et depuis longtemps déserte, il lui donne une plus grande étendue qu'auparavant. » Henri plaça à Saint-Martin des chanoines réguliers, suivant la règle, dans la chapelle, qu'il gratifia de divers biens, « et de la terre ou *culture* que lui avaient cédée Ansoald et Milon Warin, située près de l'église. »

Henri Ier fut donc le second fondateur de l'église Saint-Martin; ses libéralités furent confirmées et augmentées par Philippe Ier, son fils, lorsqu'il en fit faire la dédicace, ainsi qu'il le déclare par sa charte de 1067. Dès cette même époque on nommait le monastère *Saint-Martin des Champs*, ce qui indique sa situation hors de la ville, comme le prouvaient aussi ces mots, *ante urbis portam*, du diplôme de 1060. Les maisons des vassaux du monastère formèrent peu à peu un village autour de l'église.

Les anciennes légendes racontent que saint Denis rassemblait les premiers fidèles dans ce lieu, alors éloigné de Paris, et qu'il excitait leur dévotion en plaçant sous leurs yeux une image de la Vierge Marie. Il est certain que, dès le huitième siècle, il existait au même emplacement une église dédiée sous le vocable de Notre-Dame.

Nous venons de rappeler que l'église de Saint-Martin était desservie par des chanoines; sous Philippe Ier, et dès 1079, on leur substitua des religieux de Cluny. On ignore les motifs de ce changement, mais tout porte à croire que les chanoines observaient mal la règle de leur ordre et avaient donné lieu à quelques plaintes : c'est ce qui semble résulter d'un passage des chroniques de Saint-Denis. Quoi qu'il en soit, la donation de Saint-Martin des Champs à l'ordre de Cluny fit perdre à l'église son premier titre d'abbaye ; ce ne fut qu'un prieuré, qui devint le second de cet ordre. L'acte de 1079 fut ratifié en 1097 par une bulle du pape Urbain II. Louis le Gros, en 1111, et Louis-le Jeune, en 1137, confirmèrent aussi les priviléges et les possessions des religieux de Saint-Martin. Les biens et les droits de cet ancien monastère sont tous détaillés dans cette dernière charte, qu'on appelle, par cette raison, *la grande charte de Saint-Martin*. Les bâtiments, la chapelle, les jardins et autres dépendances immédiates du prieuré étaient entourés d'une enceinte de murailles garnies de tourelles ; le prieur était seigneur haut justicier dans la juridiction de son abbaye.

L'enceinte se composait d'une haute muraille crénelée et flanquée de tours, que le prieur Hugues IV avait fait construire. Ce qui en reste de plus apparent est une tour ronde assez grosse, située sur la rue Saint-Martin, près la rue du Vertbois, que les religieux cédèrent à la ville, en 1712, pour qu'il y fût établi une fontaine qui existe encore. A la même époque ils substituèrent à leur muraille de clôture sur la rue Saint-Martin de grandes maisons de location. Ils détruisirent aussi l'entrée principale, rétablie en 1575 et décorée des statues des deux rois fondateurs ; une grille de fer en prit la place.

L'église appartient à deux époques bien distinctes. La

nef, grande et large, sans piliers et sans collatéraux, percée sur ses deux côtés de fenêtres ogivales à meneaux, couverte d'une voûte en bois, paraît avoir été rebâtie vers le milieu du treizième siècle. Le chœur et l'abside, entourés de galeries collatérales et de chapelles, nous semblent appartenir au douzième siècle. Il ne nous est pas possible de partager l'opinion de l'abbé Lebeuf, qui attribuait cette portion de l'édifice au temps de la première fondation, c'est-à-dire au second tiers du onzième siècle, ainsi que le portail qui a été détruit par les religieux et le clocher qui subsiste en partie. La structure est ici fort singulière; on croit assister aux tâtonnement de l'architecte, irrésolu entre l'ogive et le plein cintre et cherchant des expédients pour raccorder les voûtes avec les piliers. Les ogives que nous voyons à Saint-Martin sont probablement les premières qu'on ait élevées à Paris. L'abside a la forme d'une vaste rotonde, et la chapelle terminale à peu près celle d'un trèfle. Des fragments de tombes, avec effigies de moines ou de prieurs, et des cercueils de pierre mutilés se rencontrent çà et là. Une Vierge sculptée en bois, œuvre du douzième siècle, qui était jadis en grande vénération à Saint-Martin, a été portée à Saint-Denis.

Le réfectoire est un des chefs-d'œuvre du treizième siècle, et sa beauté autorise suffisamment la tradition constante qui en fait honneur à Pierre de Montereau. Il se divise en huit travées dans sa longueur; une file de sept colonnes, d'une élégance et d'une légèreté vraiment prodigieuses, le partage en deux nefs. Ce n'est plus le style embarrassé et bizarre du sanctuaire de l'église, mais bien un art en possession définitive de toutes ses ressources et parfaitement sûr de lui-même. Le conducteur de l'œuvre, ayant habilement rejeté sur les murs et sur les piles externes l'effort principal de ses voûtes, s'est trouvé maître de réduire à sa volonté le volume de ses colonnes médianes, sur lesquelles la charge n'agit plus que dans le sens vertical. On ne saurait trop admirer le noble caractère de cette architecture, l'exécution merveilleuse des chapiteaux, des consoles et des clefs de voûte, les redents feuillagés des roses qui sont percées au-dessous des fenêtres, la chaire du lecteur et son escalier à jour.

A l'autre extrémité de Paris, sur la rive gauche, et fort au delà de l'enceinte et des faubourgs de la ville, on rencontrait Notre-Dame des Champs, dont l'origine remontait au huitième siècle. Vers la fin du règne de Hugues Capet elle était desservie par des moines de Marmoutier; bientôt elle devint le chef-lieu d'un prieuré.

Les Bénédictins restèrent longtemps paisibles possesseurs du monastère; mais en 1604 il fut cédé aux Carmélites de la réforme de Sainte-Thérèse, nouvellement amenées à Paris par le cardinal de Bérulle. Les religieuses reconstruirent les bâtiments d'habitation; elles conservèrent cependant l'église, tout en la faisant couvrir de peintures. C'était un édifice considérable du douzième siècle, sous lequel s'étendait une vaste crypte. Le portail, dont le style accusait seulement le treizième siècle, présentait plusieurs grandes statues, saint Denis au trumeau, puis, dans les ébrasures, Moïse, Aaron, David ou Salomon, et trois autres personnages qui semblaient être des prophètes. Des croix encastrées dans les murs de la crypte attestaient que cette partie de l'église avait été l'objet d'une dédicace particulière. L'église a disparu. On assure que la crypte existe encore sous le sol de la rue qui met le Val-de-Grâce en communication avec le jardin du Luxembourg. Il paraît même qu'un second souterrain se trouverait au-dessous de celui-là, et l'abbé Lebeuf pensait que ce pouvait être quelque reste de sépulture gallo-romaine. Des fragments de tombeaux antiques et d'inscriptions se sont plus d'une fois trouvés dans ce terroir.

Vers le même temps, en 1093, Philippe Ier réforma l'abbaye de Saint-Magloire, dont les religieux étaient tombés dans un grand déréglement. En 1107, de concert avec l'évêque Walon, il réduisit le monastère de Saint-Éloi en prieuré sous la dépendance de l'abbé Saint-Maur des Fossés, qui reçut ordre de le réformer.

Le règne de Louis le Gros fut signalé à Paris par la fondation d'un grand nombre d'étabblissements qui attestent à la fois et la sollicitude de ce prince pour les intérêts moraux et matériels de ses peuples, et la prospérité de plus en plus remarquable dont jouissait la capitale du royaume sous la tutelle des premiers Capétiens.

Vers l'an 1108, l'année même de l'avénement de Louis le Gros, Guillaume de Champeaux, maître de l'école épiscopale de Paris, se retira, avec plusieurs de ses disciples, dans une petite chapelle dédiée à Saint-Victor, et jeta les fondements d'une abbaye dont la célébrité fut très-grande au moyen âge. Vaincu par Abailard dans les luttes de la philosophie et de l'éloquence, Guillaume de Champeaux était venu à Saint-Victor chercher l'obscurité et l'oubli, mais il y porta la renommée dont n'avait pu le déshériter son rival et son élève. Les bienfaits de Louis le Gros lui permirent de donner un vaste développement à la nouvelle abbaye. On possède une charte de ce prince, datée de

1113, par laquelle il déclare qu'il a voulu doter des chanoines réguliers dans l'église du bienheureux Victor. Il leur donna cette année et les années suivantes des prébendes et des terres, et leur accorda même l'église de Saint-Guénaut de Corbeil avec toutes ses dépendances. Matthieu de Montmorency, connétable de France, Étienne de Senlis, évêque de Paris, les chanoines de Sainte-Geneviève du Mont, l'abbé de Montlhéry contribuèrent par leurs libéralités à l'établissement de la nouvelle abbaye. Le chapitre de la cathédrale de Paris lui donna, en 1122, une ferme avec le labour de cent vingt arpents de terres, au territoire de Chevilly et d'Orly. Le roi fit encore d'autres libéralités au monastère et lui accorda le privilége de choisir un abbé sans recourir à son autorité, disposition qui fut confirmée par le pape Pascal II. Le premier abbé de Saint-Victor ne fut point Guillaume de Champeaux, qui refusa cet honneur; ce fut Gilduin ou Hilduin, un de ses disciples, confesseur de Louis le Gros.

Guillaume, cédant aux sollicitations d'Hildebert, évêque du Mans, reprit ses fonctions de maître public à Saint-Victor. Abailard accourut pour le poursuivre encore. Il l'attaqua sur la fameuse question des universaux, le força de s'avouer vaincu et de se rétracter. L'école de Saint-Victor n'en devint pas moins, sous Guillaume de Champeaux, célèbre dans toute l'Europe. Le maître passa bientôt pour un des premiers philosophes de son siècle. Toujours poursuivi dans sa réputation et dans son repos par Abailard, il ne put se défendre d'amers ressentiments, et les deux maîtres cherchèrent souvent à se décrier et à se nuire. Enfin Guillaume se retira et accepta l'évêché de Châlons-sur-Marne.

L'abbaye de Saint-Victor devint très-célèbre dès sa fondation. Sa règle était renommée pour sa rigueur, et cette sévérité n'empêcha pas les études de devenir très-florissantes dans son école. La faveur dont elle jouissait, attirant les écoliers sur la rive gauche de la Seine, fut une des causes qui firent établir en ce lieu, sur la montagne voisine de Saint-Victor, le siége de l'Université de Paris. L'abbaye conserva même toujours dans la suite ses relations avec les étudiants, car on voit que ceux-ci étaient dans l'usage de se confesser aux chanoines de Saint-Victor et que le pénitencier de l'Université était toujours choisi parmi ces religieux. Henri de France, fils de Louis le Gros et abbé de Saint-Spire de Corbeil, donna aux chanoines de Saint-Victor, vers l'an 1146, une prébende dans la même église de Saint-Spire. Il déclara, dans les lettres patentes qu'il fit expédier à ce sujet, que Louis le Gros, son père, avait eu plusieurs enfants inhumés à Saint-Victor. Cette circonstance n'est confirmée par aucun autre monument historique.

L'abbaye de Saint-Victor et ses dépendances occupaient tout l'espace qui, de nos jours, s'étend entre le quai Saint-Bernard, la rue Saint-Victor, la rue des Fossés-Saint-Bernard et la rue Cuvier. Elle englobait le terrain sur lequel, en 557, le roi Childebert avait fait construire un cirque pour les jeux publics.

Dans la congrégation de Saint-Victor se formèrent des hommes dont le nom est peu connu parce qu'ils n'ambitionnèrent pas la gloire des lettres, mais qui, animés d'une profonde piété et d'un grande ferveur pour leur règle, voulurent la propager en France. Ils parvinrent bientôt à la faire adopter par plusieurs maisons religieuses dont la réunion forma la *Congrégation de Saint-Victor*. Déjà au treizième siècle cette congrégation comptait quarante monastères ou corporations soumis à sa règle; Sainte-Geneviève de Paris était l'une des plus importantes.

La vie retirée et pénitente des chanoines de Saint-Victor, le mérite supérieur de plusieurs d'entre eux, tels que Hugues de Champeaux, Hugues de Saint-Victor, surnommé le nouveau saint Augustin, de Richard de Saint-Victor et de plusieurs autres, établit une union parfaite entre Saint-Victor et Clairvaux. Saint Bernard entretint ces relations paternelles par ses lettres et même par ses visites, car, lorsque le saint abbé venait à Paris, il demeurait à Saint-Victor, dans sa maison même. Ce fut dans un de ces voyages, et, à ce que l'on croit, en 1147, qu'il laissa à Saint-Victor, sa *coule* ou *cucule* pour marque de son amitié. Les religieux lui remirent un autre vêtement semblable plus commode pour l'hiver et les voyages. Saint Thomas de Cantorbéry eut aussi beaucoup d'affection pour la maison de Saint-Victor, qu'il habita lorsqu'il vint à Paris. L'on conserva toujours avec grande vénération dans l'abbaye le calice de cet archevêque. Plusieurs personnages célèbres, tels que Maurice de Sully, Étienne de Senlis et Guillaume d'Auvergne, voulurent être inhumés dans ce monastère.

Sous le règne de François Ier on rebâtit le chœur et la nef de l'église de Saint-Victor; mais le clocher, quelques arcades des chapelles, la crypte et une partie du chapitre restèrent tels que les avait édifiés Gilduin. Le grand cloître appartenait, sinon au douzième siècle, du moins aux premières années du treizième. Un second cloître conduisait à la chapelle de l'infirmerie, remarquable par ses colonnades. Le dortoir, l'infirmerie et le réfectoire furent également reconstruits sous François Ier.

Levieil, dans son *Traité de la Peinture sur verre*, nous fait connaître « que l'abbaye de Saint-Victor possédait une suite de vitres peintes de différents siècles, peut-être unique et bien propre à éclairer le jugement sur l'état de cet art. » Chargé, après son père, du soin de les entretenir, il en avait fait une étude particulière. Placés dans l'église, dans les chapelles, dans le réfectoire, ces vitraux, dont plusieurs paraissaient admirables à Levieil, marquaient les progrès et la décadence de l'art, depuis le treizième siècle jusqu'au dix-septième.

Des auteurs anciens ont comparé le trésor de Saint-Victor à celui de Saint-Denis. Il contenait, entre autres objets rares et vénérables, une croix d'or dont le travail était attribué à saint Éloi et qui avait appartenu à Louis VI; l'anneau de saint Léger, évêque d'Autun; le cilice, le peigne, les gants et la coiffe de saint Thomas de Cantorbéry; un vêtement de saint Bernard; une quantité innombrable de châsses et de reliquaires.

Depuis le douzième siècle les chanoines de Saint-Victor n'avaient cessé d'enrichir leur bibliothèque; aussi était-elle devenue une des plus importantes du royaume. Ils l'ouvraient libéralement au public trois jours par semaine. Aujourd'hui l'abbaye a disparu tout entière, sans laisser le moindre vestige matériel de l'existence des constructions claustrales; les ruines mêmes se sont effacées. Seulement, derrière une maison, près de la fontaine Cuvier, en face d'une des entrées du Jardin des

Plantes, on trouve quatre arceaux en ogive, du quinzième siècle, qui faisaient partie d'une grange (1).

Sous Louis le Gros, Étienne Garlande, archidiacre de Paris, doyen de Sainte-Croix et Saint-Agnan d'Orléans et chancelier de France, fit bâtir une petite chapelle dite de Saint-Agnan ; elle était située dans les dépendances du cloître Notre-Dame, près de la demeure du chancelier, et on y entrait par la rue de la Colombe. Pour la dotation de la chapelle, qui devait être desservie par deux chanoines de Notre-Dame, Étienne Garlande donna deux clos de vignes situés au bas de la montagne Sainte-Geneviève, un autre clos situé à Vitry, et, en outre, la maison qu'il occupait dans le cloître. L'abbé Lebeuf parle de la chapelle Saint-Agnan. « Elle est, dit-il, solidement bâtie en pierre ; les arcades sont en demi-cercle sans pointe. Le pavé paraît avoir été exhaussé, les bases des piliers étant cachées en terre. On voit au vitrage du fond, qui est unique dans cette chapelle, la figure du

(1) « Où est la célèbre abbaye de Saint-Victor ? se demande M. No-
« dier. Qu'est devenue cette charmante église dont les contre-nefs étaient
« si élégantes, dont les vitraux étaient si brillants, dont les roses étaient
« si capricieuses, dont le chœur surpassait tous les ouvrages du même
« genre en science et en délicatesse? Qu'est devenu ce beau portail formé
« de trois pendentifs de pierre suspendus dans les airs, que nos vieux
« auteurs appellent le chef-d'œuvre de l'architecture la plus gothique et
« la plus hardie ? Qu'a-t-on fait de ces pierres monumentales du sanc-
« tuaire qui couvraient la dépouille mortelle de Maurice de Sully, d'É-
« tienne de Senlis, de Guillaume d'Auvergne, et de tant d'autres évê-
« ques de Paris? Et cette salle basse soutenue par des piliers antiques
« dont les voûtes avaient résonné aux accents d'Abailard ? Et ces jardins
« immenses, couronnés de magnifiques ombrages, sous lesquels Santeuil
« évoquait le génie fantasque et sublime qui lui inspira ses vers, qu'en
« a-t-on fait? Demandez à l'industrie!.... On en a fait l'Entrepôt des Vins,
« qu'il fallait faire sans doute, mais qu'on aurait pu faire ailleurs. »

saint patron, avec son nom en capitales gothiques. » On lit dans la vie de saint Bernard : « Le saint étant allé dans les écoles de Paris, qui étaient alors au cloître, après y avoir prêché pour tâcher d'attirer quelques écoliers à la vie religieuse, il en sortit sans en avoir converti aucun. Un archidiacre l'ayant emmené dans sa maison, il se retira aussitôt dans la chapelle qui s'y trouvait et là se répandit en pleurs et en gémissements. L'archidiacre, curieux d'en savoir la raison, questionna Rainaud, abbé de Foigny, qui accompagnait saint Bernard, et apprit que le sujet de sa douleur était la crainte d'avoir offensé Dieu, car il attribuait à la colère de Dieu le peu de fruit qu'il avait retiré de son sermon. » Le savant Lebeuf, qui rapporte cet événement, pense que l'archidiacre dont il est ici question n'était autre qu'Étienne Garlande lui-même. La chapelle de Saint-Agnan a subsisté jusqu'en 1795; à cette époque elle a été démolie et une maison particulière a été élevée sur son emplacement.

Dès la fin du onzième siècle existait une pauvre église qui portait le nom de Saint-Jacques ; elle avait été construite pour l'usage des habitants du faubourg de la rive droite de la Seine située aux abords du Grand-Pont, qui ne pouvaient durant la nuit aller solliciter les secours spirituels de la cité, alors environnée de murailles. Nous ne tarderons pas à voir cette église, réédifiée sur de plus larges bases, prendre place parmi les beaux monuments du moyen âge et recevoir du peuple la dénomination de Saint-Jacques la Boucherie. Ce sera le moment d'en parler plus au long et de la décrire. Vers le même temps, c'est-à-dire sous le règne de Louis le Jeune, on remarquait dans la rue Neuve-Notre-Dame une humble église, alors appelée Notre-Dame la Petite, et qui, dès le treizième siècle, fut dénommée Sainte-Geneviève *des Ardents*. Elle appartenait à l'abbaye de Sainte-Geneviève, qui, en 1202, la céda à Eudes de Sully, évêque de Paris.

A l'avénement de Louis le Gros il existait entre Paris et Saint-Denis un hôpital de lépreux placé sous l'invocation de saint Lazare ou de saint Ladre, et en faveur desquels le roi établit la foire dite de Saint-Lazare. Adélaïde, reine de France et femme de Louis le Gros, fut la principale bienfaitrice de cet hôpital, et Guillaume de Garlande, sénéchal, fit à la même léproserie donation d'une partie de son clos de Garlande, situé à Paris. L'hôpital dont nous parlons n'était point, d'ailleurs, un édifice régulier, mais un assemblage de chétives cabanes. Odon de Deuil, moine de Saint-Denis, dit qu'en 1147, le mercredi 11 juin, Louis VII venant prendre l'oriflamme à Saint-Denis avant de partir pour la croisade, entra dans cette léproserie et visita les lépreux dans leurs cellules (*officinas*), accompagné seulement de deux personnes. Le roi fit quelques libéralités à cet établissement, et l'on voit, dans la charte qu'il donna à cette occasion, que les malades de Saint-Lazare avaient le droit de faire choisir dans la cave du roi, à Paris, dix muids de vin par an, et qu'ensuite on leur donna tous les jours, en échange de ce droit, la pièce de bœuf royale, avec six pains et quelques bouteilles de vin.

La foire qui avait été donnée à cet hôpital lors de sa fondation, et qu'on appelait *la foire Saint-Lazare*, durait huit jours. Elle commençait le lendemain de la fête de la Toussaint et se tenait sur le chemin qui conduit de

Paris à Saint-Denis, entre le village de la Chapelle et Paris. Louis VII ajouta encore à cette foire huit autres jours; mais son fils et son successeur, Philippe-Auguste, l'acheta en 1185, pour accroître son fisc, et la transféra au lieu dit *les Champeaux,* où s'établirent ensuite les Halles ou le marché des Innocents. Philippe-Auguste donna en échange à Saint-Lazare la *foire Saint-Laurent*. On a conjecturé que, l'abbaye de Saint-Laurent ayant été ruinée, et différentes circonstances n'ayant pas permis de la reconstruire, l'évêque de Paris y établit ou permit qu'on y établît une léproserie. Comme dans le moyen âge tous les établissements avaient un caractère religieux, et que, du reste, la léproserie avait une église particulière, saint Lazare ou saint Ladre, patron de cette chapelle, donna son nom à la léproserie ou maladrerie.

Plusieurs historiens ont pensé que ce fut alors un prieuré de l'ordre de Saint-Augustin; d'autres ont remarqué que, bien que les Frères et Sœurs qui desservaient l'hôpital Saint-Lazare reçussent le titre de *religiosi,* cela ne signifiait pas qu'ils fussent religieux réguliers, un pareil nom ne désignant souvent qu'une société de personnes pieuses engagées dans l'état ecclésiastique ou vivant en communauté quoique séculiers. Cette observation est d'autant plus fondée que, bien que Saint-Lazare porte, dans certains actes, le titre de *couvent,* et son chef celui de *prieur,* les noms de *maison* et de *maître* étaient employés le plus généralement. Le Parlement était si convaincu que Saint-Lazare n'était point une communauté religieuse que, dans deux différents arrêts, le maître de Saint-Lazare n'est qualifié (quoique cette maison fût administrée par des chanoines de Saint-Victor) que de *prétendu prieur du soi-disant prieuré* de Saint-Lazare. Dans les communautés régulières c'était le chapitre qui nommait les chefs et les officiers, qui ordonnait les visites, veillait sur l'administration temporelle et spirituelle et tenait la comptabilité; à Saint-Lazare, au contraire, c'était l'évêque seul qui avait le droit de nommer le prieur, c'est-à-dire le chef de la maison, et de le destituer, de visiter la léproserie, de faire des règlements, de les changer, de réformer les abus, de se faire rendre les comptes, etc. On lit dans le savant ouvrage intitulé *Gallia christiana* qu'en 1150, Louis VII ayant ramené avec lui de la Terre-Sainte douze chevaliers hospitaliers de Saint-Lazar, il leur donna un palais qu'il avait hors de la ville et la chapelle qui en dépendait, laquelle, à partir de cette époque, prit le nom de Saint-Lazare. Mais la maison de Saint-Lazare existait depuis quarante ans lors du retour de Louis le Jeune, et, si ce prince la donna aux chevaliers hospitaliers, ce n'est pas d'eux qu'elle prit son nom, puisqu'elle le portait auparavant. Cette léproserie avait dès les premiers temps une chapelle. On donna à l'une et à l'autre le nom de *Saint-Lazare*, vulgairement appelé *Saint-Ladre*, car la plus grande partie des établissements de ce genre étaient sous l'invocation de ce saint, et on les a confondus avec les hôpitaux, en les appelant *maladeries*, qui est le nom de ces derniers, au lieu de *maladreries*, qui ne convient qu'aux lieux où l'on traitait des lépreux.

Louis VII fait mention dans plusieurs actes de la maison de Saint-Lazare, et notamment dans la charte de 1164, relative à la fondation de la communauté religieuse de Grammont, au bois de Vincennes, dite les Bons-Hommes de Vincennes, auxquels, d'après la charte, le *couvent* et le *prieur* de Saint-Lazare concédèrent le droit et l'usage qu'ils avaient dans ce bois (1).

En 1107 on érigea en paroisse la petite église *Sainte-Croix*, située dans la Cité, rue de la Vieille-Draperie, sur un terrain dépendant de Saint-Éloi. Ainsi qu'on l'a vu plus haut, Saint-Éloi était le titre d'une église et d'une abbaye situées dans la Cité. Au douzième siècle cette même abbaye, qui prit le nom de *prieuré*, fut donnée à l'abbé de Saint-Maur les Fossés; on fit réserve des droits dont jouissait auparavant l'évêque de Paris sur cette maison, qui devait en outre fournir deux repas par an aux chanoines de Notre-Dame. Plus tard on abattit une partie du monastère, qui tombait en ruines, et l'on y pratiqua la rue Saint-Éloi. Le chœur de l'église forma celle de Saint-Martial, et la nef fit place à une autre église, sur l'emplacement de laquelle fut depuis lors bâtie celle des Barnabites.

En 1176 on érigea en paroisse la chapelle de *Saint-Nicolas des Champs*, située sur celle de Saint-Martin; déjà on avait reconstruit, au chevet de l'église Notre-Dame, Saint-Denis du Pas, qui ne portait encore que le titre d'oratoire. Après la démolition de Saint-Jean le Rond le chapitre et le titre de cette paroisse passèrent à celle de Saint-Denis du Pas. La chapelle de *Saint-Bont*, située dans la rue de ce nom, appartenait à l'abbaye de Saint-Éloi, et, plus tard, à Saint-Maur les Fossés. Elle avait une tour construite au onzième siècle. Au témoignage de l'abbé Lebeuf, la chapelle de *Saint-Bont* avait d'abord été dédiée sous l'invocation de Sainte-Colombe. « Saint Ouen, dit-il, ayant orné le tombeau de sainte Colombe de Sens, à

---

(1) Voir M. de Gaule, *Hist. de Paris*, t. Ier, p. 418, 419.

pu porter des reliques de la sainte quand il vint à Paris, ainsi que celles d'un saint *Baldus* mort à Sens lors des ravages des Normands. Ces reliques furent mises ensuite dans l'abbaye de Saint-Pierre des Fossés, dont les religieux ne rapportèrent ensuite que les reliques de saint *Baldus* à la chapelle de Sainte-Colombe, qui changea de nom lorsqu'elle fut rebâtie comme dépendance de Saint-Éloi. Ce saint est le même que celui de Sens, dont le prieuré célébrait la fête sans faire aucune mention de saint Bonit ou Bonet, évêque de Clermont, et c'est dans les titres civils que les notaires, au lieu d'appeler cette chapelle *Sanctus Baldus*, voyant que dans la langue vulgaire on disait *Saint-Bont,* ont rendu ce nom en latin par *Bonitus*; ce qui fut cause que dans les derniers temps on oublia le saint *Baldus* de Sens pour honorer saint Bonet de Clermont. » Cette conjecture est peut-être plus spécieuse que fondée. Quoi qu'il en soit, à l'exception de la tour que nous avons mentionnée, la chapelle de Saint-Bont était d'une architecture lourde et grossière. Démoli en 1792, cet édifice religieux a fait place d'abord à un corps de garde et plus tard à une maison particulière. Lorsque l'abbaye de Saint-Éloi eut été donnée, en 1107, à l'abbé de Saint-Maur les Fossés, sa suppression donna lieu à l'érection de plusieurs paroisses sur son territoire; de ce nombre fut la petite église de *Saint-Pierre aux Bœufs*. Elle était située dans la rue du même nom, qui vient d'être remplacée par une autre rue plus large et plus régulière, la rue d'Arcole.

L'époque précise de la construction de Saint-Pierre aux Bœufs n'est pas connue, mais il faut certainement la placer entre les années 1107 et 1136. A cette dernière date elle est nommée pour la première fois dans une bulle d'Innocent II. Suivant l'opinion la plus répandue, cette église a été autrefois la paroisse des bouchers de la Cité ou le centre de leur confrérie. C'est ainsi qu'on explique et le surnom qu'elle portait et les deux têtes de bœufs qui étaient autrefois sculptées sur son portail.

Supprimée en 1790, l'église de Saint-Pierre aux Bœufs n'a été démolie qu'en 1837, lorsque l'on procéda à l'alignement de la rue d'Arcole. On eut soin de ne point détruire le portail, qui était remarquable par l'élégance de son architecture. Les pierres furent numérotées et enlevées avec précaution, et ce curieux spécimen de l'art chrétien au treizième siècle fut placé à l'entrée de l'église Saint-Séverin, avec laquelle il fait corps. La maison de la rue d'Arcole, n° 15, qui a remplacé Saint-Pierre aux Bœufs, porte sur sa façade cette inscription : « Sur cet emplacement était autrefois l'église de Saint-Pierre aux Bœufs, dont on ignore l'origine, mais qui existait déjà en 1136. Démolie en 1837. » La rue d'Arcole, ouverte sur les débris de tant de chapelles et d'oratoires du moyen âge, ne tardera pas à son tour à disparaître, en exécution d'une pensée évidemment stratégique, laquelle tend à ne laisser subsister dans la Cité que des monuments publics, des palais, des églises, et des citadelles modestement désignées sous le nom de casernes. A chaque siècle son œuvre.

Vers la fin du règne de Louis le Gros il existait, à l'angle septentrional de la rue des Francs-Bourgeois, une chapelle dédiée sous le vocable de Saint-Martin et qui appartenait au chapitre de Saint-Marcel ; elle servait à l'usage des chanoines et ne fut érigée en cure que sous le règne de Charles VII. Sous le règne de

Louis le Jeune on construisit, dans le bourg de Saint-Médard, situé au sud de Paris, une église paroissiale dont la circonscription embrassait les clos du Chardonnet, du Breuil, de Copeau, de Gratard, des Saussayes et de la Cendrée. Nonobstant l'étendue de ce territoire, c'était une église très-pauvre et qui n'avait rien de monumental, rien qui attirât les regards. Non loin de là, vers la Bièvre, une chapelle, placée sous l'invocation de saint Hippolyte, fut élevée au rang d'église curiale à une époque qui ne remonte pas au delà de 1150. Elle dépendait du chapitre de Saint-Marcel. Le même chapitre nommait également, durant le onzième et le douzième siècle, à la cure de Saint-Hilaire, église paroissiale aujourd'hui détruite et qui a laissé peu de souvenirs.

En 1171 l'hôpital de Saint-Gervais ou la maison des Hospitalières de Saint-Anastase fut fondé par un maçon nommé Warin (Garin) et par son fils Harcher, prêtre; tous deux, *émus de pitié*, dit Malingre, consacrèrent leur propre maison, située au parvis Saint-Gervais, à donner l'hospitalité aux pauvres passants. Robert, comte de Dreux, frère de Louis VII, favorisa cette pieuse fondation en faisant l'abandon du cens qui lui était dû sur la maison de Garin, et le pape Alexandre III la confirma par une bulle sans date qu'on croit être de 1179. Une autre bulle de Nicolas IV, du 10 septembre 1190, plaça l'hôpital Saint-Gervais sous la protection du Saint-Siége.

C'est également au règne de Louis le Jeune et à l'an 1147 que remonte la fondation d'une école fondée à Paris en vue de servir à l'instruction des jeunes Danois; on l'appelait collége de *Dace* (Dacie, Danemark), et elle était dirigée par les chanoines de Sainte-Geneviève.

Ce collége, situé d'abord rue Sainte-Geneviève, fut plus tard établi dans la rue Garlande.

Sous le règne de Louis le Jeune et aux abords du Pont-au-Change existait le grand Châtelet, citadelle qui protégeait Paris, et dont l'origine, fort controversée, ne saurait être bien clairement établie. Une charte du douzième siècle en fait mention, et l'on sait également que le prévôt de Paris résidait dans cette forteresse. Nous en parlerons de nouveau en continuant notre récit, et pour mentionner les agrandissements successifs, les reconstructions diverses du Châtelet, aussi bien que la juridiction et les attributions du magistrat qui y rendait la justice.

L'opinion qui attribue la construction du grand Châtelet à César est dénuée de toute preuve. Corrozet dit qu'il fut fondé par Julien ou quelques-uns des princes qui lui succédèrent. Malingre, le commissaire Delamare, dans son *Traité de la Police*, et d'autres historiens de Paris en font honneur à César. « Le nom de *chambre de César*, dit Delamare, qui a demeuré à l'une des chambres du Châtelet, et l'inscription *tributum Cæsaris*, gravée sous une arcade, et qui subsistait encore à la fin du seizième siècle, ne laissent aucun lieu de douter que cette forteresse ait été bâtie ou par les ordres de ce prince, ou sous le règne de quelqu'un des premiers Césars. » Un autre annaliste parisien, Jaillot, nous semble se rapprocher davantage de la vérité à ce sujet. « On n'a peut-être eu en vue, dit-il, en donnant ce nom (*tributum Cæsaris*) à une chambre, et en le gravant sur la porte d'un bureau, que d'indiquer le droit du prince à qui le tribut étoit dû et le lieu où il se percevoit, suivant le précepte de l'Évangile : *Rendez à César ce qui appartient à César*. Ce tribut des Parisiens pouvoit et devoit être perçu, à l'entrée de la ville et de la Cité, sur les marchandises qui arrivoient par eau en cet endroit, d'où plusieurs auteurs l'ont nommé mal à propos l'*Apport de Paris*. Le Parloir aux bourgeois ou la juridiction de la ville y étoit situé, et ces deux circonstances suffirent pour autoriser la dénomination de *chambre de César* et l'inscription *tributum Cæsaris*. » Quoi qu'il en soit, on ne trouve rien de certain sur l'existence de cet édifice avant le douzième siècle. Il est possible qu'il eût remplacé quelque monument moins considérable des deux premières dynasties, et particulièrement l'un de ces ouvrages de guerre que les comtes de Paris avaient élevés pour mettre la capitale du royaume à l'abri des incursions des Normands.

Une charte de Louis le Jeune fait donation à l'abbaye de Montmartre de la place des *Pécheurs*, située entre la maison des bouchers et le Châtelet du roi (*inter domum carnificium et regis castellucium*). Ces derniers mots ont été appliqués au Châtelet construit sur la rive droite de la Seine, aux abords du pont principal de Paris, et qui, formé de poutres et de solives, sous les deux premières races, aurait été réédifié plus solidement sous Louis VII. On assure qu'à dater de ce même roi le prévôt de Paris y avait établi sa demeure et son tribunal. Sur l'autre rive du fleuve, et à l'extrémité méridionale du Petit-Pont, se trouvait alors une autre forteresse de très-médiocre dimension et qui protégeait les abords de Paris du côté de l'Université; c'était le petit Châtelet, où l'on percevait un péage au profit de la ville.

Ainsi qu'on l'a vu plus haut, il existait à Paris une corporation de marchands dont l'origine est inconnue, mais qui remontait à une époque antérieure à la domination romaine ; elle était administrée par des officiers civils qui portaient le titre d'*échevins*. Au temps des Césars on donnait aux membres de cette corporation la dénomination de *Nautes* parisiens, et, au douzième siècle, nous les retrouvons groupés sous le nom collectif de *Hanse parisienne*. Plus récemment, et à la suite de transformations que nous mentionnerons à leur date, cette corporation devint le *corps municipal* de la ville. Louis le Gros, en 1121, et Louis le Jeune, en 1141 et 1170, accordèrent à la *Hanse* des droits et des priviléges spéciaux (1). L'impor-

(1) En 1121 Louis le Gros remet par ordonnance, aux marchands de l'eau de Paris, un impôt de soixante sous établi sur chaque bateau de vin amené à Paris. Cet impôt s'appelait droit de *chevretage*. Cette ordonnance fait mention des marchands de l'eau comme d'une compagnie bien établie ; on voit par son texte qu'elle vise un fait préexistant, qui n'a pas besoin d'être rappelé. Elle est pour nous le lien qui rattache les nautes du douzième siècle aux nautes existant dès le règne de Tibère. En 1134, parait une autre ordonnance de Louis le Gros, non moins significative : elle concède aux bourgeois de Paris la faculté d'arrêter eux-mêmes ceux de leurs débiteurs qui niaient leurs dettes.

« Sçavoir faisons à tous, présents et à venir, dit cette ordonnance, que nous ordonnons et accordons à tous nos *bourgeois* de Paris (*burgensibus nostris Parisiensibus*) qu'au cas que leurs débiteurs pour dettes, qui le pourront prouver légitimement, si elles sont déniées, ne les paient pas aux termes que lesdits bourgeois leur auront donnés, pourront lesdits prendre des biens de leurs débiteurs, qui seront nos justiciables, partout et de quelque manière que ce soit, jusqu'à concurrence de ce qui leur sera dû, de sorte qu'ils soient payés en entier. Voulons que lesdits bourgeois s'aident les uns aux autres à l'effet des présentes ; voulons que notre prévôt de Paris et tous nos sergents de Paris prêtent la main auxdits bourgeois pour les faire jouir de la présente grâce. » Enfin, en 1170, Louis le Jeune rend une ordonnance qui est ainsi conçue : « Accordons à nos *citoyens* de Paris la confirmation des coutumes qu'ils avoient au temps de Louis VI, notre père ; ces coutumes sont telles *de toute ancienneté :* personne ne peut amener de la marchandise par eau à Paris s'il n'est Parisien ou s'il n'a pour associé de son commerce quelque Patance du corps des *Nautes* ou de la *Hanse* n'avait jamais été révoquée en doute. Dans le principe tout le commerce des Parisiens s'était fait par le fleuve, et les marchandises avaient été transportées par eau plus sûrement qu'elles n'auraient pu l'être sur des chemins mal entretenus, fangeux, à peu près impraticables et toujours infestés de brigands. Le commerce par eau se faisait, au contraire, avec promptitude, sans obstacles, et les rois ne cessaient de le favoriser ou de lui concéder des prérogatives dont l'effet fut, à la longue, de faire des *marchands* ou de la *Hanse parisienne* une magistrature municipale qu'on trouvera plus d'une fois associée aux grands événements politiques et aux révolutions nationales.

En attendant, les édits royaux avaient constitué, en faveur de la Hanse, le monopole du commerce de la Seine, privilége excessif qui soulevait les réclamations des cités riveraines, mais qui, sous le régime féodal, n'était qu'un fait normal. Un écrivain moderne, M. Depping,

risien marchand de l'eau. » Puis l'ordonnance ajoute qu'en cas de contravention il est prononcé une amende dont la moitié appartient au roi, la moitié aux Parisiens marchands de l'eau. Les marchands de l'eau qui percevaient une moitié des amendes prononcées pour les contraventions à leurs priviléges ne les appliquaient certes pas à leur profit; leur emploi était fait dans l'intérêt de la ville, pour l'entretien de ses ports, de ses ponts, pour la surveillance de la navigation; elles constituaient donc un revenu municipal qui devait être administré par le corps de ville.

Ainsi les priviléges des marchands de l'eau sont de toute ancienneté : Louis le Jeune nous le dit formellement dans son ordonnance; mais, quoique de toute ancienneté, ils étaient parfois sujets à contestation, et c'est pour les raffermir que cette ordonnance fut rendue.

L'histoire du droit municipal de Paris est très-étroitement liée à l'histoire des nautes ou marchands de l'eau; ils ont formé longtemps la plus riche et la plus puissante association marchande de Paris, et leur influence a été telle qu'ils ont attiré à eux l'administration municipale.

entre à cet égard dans quelques considérations que nous devons reproduire.

« On aurait tort, dit-il, de regarder l'exemple de la Hanse comme isolé, et sa rigueur comme la seule entrave à la navigation de la Seine. Ce que faisait la bourgeoisie parisienne en grand, chaque petit seigneur dont le château fort dominait le cours de la Seine le faisait en détail. Avant de pouvoir arriver de la Bourgogne jusqu'à Harfleur, une cargaison était mise à contribution par une dizaine de seigneurs et de communes bourgeoises, tous empressés de prélever un tribut sur les denrées et marchandises ou de leur refuser le passage. A peu de distance de Paris le seigneur de Maisons commençait cette série de contributions auxquelles le bateau, en descendant la Seine, était assujetti, et la ville de Rouen n'était pas la moins exigeante. Maîtresse de la grande navigation de la Seine, s'interposant entre la Bourgogne et la Normandie, la Hanse de Paris était plus puissante que toutes les autres villes situées sur le fleuve et que tous les seigneurs ayant donjon sur ses bords. Elle empêchait les Normands d'envoyer directement le sel et la marée dans la haute Seine, et les Bourguignons d'expédier sans intermédiaire leurs vins et leurs bois dans la basse Seine et à la mer. Il lui était facile de s'arranger avec les seigneurs des châteaux forts sur la rivière ; car ceux-ci ne pouvaient avoir d'autre désir que de tirer un peu plus d'argent du passage des bateaux. En promettant au seigneur de Poissy, qui possédait Maisons-sur-Seine, douze deniers par tonneau de vin et deux setiers de cette boisson à prendre sur le premier tonneau, ils contentèrent ce seigneur et s'assurèrent la liberté du passage devant son castel féodal. Mais il n'était pas si facile d'apaiser la bourgeoisie marchande des villes situées sur la Seine, qui, trouvant ses intérêts lésés par les prétentions des Parisiens, se plaignit vivement des entraves mises à la navigation par la Hanse parisienne et essaya de temps en temps de secouer le joug onéreux imposé par cette compagnie au commerce fluvial. La Bourgogne d'une part et la Normandie de l'autre réclamèrent contre le prétendu privilége de la Hanse; mais ce fut en vain.

« La ville d'Auxerre voulut user de représailles en empêchant les marchands parisiens de mettre à terre, dans cette ville, les cargaisons de sel qu'envoyait la Normandie; mais la Hanse parisienne en appela au roi, et *Tornodorus*, comte d'Auxerre, fut obligé de céder devant l'intervention royale. »

Le commerce de la Hanse avait lieu sur le port de la Grève, qu'elle avait acheté en 1141 et qui était indiqué par une rangée de pieux; un peu plus tard on établit un nouveau port vis-à-vis l'école Saint-Germain, au lieu appelé de nos jours quai de l'École. Un autre port, celui de Saint-Landry, servait aux approvisionnements de la Cité; sur la rive gauche, aux abords du Petit-Pont, non loin de l'endroit où s'élève aujourd'hui la fontaine Saint-Michel, il existait un petit port dont le commerce était principalement affecté aux besoins du quartier de l'Université.

Vers les premières années du règne de Louis le Jeune on avait fondé à Paris une maison de l'ordre du Temple, et les chevaliers de cet institut, avant l'année 1147, tinrent une assemblée où ils assistèrent au nombre de plus de cent trente. Ils possédaient un couvent près de Saint-Gervais et ne tardèrent pas à transférer leur principal établissement dans le lieu où a subsisté jusqu'à nos jours l'espèce de forteresse qui portait le nom de tour du Temple.

Nous en parlerons au fur et à mesure que se déroulera notre récit. A la même époque les Hospitaliers de Saint-Jean de Jérusalem, depuis nommés chevaliers de Rhodes et enfin chevaliers de Malte, avaient à Paris une maison fondée, dit-on, en l'an 1130, mais dont il n'est fait mention authentique que dans une charte de 1171. Cette maison était établie dans le vaste vignoble alors appelé clos Bruneau. Nous aurons également occasion de mentionner ses agrandissements successifs; en ce moment nous avons à raconter en peu de mots les transformations inattendues de Paris sous Philippe-Auguste, qui fut comme le second fondateur de cette illustre capitale.

LIVRE V.

PARIS SOUS LES SECONDS CAPÉTIENS.

CHAPITRE PREMIER.

Paris sous Philippe-Auguste.

Philippe II, qui tint de l'admiration de son siècle le surnom d'*Auguste* (1), était à peine âgé de quinze ans lorsqu'il succéda à son père. Le jeune prince, à son avénement, fut placé sous la tutelle du comte de Flandre et sous la conduite de Clément de Metz, maréchal de France. Il épousa Isabelle de Hainaut, et cette princesse, issue du malheureux Charles de Lorraine, apporta pour dot à son époux la ville d'Amiens et des droits qui assurèrent à Philippe la Flandre méridionale (l'Artois), le Valois et le Vermandois. Ces acquisitions successives donnèrent au royaume la ligne de la Somme pour barrière

Philippe-Auguste publia de sévères édits contre les juifs; il les chassa de son royaume, confisqua leurs immeubles, et leur enjoignit de vendre leurs meubles dans un court délai. Ces mesures rigoureuses n'obtinrent pas l'assentiment de tout le clergé.

---

(1) Ce surnom ne lui fut donné qu'après sa mort; on l'appela à sa naissance *Dieudonné*.

« Il y avait alors, dit le chroniqueur Rigord, un grand nombre de juifs qui demeuraient en France. Depuis bien des années la libéralité des Français et la longue paix du royaume les y avaient attirés en foule de toutes les parties du monde. Ils avaient entendu vanter la valeur de nos rois contre leurs ennemis et leur douceur envers leurs sujets. Donc, sur la foi de la renommée, quelques-uns d'entre les juifs qui, par leur âge et leur science des lois de Moïse, méritaient de porter le titre de *docteurs*, vinrent à Paris. Après un assez long séjour, ils se trouvaient tellement enrichis qu'ils s'étaient approprié près de la moitié de la ville, et qu'au mépris des volontés de Dieu et de la règle ecclésiastique ils avaient dans leurs maisons un grand nombre de serviteurs et de servantes nés dans la foi chrétienne, mais qui s'écartaient ouvertement des lois de Jésus-Christ pour judaïser avec les juifs ; et comme le Seigneur avait dit, par la bouche de Moïse, dans le Deutéronome : « Tu ne prêteras pas à usure à ton frère, mais à l'étranger, » les juifs, comprenant méchamment tous les chrétiens sous le nom d'étrangers, leur prêtaient de l'argent à usure. Bientôt, dans les bourgs, dans les faubourgs et dans les villes, chevaliers, paysans, bourgeois, tous furent tellement accablés de dettes qu'ils se virent souvent, les uns expropriés de leurs biens, les autres gardés sur parole dans les maisons des juifs de Paris et détenus comme en prison.

« Pour comble de profanation, toutes les fois que des vases ecclésiastiques consacrés à Dieu, comme des calices ou des croix d'or et d'argent, portant l'image de Notre-Seigneur crucifié, avaient été déposés entre leurs mains par les églises, à titre de caution, dans des moments d'une nécessité pressante, ces impies les traitaient avec si peu de respect qu'ils donnoient à leurs enfants, pour tremper des gâteaux dans le vin et pour boire avec eux, ces précieux vases destinés à recevoir le corps et le sang de Jésus.

« Philippe, roi très-chrétien, étant informé de tout cela, fut ému de pitié; il consulta un ermite nommé Bernard, saint homme et bon religieux, qui vivoit dans le bois de Vincennes. Ce fut d'après son conseil que le roi libéra tous les chrétiens de son royaume des dettes qu'ils avoient contractées envers les juifs, à l'exception d'un cinquième, qu'il se réserva.

« Comme les juifs craignoient alors que les officiers du roi ne vinssent fouiller leurs maisons, un d'entre eux, qui demeurait à Paris, et qui avoit reçu en nantissement quelques meubles d'église, tels qu'une croix d'or enrichie de pierreries, un livre d'évangile orné avec un art infini des pierres les plus précieuses, quelques coupes d'argent, cacha tout cela dans un sac et le jeta, le sacrilége! au fond d'une fosse. Bientôt une révélation l'apprit aux chrétiens, qui trouvèrent ces précieux meubles gisants en cet endroit. Aussi, après avoir payé au roi, leur seigneur, le cinquième de la dette, ils allèrent, pleins de joie, reporter en pompe ces ornements sacrés à l'église qui les avoit engagés.

« Et ce fut ainsi que, grâce à l'édit du roi, tous les chrétiens du royaume de France se trouvèrent à jamais libres des dettes qu'ils avoient contractées envers les juifs. »

Les Israélites eussent été fort heureux si la persécution se fût arrêtée là. Privés de tout recours contre leurs nombreux débiteurs et jetés en prison par les ordres de

Philippe, ils se flattaient encore que ce n'était là qu'un de ces orages passagers comme ils en éprouvaient souvent, et que le jeune roi les rétablirait bientôt dans leurs priviléges pour partager ensuite les profits de leur commerce. Mais, loin de là, la sévérité des mesures prises contre eux s'accrut rapidement. Leurs synagogues furent toutes saisies, et, malgré l'opposition des grands, changées en églises. Enfin, au mois d'avril 1181, un nouvel édit confisqua tous leurs immeubles au profit du roi, leur enjoignit de faire vendre leurs meubles avant la fête de Saint-Jean suivante, et leur ordonna de sortir, après cela, pour jamais du royaume. Effrayés, quelques-uns se convertirent pour échapper à cette proscription; mais le plus grand nombre aimèrent mieux abandonner leurs richesses. Dans leur désolation ils s'adressèrent aux comtes, aux barons, aux évêques, aux abbés, à tous ceux qu'ils croyaient en crédit, et les engagèrent, par de grosses sommes d'argent, à intercéder en leur faveur. « Mais, dit le chroniqueur, il eût été plus facile d'attendrir les rochers et de transformer le fer en plomb que de changer la volonté du roi. » Alors, forcés tous ensemble de vendre toutes leurs marchandises, ils éprouvèrent des pertes immenses, sans cesse aggravées par les vexations des hommes du pouvoir et par la malveillance des peuples.

Philippe eut à réduire Hugues III, duc de Bourgogne, prince du sang royal, qui dépouillait le clergé de ses biens et rançonnait les voyageurs sur les routes. Il y parvint et rentra à Paris en triomphateur.

Les désordres et l'anarchie sociale, le manque de police, avaient donné naissance à plusieurs hordes de brigands populaires connus, les uns sous le nom de Brabançons, les autres sous ceux de Routiers et de Cotteraux. Ces troupes se répandaient dans les campagnes, pillant les églises, dévastant les châteaux, menaçant la propriété sous toutes les faces. Les milices des communes (1), réunies aux troupes royales, taillèrent en pièces ces brigands. Les vagabonds soupçonnés d'être leurs complices et quinze cents femmes qui avaient fait partie de leurs bandes sacriléges et dévastatrices furent brûlés à petit feu.

Philippe-Auguste adopta à l'égard du roi d'Angleterre la politique de son père, et soutint dans leurs révoltes Henri au Court Mantel, Geoffroy et Richard, fils de ce malheureux prince. Cette longue querelle dura quinze ans. Nous n'entrerons pas dans le détail des graves incidents politiques et militaires qui signalèrent ces longues guerres princières, nationales et féodales; ils ne se rattacheraient que très-indirectement à l'histoire spéciale de Paris, dont nous avons surtout à décrire les phases; il nous aura suffi de les indiquer par cela que Paris, bien qu'il ne servît pas de théâtre à ces luttes, ne dut pas manquer d'en subir la réaction et le contre-coup.

Le chroniqueur contemporain de Philippe-Auguste continue en ces termes : « L'an 1182 de l'Incarnation du Seigneur, dans le mois d'avril, nommé *nisan* chez les juifs, le sérénissime roi Philippe-Auguste rendit un édit qui donnait aux juifs jusqu'à la Saint-Jean suivante pour se préparer à sortir du royaume. Le roi leur laissa aussi le droit de vendre leur mobilier jusqu'à l'époque fixée, c'està-dire la fête de Saint-Jean. Quant à leurs domaines, tels que maisons, champs, vignes, granges, pressoirs et autres

(1) Ces milices pouvaient être considérées comme une sorte de garde nationale.

immeubles, il en réserva la propriété pour ses successeurs au trône de France et pour lui. Quand les perfides juifs eurent appris la résolution du monarque, quelques-uns d'entre eux, régénérés par les eaux du baptême et par la grâce du Saint-Esprit, se convertirent en Dieu et persévérèrent dans la foi de Notre-Seigneur Jésus-Christ. Le roi, par respect pour la religion chrétienne, fit rendre à ces néophytes tous leurs biens et leur accorda une entière liberté. D'autres, fidèles à leur ancien aveuglement et contents dans leur perfidie, cherchèrent à séduire par de belles promesses les princes de la terre, les comtes, barons, archevêques et évêques, voulant essayer, si à force de conseils, de remontrances et de promesses brillantes, leurs protecteurs ne pourroient pas ébranler les volontés irrévocables de Philippe. Mais le Dieu de bonté et de miséricorde, qui n'abandonne jamais ceux qui espèrent en lui et qui se plaît à humilier ceux qui présument trop de leur puissance, avoit versé du haut du ciel les trésors de sa grâce dans l'âme du roi, l'avoit éclairée des lumières du Saint-Esprit, échauffée de son amour et fortifiée contre toutes les séductions des prières et des promesses de ce monde (1). »

Tandis que le roi de France prenait part aux croisades, tandis qu'il se plaçait à la tête du mouvement européen et guerroyait contre les rois d'Angleterre, pour leur enlever la Normandie, la Bretagne et différentes provinces du Sud-Ouest, Paris ne participait point à cette gloire par des efforts spéciaux, par une action isolée; cette ville, déjà puissante et célèbre, s'enorgueillissait de la puissance

---

(1) Rigord, *Vie de Philippe-Auguste*, ch. 1er.

de son roi, mais l'histoire n'a conservé que très-faiblement le souvenir des incidents qui, à cette époque, signalèrent particulièrement les annales de la bourgeoisie parisienne. Nous ne mentionnerons donc que pour mémoire les expéditions lointaines et les guerres continues dont fut rempli le règne de Philippe-Auguste.

On sait que, vers l'an 1214, Jean-sans-Terre, roi d'Angleterre, humilié par les triomphes de son rival, avait suscité par ses intrigues le plus grand orage qui jusque-là eût menacé la France. Philippe-Auguste venait de faire au comte de Flandre une guerre mêlée de succès et de revers, lorsque Jean entreprit de former contre lui une coalition des plus puissants princes de l'Europe. Ses excitations furent favorablement écoutées. La grandeur naissante de la France avait déjà soulevé les jalousies de ses voisins; une ligue formidable se forma donc promptement, et, pendant que le roi d'Angleterre débarquait à la Rochelle à la tête d'une armée pour prendre au midi le royaume de Philippe-Auguste, l'empereur d'Allemagne, Othon IV, neveu de Jean, et avec lui les comtes de Flandre et de Boulogne, ceux de Hollande et de Limbourg, les ducs de Lorraine, de Brabant et de Saxe, réunissaient des forces immenses pour le déborder vers le nord. L'intention des souverains coalisés était de se partager la France et d'anéantir ce nom glorieux. Cette tentative, que tout semblait favoriser, la force et le nombre, ne devait point s'accomplir.

Le 27 juillet 1214 Philippe-Auguste, à la tête de la noblesse et des milices nationales de France, remporta sur les confédérés la mémorable victoire de Bouvines, qui sauva la nationalité et l'indépendance de notre pays. Pendant sept jours et sept nuits les Parisiens se livrèrent aux plus vifs transports de joie; la France triompha comme la capitale : on avait vaincu pour elle et avec elle. « Qui pourroit s'imaginer, dit Guillaume le Breton, qui pourroit conter, qui pourroit tracer avec la plume, sur le parchemin ou sur des tablettes, les joyeux applaudissements, les hymnes de victoire, les danses continuelles du peuple, le doux chant des clercs, les sons harmonieux des instruments guerriers, les solennels ornements des églises, au dedans et au dehors, les rues, les maisons, les chemins tous tendus de courtines et de tapisseries de soie, couverts de fleurs, d'herbes et de branches d'arbre verdoyantes, tous les habitants de toute condition, de tout sexe et de tout âge, accourant de toutes parts voir un si beau triomphe; les paysans et les moissonneurs interrompant leurs travaux, suspendant à leur cou leurs faulx, leurs hoyaux et leurs trubles (car c'étoit alors le temps de la moisson), et se précipitant en foule vers les routes pour voir dans les fers ce Ferrand, dont peu auparavant ils redoutoient si fort les armes. Les paysans, les vieilles femmes et les enfants ne craignirent point de se moquer de lui. Ils en trouvoient l'occasion dans l'équivoque de son nom, qui pouvoit s'entendre aussi bien d'un homme que d'un cheval, d'autant mieux que, par un admirable hasard, les deux chevaux qui le traînoient dans une litière étoient de ceux auxquels leur couleur a fait donner le même nom. C'est pourquoi l'on disoit que maintenant il étoit *ferré*; qu'il ne pouvoit plus regimber, lui qui auparavant, gonflé d'orgueil, ruoit et levoit le talon contre son maître. Toute la route se passa ainsi jusqu'à ce qu'on fût arrivé à Paris. Les habitants de Paris, le clergé, le peuple, et par-dessus tout la multitude des écoliers, allèrent au-devant du roi en chantant des hymnes et des cantiques, et témoignèrent par leurs actions quelle joie animoit leurs esprits. Il ne leur suffit pas de se livrer ainsi à l'allégresse durant ce jour; ils prolongèrent leurs plaisirs pendant la nuit, et même pendant sept nuits consécutives, au milieu des flambeaux; en sorte que la nuit paroissoit aussi brillante que le jour. Les écoliers surtout ne cessoient de faire de somptueux festins, dansant et chantant sans cesse. »

Paris eut pour sa part un grand nombre de captifs qui furent enfermés au grand et au petit Châtelet, outre le comte Ferrand, qui fut mis à la tour du Louvre, où il resta jusqu'au temps de saint Louis. Dès ce moment les Capétiens n'eurent plus à craindre pour l'hérédité de leur couronne; la victoire avait agrandi le royaume, le salut de la France avait consacré et popularisé leur pouvoir.

Philippe-Auguste, vainqueur à Bouvines, n'avait plus à redouter la jalousie de ses voisins. Il mit le sceau à sa gloire et à son pouvoir par des établissements utiles et pacifiques. Préoccupé sans relâche du besoin de fortifier la royauté et de l'élever au-dessus de toutes les souverainetés féodales, il atteignit son but autant par les institutions que par la force.

Doué d'un orgueil inflexible et d'une ambition peu scrupuleuse dans ses ressources; incapable de plier devant un obstacle et assez habile pour attendre les occasions; obligé de se soumettre à la prépondérance des souverains pontifes, mais impatient de s'affranchir du contrôle de l'Église; peu soucieux de rester fidèle à sa parole, mais toujours déterminé à exiger des autres loyauté et soumission,

Philippe-Auguste est l'un de ces caractères historiques qui rencontrent peu de sympathie, et, en même temps, l'un de ces rois dont on admire l'intelligence et qui étonnent par le succès de leur politique. Il n'eut ni la grandeur, ni la générosité, ni la puissance de Charlemagne; il appela sur lui les justes censures de la papauté; il affligea le peuple par ses scandales et mécontenta les hommes loyaux par ses manques de foi et ses artifices, et néanmoins il eut le secret d'être un roi fort et illustre. Nous n'oserions dire le contraire sans craindre de mentir à l'histoire. Peut-être la France lui sut-elle gré de ce qu'il la fit grande et redoutée, et crut-elle pouvoir absoudre les moyens qu'il mit en œuvre; Philippe-Auguste, digne héritier de la pensée de Louis le Gros, son aïeul, réussit à émanciper la couronne de toute dépendance humiliante, et, tout en respectant les droits des grands vassaux, il sut maintenir victorieuse et intacte la souveraineté royale.

CHAPITRE II.

Suite du règne de Philippe-Auguste. — Incidents qui se rattachèrent plus particulièrement à l'Histoire de Paris.

Nous avons déjà parlé des progrès remarquables de l'enseignement public et des sciences sous la direction de la célèbre université de Paris. Au temps où régnait Philippe-Auguste ce mouvement prit un développement extrême par l'entraînement du génie du roi, qui entourait de pompe la monarchie et donnait une admirable excitation à l'activité des esprits. Ce fut Robert de Courçon, cardinal et légat du pape, que le roi chargea de dresser les statuts de l'université de Paris, et par l'étude ou la *clergie* se formèrent alors, comme au temps de Charlemagne, des existences nouvelles dans l'État, contre-poids imposant aux vieilles existences de la conquête d'abord, de la féodalité ensuite. Ainsi l'enseignement des sciences était un titre aux dignités, et c'était là une glorieuse noblesse (1).

---

(1) Dès le douzième siècle Othon de Freisingue, les fils du comte Adolphe de Schaumbourg, le fils du duc Henri le Pieux vinrent y étudier. Le droit et la chirurgie n'y furent enseignés qu'au commencement du treizième siècle, bien qu'on apprît depuis longtemps la rhétorique, la grammaire et la philosophie. Voici en résumé quelques-uns des règlements que les papes établirent pour cette université, qui servit de modèle à toutes les autres, et sur laquelle nous avons, plus que sur toute autre, de longs et curieux détails. Un membre de l'Université ne peut être expulsé qu'après certains délais et des avertissements réitérés, et l'Université en corps ne peut l'être que par un acte de l'autorité papale. Les étudiants ne doivent pas faire hausser le prix des loyers en haine

La longue querelle qui s'éleva entre les clercs ou étudiants de l'Université et les religieux de Saint-Germain, au

l'un de l'autre, ni pour faire déguerpir un condisciple. L'hôte qui exige un loyer excédant l'estimation faite par deux bourgeois ou maîtres est interdit pour cinq ans. Les discussions ne doivent pas être accompagnées de festins. Celui qui veut professer la théologie doit avoir étudié cinq ans au moins et avoir trente-cinq ans d'âge; un maître ès libres sciences doit également étudier six ans et subir un examen. Chaque étudiant devra s'en tenir à un maître déterminé.

La partie la plus curieuse de ce règlement est celle où il est parlé des règles de conduite données aux écoliers. On leur interdit les repas de cérémonie lors de leurs thèses ou de l'installation des nouveaux maîtres. L'usage du manteau leur est accordé; mais les souliers à la poulaine, avec leurs pointes recourbées en bec, sont sévèrement prohibés, comme raffinement indigne de la gravité cléricale, car tous les étudiants étaient clercs. Le règlement va plus loin encore. « Que nul maître lisant ès « arts, est-il dit, n'ait une chappe qui ne soit ronde, noire et tombant « sur les talons, du moins lorsqu'elle est neuve. » Robert de Courçon interdit au chancelier de l'Église de Paris de rien exiger des écoliers, ni somme d'argent, ni serment, quand ils viennent lui demander la licence; il confirme aux maîtres et aux écoliers la possession du pré Saint-Germain, le fameux Pré-aux-Clercs que les moines de Saint-Germain leur disputèrent constamment jusqu'à ce que les rois de France se le fussent adjugé; enfin il reconnaît à l'Université le droit de prendre telle délibération qu'il lui conviendra en cas de violation de ses priviléges. La France comptait encore d'autres universités : celle de Montpellier, consacrée particulièrement à l'enseignement de la médecine, mais où, dans le courant du treizième siècle, on trouve aussi réunis en une seule faculté des professeurs de droit, de théologie et de belles-lettres; celle d'Orléans, où l'on enseignait le droit, et où la jalouse université de Paris empêcha, attendu le voisinage, l'établissement d'une faculté de théologie et de philosophie; enfin celle de Toulouse, fondée en 1233 par Grégoire IX, pour faciliter la conversion des Albigeois. Cette dernière obtint les mêmes priviléges que l'université de Paris et fut affranchie de toute juridiction temporelle. Le chancelier de la cathédrale était aussi celui de l'Université. Les étudiants qui ne suivaient aucun cours étaient privés de leurs droits. Ils ne pouvaient sortir armés ni être emprisonnés pour dettes. Il était défendu aux théologiens de chercher à briller

sujet de la promenade appelée le Pré-aux-Clercs, ne fut pas l'un des moins curieux incidents de l'histoire de Paris au moyen âge.

Le Pré aux Clercs était situé sur le territoire de l'abbaye Saint-Germain des Prés, et s'étendait le long de la Seine depuis l'endroit où débouche aujourd'hui la rue Mazarine, ou à peu près, jusqu'au delà des Invalides ; il fut successivement diminué par les constructions que l'on y fit, surtout du côté de l'orient. C'est probablement ce pré que veut désigner Abbon lorsqu'il dit, dans le premier livre de son poëme, que les Normands tentèrent de s'emparer de la plaine située auprès de la belle église de Saint-Germain.

Turbulents et querelleurs, les clercs avaient choisi ce pré pour le théâtre de leurs amusements, mais leur voisinage inquiétait les religieux de l'abbaye. L'Université soutint les clercs, et, ne sachant comment imposer silence aux religieux, porta ses plaintes devant le pape Alexandre III, lorsque ce pontife vint à Paris, sous le règne de Louis le Jeune. L'affaire fut évoquée au concile de Tours, qui donna tort aux écoliers. Cette décision, au lieu de terminer une querelle qui ne faisait que de naître, servit à développer entre l'abbaye et l'Université un germe de discorde qui ne tarda pas à porter ses fruits : l'état d'hostilité entre les deux rivales devint permanent, et eut souvent, comme on l'a vu, les plus fâcheux résultats. Presque toujours l'abbaye fut maintenue en possession de la justice du Pré-aux-Clercs ; mais les rixes sanglantes qui furent occasion-

comme philosophes, mais ils devaient se contenter d'acquérir la science des choses divines. Il leur était aussi interdit de se servir de l'idiome du peuple.

nées par les voies de fait auxquelles se livraient les écoliers contre les gens de l'abbaye imposaient quelquefois à celle-ci de grands dommages.

En 1192, malgré le jugement solennel d'un concile qui s'était tenu en France et avait été présidé par le pape, les écoliers, regardant comme un droit de propriété la faculté d'aller se récréer dans le pré de l'abbaye, y commirent quelques désordres. Les habitants du bourg de Saint-Germain voulurent les chasser du pré; les écoliers se mirent en défense, et l'un d'eux fut tué. Quoiqu'on n'eût aucune preuve que l'abbé et les religieux eussent eu part à ce démêlé, ce fut cependant contre eux seuls que l'Université porta plainte. L'abbé Robert voulut défendre la communauté devant le légat du pape; mais l'Université avait déjà envoyé des députés se plaindre à Rome. L'abbé Robert pria le fameux Étienne, évêque de Tournay, d'écrire au cardinal Octavien, évêque d'Ostie, pour démontrer au pape le bon droit de l'abbaye. Étienne écrivit et l'affaire n'eut pas de suite. A la longue, l'usage dans lequel étaient les écoliers d'aller se promener dans ce pré devint pour eux un droit dont on n'aurait pu les priver, car un règlement de 1215 porte cette décision : « Quant au pré Saint-Germain, « autrement dit le Pré-aux-Clercs, il est dit qu'il restera « aux écoliers dans l'état qu'il leur a été adjugé. »

Redoutables pour les religieux de l'abbaye, les clercs l'étaient encore davantage à l'égard des paisibles citadins de Paris. « A la même époque, dit Félibien, il s'éleva dans Paris une grande division entre les écoliers et les bourgeois. En voici l'origine. Un gentilhomme allemand, nommé Henri de Jac, l'un des trois compétiteurs qui venaient d'être élus à l'évêché de Liége, après la mort du dernier évêque, Albert de Cuick, mort au mois de février 1200, étudiait alors à Paris. Un de ses serviteurs alla au cabaret pour acheter du vin et y fut maltraité. Les écoliers allemands, accourus sur l'heure, frappèrent l'hôte de la maison si rudement qu'ils le laissèrent à demi mort. Cet excès causa parmi la populace une grande clameur et la ville fut émue. A ce bruit Thomas, prévôt de Paris, armé, et avec lui une foule de peuple aussi en armes, coururent attaquer le logis des écoliers allemands, et dans ce combat le gentilhomme allemand et quelques-uns de ses gens furent tués. Les maîtres des écoles de Paris en allèrent aussitôt porter leurs plaintes au roi Philippe-Auguste, qui fit mettre en prison le prévôt et tous les complices que l'on put arrêter. Le roi, irrité, fit d'abord abattre leurs maisons et arracher leurs vignes et leurs arbres fruitiers. Il n'en demeura pas là; craignant que les maîtres et les écoliers ne désertassent Paris, il fit une ordonnance qui porte que, pour le crime énorme commis contre des clercs et des laïques tués à Paris au nombre de cinq, il en sera fait telle justice, savoir : que le prévôt Thomas, dont les écoliers se sont plaints, demeurera, parce qu'il nie le fait, toute sa vie en prison, s'il n'aime mieux se justifier par l'épreuve de l'eau, en sorte que, s'il succombe dans l'épreuve, il sera condamné à mort, et s'il s'ensauve, banni seulement de Paris sans pouvoir être jamais bailli dans aucune des terres du roi; qu'il en sera de même des complices, mais que les fugitifs étaient déjà tenus pour condamnés; de plus que, pour la sûreté des écoliers, le roi ferait désormais jurer tous les bourgeois de Paris que, s'ils voient à l'avenir un laïque faire injure à un écolier, ils en rendront témoi-

gnage et ne se détourneront point pour ne pas le voir; que, si un écolier est frappé, surtout à coups de pierre, d'épée ou de bâton, ceux qui en seront témoins se saisiront du coupable et le livreront entre les mains des officiers du roi pour en informer et faire justice. L'ordonnance porte encore que ni prévôt ni autre officier de la justice du roi n'arrêteront aucun écolier pour crime, ou qu'ils le rendront à la justice ecclésiastique, en prenant toutefois connaissance, si le cas est grave, de ce que deviendra l'écolier; qu'à l'égard du chef des écoles de Paris, qu'on a depuis appelé *recteur*, il ne pourra pour aucun crime être arrêté que par le juge ecclésiastique. L'ordonnance poursuit ainsi : « Quant aux
« serviteurs laïques des écoliers qui ne nous doivent ni
« bourgeoisie, ni résidence, qui ne vivent point du trafic
« de marchandise, et dont les écoliers ne se servent point
« pour faire injure à personne, notre justice ne mettra
« point la main sur eux si le crime n'est évident. » Le roi ajoute : « Nous voulons que les chanoines de l'Église
« de Paris et leurs domestiques soient compris dans ce
« même privilége, sans déroger en rien à la liberté qui
« leur a été accordée par les rois nos prédécesseurs. Et,
« afin que l'ordonnance soit mieux gardée, le prévôt et
« le peuple de Paris jureront de l'observer littéralement,
« en présence des écoliers, et à l'avenir tout prévôt en-
« trant en charge le jurera de même publiquement dans
« une des églises de Paris, le premier ou second dimanche
« après son installation. » Telle est l'ordonnance de Philippe-Auguste en faveur de l'université de Paris, donnée à Bestisy, l'an 1200. C'est la plus ancienne qui se trouve pour exempter les écoliers, comme clercs, de la justice

séculière. Saint Louis la confirma depuis et commit à l'official de Paris toutes les causes, même criminelles, des écoliers de l'Université. Un auteur anglais, contemporain de Philippe-Auguste, dit que les écoliers supplièrent le roi de modérer la sentence contre le prévôt de Paris, et demandèrent seulement que lui et ses compagnons fussent châtiés publiquement dans leurs écoles, à la manière des écoliers, et puis renvoyés en paix et rétablis dans leurs biens, mais que le roi rejeta leur requête; enfin, que le prévôt voulut se sauver quelque temps après de la prison, et que la corde dont il se servit pour s'évader se rompit, et qu'il tomba de si haut qu'il expira sur-le-champ (1). »

Durant une trêve conclue entre le roi de France et le roi d'Angleterre, Philippe-Auguste invita son rival à venir de bonne amitié lui rendre visite. Jean-sans-Terre arriva le 31 mai 1201 à Paris, où il fut reçu avec magnificence. Philippe-Auguste lui fit donner une place d'honneur dans l'église de Saint-Denis et lui céda son propre palais; il le combla ensuite de présents et se montra également généreux à l'égard des seigneurs anglais qui avaient accompagné leur maître.

Peu de temps après, un concile assemblé à Paris, sous l'autorité du légat du pape, Octavien, évêque d'Ostie, condamna à périr par le supplice du feu un chevalier qui avait professé publiquement l'hérésie manichéenne. Cette rigueur n'intimida qu'à demi les sectaires, dont les erreurs menaçaient à la fois l'ordre religieux et l'ordre social; ils continuèrent de propager leurs détestables doctrines. Alors, par ordre des autorités ecclésiastiques, Raoul de Nemours

---

(1) Félibien, *Histoire de Paris*, tom. I, pag. 229.

et un prêtre qu'on lui adjoignit parcoururent les diocèses de Paris, de Langres, de Troyes et de Sens, et y passèrent trois mois à rechercher les gens de la nouvelle secte. Raoul feignait de partager leurs opinions et se faisait initier à tous les mystères de leur doctrine. Un grand nombre d'hérésiarques furent ainsi découverts. On en saisit quatorze qu'on amena à Paris dans les prisons de l'évêché. C'étaient Guillaume de Poitiers, sous-diacre, qui avait étudié trois ans la théologie et avait enseigné les arts à Paris; un orfévre, nommé Guillaume, qui passait pour leur chef; Étienne, curé du Vieux-Corbeil; Étienne, curé de la Celle; Dudon, clerc du docteur Amaury, livré à l'étude de la théologie depuis dix ans; Guérin, prêtre, professeur ès arts à Paris, et autres gens d'étude. Ils parurent devant un concile composé de docteurs en théologie et de quelques évêques voisins, furent convaincus d'hérésie, condamnés, dégradés publiquement, et livrés aux exécuteurs de la justice royale. Le roi était alors absent; mais dès qu'il fut de retour les coupables furent menés hors la porte de Paris, aux Champeaux, sur l'emplacement actuel des halles. Là dix d'entre eux furent livrés aux flammes, le 20 décembre 1210, en présence d'une foule de peuple; les quatre autres furent condamnés à un emprisonnement perpétuel. Le concile ne s'arrêta pas là; il condamna la mémoire d'Amaury, dont le corps fut, par son ordre, enlevé du cimetière de Saint-Martin des Champs, et ses os jetés au fumier.

Au mois de décembre 1206 il y eut à Paris une immense inondation causée par le débordement de la Seine. La plupart des maisons furent ébranlées par les eaux. Dans ce grand désastre on eut recours aux prières publiques; toutes les paroisses, avec leurs châsses, se rendirent à Sainte-Geneviève et portèrent processionnellement à la cathédrale les reliques de la patronne de Paris. Le Petit-Pont s'écroula et il y eut de nombreuses victimes. Enfin le fléau cessa ses ravages lorsque l'évêque de Paris, prononçant la formule de bénédiction, eut dit à haute voix : « Que Notre-Seigneur, par les signes de sa sainte Passion, daigne ramener ces eaux dans leur lit ordinaire. » Peu d'années après, en l'an 1212, un concile se rassembla à Paris, sur l'ordre d'Innocent III, pour la prédication de la croisade contre les Albigeois. Cette assemblée publia également divers canons en vue de faire disparaître certains abus qui s'étaient introduits dans la discipline et qui affligeaient vivement les Églises de France. Le même concile de Paris prohiba pour l'avenir une démonstration annuelle qui n'était point exempte de désordres, et qu'on appelait la *fête des Fous*.

A une époque où les églises, indépendamment de leurs priviléges religieux, exerçaient également la juridiction féodale sur les domaines et sur les individus placés sous leur suzeraineté, il devait y avoir entre elles et le pouvoir royal de nombreux conflits de pouvoir. Philippe-Auguste travaillait sans cesse à attirer à la couronne une partie des droits alors dévolus à l'évêché et aux abbayes de Paris. De là des règlements minutieux destinés à fixer la limite des attributions respectives. L'une de ces ordonnances est datée de 1222; entre autres dispositions elle porte :

« Le roi consent à supprimer les Mereaux (prestation en monnaie due pour les voitures chargées de denrées), et à ordonner que les biens des églises soient voiturés sans autre condition que le serment des voituriers, qui devront jurer que les choses qu'ils conduisent appartiennent à des ecclésiastiques.

« Au roi appartiennent, dans la Culture-l'Évêque et dans le Clos-Bruneau, le rapt et le meurtre (c'est-à-dire le droit de justice et le produit des amendes encourues par les ravisseurs et les meurtriers). Dans les mêmes lieux le roi jouit aussi du droit de contraindre les habitants à marcher à la guerre et à faire le guet dans la ville de Paris. Il possède aussi le droit de lever sur eux une contribution : 1° lorsque ses fils sont armés chevaliers; 2° pour le mariage de ses filles; 3° pour sa rançon, lorsqu'il est fait prisonnier. En toute autre occasion il ne peut lever aucune taille sur lesdits habitants sans le consentement de l'évêque.

« Nous avons encore, continue le roi, le droit de justice sur les marchands des mêmes lieux pour ce qui concerne leur marchandise. Nous y avons le droit de la criée du vin. Quant aux mesures de blé, le prévôt de Paris fixera l'impôt; l'évêque payera le tiers des frais de leur fabrication et pourra s'en servir pour sa banlieue. Nous avons aussi au vieux bourg de Saint-Germain, pour la taille du pain et du vin, soixante sous payables tous les trois ans, comme nous avons toujours eu jusqu'à présent. Au bourg de Saint-Germain, dans la Culture-l'Évêque et au clos Bruneau, l'évêque a l'*homicide* et toute autre justice, ainsi que les biens des condamnés trouvés sur la terre de l'évêque, comme c'est l'usage à Paris, excepté le rapt et le meurtre, qui nous appartiennent. L'évêque ne pourra faire exécuter les coupables que dans ses terres situées hors de la banlieue de Paris, excepté à Saint-Cloud. Pour ce qui est des halles de Champeaux, elles nous resteront à perpétuité, ainsi que le fief de la Ferté de Aalès et le monceau Saint-Gervais, que l'évêque et le chapitre de Paris nous cèdent. — L'évêque, pour recevoir les rentes de sa banlieue, aura ses boîtes dans nos grand et petit-Châtelet, où nos rentes sont reçues.

« Pour dédommager l'évêque et le chapitre des pertes qu'ils ont éprouvées par l'établissement de l'enceinte du *château du Louvre* et de ses dépendances, de l'enceinte du château du Petit-Pont et de ses dépendances, et par la cession des halles et du fief de la Ferté de Aalès, nous leur assignons vingt livres à prendre chaque année sur notre prévôté, sans préjudice des vingt-cinq livres dont l'évêque jouissoit auparavant et des cent sous de rente dont nous avons fait don au chapitre de Paris pour la célébration annuelle de notre anniversaire.

« Nous avons toute la voirie et la justice dans la terre de l'Évêque, depuis la maison que Henri, archevêque de Reims, fit construire près du Louvre, jusqu'au *petit pont de Charelle*, c'est-à-dire à partir de la voie royale de dix-huit pieds. Nous l'avons également dans la voie publique, depuis l'église Saint-Honoré, sur tout l'espace où s'étend la terre de l'Évêque, jusqu'au *pont du Roule*. Dans toutes les autres parties de la terre de l'Évêque, hors de ces limites et en deçà du Marais, l'évêque aura la voirie et toute la justice, excepté le rapt et le meurtre.

« Enfin, si l'évêque fait construire un village ou un bourg nouveau dans sa terre, il y aura toute justice, excepté le rapt et le meurtre, que nous nous réservons toujours, et les autres priviléges dont nous jouissons dans la Culture-l'Évêque (1). »

(1) *Recueil des Historiens de France,* t. XVIII, p. 739.

Par les soins de l'évêque Eudes de Sully, et avec le consentement de Philippe-Auguste, l'ordre des Mathurins ou Trinitaires s'établit pour la première fois à Paris. La mission principale des religieux de la Sainte-Trinité était de racheter les esclaves chrétiens qui se trouvaient au pouvoir des infidèles, ainsi que les captifs infidèles qui se trouvaient au pouvoir des chrétiens, afin de pouvoir échanger ces derniers contre les esclaves chrétiens. Le genre de vie des premiers Trinitaires était d'une grande austérité, et conforme d'ailleurs à la règle qui avait été donnée par l'évêque de Paris et l'abbé de Saint-Victor à leur fondateur, saint Jean de Matha. Ils jeûnaient une partie de l'année ; au lieu de chevaux ils se servaient d'ânes pour leurs courses nombreuses. Une grande partie de leurs biens était consacrée à la rédemption des captifs. On leur concéda en propriété l'ancienne église de Saint-Mathurin, ainsi que l'hôpital et aumônerie de Saint-Benoît. Ces deux monuments se trouvaient placés près de l'antique palais des Thermes, sur la rive gauche du fleuve. Les Trinitaires établirent leur couvent dans l'hôpital même et eurent l'église pour chapelle ; de là le nom de *Mathurins* qu'on leur donna. Cet ordre fit en peu de temps de si grands progrès dans toute la chrétienté que, quarante ans après son établissement à Paris, Albéric disait qu'il avait déjà six cents maisons.

Ce fut aussi du temps d'Eudes de Sully que l'ordre, devenu bientôt illustre, des Frères prêcheurs, institué par saint Dominique pour travailler à la conversion des hérétiques par le moyen de la prédication et approuvé par le pape Honorius III en 1216, vint s'établir à Paris. De là il devait se répandre sur l'Europe entière. En effet depuis longtemps déjà cette ville était regardée comme le point central et unique où chaque talent, chaque institution nouvelle venait recevoir sa consécration définitive, et d'où partait toute renommée pour rayonner partout avec éclat. Les Frères prêcheurs y vinrent en 1217, conduits par le saint fondateur lui-même, et se logèrent d'abord dans une maison située près du parvis de la cathédrale, entre le palais épiscopal et l'Hôtel-Dieu. L'année suivante ils passèrent la Seine et allèrent s'établir dans une autre maison que leur donna l'Université, vis-à-vis de l'église Saint-Étienne des Grès. Cette maison, consacrée jusqu'alors à loger les pèlerins, s'appelait hôtel ou hospice Saint-Jacques. Le théologien-médecin Jean de Saint-Quentin leur céda gratuitement certains droits qu'il avait sur cet édifice. Ainsi les premiers rapports de l'ordre des Frères prêcheurs avec l'Université, *studium Parisiense*, furent des rapports de bienveillance. La mission magnifique de ces religieux, d'amener les hommes à la foi et à la pratique de la religion par la seule puissance de la parole, attira la faveur générale sur leur ordre et leur fit faire d'admirables progrès. Les écoles de la capitale leur fournissaient de nombreuses recrues. Le P. Jourdain reçut un jour soixante novices à la fois ; aussi les voit-on arriver rapidement à une grande prospérité. Bientôt ils devinrent fort nombreux à Paris et se répandirent dans tout le nord de la France. Dès 1220 ils eurent dans la rue Saint-Jacques une église consacrée à saint Jacques le Majeur, leur patron. C'est de là que leur vint le nom de Jacobins, sous lequel furent généralement connus, dès lors, les Dominicains de Paris.

CHAPITRE III.

Agrandissement et embellissement de Paris sous Philipe-Auguste.

Philippe-Auguste avait le sentiment du grand et du beau, et la ville de Paris, bien que célébrée par les chroniques et chantée par les poëtes, lui semblait indigne du rôle que lui assignait l'admiration des peuples tant qu'elle serait dépourvue d'édilité, de règlements de police et de monuments publics. Sous son règne cette capitale fit plus de progrès vers la propreté et l'élégance qu'elle n'en avait fait depuis quatre siècles. A l'avénement des Capétiens la ville était renfermée dans les étroites limites de l'île qu'on appelle encore du nom de *Cité,* et c'est à peine si, sur les deux bords opposés de la Seine, elle comptait des faubourgs, des villages agglomérés et un certain nombre d'abbayes ou d'églises toujours exposées aux ravages et aux incendies des barbares. Louis le Gros fut le premier qui protégea ces faubourgs par une muraille fortifiée. Sur la rive droite cette enceinte commençait dans le voisinage de Saint-Germain l'Auxerrois, comme l'atteste encore le nom d'une rue (1); elle formait ensuite une sorte de demi-cercle dont la circonférence embrassait les rues de Béthisi et des Deux-Boules, la rue et la place du chevalier du Guet, et traversait, au nord de la Seine, le sol où s'éleva plus tard la partie méridionale de la rue Saint-Denis, à peu de dis-

---

(1) Rue des *Fossés Saint-Germain l'Auxerrois.*

tance d'une forteresse qui occupait alors l'espace qu'on appelle de nos jours la place du Châtelet. Là était une porte solidement défendue. Au delà de cette porte, l'enceinte se prolongeait, enserrant Saint-Jacques de la Boucherie et aboutissant à la rue des Arcis, où s'élevait une autre porte voisine du lieu où fut construite plus tard l'église de Saint-Merri. La muraille se terminait au bord de la Seine, là où existe encore de nos jours la place de Grève. Sous Louis le Jeune on continua cette enceinte autour des faubourgs de la rive gauche ; de ce côté la muraille avait son point de départ au lieu qu'on appelle aujourd'hui la Vallée (1); elle suivait une ligne que nous indique la rue Saint-André des Arcs, traversait la rue de la Barre (2), la rue Pierre-Sarrazin, la rue de la Harpe, et aboutissait sur le bord de la Seine à l'emplacement qui avoisine le pont Saint-Michel.

Moins d'un demi-siècle après l'achèvement de ces travaux, Paris étouffait en quelque sorte dans ses limites étroites, et Philippe-Auguste ordonna aux bourgeois de travailler à la construction d'une troisième enceinte formée d'une muraille épaisse, garnie de portes et de tourelles. Ce mur partait de la rive droite de la Seine, à quelques mètres au-dessous du pont des Arts, et à ce point de départ s'élevait une grosse tour ronde destinée à la garde du fleuve. La muraille traversait ensuite l'emplacement actuel de la cour du Louvre ; elle suivait la direction de la rue de l'Oratoire jusqu'à la rue de la Charronnerie (3). Là on avait pratiqué une entrée fortifiée qu'on appelait la

---

(1) Quai des Grands-Augustins, marché à la volaille.
(2) Aujourd'hui rue Hautefeuille.
(3) Aujourd'hui rue Saint-Honoré.

porte Saint-Honoré et qui se trouvait située sur l'emplacement où, dans les temps modernes, on a élevé le portail du temple de l'Oratoire. Le mur d'enceinte s'étendait ensuite entre les rues de Grenelle et d'Orléans, jusqu'au carrefour où aboutissent aujourd'hui les rues Jean-Jacques Rousseau et Coquillière, et à cet endroit s'ouvrait la porte de Bahaigne ou de Bohême. L'enceinte se prolongeait ensuite jusqu'à la rue du Jour ; elle laissait plus loin à la voie publique un passage ouvert, nommé porte Montmartre et plus tard porte Saint-Eustache ; puis elle se continuait derrière le côté septentrional de la rue Mauconseil, coupait à angle droit la rue Saint-Denis, et allait déboucher dans la rue Saint-Martin à la hauteur de la rue du Grenier Saint-Lazare. Là encore s'ouvrait une porte fortifiée ou plutôt une poterne. La muraille se prolongeait ensuite entre les rues Michel-le-Comte et Geoffroi-l'Angevin, jusqu'à la rue de Braque (1); elle suivait la direction de la rue de Paradis, enserrait l'église et le couvent des Blancs-Manteaux, coupait la Vieille-Rue du Temple, entre les rues des Francs-Borgeois et des Rosiers, au lieu où s'ouvrait la porte Barbette, ainsi nommée de l'hôtel Barbette situé dans le voisinage. De cette porte, et sans interruption, le mur, décrivant une courbe sensible, traversait les emplacements qui se trouvent entre la rue du Temple et la rue Culture-Sainte-Catherine, puis s'ouvrait, pour le passage des habitants, au lieu qui plus tard reçut le nom de porte Baudoyer, et venait rejoindre la Seine vers l'emplacement qui sépare le quai des Ormes du quai des Célestins, entre la rue de l'Étoile et la rue Saint-Paul. Sur la rive gauche de

---

(1) Depuis lors la rue du Chaume.

la Seine, la muraille d'enceinte, commencée dix-huit ans plus tard, vers 1208, commençait vers le lieu où s'élève aujourd'hui le pavillon oriental du palais de l'Institut et s'appuyait sur une forte et solide tour, appelée d'abord tournelle de Philippe-Amelin, et plus tard, par corruption, *tour de Nesle*. De cette extrémité l'enceinte se prolongeait, traversant l'emplacement de la rue Dauphine, et aboutissait à la rue Saint-André des Arcs, où se trouvait une porte qui reçut plus tard le nom de Bucy. De cette porte le mur d'enceinte se développait, laissant en dehors le passage que nous appelons cour du Commerce, rencontrait la rue des Cordeliers (1), s'ouvrait à la porte des Cordelle, sappelée plus tard porte Saint-Germain, traversait les rues de Touraine et de l'Observance, se prolongeait en droite ligne entre la rue des Fossés Monsieur-le-Prince et l'enclos du couvent des Cordeliers, atteignait la place Saint-Michel, longeait l'enclos du couvent des Jacobins, traversait les emplacements qui plus tard furent appelés rues des Fossés Saint-Jacques et de l'Estrapade, suivait ensuite la direction de la rue des Fossés Saint-Victor, et s'étendait ensuite jusqu'au bord de la Seine dans une direction parallèle à la rue des Fossés Saint-Bernard. Une tour fortifiée, appelée *Tournelle*, élevée en face de la tour *Barbelle-sur-l'Eau*, située sur la rive opposée, complétait cette enceinte et ce système de fortifications. Le mur méridional était percé de six portes ; le mur septentrional n'en comptait guère plus de sept. L'espace compris entre ces deux enceintes était loin d'être bâti ; il se composait en grande partie de champs en culture, de prés et d'enclos,

---

(1) **Rue de l'École-de-Médecine.**

mais déjà il réservait à Paris, pour l'avenir, les proportions d'une capitale digne de commander à la France.

De nos jours, et malgré les merveilles accomplies sous trois règnes glorieux, la moitié de Paris ne se compose encore que de rues étroites, où l'air et le soleil peuvent à peine consoler les habitants; à l'avénement de Philippe-Auguste, et en dépit des efforts de Suger, son devancier, cette ville n'offrait qu'un amas de quartiers infects, mal bâtis, coupés d'obscures et fangeuses ruelles. Or un jour, au témoignage de l'historien Rigord, le roi « s'approcha des fenêtres où il se plaçait quelquefois pour se distraire par la vue du cours de la Seine; des voitures, traînées par des chevaux, traversaient alors la Cité, et, remuant la boue, en faisaient exhaler une odeur insupportable. Le roi ne put y tenir, et la même puanteur le poursuivit jusque dans l'intérieur de son palais. Dès lors il conçut un projet très-difficile, mais très-nécessaire, projet qu'aucun de ses prédécesseurs, à cause de la grande dépense et des graves obstacles que présentait son exécution, n'avait osé entreprendre. Il convoqua les bourgeois et le prévôt de la ville, et, par son autorité royale, leur ordonna de paver, avec de fortes et dures pierres, toutes les rues de la Cité. » Guillaume le Breton ajoute que ce pavé était composé de pierres carrées. Il ne faut pas croire, comme le donnent à entendre les chroniques, que Philippe-Auguste étendit ce bienfait à toutes les rues de sa capitale; il l'eût voulu, peut-être, mais il n'en eut pas le pouvoir. On se borna donc à paver les rues qui formaient ce que l'on appela la *croisée de Paris*, c'est-à-dire les principales voies qui, allant du nord au midi et de l'est à l'ouest, se croisaient au centre de la ville. Vers le même temps (1186) Philippe-

Auguste fit clore de murailles le cimetière des Innocents, où l'on enterrait alors les personnes de distinction et les gens riches. « Cil cimetière, disent les chroniques de France, soloit estre une granz et large commune à toutes gens (un espace ouvert au public), et on y vendit communément toutes sortes de marchandises; et cependant ceste place y estoit où les borgeois de Paris enterroient leurs morts. Mais parce que les morts ne pouvoient estre honestement pour l'abondance d'iceux qui là descendoient et par les ordures de fanges et de boues, lors commanda li roi que cil cimetière fust enfermé de murs de bonnes pierres, forts et hauts, et que portes y fussent mises qui closissent la nuit. » On voit si l'édilité de Paris avait encore une longue tâche à remplir. Quoi qu'il en soit, Philippe-Auguste dota également Paris de deux halles et d'une poissonnerie où l'on vendait le poisson d'eau douce, innovations que le peuple de Paris accueillit avec une juste reconnaissance.

Il existait alors, dans la banlieue de Paris, un grand nombre de villas seigneuriales ou de terres appartenant à de puissantes familles, et qui, étant entourées de murailles, portaient, comme on l'a déjà vu, le nom de *clos*. Nous énumérons ci-après les plus connus.

Dans la région méridionale de Paris, les clos de *Sainte-Geneviève*, de *Saint-Germain des Prés*, de *Saint-Victor*, contenaient les églises, bâtiments, cours et jardins de chacune de ces abbayes, et occupaient une portion considérable du sol méridional de Paris. Il faut y joindre les clos *Saint-Médard* et *Saint-Marcel*, et plusieurs autres dont voici la nomenclature :

Clos des Vignes ou *Courtille*. Il appartenait à l'abbaye

de Saint-Germain des Prés; il s'étendait depuis la rue des Saints-Pères jusqu'aux rues Saint-Benoît et de l'Égout.

Clos Saint-Sulpice. Il s'étendait sur une partie de l'emplacement du jardin du Luxembourg.

Clos Vignerai. Il occupait une partie du jardin du Luxembourg et de l'enclos des Chartreux.

Clos Saint-Étienne des Grès. Il était contigu à l'église de ce nom et au clos de Sainte-Geneviève. Près de ce clos était le *Pressoir du Roi*.

Clos de Mauvoisin et de Garlande. Ils étaient séparés par la rue Garlande, qui en a pris son nom, avoisinaient la place Maubert, et ont appartenu longtemps au même propriétaire.

Clos l'Évêque. Il était situé près du clos Garlande.

Clos du Chardonnet, sur lequel fut construite l'église de Saint-Nicolas du Chardonnet. A l'est de ce clos était la *Terre d'Alez*.

Clos Bruneau. Deux clos portaient ce nom à Paris; le plus considérable et le plus ancien contenait l'espace compris entre les rues des Noyers, des Carmes, de Saint-Hilaire et de Saint-Jean de Beauvais; l'autre était situé dans le voisinage de l'Odéon, entre les rues de Tournon et de l'Odéon. La rue de Condé a été ouverte sur ce dernier clos.

Clos Saint-Symphorien. Il était planté en vignes et compris entre les rues des Cholets, de Reims, des Sept-Voies et de Saint-Étienne des Grès.

Clos Tyron. Il appartenait à l'abbé du monastère de ce nom et était compris entre les rues des Fossés Saint-Victor et des Boulangers.

Clos Saint-Victor. Outre les enclos, bâtiments, jardins de l'abbaye Saint-Victor, il existait un clos de ce nom, compris entre les rues du Faubourg Saint-Victor, Neuve-Saint-Étienne, des Boulangers, et l'emplacement du clos des Arènes.

Le bourg de Saint-Médard contenait les *clos du Breuil, Montcetard, des Morfossés, des Treilles, de Copeau, de Gratard, des Saussayes, de la Cendrée* (*locus Cinerum*, dont on a fait le nom de *Lourcine*), etc.

Clos des Arènes. Il était compris entre les rues Copeau, des Fossés Saint-Victor et de Saint-Victor.

Clos le Roi. C'est sur son emplacement qu'ont été construits l'église et l'hôpital de Saint-Jacques du Haut-Pas.

Clos des Mureaux, ou *Francs Mureaux* plus anciennement nommé *de Cuvron*, situé faubourg Saint-Jacques, au sud du Clos le Roi. La rue de Port-Royal était sa limite méridionale.

Clos des Bourgeois ou *de la Confrérie des Bourgeois de Paris.* Il était, dit-on, situé entre les rues d'Enfer et Saint-Jacques, au nord du Clos le Roi.

Clos des Jacobins. Au delà des murs de l'enceinte de Philippe-Auguste les Jacobins possédaient un terrain assez vaste, entouré de murailles; il était situé au nord du Clos des Bourgeois, borné par les fossés de la ville, par la rue d'Enfer et la rue Saint-Jacques.

Clos des Poteries ou *des Métairies.* On y entrait par la rue des Postes, qui, comme on le conjecture, doit son nom de *Postes* à celui de *Pots*. L'impasse des Vignes a été ouverte sur son emplacement.

Il existait encore, dans cette partie de Paris, le *Clos Drapelet*, le *Clos Entechelière*; mais on ignore leur emplacement.

La *Terre d'Alez* était un vaste territoire qui s'étendait depuis le Clos du Chardonnet jusqu'au point où la Bièvre se jetait dans la Seine. Il comprenait originairement l'emplacement de l'abbaye Saint-Victor et ses dépendances, l'emplacement du Jardin des Plantes, etc. Il existait, au quatorzième siècle, une rue parallèle à celle des Fossés Saint-Bernard, qui portait le nom d'*Alez*, nom qui signifie *terre limitante*.

On trouvait à l'est de la *Grève*, dont l'emplacement était beaucoup plus étendu qu'il ne l'est aujourd'hui, les clos suivants :

Clos de Saint-Gervais, situé entre les rues Saint-Gervais, Coultures Saint-Gervais, du Temple, etc.

Clos ou *Cimetière Saint-Éloi*, et ses dépendances, situé dans l'emplacement où l'on a depuis bâti l'église, la rue et l'hôtel de Saint-Paul, ainsi que l'Arsenal.

Au nord de ce clos se trouvait le *Clos Margot*, sur lequel on a ouvert, en 1481, la rue Saint-Claude au Marais.

Les *Enclos du Temple* et *de l'abbaye Saint-Martin*, *de Saint-Merri* et *de Saint-Magloire*, etc., occupaient une grande portion orientale de Paris.

Les *Champeaux*, en latin *Campelli*, qui occupaient l'espace contenu entre la rue Saint-Denis et le Palais-Royal, les Halles, l'église Saint-Eustache, les rues Croix des Petits-Champs et Neuve des Petits-Champs, avaient été établies sur ce vaste territoire.

Au delà et au nord des lieux que nous venons d'indiquer était un vaste marais, situé entre Paris et Montmartre; il s'étendait, suivant une charte de l'an 1176, depuis le Pont-Pétrin (*Pont-Perrin*, rue Saint-

Antoine) jusqu'au-dessous du village de Chaillot. Ce marais, arrosé par les eaux pluviales venant de Paris et par le ruisseau de Ménilmontant, fut, en 1154, concédé par les chanoines de Sainte-Opportune à divers particuliers, pour être défriché, à raison de douze deniers par arpent.

La Ville-l'Évêque, ferme ou séjour champêtre de l'évêque de Paris, qui devint dans la suite un village, était située au delà de ce marais. On voyait aussi entre Paris et Montmartre les clos suivants:

Clos de Malevart, plus tard connu sous le nom de *la Courtille*..

Clos Georgeau, situé au bas de la butte Saint-Roch, et dont une rue, qui communique de la rue Traversine à celle Sainte-Anne, a conservé le nom.

Clos Gauthier, ou *des Masures*, sur lequel a été ouverte la rue Saint-Pierre Montmartre.

Clos du Hallier, sur lequel fut ouverte la rue du Faubourg-Poissonnière.

Déjà sous le règne de Louis le Gros on avait vu établir à Paris un marché destiné à la vente de diverses denrées et de certains objets nécessaires à la vie domestique; comme on l'a vu plus haut le même roi avait acheté au prieuré de Saint-Denis de la Chartre l'emplacement sur lequel il avait fait construire une halle à l'usage des merciers et des changeurs. Louis le Jeune, par une charte de 1141, céda aux bourgeois de Paris une place vague, située près de la Seine et appelée Grève; on y installa également un marché. Ces différentes fondations devaient être l'origine des grandes halles de Paris.

« Le roi Philippe-Auguste, dit Rigord (1183), à la demande d'un grand nombre de ses sujets, et particulièrement d'après les conseils d'un de ses officiers qui paraissait servir avec la plus grande fidélité les intérêts de la couronne, traita avec les Lépreux qui demeuraient hors des murs de Paris, et leur acheta, pour lui et pour ses successeurs, un marché qu'il fit transférer dans la ville.... Voulant concilier la beauté de cet établissement et la commodité des courtiers, il chargea le même serviteur, qui était fort habile dans ce genre d'entreprises, de faire construire deux grandes maisons vulgairement appelées des *halles,* pour que les marchands pussent venir par les mauvais temps y vendre leurs marchandises sans craindre la pluie et les mettre en sûreté pendant la nuit contre les surprises et les vols. Pour plus grande précaution il fit aussi élever un mur tout autour de ces halles, et l'on y pratiqua le nombre de portes nécessaires, qu'on tenait toujours fermées la nuit. Entre le mur extérieur et les halles on construisit un étal couvert pour que les marchands ne se vissent pas obligés d'interrompre leurs marchés par les temps pluvieux et pour que leur trafic ne souffrît aucun dommage. »

Philippe-Auguste, en construisant les grandes halles, laissa subsister le marché qui se trouvait dans la rue de la Juiverie et la rue au Fèvre, devant l'église de la Madeleine. Il était destiné à la vente du blé, et l'on peut présumer qu'il exista de tout temps. En 1216 Philippe en fit don à son échanson Arcuaire, en récompense de ses bons services ; il s'y réserva seulement le droit de justice et une redevance annuelle de douze deniers de cens.

La plupart des exécutions avaient lieu près des grandes halles, afin que toute publicité fût donnée aux arrêts judiciaires. C'est sous Philippe-Auguste que le *pilori* (pilier ou poteau garni de chaînes et de carcans) fut installé aux abords des halles. Nous devons remarquer qu'au moyen âge Paris était parsemé de monuments patibulaires de tout genre, sans parler de ceux de la banlieue, parmi lesquels se trouvait le fameux gibet de Montfaucon. L'abbé de Saint-Germain, l'abbé de Sainte-Geneviève, le prieur du Temple avaient chacun leur pilori; celui du roi était aux halles; c'était le plus célèbre.

Le Pilori des halles se trouvait sur la place où, de nos jours, existait encore le marché à la marée, entre les rues de la Tonnellerie, de la Fromagerie et des Potiers d'Étain. Rarement il servait aux exécutions capitales; il était plutôt réservé à la simple peine du carcan. Il se composait d'une tour octogone surmontée d'une construction en bois très-légère et tournant sur un pivot. Cette machine était percée de trous circulaires juste assez larges pour que le condamné pût y passer la tête et les mains; il restait dans cette position pendant un temps plus ou moins long, et par intervalles on tournait le pivot. De cette façon la multitude entière pouvait jouir de sa vue, et elle avait la permission de lui jeter au visage les plus sales projectiles, pourvu qu'ils ne fussent point de nature à le blesser.

Du règne de Philippe-Auguste date l'origine des boucheries de Paris. La corporation des bouchers était alors très-nombreuse et très-puissante; elle avait conservé une partie des règlements et des priviléges dont le même corps avait été investi sous les empereurs romains. La qualité de boucher se transmettait de père en fils; elle constituait un monopole établi en faveur de différentes familles. Les premiers étaux des individus de cette profession avaient d'abord été installés au parvis Notre-Dame; lorsque les quartiers de la rive droite devinrent populeux on ouvrit une seconde boucherie près du grand Châtelet. C'est ce qu'on appela depuis la grande-Boucherie ou la boucherie de la Porte de Paris, et c'est d'elle que le quartier Saint-Jacques la Boucherie a pris son nom. Cette fondation eut lieu à une époque fort ancienne; on sait qu'elle reçut de notables accroissements en l'année 1096. Elle contenait vingt-cinq étaux en 1182, lorsque Philippe-Auguste permit l'érection des boucheries du Temple et en retour accorda aux bouchers de la Porte de Paris la permission de vendre du poisson.

Quelques années après, en 1210, un différend s'éleva entre ces bouchers et les religieux de Montmartre, qui possédaient plusieurs étaux. L'intervention du roi fut nécessaire pour terminer le débat.

Le chroniqueur Rigord, qui nous a transmis de précieux détails sur les faits et gestes de Philippe-Auguste, ajoute ce qui suit : « Un jour, pendant son séjour à Paris, le roi Philippe entendit parler des réparations qu'exigeait le cimetière des Champeaux, près de l'église des Saints-Innocents. Ce cimetière était jadis une grande place ouverte à tous les passants; les marchands y débitaient leurs marchandises, et les citoyens de Paris avaient coutume d'y ensevelir leurs morts. Mais comme l'écoulement des eaux du ciel, qui venaient s'y réunir, et la fange dont il était rempli ne permettaient pas d'y ensevelir les corps avec décence, le roi très-chrétien, toujours attentif aux occasions de faire de bonnes œuvres, considérant que c'était une entreprise honorable et nécessaire en même temps, fit entourer de toutes parts le cimetière d'un mur de pierre. Il y fit aussi pratiquer un nombre suffisant de portes, avec ordre de les fermer la nuit, pour mettre cet endroit à l'abri de toute insulte; car il voulait, par cette décision que lui avait inspirée sa piété, donner à ses descendants craignant Dieu l'exemple de faire garder avec honneur un cimetière qui renfermait les restes de tant de milliers d'hommes. »

La population de Paris s'étant rapidement accrue, surtout dans le quartier des Halles, on fut obligé de donner plus d'étendue au cimetière des Innocents; cet agrandissement eut lieu par les soins et la libéralité de Pierre de Nemours, évêque de Paris, de 1208 à 1219. Plus tard on éleva autour du mur de clôture une longue galerie voûtée qu'on appela *charnier des Innocents*, et dans laquelle on inhuma les personnes à qui leur fortune permettait d'obtenir pour leur tombe une place séparée.

On attribue à Philippe-Auguste la construction de l'aqueduc Saint-Gervais et de l'aqueduc de Belleville, destinés l'un et l'autre à fournir aux quartiers de la rive droite les eaux provenant de Belleville, de Ménilmontant et des hauteurs de Romainville.

Longtemps avant le règne de Philippe-Auguste les rois possédaient, près des bords de la Seine, et non loin de la Cité, un château désigné sous le nom de Louvre. Cette résidence princière avait évidemment été détruite par les Normands, mais après la retraite de ces barbares elle avait dû être réparée. Le savant Duchesne assure que Louis le Gros fit entourer ce château de murailles et y recevait l'hommage des grands vassaux de la couronne. Philippe-Auguste agrandit considérablement le Louvre et y fit élever, selon Rigord, la Tour-Neuve, qui servait à la fois de prison d'État, de dépôt aux archives royales et d'emplacement réservé au trésor. Cette construction paraît remonter à l'an 1204. La Tour-Neuve était moins élevée, mais à peu près du même style que le donjon de Coucy, bâti en 1199, elle occupait le centre d'une cour carrée, grande à peu près comme le quart de la cour actuelle du Louvre. Les murs extérieurs du Louvre, sous le règne de Philippe-Auguste, non compris le double revêtement des fossés, s'élevaient, à l'ouest, sur les mêmes fondements que la façade actuelle qui regarde les Tuileries; au sud, à peu près sur l'emplacement du gros mur qui sépare en longueur le musée des Antiques, du côté de la rivière ; à l'est, sur une ligne correspondant à la face orientale du Pont des Arts, et, au nord, sur une autre ligne aboutissant à l'extrémité septentrionale du pavillon de l'Horloge. Les constructions qui formaient alors les quatre côtés de cette cour étaient purement militaires, destinées à la défense plus qu'à l'habitation, sans sculptures ni ornements, et percées çà et là de rares et étroites ouvertures. En les surmontant d'un puissant donjon qui dominait la ville, en doublant leur épaisseur, en les armant d'innombrables tourelles, Philippe-Auguste voulait donner un formidable aspect à son pouvoir souverain ; il y réussit, et la tour du Louvre ne tarda pas à être la terreur des vassaux révoltés ; elle devint comme l'emblème de la puissance royale ; c'est d'elle que relevèrent les grands fiefs de la couronne ; c'est à elle que les hommages furent rendus (1).

Philippe-Auguste se plut à doter Paris de monuments moins redoutables ; des colléges, des hospices, des édifices religieux lui durent leur fondation et rendirent son nom cher au peuple. Dans la rue Saint-Honoré, près de l'église de ce nom, et non loin du lieu où s'élève aujourd'hui le Palais-Royal, il autorisa l'établissement d'une maison destinée à servir de refuge à treize étudiants indigents et qui fut d'abord nommée *hôpital des Pauvres Écoliers;* les jeunes gens qui y résidaient, et qui y recevaient une instruction gratuite, se trouvaient dans la nécessité de demander l'aumône pour vivre. Un peu plus tard leur condition s'améliora, et l'hospice qu'ils habitaient prit le nom moins triste de *collége des Bons-Enfants.* Sur cet emplacement on a

---

(1) M. Vitet.

ouvert à une époque récente, la rue Montesquieu; mais le nom des pauvres écoliers soutenus par la charité, sous le règne de Philippe-Auguste, est resté à l'une des rues qui longent le Palais-Royal du côté de l'est. Un autre collége des Bons-Enfants existait, vers la même époque, dans le quartier Saint-Victor, et devint plus tard le séminaire de la Mission ou de Saint-Firmin; nous en parlerons ailleurs, et nous mentionnerons les lamentables souvenirs qui s'y rattachent.

Sur la rive droite de la Seine, et un peu avant l'année 1202, existait déjà l'*hôpital de la Trinité*, fondé par Guillaume Escuacol en faveur des pauvres; on l'avait d'abord appelé l'hôpital de *la Croix de la Reine*, à cause d'une croix ainsi nommée, placée au coin des rues Grenétat et Saint-Denis. Pour ne pas préjudicier aux droits de l'église Saint-Germain, ou pour l'indemniser, l'on convint qu'il lui serait payé dix sous chaque année et qu'il n'y aurait pas de cloches à la chapelle. Ce dernier article ne fut pas longtemps exécuté. Les Frères de l'hôpital prétendaient avoir des cloches, le chapitre de Saint-Germain s'y opposait. Eudes de Sully fut encore pris pour arbitre, et, par une sentence de 1207, il permit aux Frères d'avoir des cloches en payant au chapitre de Saint-Germain dix autres sols. On voit dans cet acte que cette maison prit alors le nom de la sainte Trinité, qui était apparemment le vocable de la chapelle. Les Frères de la Trinité sont désignés alors sous le nom de *Frères âniers* ou *Trinité aux ânes*, à raison de leur usage de ne voyager que sur des ânes, leurs statuts leur défendant de monter à cheval. Il paraît que jusqu'à cette époque cet hôpital était véritablement un lieu d'asile pour les pauvres et qu'il était administré par un chapelain ; mais, soit que les fondateurs ne fussent pas satisfaits de la forme d'administration, ou que leurs affaires particulières ne leur permissent pas d'y donner tous leurs soins, ils jugèrent plus convenable de n'y recevoir que des pèlerins et d'en confier la conduite aux Prémontrés d'Hermières, qui en prirent possession et s'y maintinrent durant plus de trois siècles.

« En l'année 1171, dit Jaillot, Josse de Londres, chanoine de l'Église de Paris, de retour de Jérusalem, étant allé à l'Hôtel-Dieu, y vit une chambre dans laquelle, de toute ancienneté, logeaient de pauvres écoliers. Il l'acheta 52 livres du procureur dudit Hôtel-Dieu, de l'avis, conseil et permission de Barbe-d'Or, doyen de Notre-Dame. Il la laissa audit Hôtel-Dieu, à la charge qu'il fournirait des lits à ces pauvres écoliers, auxquels il assigna 12 écus par mois, provenant des deniers qui se recevraient de la confrérie, et à la charge que lesdits clercs porteraient, chacun à leur tour, la croix et l'eau bénite devant les corps morts dudit Hôtel-Dieu, et qu'ils réciteraient chaque nuit les psaumes pénitentiaux et les oraisons pour les morts (1). »

Vers le commencement du treizième siècle, et peu d'années après la prise de Constantinople, on établit à Paris (1206) un collége destiné à de jeunes Orientaux et qu'on appela *collége des Grecs*. L'opinion la plus accréditée est que cette maison était destinée, dans l'origine, aux écoliers qu'on attirait de Constantinople pour les soustraire au schisme grec et en faire d'utiles instruments de la réunion alors projetée entre les Églises grecque et latine.

Vers l'an 1184 on fonda à Paris, vers l'angle de la

---

(1) Jaillot, *Recherches sur Paris*, t. V.

rue Saint-Denis. et de la rue des Lombards, un nouvel hôpital destiné à recevoir les pèlerins qu'attirait la célébrité des miracles de sainte Opportune. On lui donna d'abord le nom d'*hôpital des Pauvres de Sainte-Opportune;* mais, en 1222, le pape Honoré III le plaça sous la protection spéciale du saint-siége et l'appela *hôpital de la maison-Dieu Sainte-Catherine.* D'abord administré par des religieux et des Sœurs, cet établissement fut plus tard confié à la direction des religieuses de l'ordre de Saint-Augustin, sous l'autorité d'un supérieur ecclésiastique nommé par l'évêque. Leurs principales fonctions étaient de loger et de nourrir les femmes ou filles qui cherchaient à entrer en condition; elles leur donnaient l'hospitalité pendant trois jours seulement. Le nombre ordinaire s'élevait quelquefois jusqu'à quatre-vingt-dix. On recevait aussi les personnes qui venaient de province pour des procès ou des affaires particulières et qui n'avaient pas assez d'argent pour se procurer un asile. Enfin les religieuses de Sainte-Catherine se chargeaient de faire enterrer au cimetière des Saints-Innocents les personnes noyées ou mortes dans les rues de Paris et dans les prisons.

Les chartes semblent faire remonter à cette époque l'établissement du *For-l'Évêque* (et non Four ou Fort l'Évêque), fondation dont l'origine, assez mal définie, a exercé la patience des annalistes parisiens. L'on s'accorde généralement à admettre que c'était le lieu où l'évêque de Paris faisait exercer sa justice, *Forum episcopi*. On sait que la censive et la juridiction de l'évêché étaien fort étendues; c'est au For-l'Évêque qu'était autrefois établi l'officier comptable préposé à la perception des droits épiscopaux ; là siégeait aussi le juge chargé de résoudre les difficultés fiscales que cette perception pouvait soulever et de prononcer les peines encourues par les criminels qui relevaient de la seigneurie des chefs du diocèse. On pense que le For-l'Évêque fut fondé en 1222. A cette date, en effet, remonte un accord fait entre Philippe-Auguste et Guillaume de Seignelay, évêque de Paris, au sujet de la justice et des droits qu'ils pouvaient respectivement exercer, et il est certain que, depuis cette époque, on ne voit pas que la justice séculière de l'évêque ait été exercée ailleurs qu'au For-l'Évêque.

Nous avons déjà parlé de l'établissement des *Mathurins* ou des religieux trinitaires, dont l'ordre avait été institué par Jean de Matha et Félix de Valois pour la rédemption des captifs; nous avons également mentionné les premiers développements de l'ordre des Frères prêcheurs, fondé par saint Dominique, et dont les religieux, du nom de leur église, consacrée à Saint-Jacques le Majeur, étaient appelés *Jacobins* par le peuple de Paris et dans toute la France. Bien que ces moines eussent été mis en possession, dès l'année 1218, de la chapelle et de l'hôpital du doyen de Saint-Quentin, il paraît qu'ils n'avaient point encore acquis le droit d'y célébrer l'office, du moins publiquement; car on trouve que, vers ce temps-là, un de leurs religieux, étant décédé, fut enterré à Notre-Dame des Champs; mais en 1221 ils jouissaient déjà de la permission d'avoir une église et un cimetière qui leur avaient été accordés dès l'année précédente par le chapitre de Notre-Dame. Ce fut aussi cette même année que l'Université renonça en leur faveur au droit qu'elle pouvait avoir sur la chapelle Saint-Jacques, sous la condition toutefois de certaines offices qu'ils feraient célébrer, et stipulant en outre que, si quelque membre de cette compagnie choisissait sa sépulture chez les Jacobins, il serait inhumé dans le chapitre si c'était un théologien, dans le cloître s'il était membre d'une autre faculté. Nous parlerons plus tard, et à différentes reprises, de cet ordre religieux, très-populaire à son origine, et qui joua un rôle si important dans l'histoire de Paris. Nous nous bornons en ce moment à mentionner son établissement et ses premiers progrès.

Nous croyons également devoir consigner ici la fondation du grand couvent des *cordeliers* ou Frères mineurs, également appelé couvent de *l'Observance de Saint-François*, et qui était situé sur la rive gauche de la Seine, à peu de distance des vastes domaines de l'abbaye Saint-Germain des Prés. Ils avaient d'abord pris le nom de *Prédicateurs de la pénitence*, mais leur fondateur voulut par humilité qu'ils s'appelassent *Frères mineurs*. Le peuple leur donna le nom de Cordeliers à cause de la corde dont ils se servaient pour ceinture. Les annales des Frères mineurs racontent que saint François, après avoir fait approuver sa règle par le pape Innocent III, forma le dessein de passer en France, mais que, en ayant été détourné par le cardinal Hugolin, il se contenta d'y envoyer quelques-uns de ses disciples, qui furent reçus avec faveur à Paris, vers l'année 1216 ou 1217, et s'y établirent, mais d'abord à titre provisoire (1).

« Dans les lettres de l'évêque de Paris touchant l'établissement des Cordeliers en cette ville, datées du mois de mai 1230, il est dit que l'abbé et les religieux de Saint-

---

(1) M. de Gaulle.

Germain ne firent que prêter, et non pas donner, aux Frères de l'ordre des Mineurs le lieu et les maisons qu'ils habitèrent comme hôtes dans la paroisse de Saint-Côme et Saint-Damien, proche de la porte Gibert, joignant les murs du roi, à condition qu'ils n'auraient ni cloches, ni cimetière, ni autel consacré, et que l'abbaye conserverait sa justice temporelle sur ces lieux, sauf les droits curiaux de Saint-Côme. A quoi on ajouta que, si les Frères mineurs allaient s'établir en quelque autre lieu dans la suite, la place qui leur avait été accordée, avec tous les bâtiments que l'on y avait élevés, demeurerait en propriété à l'abbaye, sans aucune réserve. Nous connaissons par là que l'esprit de saint François et de ses premiers disciples était de n'avoir rien du tout en propre, soit en commun, soit en particulier, pas même les maisons où ils demeuraient. C'est pourquoi ils ne les recevaient qu'à titre de prêt et supposaient que la propriété en appartenait toujours à leurs fondateurs; car la subtilité des esprits ne s'était pas encore exercée sur ce point, comme elle le fit dans le siècle suivant, où plusieurs docteurs voulurent rendre soit le pape, soit l'Eglise romaine, propriétaire des couvents des religieux mendiants, sans que les uns ou les autres en fussent plus riches ni plus pauvres dans la réalité.

« Dix ans après l'établissement des Cordeliers à Paris l'abbé et les religieux de Saint-Germain leur permirent d'avoir une église avec cloches et cimetière, et dans la suite les Frères mineurs accrurent considérablement le lieu de leur habitation. Nous trouvons qu'en 1234 la communauté de Saint-Germain des Prés leur donna un grand logis, à la recommandation de saint Louis, qui céda en récompense à l'abbaye cent sous parisis de rente qu'elle faisait au roi depuis un traité passé en 1209 avec Philippe-Auguste, pour trois jours de pêche tous les ans que nos rois s'étaient réservés dans l'étendue de la rivière de Seine, donnée autrefois à l'abbaye par le roi Childebert Ier, son fondateur. Le pape Grégoire IX ordona depuis à Simon, abbé de Saint-Germain, et à ses religieux, de permettre qu'il fût acheté, à l'usage des Frères mineurs, quelques portions de terre situées au dedans ou hors des murs, selon que le règlerait Adam, évêque de Senlis, d'autant que les propriétaires voulaient bien les vendre, et qu'il se trouvait des particuliers mus de charité qui voulaient les acheter pour en faire présent à ces religieux. On acheta effectivement deux pièces de terre, partie dans le domaine et partie dans la censive de l'abbaye. L'abbé et ses religieux consentirent à l'aliénation de ces deux pièces de terre en faveur des Cordeliers, sauf les droits, la propriété et la seigneurie temporelle et spirituelle de l'abbaye, à condition que les Cordeliers n'auraient ni entrée ni sortie au mur contigu de leur couvent, le long du chemin qui conduisait de la porte de la ville au bourg de Saint-Germain; permis cependant à eux, dans la nécessité, de faire quelque ouvrage ou réparation sur les lieux, de rompre le mur, pourvu qu'ils le fissent incontinent rétablir à leurs frais. Ils promirent en même temps de ne pas s'étendre davantage sur le fonds de l'abbaye, et renoncèrent dès lors à toutes les permissions que le saint-siége pourrait leur en accorder dans la suite (1). »

Nous verrons plus tard le nom des Cordeliers très-fréquemment mêlé aux annales de Paris, dans les temps

(1) Félibien, *Hist. de la ville de Paris*, t. Ier, p. 284.

d'agitation et de luttes. Leur couvent, comme on peut en juger par la citation qui précède, était situé rue de l'École-de-Médecine, au coin occidental de la rue de l'Observance.

Ainsi qu'on l'a vu plus haut, en l'an 512, sainte Geneviève, l'auguste patronne de Paris, avait été inhumée sur une colline qui ne tarda pas à porter son nom. Ses reliques se trouvaient déposées dans une petite chapelle dépendante de l'abbaye de Sainte-Geneviève, et autour de laquelle de pauvres maisons n'avaient pas tardé à être construites. D'abord dédiée à Notre-Dame, l'humble chapelle où se faisait le service des serviteurs et colons de l'abbaye reçut plus tard le vocable de Saint-Jean l'Évangéliste. Cette époque, qu'il n'est pas possible d'indiquer avec précision, est évidemment rapprochée de celle où Philippe-Auguste fit clore de murs les quartiers de la rive gauche qu'on appelait l'Université, et le clos de l'abbaye, à moitié compris dans la nouvelle enceinte, se trouva divisé en deux parties, l'une dans la ville, l'autre en dehors de la ville. On ne tarda pas à bâtir la portion qui venait d'être englobée dans Paris, à établir des écoles dans la rue du Fouarre, et à construire divers colléges, qui furent autant de dépendances de la seigneurie de Sainte-Geneviève. En l'an 1221 le chroniqueur Guillaume le Breton parle de l'église et de l'aumônerie de *Saint-Étienne du Mont* (*Sancti Stephani de Monte*); vers la même époque les chartes du moyen âge relatent un contrat passé entre l'évêque de Paris et l'abbé de Sainte-Geneviève pour la nouvelle délimitation des paroisses. L'abbé cédait à l'évêque la cure de Sainte-Geneviève de la Cité, dite *des Ardents*, et l'évêque donnait à l'abbaye sa vigne du *clos Bru-*

neau. Sur ce territoire furent peu à peu ouvertes de nouvelles et étroites routes qui, lorsqu'on les eut bordées de maisons, devinrent les rues de Saint-Julien le Pauvre, du Fouarre, des Rats, des Trois-Portes, de la Bûcherie, etc. Il résulta de ce surcroît de population que la chapelle de Sainte-Geneviève, trop étroite pour contenir les fidèles, fut agrandie et transformée en église distincte, laquelle, après avoir remplacé la crypte primitive, fut définitivement dédiée sous le vocable de Saint-Étienne. On y entrait par l'église, de l'abbaye, sous deux arcades que l'on remarque encore dans le mur de l'aile droite de l'église Saint Étienne du Mont. Nous dirons ailleurs sous quels règnes cette église, aujourd'hui l'une des plus remarquables de Paris, fut successivement agrandie et reconstruite. Pour le moment il nous suffit d'indiquer son origine et de mentionner ses premiers développements.

Une certaine étendue des terres de Saint-Germain des Prés avait été comprise dans la nouvelle enceinte de Paris, et l'évêque de la ville prétendait les faire entrer sous sa juridiction. L'archiprêtre de Saint-Séverin revendiquait les mêmes droits. De leur côté l'abbé de Saint-Germain des Prés et le curé de Saint-Sulpice invoquaient leurs priviléges antérieurs. Des arbitres à qui fut remis l'examen de cette affaire accordèrent à l'évêque la juridiction dans la ville, à l'abbé la continuation du droit de justice sur la paroisse de Saint-Séverin et la faculté de construire, dans l'espace de trois ans, une ou deux églises paroissiales et d'en nommer les curés. L'église de *Saint-André des Arcs* fut une de ces églises. La construction commença immédiatement dans une partie du territoire qui avait appartenu jusque-là à l'abbaye Saint-Germain des Prés, et peut-être sur l'emplacement de quelque ancienne chapelle.

L'*abbaye Saint-Antoine des Champs* (aujourd'hui l'hôpital Saint-Antoine) dut son origine à d'autres causes. Vers l'an 1198 Foulques, curé de Neuilly, étonna Paris par ses prédications éloquentes. Il s'attachait particulièrement à ramener à Dieu les chrétiens égarés, les usuriers et les femmes de mauvaise vie. Un grand nombre de pécheurs abjurèrent leur vie de scandale et firent pénitence; la plupart des courtisanes converties par la parole de Foulques de Neuilly renoncèrent au monde pour se renfermer dans un cloître, et ce fut alors que, pour donner satisfaction à leur repentir, on institua l'abbaye royale de Saint-Antoine.

Cette célèbre abbaye reçut la règle de l'ordre de Cîteaux (1204), et, eu égard à la réputation de sainteté que s'acquirent les religieuses auxquelles elle servait de refuge, elle ne tarda pas (1215) à obtenir du curé de Saint-Paul et de l'évêque de Paris l'exemption des droits dont elle était grevée pour le temporel. Ces immunités la rendirent fort riche en très-peu d'années, et vers la fin du règne de Philippe-Auguste les religieuses de Saint-Antoine possédaient déjà, entre autres biens, deux maisons dans la ville, un enclos de quatorze arpents attenant à l'abbaye, onze arpents de terre entre Paris et Vincennes (1).

(1) On n'est pas bien fixé sur la date précise de la fondation de cette abbaye; Dubreuil la fixe en 1181, Lucaille en 1182, Lemaire en 1190, Germ. Brice en 1193, Rigord, Nangis et Corrozet en 1198, Albéric en 1199. Il est certain, par le témoignage de tous les contemporains, que ce fut en 1198 qu'eurent lieu les fameuses prédications qui produisirent les premières religieuses de cette abbaye, et en même temps il existe un contrat de vente faite à la maison de Saint-Antoine en 1190. Il est pro-

Vers l'an 1204 Renold Chereins et sa femme Sybille donnèrent neuf arpents de terre qu'ils possédaient près des murs de Paris, sur le chemin qui conduit à Clichy, pour l'entretien d'un prêtre destiné à desservir une chapelle qu'ils avaient l'intention d'y bâtir. La même année ils y joignirent un arpent, et, quelque temps après, trois autres, sur lesquels ils firent construire la chapelle. On y établit des chanoines dont la nomination appartenait alternativement à l'évêque et au chapitre de Saint-Germain. Cette église, qui fut dédiée sous le vocable de *Saint-Honoré*, était située en dehors de l'enceinte de Paris et près du marché aux Pourceaux; pendant près de deux siècles elle demeura entourée de champs et de vignes.

En 1212 on érigea en église paroissiale une chapelle qui existait rue du Martroi, derrière l'emplacement actuellement occupé par l'Hôtel-de-Ville; cette église reçut le nom de *Saint-Jean en Grève*. La décision qui en fit une paroisse fut motivée par l'accroissement considérable de la population de la paroisse de Saint-Gervais, que Pierre de Nemours, évêque de Paris, partagea en deux, du consentement de l'abbé du Bec et du prieur de Meulan, patrons de l'église Saint-Gervais, lesquels se réservèrent le droit de présenter à la nouvelle cure de Saint-Jean. L'évêque de Paris voulut aussi que le curé de Saint-Jean supportât une partie des redevances auxquelles le curé de Saint-Gervais était tenu envers le chapitre de Notre-Dame.

A une époque que les historiens n'ont pas bien exactement déterminée, mais qui, postérieure à 1179, est anté-

bable, comme le pense Jaillot, qu'il existait au même endroit, avant Foulques, une chapelle de Saint-Antoine qui lui parut convenable pour recevoir les femmes qu'il convertit, et qu'en effet ce fut là qu'il les plaça.

rieure à 1188, Robert, comte de Dreux, quatrième petit-fils de Louis-le-Gros, fit construire à Paris, près du Louvre, une église dédiée sous le vocable de *Saint-Thomas*, et qui fut érigée en collégiale en même temps qu'on y fonda quatre canonicats. Robert II, fils et héritier du comte de Dreux, confirma par une charte de 1188 cette fondation, qui fut également reconnue par l'autorité du Saint-Siége, en 1187 et 1189, et par une charte de Philippe-Auguste, en 1192. Ces divers titres apprennent qu'à cette époque les principaux revenus de cette église consistaient dans les dîmes de Torcy, de Cailly et de Brie-Comte-Robert, une rente de cents sols parisis, une vigne et un arpent de terre situés près de ses murs ; que l'église était sous l'invocation de saint Thomas de Cantorbéry; que Robert de Dreux avait donné des maisons et des biens pour loger et nourrir les prêtres chargés de la desservir, et qu'il avait établi au même lieu un hôpital et un collége pour de pauvres étudiants. Cet hôpital est devenu depuis l'église collégiale de Saint-Nicolas du Louvre.

En 1217 il existait à Paris un hôpital fondé pour les étudiants pauvres et appelé *Hôpital des pauvres Clercs;* cet établissement fut, trois siècles plus tard, transformé en église collégiale sous le vocable de Saint-Nicolas du Louvre. Déjà, c'est-à-dire en 1212, on avait rebâti, au coin de la rue de la Harpe, l'église paroissiale de Saint-Côme et Saint-Damien; cette construction avait été faite aux dépens de l'abbé et des religieux de Saint-Germain des Prés, sous le patronage desquels la nouvelle église demeura longtemps placée. Vers le même temps, et sur l'emplacement occupé de nos jours par la chapelle de l'hôpital de la Charité, on remarquait encore une petite église dont la fondation était attribuée à saint Germain, évêque de Paris. Elle n'était et ne fut bien longtemps qu'un oratoire attenant à l'abbaye de Saint-Germain des Prés, et dédié, dans l'origine, sous le vocable de Saint-Pierre. Par altération de langage le peuple l'appelait la chapelle de *Saint-Père*. Elle fut reconstruite et agrandie au commencement du treizième siècle et devint l'église paroissiale du bourg de Saint-Germain. La population de ce quartier s'étant considérablement accrue, on ne tarda pas à faire bâtir une autre chapelle, qui fut placée sous l'invocation de saint Sulpice, et qui, durant plus de quatre siècles, resta soumise envers l'église de Saint-Père à certaines obligations imposées aux succursales.

Lorsqu'en 1182 les Juifs furent chassés du royaume, leurs synagogues furent données, à Paris, à l'évêque Maurice de Sully, pour les transformer en chapelles. L'une d'elles, située dans la Cité, rue de la Juiverie, paraît avoir été alors érigée en église archipresbytérale et dédiée sous le vocable de Sainte-Madeleine.

Nous venons d'indiquer les agrandissements et les améliorations dont Philippe-Auguste se plut à doter Paris; ce prince, à qui remonte l'affranchissement réel de la royauté, commença vraiment la grandeur de la ville reine qui lui servait de résidence. Dès ce moment aucune cité du moyen âge n'eut le droit de s'égaler à Paris; sous le rapport de la population, de la splendeur, de la puissance, Paris devenait la capitale de l'Europe aussi bien que celle de la France, et son influence, qui n'a cessé de croître, commençait à se faire sentir jusqu'aux extrémités du monde chrétien. Si on la compare au Paris actuel, cette capitale n'était encore, à vrai dire, qu'un amas de maisons et de rues parsemées çà et là de monuments dignes de l'admiration des siècles ; mais, comparée à ce qu'elle avait été sous les premiers Capétiens, c'était une ville transformée et dont la célébrité allait être désormais l'un des titres les plus durables de Philippe-Auguste aux respects de l'histoire et à la reconnaissance de la nation française.

CHAPITRE IV.

Paris sous Louis VIII, dit Cœur-de-Lion (1223 — 1226).

Le roi Louis VIII, surnommé Cœur-de-Lion à cause de son courage et de sa grandeur d'âme, ne fit qu'apparaître sur le trône. Sous le règne de Philippe-Auguste, son père, il avait conduit en Angleterre, au secours de la noblesse révoltée contre le roi Jean, une expédition française dont le souvenir sera à jamais mémorable. Le fils de Philippe-Auguste, en effet, était entré victorieux dans Londres et y avait ceint la couronne royale. Cependant le pape avait désapprouvé cette intervention armée du prince Louis dans les affaires intérieures de l'Angleterre, et, le roi Jean étant venu à mourir, le fils de Philippe-Auguste, abandonné par ceux qui l'avaient appelé, puis assiégé dans Londres, n'avait obtenu la liberté qu'en promettant aux Anglais de leur rendre un jour tout ce que son père leur avait enlevé. Devenu roi, il ne regarda cette promesse arrachée par la violence que comme un prétexte de poursuivre la guerre contre les Anglais.

Après son sacre Louis Cœur-de-Lion fit son entrée solennelle à Paris. Les Parisiens le reçurent avec cette joie populaire qui saluait toujours l'aurore des nouveaux règnes; les bourgeois lui offrirent de riches présents, et toute la ville fut en fêtes pendant plusieurs jours. Pour reconnaître ce bon accueil le roi donna la liberté à plusieurs serfs et gracia tous les prisonniers hormis les félons détenus dans les geôles pour avoir pris les armes contre le feu roi

Philippe; de cet nombre étaient les vaincus de Bouvines : Ferrand, comte de Flandre, Renaud, comte de Boulogne, et leurs compagnons. Les vassaux du roi et les seigneurs eurent une large part aux munificences de cet avénement; Louis leur accorda un don magnifique et néanmoins fort peu coûteux : il promulgua une ordonnance portant abolition des intérêts de toute somme due aux juifs et accordant trois termes fort éloignés pour le remboursement du capital.

Parvenu au trône dans de telles conditions, Louis VIII refusa de rendre la Normandie à Henri III, roi d'Angleterre, et se prépara au contraire à conquérir le Poitou, dont son père ne s'était point assuré la possession. Après plusieurs victoires signalées il assiégea la Rochelle. Le succès de la campagne dépendait de la prise de cette ville, et Savary de Mauléon venait de s'y jeter avec un renfort de chevaliers dévoués au parti des Anglais. Aussi les Parisiens, se souvenant de leur amour pour Philippe-Auguste, témoignèrent-ils en cette occasion de leur vif intérêt pour la gloire de son fils; ils demandèrent publiquement au Ciel la prospérité de ses armes, en célébrant une procession générale de toutes les églises de la ville, à laquelle assistèrent trois reines : Isemberge, veuve de Philippe-Auguste; Blanche de Castille, femme du roi de France, et sa nièce Bérengère, reine de Jérusalem. « La procession partit de Notre-Dame et se rendit à Saint-Antoine des Champs. Tout le monde étoit nus-pieds et en chemise, même les trois reines (1). » (2 août 1224.)

Vers le même temps Louis VIII convoqua un concile na-

---

(1) *Histoire manuscrite de saint Louis*, par Le Nain de Tillemont, p. 220, Ms. Bibl. imp. Suppl. fr., n° 2013.

tional à Paris. Le cardinal Conrad, légat du Saint-Siége, présida cette assemblée, et prononça, au nom du pape Honoré III, la révocation de l'indulgence publiée dans le concile de Latran en faveur de ceux qui prendraient la croix contre les Albigeois. « Et dans ce parlement, disent les chroniques de Saint-Denis, fut dénoncé et prouvé que Raymont, conte de Thouloze, estoit bon crestien, et vivoit selon Dieu en la foy crestienne. »

Cependant, la Rochelle ayant capitulé et le roi ayant soumis les fiefs anglais jusqu'à la Garonne, il revint triomphalement dans cette ville et y reçut publiquement le serment de fidélité du vicomte de Thouars.

Le 28 janvier 1226 un nouveau concile national fut convoqué à Paris au sujet du comte de Toulouse ; mais cette fois ce fut pour excommunier Raymond. Le légat du pape prononça la sentence qui le condamnait comme fauteur de l'hérésie des Albigeois, délia ses vassaux de l'obéissance qu'ils lui devaient et adjugea tous ses domaines au roi de France. Aussitôt Louis, qui depuis longtemps sollicitait cette sentence si favorable pour lui, se hâta de conclure une trêve avec Henri III et tourna ses armes contre le Languedoc.

La nouvelle croisade, bien que marquée par quelques succès, ne fut point heureuse ; la prise d'Avignon par le roi Louis VIII en fut l'événement le plus considérable. Bientôt après, Louis VIII, réduit à se contenter d'une conquête purement nominale, reprit avec les débris de ses troupes la route du Nord. Comme il passait en Auvergne, il s'arrêta à Montpensier, atteint d'une maladie dangereuse, et ne tarda pas à succomber à ses souffrances (1226).

Sous le règne de Louis Cœur-de-Lion Guillaume d'Auvergne, évêque de Paris, avec l'appui du roi et de la reine Blanche, fonda entre Paris et le bourg de Saint-Lazare un célèbre couvent de filles repenties, qui prirent le nom de *Filles-Dieu*. Le terrain sur lequel fut élevé le nouveau monastère avait été donné à l'évêque et à la ville par un pieux bourgeois de Paris, nommé Pierre Barbette.

LIVRE VI.

PARIS SOUS SAINT LOUIS (1226—1270).

CHAPITRE PREMIER.

Première période du règne.

Louis IX était à peine âgé de douze ans. Sa minorité fut très-orageuse. La reine Blanche s'était attribué la régence; mais les grands feudataires étaient impatients de reprendre la place dont la politique ferme et habile de Philippe-Auguste les avait fait descendre. Blanche de Castille vint plusieurs fois à bout de rompre leur ligue.

Le jeune roi avait été sacré à Reims; à son retour à Paris, et par ordre de la régente, il n'y eut aucune réjouissance publique. Les Parisiens, qui s'associaient ainsi au deuil de Blanche de Castille, n'en étaient pas moins dévoués à Louis IX. « Un jour que ce prince, disent les chroniques, chevauchoit du côté d'Orléans, il apprit que les barons le faisoient épier pour se saisir de sa personne. Aussitôt lui de tourner bride et de courir vers Paris en toute hâte. Il alla jusqu'à Montlhéry sans s'arrêter; mais, arrivé à ce donjon, il n'osa pas en sortir, de crainte d'être pris par les révoltés. Il envoya seulement à Paris demander un prompt secours à sa mère. A ces nouvelle Blanche de Castille fit assembler les principaux d'entre les habitants de Paris et les pria de venir en aide à leur jeune roi. Les Parisiens répondirent qu'ils étoient prêts à le faire, et même engagèrent la reine à mander les communes des environs, *où il y avoit tant de bonnes gens qu'on pouvoit avec eux jeter le prince hors de péril.* La reine suivit leur conseil, et de toutes parts se réunirent à Paris les chevaliers et les autres braves gens d'alentour. Quand ils furent tous assemblés, ils prirent leurs armes, sortirent de Paris bannières déployées, et se mirent en chemin droit à Montlhéry. Ils arrivèrent au château, placèrent le roi au milieu d'eux en faisant des vœux au Ciel pour sa sûreté, et rentrèrent dans la ville pressés en haie autour de lui, disposés à tout événement. Les barons s'étoient préparés à un coup de main et non point à une bataille ; à la vue de cette foule ils se concertèrent entre eux, et, sentant qu'ils n'avoient pas assez de monde pour rien oser, ils s'en allèrent vaincus sans combat (1). »

Louis IX se plaisait dans la suite à parler de cet événement, qui avait permis aux habitants de Paris de manifester leur fidélité et leur courage. « Et me conta le saint roy, dit Joinville, que il ni sa mère, qui estoient à Mont-le-Héri, ne osèrent revenir à Paris jusques à tant que ceulx de Paris les vinssent quérir avec armes ; et me conta qu'au retour de Mont-le-Héri estoit le chemin plein de gens à armes et sans armes jusques à Paris, et que tous crioient à Nostre-Seigneur qu'il lui donnast bonne vie et longue, et le défendist et le gardast de ses ennemis. » Ainsi se révélait combien était puissante et forte la popu-

(1) *Chroniques de Saint-Denis.*

larité de la couronne, et combien le peuple prenait au sérieux son pacte avec la famille de Hugues Capet.

Vers le même temps la ville de Paris fut mise en émoi par un incident religieux que dom Félibien raconte en ces termes :

« Au mois de février (1) 1233 affluoit à Saint-Denis une grande multitude de peuple pour honorer les saintes reliques qu'on a coutume d'y exposer à la dévotion publique le 25 février, jour de la dédicace de l'église, et les jours suivants. Entre ces reliques, la plupart tirées de la chapelle de nos roys, l'une des plus précieuses est un des clous dont Jésus-Christ fut attaché à la croix, et qui fut donné à cette église par Charles le Chauve. Le religieux qui le présentoit à baiser au peuple ne s'aperçut pas qu'il étoit tombé du reliquaire où il estoit enchâssé ; il n'y prit garde que quand il n'en fut plus temps : le clou avoit déjà disparu. Le bruit s'en répandit bientôt, non-seulement à Saint-Denis et à Paris, mais encore par toute la France. L'abbé Eudes-Clément fit aussitôt savoir cette nouvelle au roy et à la reine Blanche, sa mère, qui témoignèrent une extrême douleur de cette perte. Incontinent après, un hérault publia, de la part du roy, dans toutes les places publiques de la ville de Paris, que quiconque rendroit le saint clou auroit la vie sauve et cent livres d'argent pour récompense. On fut plus d'un mois à déplorer cette perte, tant on portoit pour lors de vénération aux saintes reliques. Les clercs, les moines, l'Université, les grands, les petits, tout âge, tout sexe, toute condition, en un mot tout le monde parut prendre part à un malheur

---

(1) Félibien, *Hist. de Paris*, t. Ier, p. 290.

qu'on regardoit comme un présage de quelque funeste accident dont le royaume estoit menacé. Enfin, après bien des prières, des gémissements et des larmes, Dieu permit que le saint clou fût retrouvé dans l'abbaye du Val, près de Pontoise, où l'avoit porté une femme qui l'avoit ramassé dans l'église de Saint-Denis. L'abbé Eudes lui-même partit sur-le-champ pour le Val, et le roy lui donna trois des principaux seigneurs de la cour pour l'accompagner. La sainte relique y fut reconnue et reportée le vendredy-saint à Saint-Denis, avec une solennité tout extraordinaire. Le roy y alla, quelques jours après, honorer ce précieux monument de la Passion du Fils de Dieu, et son exemple fut suivi par plusieurs prélats et par presque tous les seigneurs de la cour. »

Le roi étant entré dans sa dix-neuvième année, la régente songea sérieusement à le marier; ses vues s'étaient d'abord portées sur Jeanne, fille du comte de Toulouse, qu'elle faisait élever; mais son extrême jeunesse la lui fit réserver pour un autre de ses fils, et elle se décida pour Marguerite, fille aînée de Raymond Bérenger, comte de Provence. Lorsqu'arrivèrent dans le palais d'Aix les envoyés de Blanche de Castille, Raymond, Bérenger et la comtesse Béatrix, sa « femme, pleins de liesse, les reçurent moult honnorablement et à grant triumphe, » et leur consentement ne se fit point attendre. Le 27 mai les deux fiancés reçurent la bénédiction nuptiale des mains de l'évêque comte de Noyon, Anselme de Saint-Médard, « homme de grant sçavoir et de doctrine exquise ès lettres saintes, et qui avoit glosé les psalmes de David. » Les royaux adolescents, à l'imitation de Tobie et de Sara, passèrent en prières la première nuit qui suivit leur mariage, et, deux jours après, le 29 mai, ils partirent pour Paris et y furent reçus au milieu du plus vif enthousiasme.

Un vassal rebelle, le comte de la Marche, puissamment assisté du roi d'Angleterre, se révolta contre Louis IX. Le jeune roi, âgé de moins de vingt et un ans, se mit à la tête d'une armée, fondit sur le Poitou, franchit la Charente au pont de Taillebourg, et mit en déroute ses ennemis qui lui disputaient ce passage. Il assiégea ensuite la ville de Saintes, et les rebelles sollicitèrent la paix.

Sur ces entrefaites, les barbares de l'Orient, chassés de leur pays par les hordes mongoles de Temoudgin-Gengiskhan, envahirent la Judée et le royaume de Jérusalem (1244). Le sultan d'Égypte les chassa de la Palestine, mais à son tour il fit peser sur les chrétiens de la Terre-Sainte le joug le plus odieux et le plus sacrilége (1245). Quand la nouvelle de ces désastres épouvanta la France, saint Louis était atteint d'une maladie qui l'avait mis aux portes du tombeau. Les grandes Chroniques de France donnent à cet égard des détails pleins d'intérêt. Louis IX était malade à Pontoise; « la dyssenterie qui le tourmentoit l'affoiblit bientôt à tel point que l'on craignit pour sa vie. L'alarme se répandit parmi le peuple et le clergé. Dans les campagnes et dans les palais tous commençoient à gémir et à pleurer leur seigneur, qui tant étoit prud'homme et tant aimoit les pauvres, qui défendoit le menu peuple des outrages et vouloit que droit et raison fût fait aux pauvres aussi bien qu'aux riches. Le menu peuple de Paris surtout étoit désolé, et ils disoient entre eux : Père Dieu, que voulez-vous faire à votre peuple? Pourquoi nous enlever celui qui nous gardoit, le souverain prince de toute bonne justice? Lors tous les ouvriers et les

serviteurs laissoient leurs besognes et couroient aux autels. »
Dans toutes les églises de Paris les châsses des saintes reliques furent découvertes et les corps des bienheureux placés sur les autels, afin que le peuple, qui n'avait pas coutume de les voir hors des caveaux, priât plus dévotement Notre-Seigneur pour le roi. Le mal néanmoins s'accrut avec une rapidité effrayante. Louis demeura pendant plusieurs heures dans une léthargie semblable à la mort; « à la fin il poussa un soupir, retira à lui, puis étendit ses bras et ses jambes, et, d'une voix creuse et sourde comme s'il fût ressuscité du sépulcre, il dit : *Celui qui se lève d'en haut m'a visité par la grâce de Dieu et m'a rappelé d'entre les morts!* Et il requit qu'on lui apportât la croix; ce qui fut fait. Quand la bonne dame sa mère sut qu'il avoit recouvré la parole, elle en eut telle joie que plus grande n'étoit possible; mais, quand elle le vit avec la croix sur la poitrine, elle fut aussi transie que si elle l'eût vu mort (1). »

La résolution de Louis IX était trop arrêtée pour qu'il cédât aux craintes de sa mère. Le 16 octobre 1245 toute la noblesse de France fut convoquée en parlement à Paris, et dans cette assemblée une foule de seigneurs se croisèrent à l'exemple du roi.

Dans l'assemblée des prélats et des barons convoquée à Paris et présidée par le roi, on arrêta d'importantes mesures pour le maintien de la tranquillité publique et l'heureuse issue de la guerre sainte. D'après l'autorisation du pape, et en vertu des décrets du concile de Lyon, on décida que les ecclésiastiques payeraient au roi le dixième de leurs revenus.

---

(1) Voir *Chroniques de Saint-Denis*, édition de M. Paris, t. IV.

Grâce aux soins et à la sagesse du saint roi, tous les préparatifs de l'expédition étant à peu près terminés, l'on n'attendait plus que l'époque fixée pour le départ. Les seigneurs et les vassaux étaient animés d'un grand zèle. Des processions parcouraient sans cesse les rues et faisaient retentir l'air des hymnes d'une sainte allégresse. Louis IX se rendit enfin à l'abbaye de Saint-Denis pour y recevoir l'oriflamme des mains du légat du pape, et vint ensuite, portant le bourdon et la panetière, entendre la messe dans l'église de Notre-Dame. La cérémonie qui eut lieu à cet occasion fut pieuse et touchante. Lorsque le légat du pape eut pris en ses mains le drapeau national de la France, dévotement placé sur le tombeau de saint Denis, Louis IX fit signe au porte-étendard, et celui-ci, que les historiens provençaux nomment Guillaume III de Gueidan, vint s'agenouiller devant l'autel. « Vous jurez, lui dit l'abbé de
« Saint-Denis, vous promettez sur le précieux sang de
« Notre-Seigneur Jésus-Christ, cy présent, et sur le corps
« de mon seigneur sainct Denys et de ses compaignons, qui
« y sont, que vous, loyalement en votre personne, tien-
« drez et gouvernerez l'oriflamme du roi mon seigneur,
« qui cy est, à l'honneur et profict du royaulme, et pour
« doubte de mort, ou aultre avanture qui puisse venir, ne
« la laisserez, et ferez partout vostre debvoir comme bon
« et loyal chevalier doibt faire envers son souverain et
« droicturier seigneur ? » Guillaume jura, la main levée, et reçut la bannière que la France considérait comme un religieux talisman. Cependant, tandis que les croisés montraient un visage serein et une contenance assurée, tout le reste des nombreux assistants, clercs, moines, bourgeois, peuple, « en larmes et plours, » manifestaient la plus vive

douleur et psalmodiaient des chants sacrés, « avec soupirs, sanglots et frissonnements. » A la fin le pieux roi, surmontant sa propre émotion, quitta Paris, escorté des bénédictions du peuple. Arrivé à Corbeil, il confia à sa mère Blanche de Castille la régence du royaume, et continua sa route jusqu'à Aigues-Mortes, désigné comme port d'embarquement des croisés français.

Il n'entre pas dans le cadre qui nous est assigné de raconter les événements de la guerre sainte conduite par Louis IX. Personne n'ignore que cette croisade, commencée par d'éclatants triomphes, se termina par la captivité du roi et par de grands désastres. Après avoir payé sa rançon et celle de son armée, Louis IX passa en Syrie et y guerroya contre les infidèles jusqu'au moment où lui parvint la nouvelle de la mort de sa mère, la régente Blanche de Castille (1254).

La régence de la reine Blanche avait été troublée par la révolte des *pastoureaux*. La nouvelle de la captivité de Louis IX ayant profondément affligé le peuple français, un moine nommé Job, natif de Hongrie, s'imagina de prêcher que les malheurs du roi et des chrétiens d'Orient étaient dus au luxe des grands et à la richesse des ecclésiastiques. Il annonça que, pour délivrer Louis et la Terre-Sainte, il fallait des hommes plus purs, c'est-à-dire de pauvres gens du peuple. Cette tentative eut de l'écho; la nouvelle croisade réunit, d'abord au nombre de trente mille hommes, puis de cent mille, des paysans et des ouvriers fanatisés par les paroles de Job et plus encore par la misère. Ces croisés d'une étrange espèce parcouraient la France, et semaient en tous lieux l'effroi par leurs déprédations et leurs désordres.

Le manuscrit de Tillemont renferme quelques détails sur cette formidable révolte des pastoureaux, qu'on aurait pu comparer à la guerre des esclaves. « Leur chef, qu'ils appeloient *le maître de Hongrie*, prétendoit que c'étoit la sainte Vierge qui lui avoit fait ce commandement, et il avoit toujours la main fermée, comme s'il eût tenu l'acte de l'ordre qu'elle lui avoit donné. Ils rapportoient sur cela des visions de la Vierge et des anges qu'ils firent représenter sur une ou plusieurs de leurs bannières, qu'ils portoient partout pour tromper les ignorants. Leur chef avoit mis sur son étendard un agneau qui portoit une croix ; ce que les autres firent ensuite sur les leurs, qui étoient au nombre de cinq cents.

« Dès que ces imposteurs appeloient un paysan, celui-ci quittoit aussitôt ses moutons, ses vaches ou ses chevaux, et, sans demander permission ni à ses maîtres ni à ses parents, il les suivoit à pied, sans se mettre en peine de rien, avec une ardeur ou plutôt une rage aussi étonnante qu'extraordinaire ; et c'est ce qui faisoit croire qu'ils se servoient de sortilége. On contoit que leur chef, arrivant en France, avoit jeté en l'air une certaine poudre comme pour sacrifier au démon. Ainsi partout où ils passoient, dans les villages et dans les campagnes, les paysans qui écoutoient les exhortations les suivoient comme le fer suit l'aimant. Les enfants les suivoient aussi, et même de jeunes filles. Il leur faisoit porter la croix. Ainsi leur nombre s'augmenta beaucoup en peu de temps.

« Ils marchoient en corps d'armée sous des capitaines de cent hommes et de mille hommes, et ils avoient des drapeaux dans chaque corps. Ils donnoient à quelques-uns d'eux le titre de *maîtres*. On prétendoit qu'ils faisoient des miracles, et que le vin et les viandes qu'on leur servoit ne diminuoient point et même se multiplioient.....

« Si quelqu'un vouloit s'opposer à eux, ils répondoient non par des autorités et des raisons, mais par des coups et des blessures, car ils portoient alors des épées, des poignards, des cognées, des traits et d'autres sortes d'armes, et leur grand-maître étoit environné de gens armés quand il prêchoit. Lorsqu'ils passoient par des villes et des villages, ils portoient leurs armes élevées pour inspirer la terreur à tout le monde, et ils étoient devenus si redoutables qu'il n'y avoit presque aucun officier de justice qui osât leur résister en quoi que ce fût.

« Les ecclésiastiques et les moines n'eurent pas de peine à reconnoître l'illusion dont on abusoit les peuples. Ils en eurent beaucoup de regret et voulurent s'opposer à l'erreur; mais ils ne firent que se rendre odieux au peuple même. Le chef de l'imposture commença à déclamer contre eux et à leur reprocher publiquement de grands crimes, que le peuple écoutoit avec un plaisir pernicieux. Ces séditieux tuèrent même plusieurs qu'ils rencontrèrent à la campagne, faisoient tous les maux qu'ils pouvoient et à eux et aux religieux, parce qu'ils leur résistoient plus que les autres, se contentant quelquefois néanmoins de les dépouiller ou de les battre, et le peuple, en haine du clergé, voyoit leurs crimes avec joie.

« Ces furieux vinrent jusqu'à Paris et y firent divers maux. Leur chef y prêcha habillé en évêque dans Saint-Eustache et y fit l'eau bénite dans le même habit. Mais il fit même tuer quelques prêtres et d'autres ecclésiastiques, et il fallut fermer les ponts pour les empêcher de faire le même traitement aux écoliers de l'Université, car les écoliers passoient alors pour clercs.

« Cependant on les laissa sortir impunément de Paris, et ils crurent alors être échappés de tout péril. Ils se vantoient qu'il falloit qu'ils fussent gens de bien, puisqu'ils n'avoient trouvé, disoient-ils, aucune opposition dans une ville *qui étoit la source de toutes les sciences.* Aussi ils en devinrent beaucoup plus hardis à soutenir et à inventer des erreurs et à commettre toutes sortes de pilleries et de violences. Ils attaquoient les villages et les villes mêmes en divers endroits de la France, tuant et les ecclésiastiques et les laïques. Bientôt, se trouvant être plus de cent mille personnes, ils se divisèrent en plusieurs armées pour s'aller embarquer à divers ports. »

La reine Blanche envoya des troupes contre ces hordes de brigands, qui ne tardèrent pas à être détruites (1251). Ces mouvements populaires, assez semblables pour la forme et le but aux tentatives des Cotereaux sous Philippe-Auguste, se reproduisirent plusieurs fois pendant le moyen âge. A cette époque, comme toujours, la question du pauvre contre le riche, qu'elle s'appelât guerre des esclaves, guerre des serfs, guerre des pastoureaux ou guerre des prolétaires, était débattue avec une brutalité sauvage, et alors se révélaient dans toute leur nudité les misères cachées de l'ordre social.

Durant la première moitié du règne dont nous venons d'esquisser les traits, quelques incidents avaient eu lieu que nous devons d'autant plus mentionner qu'ils se rattachent aux annales particulières de Paris.

L'Université avait vu s'accroître et se consolider ses priviléges à mesure que sa popularité se répandait dans toutes les parties de l'Europe civilisée ; il est permis de croire qu'elle attachait une haute importance à des prérogatives qui lui avaient été concédées pour honorer la science, et non pour constituer au sein du royaume une république batailleuse et jalouse. Or, vers l'an 1229, le repos de Paris fut troublé par une querelle suscitée, dans une taverne du faubourg Saint-Marcel, entre les marchands de vin et les étudiants ; les bourgeois de Paris avaient pris la défense du cabaretier, les écoliers avaient été rudement menés par des gens du peuple. Le lendemain de cette scène, jour de mardi gras, les étudiants de l'Université, déterminés à prendre une revanche, accoururent en force, enfoncèrent les boutiques des marchands de vin, défoncèrent leurs tonneaux et se livrèrent à des actes de violence envers les habitants du faubourg. Ces actes de désordre appelaient un châtiment ; mais, pour être légale et régulière, la répression devait s'exercer selon les coutumes réglementaires réservées à l'université de Paris et qui attribuaient à ce corps le soin de sa propre police. C'est ce qui fut perdu de vue, et peut-être la régente craignit-elle de n'être point suffisamment secondée par les chefs d'une corporation enseignante, intéressés les premiers à la conservation et au triomphe de leurs priviléges. Quoi qu'il en soit, le doyen de Saint-Marcel eut recours à l'évêque de Paris, qui se plaignit à la régente, et Blanche de Castille donna ordre au prévôt de lâcher ses archers contre les coupables. Les archers, ennemis des écoliers, s'acquittèrent de cette commission avec tant de précipitation qu'ils tuèrent quelques jeunes gens étrangers aux scènes tumultueuses de la ville ; de ce nombre se trouvaient un Normand et un Flamand de haute extraction, et il était notoire que les vrais coupables appartenaient à la province de Picardie. Ce fut la cause d'un vaste soulèvement. Les professeurs s'indignèrent du traitement qu'on avait infligé à leurs élèves; le recteur, les régents, les dignitaires se rendirent auprès de Blanche de Castille, protestant contre la violation de leurs immunités, et déclarant qu'en attendant réparation et justice les cours universitaires seraient suspendus.

L'Université n'ayant pas eu satisfaction de la reine, du légat, ni de l'évêque de Paris, tous les maîtres et écoliers se dispersèrent, en sorte qu'il ne demeura pas à Paris un seul docteur fameux. La plus grande partie se retira à Angers, quelques-uns à Orléans, et l'on croit que ce fut l'origine de ces deux universités. D'autres allèrent à Reims, plusieurs à Toulouse, quelques-uns en Espagne, en Italie et en d'autres pays étrangers; plusieurs en Angleterre, où le roi Henri III les invita à venir tous, leur offrant telle ville qu'ils voudraient choisir et toute liberté et sûreté.

Les écoles de Paris restèrent donc désertes; les maîtres et les écoliers, dispersés en divers lieux, avaient même fait serment de ne point revenir qu'on ne leur eût donné satisfaction. Les Frères prêcheurs profitèrent de la circonstance, et, du consentement de l'évêque Guillaume et du chancelier de l'Église de Paris, ils établirent chez eux une chaire de théologie, à quoi ne servirent pas peu l'estime que s'était attirée le bienheureux Jourdain, leur général, et le grand nombre de docteurs et d'étudiants qui étaient entrés dans cet ordre; car ces docteurs, après avoir changé d'habit, ne laissèrent pas de continuer leurs leçons.

Si tôt que le pape Grégoire IX fut informé du désordre arrivé à Paris et de la retraite des étudiants, il s'occupa d'y porter remède ; à cet effet il écrivit aux deux évêques du Mans et de Senlis et à l'archidiacre de Châlons, leur donnant commission d'interposer leurs bons offices entre le roi et l'Université, en sorte qu'elle reçût satisfaction pour les torts et les insultes qu'elle avait soufferts, qu'on la fît jouir de la liberté accordée par Philippe-Auguste et qu'on la rappelât à Paris. L'évêque du Mans était Maurice, que le pape transféra à l'archevêché de Rouen en l'année 1231. L'évêque de Senlis était encore Guérin, autrefois chevalier du Temple et confident de Philippe-Auguste, qui mourut le 19 avril 1230.

En même temps le pape écrivit au roi Louis et à la reine Blanche, sa mère. « Le royaume de France, disait-il, se
« distingue depuis longtemps par les trois vertus que l'on
« attribue par appropriation aux personnes de la sainte
« Trinité, savoir : la puissance, la sagesse et la bonté. Il
« est puissant par la valeur de la noblesse, sage par la
« science du clergé, et bon par la clémence des princes.
« Mais si les deux extrêmes de ces trois qualités sont desti-
« tuées de celle du milieu, elles dégénèrent en vices ; car,
« sans la sagesse, la puissante devient insolente, et la
« bonté imbécile. » Le pape conclut en exhortant le roi et la reine à écouter favorablement les trois commissaires qu'il avait nommés, et à exécuter promptement leurs conseils, « de peur, ajouta-t-il, que vous ne sembliez avoir
« rejeté la sagesse et la bonté, sans lesquelles la puissance
« ne peut subsister, et, ne pouvant souffrir que votre
« royaume perde cette gloire, nous serions obligé d'y
« pourvoir autrement (1). » Le pape écrivit aussi à Guil-

---

(1) Duboulay, p. 135 et suiv.

laume d'Auvergne, évêque de Paris, le reprenant vivement de ce qu'il favorisait la discorde ; car c'était de lui principalement que les docteurs de Paris s'étaient plaints au Pape, disant qu'au lieu de les protéger, comme il le devait, il les avait abandonnés. En effet l'évêque, le chancelier et le Chapitre de Paris souffraient avec peine les bornes que l'Université voulait mettre à leur juridiction et auraient mieux aimé qu'elle fût transférée ailleurs ; aussi s'opposèrent-ils longtemps à son rétablissement.

Le pape, voyant que l'affaire n'avançait point, écrivit l'année suivante (1230) aux docteurs de Paris de lui envoyer quelques-uns des leurs pour y travailler efficacement. Cependant le cardinal-légat de Saint-Ange et l'évêque de Paris publiaient des censures contre les absents, et l'archevêque de Sens, dans un concile provincial, ordonna que ceux qui s'étaient retirés en conséquence de leur serment seraient privés pendant deux ans du fruit de leurs bénéfices, et ceux qui n'en avaient point déclarés indignes d'en obtenir, s'ils ne revenaient dans le temps prescrit. Le roi édictait aussi des ordonnances contre eux. Les docteurs que l'Université envoya, suivant l'ordre du pape, furent Geoffroi de Poitiers et Guillaume d'Auxerre, qui lui demandèrent un règlement pour leur servir de loi après leur rétablissement et de préservatif contre des inconvénients pareils. Ils négocièrent si bien qu'ils obtinrent de Grégoire IX une bulle adressée aux maîtres et aux écoliers de Paris, datée du treizième d'avril 1231. Il y était dit :

« Paris, la mère des sciences, est un autre Cariath-Sé-
« pher, ville des lettres ; c'est le laboratoire où la sagesse
« met en œuvre les métaux tirés de ses mines : l'or et l'ar-
« gent, dont elle compose les ornements de l'Église, le fer,

« dont elle fabrique ses armes. » Venant au sujet de la bulle, le pape donne ces règlements :

« Le chancelier de l'Église de Paris, entrant en charge,
« jurera devant l'évêque, en présence de deux docteurs pour
« l'Université, qu'il ne donnera la licence de régenter en
« théologie et en décret qu'à des hommes dignes, sans ac-
« ception de personnes ni de nations, et, avant que de don-
« ner la licence, il s'informera soigneusement des mœurs,
« de la doctrine et du talent de celui qui la demande.....

« L'évêque de Paris, en réprimant les désordres, aura
« égard à l'honneur des écoliers, en sorte que les fautes
« ne demeurent pas impunies et qu'on ne prenne pas les
« innocents à l'occasion des coupables. Les écoliers ne se-
« ront point emprisonnés pour dettes, et l'évêque n'exi-
« gera point d'amende pour lever les censures....... Nous
« défendons expressément aux écoliers de marcher armés
« par la ville, et à l'Université de soutenir ceux qui trou-
« blent la paix et l'étude. »

Vers le même temps les habitants d'Orly et de Châtenay (banlieue de Paris), serfs du Chapitre de la cathédrale, n'ayant pu ou n'ayant pas voulu acquitter quelques tailles imposées par leurs seigneurs, les chanoines firent saisir tous les hommes adultes du pays par des archers et les jetèrent dans leur prison seigneuriale, située près du cloître Notre-Dame. Là ces malheureux prisonniers furent si durement traités qu'on les laissait même manquer de nouriture; au bout de quelques jours plusieurs d'entre eux étaient en danger d'y mourir de misère et de faim. On se plaignit à la reine, qui fut émue de pitié. Elle envoya en toute humilité, dit l'historien, prier les chanoines de vouloir bien, à sa considération, délivrer ces paysans sous caution, les assurant qu'elle aurait soin de s'informer de l'affaire et leur ferait raison de tout ce qu'ils demandaient. Les chanoines répondirent que la reine n'avait point à s'occuper de leurs sujets, qu'ils pouvaient les châtier comme il leur plaisait. Poussant plus loin l'esprit de résistance et d'opposition, ils firent encore emprisonner les femmes et les enfants de ces mêmes villages, et ils les maltraitaient si fort que plusieurs en moururent, partie de chagrin, partie de la presse et de la chaleur qu'ils souffraient dans la prison.

La reine fut touchée d'une extrême compassion de voir le peuple traité avec tant d'inhumanité par ceux qui le devaient soulager et protéger. Elle manda la noblesse et les bourgeois de Paris, leur ordonna de prendre les armes, et les mena à la maison du Chapitre où était la prison. Elle leur commanda d'en enfoncer les portes, et, afin qu'ils n'appréhendassent point les censures ecclésiastiques, elle donna le premier coup avec un bâton qu'elle tenait à la main. Les autres continuèrent, et, la prison ayant aussitôt été ouverte, il en sortit un grand nombre d'hommes, de femmes et d'enfants, qui se jetèrent aux pieds de la reine et lui demandèrent sa protection.

Elle n'avait garde de la leur refuser, et, saisie d'indignation contre le Chapitre, elle fit saisir tous ses revenus jusqu'à ce qu'il lui eût fait satisfaction. Elle l'obligea aussi à affranchir ses paysans pour une somme d'argent qu'ils devaient payer tous les ans.

Peu de temps après que se fut apaisée l'émotion causée par cet incident, Regnauld ou Renaud de Corbeil, récemment nommé évêque de Paris, fit son entrée dans cette ville. « Il étoit porté, dit Félibien, par quatre seigneurs feudataires de son église, savoir : le châtelain du Louvre, Barthélemy de Condrey, Guy Le Loup, représentant le roi, et le seigneur de Chevreuse, représentant le comte de Bar, qui s'étoit excusé par lettre. Dans la suite les quatre barons de France destinés à cette fonction ont esté les barons de Macy, de Maugeron, de Chevreuse et de Luzarches. Celui de Montmorency étoit l'un des quatre avant l'érection de sa terre en duché. Lorsque le nouvel évêque vouloit faire son entrée, il alloit la veille coucher à Saint-Victor et se rendoit le lendemain matin devant le portail de Sainte-Geneviève, où il étoit reçu par l'abbé et ses religieux, qui l'introduisoient dans leur église. Il prenoit là ses ornements pontificaux ; l'abbé prononçoit une prière pour lui, on chantoit le *Te Deum ;* puis quatre religieux le transportoient dans sa chaise jusqu'aux portes de l'église, où ils le remettoient aux quatre barons. Ceux-ci, précédés de l'abbé et de ses religieux, portoient l'évêque jusque dans la rue Neuve-Notre-Dame, devant Sainte-Geneviève des Ardents, où se trouvoient le doyen et le Chapitre assemblés pour introduire le prélat dans la cathédrale, après lui avoir fait, suivant la coutume, prêter sur les saints Évangiles le serment de conserver les priviléges, exemptions et immunités de l'Église de Paris, et aussi les concordats faits entre ses prédécesseurs et le Chapitre. Le nouvel évêque étoit obligé de donner à chacun des quatre religieux de Sainte-Geneviève qui l'avoient porté une pièce ou jeton d'or à sa marque ou à ses armes. Le prévôt des marchands et les échevins assistoient d'ordinaire à cette cérémonie, avec les cours et les autres principales compagnies de Paris, qui étoient ensuite régalées dans les salles de l'évêché. »

CHAPITRE II.

Deuxième période du règne de saint Louis.

De retour dans ses États après la mort de sa mère, saint Louis employait les loisirs de la paix à constituer au dedans le règne de la justice et de l'ordre. Saint Louis régularisa la féodalité; il reconnut aux grands et aux nobles feudataires le droit de résistance, comme devant servir de contre-poids à la couronne; il réforma les ordonnances sur le duel judiciaire, et interdit dans la plupart des cas ce mode sauvage de soutenir ses droits par les champions armés. Les coutumes féodales et les ordonnances rendues par ses prédécesseurs faisaient de la législation de son temps un amas informe d'usages contradictoires ou barbares; saint Louis procéda à la révision de ces monuments grossiers de la justice et ordonna de prendre le droit romain pour base et pour règle des institutions nouvelles.

Les enseignements que, dès son jeune âge, il avait reçus de Blanche de Castille étaient demeurés en son cœur inscrits en ineffaçables caractères; avant tout il s'appliquait à aimer Dieu, à le servir, à pratiquer la sainteté dans toute l'étendue des idées que ce mot renferme.

Toujours levé avant l'aube, Louis IX dormait sur un lit de planches, avec un simple matelas, sans paillasse. « Il chevauchait souvent de grand matin, dit la chronique, et alors il se faisait chanter les heures canoniales à haute voix et à note par ses chapelains, aussi à cheval. Puis, quand il revenait, avant de prendre son repas, il entrait en sa chapelle, où les chapelains disaient devant lui Tierce et None. » Il se mortifiait dans les plus petites choses pour tenir sa volonté toujours soumise, et résistait souvent à ses inclinations les plus innocentes, afin d'en faire un sacrifice à Jésus-Christ. Il comparait la vie du chrétien à celle du soldat (*vita hominis militia*), et, comme les capitaines font faire l'exercice aux gens de guerre durant la paix, afin de les rendre plus capables de servir leur pays dans le combat, il accoutumait de même ses passions à lui obéir dans les choses indifférentes, pour être plus assuré de les maîtriser lorsqu'il s'agirait de la gloire de Dieu ou des devoirs de la charité. Il jeûnait et se confessait tous les vendredis, et ne mangeait point de viande le mercredi; il jeûnait au pain et à l'eau la veille des fêtes de la sainte Vierge, et faisait tout cela en secret, sans affectation, mais aussi sans vouloir aimer les plaisirs de la terre lorsqu'il n'aimait que ceux du ciel. Il savait que les rois servent d'exemple à leurs sujets, que toutes leurs actions sont en vue, et que la plupart des hommes, étant naturellement portés à imiter ce qu'ils voient faire, conforment leur vie à celle des grands. Aussi voulait-il se montrer le guide et le gardien fidèle de son peuple. Chaque jour il entendait au moins une messe, et durant la célébration des saints mystères il ne cessait d'être à genoux sur le pavé, même en temps d'hiver. S'il était malade on récitait les offices et les psaumes près de son lit. Son confesseur lui inspirait un tel respect qu'il s'attachait à le servir, et, quand ce religieux voulait se défendre d'être l'objet de ces actes d'humilité royale : « Vous êtes le père, disait le

« pieux monarque, et je ne suis que votre enfant. » Aux jours solennels il prenait la sainte couronne d'épines et la montrait au peuple. Lorsqu'il disait ce verset des litanies : « Seigneur, nous te prions de nous donner une fontaine de larmes ! » il ajoutait avec piété : « O mon Dieu, « je n'ose pas vous demander une fontaine de larmes ; « qu'il me suffise d'une seule petite goutte pour arroser « la sécheresse de mon cœur et pour expier tout ce que « souffre mon peuple. » Il se donnait rudement la discipline, et après l'absolution il invitait son confesseur à lui faire subir rudement cet acte de pénitence ; il paraissait mécontent si le prêtre usait de ménagement, et il lui faisait signe de recommencer. Il conserva longtemps un directeur qui « lui donnoit si rudes coups et aspres disciplines que sa chair tendre en étoit moult grevée. »

Sa charité envers les pauvres était admirable. Dès sa plus tendre enfance il avait fait le vœu que, partout où il se trouverait dans les temps d'abstinence, cent vingt pauvres seraient nourris chez lui de pain, de vin et de poisson ; la veille des grandes fêtes de l'Église on doublait le nombre de ces hôtes. Avant d'avoir pris lui-même aucune nourriture, il les servait de sa main, plaçait les mets devant eux, rompait leur pain et leur versait à boire. Il avait en outre chaque jour, près de sa table, trois pauvres vieillards à qui il faisait donner de ses viandes, et après le repas quelques secours en argent. Afin que sa charité s'étendît dans toutes les provinces, il fonda de nombreux hôpitaux, se souciant peu d'avoir de beaux palais pourvu que les pauvres, ses frères, fussent à couvert et ne manquassent de rien. Le samedi il donnait à manger à certains mendiants « qu'il fesoit venir, dit Joinville, en lieu secret pour n'estre aperçu et de tous ces convives en Jésus-Christ ne s'en séparoit sans avoir largement respandu aulmones abundantes. » Une nuit, comme on le croyait endormi, il fut surpris déguisé en simple écuyer, et accompagné d'un seul serviteur, allant verser des aumônes dans le sein d'une multitude de malheureux. Un Frère prêcheur l'ayant reconnu et voulant le louer de cette action : « Cher frère, « lui répondit le saint roi, ce sont les soldats défenseurs « de mon royaulme ; bien s'en fault-il que je les paye à « proportion de leurs services. » Si la disette éclatait dans une province il y faisait transporter à ses frais des amas de grains récoltés dans ses propres domaines, et on les distribuait aux nécessiteux. « N'est-il pas juste, disait-il « alors, que assiste en leur destresse ceux qui me font par- « tage de leur abundance? » Et parfois il mandait aux populations menacées par le fléau : « Mes amis, ce que je « tiens de vous, j'en suis dépositaire, et je le conserve « pour vous. » Grande et sublime définition de la richesse royale et des devoirs qu'elle impose. Comme on lui fit connaître que plusieurs courtisans blâmaient la prodigalité de ses aumônes, il répondit : « Ayme mieulx que tel excès « soit fait en l'honneur de Dieu qu'en luxe ou vaine gloire « du monde. » Pour subvenir à ces saintes largesses il s'imposait journellement des économies, des privations ou des sacrifices ; aussi, dit la chronique, « loin de deviser « en mets et viandes, comme beaucoup d'hommes riches « font, il mangeoit sans rien dire les plats déposés devant « lui. » Il avait pour habitude de laver les pieds, chaque samedi, à un grand nombre de pauvres, et, lorsque les affaires publiques l'en empêchaient, il chargeait de ce soin le confesseur de service. Pour accomplir cet acte de généreux abaissement, à l'exemple de Jésus-Christ, il préférait souvent laver les pieds aux aveugles, afin de n'être point reconnu par eux, et, comme le sénéchal de Champagne manifestait un jour la répugnance que lui inspirait cette œuvre de charité : « Voirement, lui dit le roi, ce n'est pas bien. Devriez-vous avoir en tel dédain ce que Dieu a faict pour notre enseignement? »

A son retour de Syrie, et après les épreuves de la première croisade, il se signala par un redoublement de ferveur et par un plus ardent amour pour ses peuples. « Après que le roy fu retournez d'outre-mer en France, dit la chronique, il se contint si dévotement envers Nostre-Seigneur, si droicturiément envers ses subjects, si doulcement et si piteusement à ceulx qui étoient en tribulation, et profita en toutes manières de vertus que, comme l'or est plus précieux que l'argent, ainsi la vie du bon roy fut plus saincte et plus pure depuis son retour d'oultre-mer. »

C'est durant cette période qu'il multiplia les entreprises pieuses, les créations utiles au service de Dieu et au bien-être des peuples. Les Mathurins de Fontainebleau, les Jacobins, les Cordeliers le reconnaissaient pour leur fondateur, honneur qu'ils partagent avec les abbayes de Long-Champ, de Lis et de Maubuisson, qu'il bâtit et dota avec une magnificence vraiment royale. Le château de Vauvert, habitation des Chartreux de Paris, est encore l'ouvrage de sa libéralité, ainsi qu'une grande partie des biens de cette maison. Son conseil ne parut pas toujours disposé à applaudir à tant de libéralités, et il arriva même qu'un ministre crut devoir les blâmer hautement. « Dieu, « répondit le saint roi, m'a donné tout ce que je possède... « Ce que despenserai de ceste manière sera tousjours le

« mieulx placé. » Bien jeune encore il bâtit, non loin de Luzarches, une magnifique abbaye où il appela cent quatorze religieux de l'ordre de Cîteaux. « Li roy, dit son vieil historien, fut si ardent et eschauffé de la mort de Jésus-Christ, et l'âme duquel désiroit Dieu comme le cerf qui est chacié la fontaine et les eaux, funda ceste abbaye au lieu que l'on disoit au Mont; il prit ensuite celui de *Regalis Mons*, puis Mont-Réal ou royal, enfin Royaumont. » C'était pour le pieux monarque un lieu de repos et de prière. Dès qu'il pouvait se dérober aux affaires il aimait à se rendre à Royaumont, et là, déposant les marques de sa dignité sur le seuil du cloître, il exigeait qu'on le traitât comme un simple moine, mangeant au réfectoire, dormant au dortoir, travaillant au jardin, veillant au chevet des malades, pratiquant tous les exercices de la communauté. Ce fut dans cette sainte retraite, comme on l'a vu plus haut, qu'il fit inhumer le corps de son fils premier-né. A Paris le saint roi jeta sur la place Maubert les fondements du grand couvent des Carmes; après y avoir établi les religieux qu'il avait ramenés du Carmel, Louis IX fonda l'église et le couvent des Grands-Augustins; puis il fit reprendre (1257) les travaux de Notre-Dame de Paris. Comme on l'a vu plus haut, le portail méridional de cette magnifique église fut confié à Jean de Chelles, qui, sous les yeux du prince, dirigea aussi les hautes et délicates galeries des nefs et le cordon « brodé et dentelé où se dressèrent en statues colossales vingt-sept rois. » Vers le même temps, et par les soins de saint Louis, s'élevèrent successivement dans Paris plusieurs églises ou abbayes, parmi lesquelles nous mentionnerons Sainte-Croix de la Bretonnerie, les Blancs-Manteaux, les Mathurins Saint-

Jacques, l'abbaye des Jacobins, l'abbaye et l'église des Célestins et celle des Filles-Dieu. C'est également à cette période du règne de Louis IX qu'on fait remonter la date de la construction du réfectoire de Saint-Martin des Champs,

de son dortoir et de sa salle capitulaire, regardés, après la Sainte-Chapelle, comme les chefs-d'œuvre de l'architecture du treizième siècle. On se lasserait à énumérer les églises, les cloîtres, les hôpitaux dont la piété du roi dotait les provinces.

C'est à cette pieuse profusion que tant d'abbayes, de monastères et de maisons de piété doivent leur établissement et leurs revenus. Mais sa générosité s'étendait surtout aux hôpitaux, fondations non moins dignes d'un grand roi. Témoin de cette charité féconde, et qui du soir au matin enfantait des merveilles, le bon sénéchal de Champagne disait de son maître : « Il fut plus heureux que Titus, dont les anciennes escriptures racontent que trop se dola et fut desconforté d'ung jour qu'il n'avoit donné aucuns bénéfices. » L'Hôtel-Dieu de Paris existait depuis longtemps ; cependant, comme la ville était fort augmentée depuis les conquêtes de Philippe-Auguste, les anciennes salles ne suffisaient pas pour loger commodément les malades ; Louis en fit bâtir de nouvelles et augmenta considérablement les revenus de la maison. Pontoise, Compiègne et Vernon lui doivent aussi ces hospices où les pauvres et les malades trouvent un asile dans leur misère et des remèdes à leurs maux. Ce fut encore dans ce même esprit qu'il fonda ce fameux hôpital pour les aveugles, dit depuis les Quinze-Vingts, parce qu'on les avait réduits à ce nombre de trois cents, au lieu de trois cent cinquante qu'ils étaient alors. On a voulu faire croire que cette fondation était destinée à des gentilshommes auxquels les Sarrasins avaient crevé les yeux et que saint Louis avait ramenés de la Terre-Sainte ; mais c'est une fausse tradition dont il n'est fait aucune mention dans les histoires de son temps. Il suffisait d'être malheureux pour exciter la compassion et mériter les bienfaits de ce prince, grand devant Dieu et devant les hommes, et qui a trouvé grâce devant la malveillance des historiens ennemis de la foi.

Miséricordieux envers les pauvres, le saint roi était sévère pour les méchants, quel que fût leur rang et de quelques prières qu'on usât envers lui. Il faisait punir sans pitié les seigneurs coupables de déprédations ou de meurtres, et souvent ses frères eux-mêmes trouvèrent en lui un obstacle à leurs désirs. Le plus obscur artisan n'implora jamais en vain sa justice; tout le monde sait, et c'est une des plus touchantes traditions de la monarchie, qu'il jugeait lui-même les querelles de ses sujets, n'ayant pour trône et pour prétoire qu'un chêne de la forêt de Vincennes, au pied duquel il était assis et sans autre garde que l'amour de son peuple. « Il disposa de son vivre, dit Joinville, de telle façon qu'il pust chasque jour consacrer quelques heures à donner audience, à régler procès, et à faire en sorte que la plus grande promptitude régnast en ceste branche de l'administration.... Maintesfois advint que en esté il alloit seoir au boiz de Vincennes, après la messe, et se accostoit à ung chesne, et nous fesoit seoir entour li. Et tous ceulx qui avoient affaire venoient parler à li, sans destourbier de huissier ne d'aultre; et lors leur demandoit de sa bouche : « Y a-t-il qui aist partie ? » Et se levoient ceux qui avoient partie; et le roy leur disoit : « Taisez-vous; l'on vous deslivrera l'ung après l'autre. » Et alors appeloist monseigneur Pierre de Fontaine et monseigneur Geoffroy de Vilette, et disoit à l'ung d'eux : « Délivrez-moi ceste partie. » Et quant il véoit aulcune chose à amender à la parole de ceulx qui parloient pour lui, il l'amendoit mesme de sa bouche. » Cherchant partout les moyens d'honorer et de relever la profession de magistrat, Louis IX se plaisait à siéger dans le vieux palais des comtes de Paris et des premiers Capétiens, sur l'emplacement duquel s'est élevé le Palais de Justice qui existe encore de nos jours, et alors on le voyait s'asseoir sur le même banc qu'Étienne Boileau, le prévôt de Paris, « homme expert en procédure et en jurisprudence. » Il exigeait même que les grands vassaux suivissent son exemple dans leurs domaines, et quand les princes féodaux, ses parents ou ses pairs, s'acquittaient mollement de leurs devoirs judiciaires, il ne craignait par d'évoquer la cause à sa haute cour et de châtier directement les coupables. Ainsi agit-il à l'égard d'Ansérix II, sire de Montréal, qui avait osé faire périr dans un supplice injuste un pauvre clerc qui avait cherché à se soustraire à de barbares extorsions, que le duc de Bourgogne laissait impunies. Le saint roi ne se montra pas moins inflexible envers quelques nobles vassaux des vicomtés de Casaubon et de Narbonne, qu'il fit pendre aux fourches de Montfaucon pour châtier leurs déprédations et leurs actes de sauvage violence.

Un fait domine dans l'histoire de saint Louis : c'est que le bien qu'il opéra, les réformes qu'il entreprit, furent moins dus à son génie qu'à sa conscience, moins à son expérience des choses politiques qu'à sa sainteté. Clovis et Charlemagne voulaient fonder leur empire et leur dynastie, Philippe-Auguste travaillait à constituer l'unité et la centralisation au profit du pouvoir royal, et tous se dévouaient à une idée dans la mesure de leur force et de leur génie. Saint Louis, pour sa part, ne songeait qu'à remplir les devoirs de roi dont Dieu l'avait chargé et dont Dieu lui demanderait compte, et en aspirant à être juste selon la loi de Jésus-Christ il lui fut donné, « comme par surcroît », d'être grand devant les hommes. Jusque sur le champ de bataille, s'il était le plus intrépide et le plus redoutable des combattants, lui dont le cœur débordait de charité et de mansuétude, c'est qu'il accomplissait alors les devoirs de soldat chrétien, de chef d'empire. En organisant la justice il songeait moins à dépouiller la féodalité d'un privilége qu'à détruire des abus; en châtiant les grands et les seigneurs qui se rendaient coupables d'abus de pouvoir ou de crime, il ne se souciait nullement d'agrandir le droit des rois; il ne voulait que mettre le peuple et les pauvres à l'abri de la tyrannie. S'il se montra terrible et sans pitié à l'égard des hérétiques et des blasphémateurs, c'est qu'il exerçait la royauté comme un sacerdoce militaire, c'est qu'il ne se croyait armé du glaive que pour la cause de l'Église et pour la gloire de Dieu. Les avertissements de sa conscience lui suggérèrent la plupart des réformes qu'il introduisit dans les lois et les règlements de son royaume, et dont, pas plus que ses conseillers ou ses vassaux, il n'entrevoyait les conséquences pour l'avenir des institutions.

Dès le règne de Philippe-Auguste l'institution des bailliages avait établi sur des bases solides la distribution de la justice en France ; elle avait permis à la cour royale (*curia regis*) d'affermir son autorité en la limitant et en empêchant qu'elle ne se dissipât dans l'accomplissement de fonctions au-dessous du rôle qu'elle devait jouer. Il y avait une différence essentielle entre la cour royale et l'assise du bailli; celle-ci se tenait à des époques fixes, la cour n'avait de séance que lorsqu'il plaisait au roi d'en indiquer ; l'assise du bailli siégeait dans un endroit déterminé, la cour accompagnait le roi; l'assise du bailli était composée de cinq juges, la volonté du roi déterminait pour chaque session le nombre et la qualité des personnes qui devaient prendre part aux délibérations de la cour royale.

Cette même cour se présentait moins comme une institution stable que comme un instrument docile à l'usage du prince; il s'agissait donc de l'asseoir sur des bases plus régulières et plus fixes, de la placer, autant que possible, en dehors du caprice du souverain. Une pareille transformation ne pouvait s'accomplir aisément. La vie agitée et guerrière des rois les forçait souvent de s'arrêter dans les villes qu'ils traversaient, d'y recevoir des plaintes et d'y rendre la justice, sans, pour ainsi dire, descendre de cheval, et, comme ils marchaient toujours escortés de prélats et de seigneurs, les éléments de la cour royale se trouvaient toujours rassemblés sous leur tente. Cependant, dès Philippe-Auguste, la ville de Paris était devenue le siége accoutumé des séances de cette cour de justice ; dès le même roi s'introduisit également l'usage de composer différemment la cour selon qu'elle devait délibérer sur des affaires d'État ou juger des procès. Or, sous saint Louis, époque où la justice royale domina la justice féodale non-seulement en fait, mais en droit, un grand pas fut fait dans le sens de l'extension illimitée du pouvoir monarchique, et l'administration de la justice devint un moyen de gouvernement. La création des bailliages avait dépassé les espérances de la royauté ; les baillis, qui n'étaient au demeurant que les délégués de la cour royale, avaient pris une autorité que les seigneurs ne pouvaient ni neutraliser, ni contredire, parce qu'elle s'exerçait avec l'appui du peuple, et l'importance des bailliages, en se développant, avait eu pour conséquence naturelle de développer l'importance de la cour du roi. Sous le règne de saint Louis ce fut à Paris que cette cour tint le plus ordinairement ses *sessions* ou ses *parlements*, et c'est à dater de cette époque que par anticipation peut-être, nous la désignerons sous le nom à jamais mémorable de parlement de Paris.

Les *Établissements* de saint Louis, au retour de la première croisade, eurent pour point de départ la célèbre ordonnance que rendit ce prince pour définir et étendre les attributions des officiers royaux, et les sujets directs ou indirects de Louis IX virent avec autant de respect que de reconnaissance « comment le roy corrigea ses baillifs, sa prevosté et ses majeurs, et comment il establit noviaux establissements. » Cette loi importante dispose « que les baillifs, prévosts, vicomtes, et aultres juges supérieurs ou subalternes, jureront de rendre la justice sans acception de personnes ; de conserver de bonne foy les droicts du roy, sans préjudice à ceulx des particuliers ; de ne recevoir aulcuns dons, si ce n'est de choses bonnes à boire et à manger, dont la valeur n'excédera pas dix sols parisis par semaine ; de ne rien emprunter à des personnes ayant procès à leurs tribunaux, etc. Que si nul d'eulx est trouvé rapineur et mangeur du peuple, que incontinent lui soit osté son office. Qu'aulcun baillif ni prévost ne puisse achepter domaines dans le lieu de leurs bailliages... » *Et,* dit le chroniqueur, *fist li bon roy ces ordonnances pour oster faveur qui aujourd'hui destruit justice.*

Cette assertion n'était que trop exacte, et la faveur n'était pas le seul abus qui nuisît à la justice et au maintien de la sûreté publique ; pour trouver des réformes à entreprendre il n'était pas besoin d'aller aux extrémités du royaume, et l'on pouvait commencer par l'administration même de la ville capitale. « La prévosté de Paris, dit Joinville, étoit lors vendue aux bourgeois de Paris ou à aucuns, et, quand il avenoit que aucuns l'avoient achetée, si soutenoient leurs enfants et leurs neveux en leurs outrages ; car les jouvençaux avoient fiance en leurs parens et en leurs amis, qui la prévosté tenoient. Pour cette chose étoit le menu peuple trop défoulé, ni ne pouvoit avoir droit des riches hommes pour les grands présents et dons qu'ils faisoient au prévost. Qui à ce temps disoit vrai devant le prévost, ou qui vouloit son serment tenir, pour n'estre parjure, d'aucune dette ou d'aucune chose où il fust tenu de répondre, le prévost en levoit amende et il étoit puni. Par les grands parjures et par les grandes rapines qui étoient faites en la prévosté, le menu peuple n'osoit demeurer en la terre du roi; ainsi alloient demeurer en autres prévostés et en autres seigneuries, et étoit la terre du roi si déserte que, quand il tenoit ses plaids, il n'y venoit pas plus de dix personne ou de douze. Avec ce, il y avoit tant de malfaiteurs et de larrons à Paris et dehors que tout le pays en étoit plein. Le roi, qui mettoit grande diligence comment le menu peuple fut gardé, sut toute la vérité; si ne voulut plus que la prévosté de Paris fust vendue; ains donna gages bons et grands à ceux qui dès ores en avant la garderoient; et toutes les mauvaises coutumes dont le peuple pouvoit estre grevé, il abattit, et fit enquerrir par tout le royaume et tout le pays où il pourroit trouver homme qui fist bonne justice et roide. Si lui fut indiqué Étienne Boileau, lequel maintint et garda si bien la prévosté que nul malfaiteur, ni larron, ni meurtrier, n'osa demeurer à Paris, que tantost ne fust pendu ou détruit; ni parent, ni lignage, ni or, ni argent ne le purent garantir. La terre du roi commença à amender, et le peuple y vint, pour le bon droit qu'on y faisoit. »

Louis IX, entouré des hommes les plus expérimentés et les plus sages, s'attacha donc à réunir et à rassembler en corps les diverses ordonnances, les coutumes, les décisions des cours royales et féodales qui avaient encore autorité, et il les fit publier, d'après la forme du code adopté par Godefroy de Bouillon sous le titre si connu « d'Assises de Jérusalem. » Ce fut dans ce code, autrefois promulgué dans la Terre-Sainte, et qui résumait toutes les lois féodales, que saint Louis puisa l'idée du « Livre des Établissements, » l'un de ses plus beaux titres à la reconnaissance des peuples. « Formé des usages du royaume, il doit, disait ce prince, apprendre à tous comment il faut se pourvoir en justice ou se défendre quand on est poursuivi. » Les différentes parties de ce recueil furent délibérées et amendées par le conseil du roi, l'élite des magistrats du parlement, les barons et les prud'hommes, enfin, pour emprunter le langage naïf de l'époque, par *grant conseil de sages hommes et de bons clercs.*

Étienne Boileau, ce prévôt de Paris dont nous avons déjà prononcé le nom, signala sa magistrature par l'institution d'une police régulière et générale. Il fit remettre partout en vigueur la surveillance du guet de nuit; les villes eurent une garde. Ce fut également au prévôt de Paris, digne auxiliaire de Louis IX, que remonta l'organisation des diverses professions en confréries, maîtrises ou corps de communauté; les statuts qui les régirent furent l'ouvrage d'Étienne Boileau, et, pour le premier règlement, le prévôt « fit assembler et ordonner grant foison des plus saiges et des plus anciens hommes de la capitale, lesquels ont beaucoup loué ceste œuvre, applaudie et observée ez halles de Paris et aux préaulx des marchands. » Les *Établissements des Métiers de Paris* contiennent, outre les statuts de ces mêmes métiers, alors au nombre de cent cinquante, des règlements sur le roulage, la navigation, les péages, les poids, les cours d'eau, les machines, et ces règlements s'appliquaient à toutes les industries. Étienne Boileau déterminait en outre les juridictions industrielles et leur compétence, tant dans Paris que dans les faubourgs. Cette législation, qui exerça une influence si longue et si importante sur le bien-être des classes qui vivent du négoce ou du travail, suffirait à elle seule pour attester le grand développement qu'avait pris l'industrie dans la France du treizième siècle; elle ne fut point inventée par saint Louis, ni par Étienne Boileau; ceux qui la formulèrent prirent pour modèle les règlements analogues qui existaient déjà dans les villes manufacturières et les usages des corporations de Flandre et d'Italie. Le gouvernement de saint Louis s'abstint d'innover dans les questions de cette nature; il chercha à régulariser et à améliorer, il prit pour base de ses ordonnances l'organisation en quelque sorte volontaire que s'était déjà donnée l'industrie, et ces règlements, s'ils ne demeurèrent pas à l'abri de toute critique, furent d'autant plus utiles, au moins comme code de transition, qu'ils développèrent et affermirent l'influence naissante de la bourgeoisie, dont le nom apparaissait déjà dans l'histoire. L'ordonnance de 1262, qui régularisa les droits des corporations, fut contre-signée par des notables bourgeois de Paris, de Provins, d'Orléans, de Laon et de Sens, qui tous avaient *concouru comme jurés à la faire,* et pour la première fois s'introduisait dans le droit public du pays l'usage d'appeler à la préparation des lois des députés de la classe moyenne, des représentants du tiers-état.

Étienne Boileau, agissant sous l'autorité et d'après les ordres de saint Louis, n'institua nullement l'organisation des corporations industrielles; il la régularisa par des règlements qui maintenaient, harmonisaient et faisaient concorder entre eux les nombreux précédents relatifs à l'exercice des professions et à l'existence des confréries d'arts et de métiers. Bien longtemps avant saint Louis et Boileau, pour exercer un métier à Paris, il fallait être pourvu d'une autorisation appelée *maîtrise*. Le nombre des *maîtres* était limité pour chaque corps d'état; on n'était reçu qu'après plusieurs années d'apprentissage et après avoir versé au trésor du roi une certaine somme pour le *brevet* et la *maîtrise*. Il y avait donc, dès la première race, des confréries d'artistes, de marchands et d'industriels. Quant au compagnonnage, il paraît avoir existé, sans interruption aucune, depuis la plus haute antiquité; les architectes, tailleurs de pierres, charpentiers et maçons italiens, qui émigraient tous les ans et se dispersaient dans toute l'Europe pour y construire des cathédrales et des palais, avaient, au commencement du cinquième siècle, des statuts mystérieux et des signes de ralliement qui se sont perpétués jusqu'à nos jours.

Au moyen âge les rues de Paris étaient étroites et tortueuses ; les boutiques des marchands, à peine éclairées par de petites lucarnes, portaient le nom d'*ouvroirs ;* on étalait les marchandises aux fenêtres et sur les portes, ce qui explique, dit M. Frégier, dans son *Histoire de l'administration de la Police de Paris*, pourquoi les règlements sur les métiers défendaient aux marchands d'appeler l'acheteur chez eux avant qu'il eût quitté la boutique de leur voisin; car il y avait des rues affectées par l'usage à certaines professions; ainsi les tisserands demeuraient dans la rue de la *Tixeranderie,* les maçons dans celle de la *Mortellerie,* les charrons dans celle de la *Charonnerie,* les tanneurs dans celle de la *Tannerie*. Les fenêtres par lesquelles les boutiques prenaient jour sur la rue avaient à leur base inférieure une tablette de pierre ou de bois formant saillie et servant d'étal pour les denrées et marchandises ; la vente se faisait au travers de ces fenêtres, en sorte que l'acheteur restait dans la rue et le marchand dans sa boutique. Chaque fenêtre était surmontée d'un auvent qui mettait à l'abri les chalands en cas de pluie.

Il est dit dans les registres des métiers qu'au douzième siècle on fermait les boutiques le soir, aussitôt que la cloche de l'Église voisine avait sonné l'*Angelus* ; il était d'ailleurs enjoint par les règlements à chaque corps d'état de suspendre le travail au dernier coup de vêpres ou de l'*Angelus*, ou à l'heure du couvre-feu. Les gens de métier ne pouvaient travailler à la lumière, parce que, disent les statuts, cela aurait nui à la perfection, à la solidité de l'ouvrage.

Les professions qui se rattachent à la nourriture, aux besoins corporels, même aux objets de luxe, formaient déjà plusieurs corporations longtemps avant Étienne Boileau ; les meuniers, les boulangers, les bouchers, les merciers, les charcutiers et les cuisiniers, les rôtisseurs, les pâtissiers, les cabaretiers, jouissaient d'une grande prépondérance et avaient acquis des richesses considérables.

Vers la fin du treizième siècle les moulins employés à moudre les grains destinés à la population parisienne étaient amarrés au Grand et au Petit-Pont et flottaient sur la rivière.

La viande de bœuf, le veau, l'agneau, le chevreau, la volaille, le poisson, le bœurre, le lait, les œufs, formaient alors comme aujourd'hui les bases de l'alimentation publique. La viande de porc était estimée entre toutes. Les *chairs-cuitiers* (charcutiers), les rôtisseurs, les bouchers et les épiciers formaient des corporations nombreuses et puissantes. L'oie était un mets favori et national.

Sous le règne de saint Louis la bière ou *cervoise* était encore la boisson habituelle d'une partie du peuple. L'eau-de-vie n'était appréciée que comme médicament. On présume, dit M. Frégier, qu'elle n'est devenue une boisson usuelle que vers la fin du seizième siècle.

Au treizième siècle les ragoûts dominaient dans toutes les cuisines; il y avait des marchands dont l'unique métier était de faire des sauces, qu'ils colportaient dans les rues. Les classes inférieures, de même que la bourgeoisie et les nobles, prenaient leurs repas autour d'une seule et même table; les convives étaient assis sur des escabelles ou sellettes; chez les artisans la table et le siége étaient nus. On se servait pour boire d'une espèce particulière de coupe appelée *hanap*; les verres ne devinrent d'un usage général que vers le milieu du quatorzième siècle.

Les marchands, les artisans dînaient à dix heures du matin, soupaient à quatre en hiver et à cinq en été. Les maisons occupées par la classe ouvrière avaient alors comme aujourd'hui plusieurs étages et servaient à loger plusieurs familles. Les cheminées n'étaient pas encore connues, et nos pères n'avaient qu'un chauffoir ou poêle commun à toute une famille, quelquefois même à plusieurs. Les meubles étaient peu nombreux et en rapport avec les premières nécessités de chaque ménage. Le lit était le principal ornement de l'appartement; il variait de forme et de grandeur suivant l'aisance de l'artisan. Le bahut ou coffre, le buffet, l'armoire, la lampe, le chandelier et un petit miroir complétaient l'ameublement des classes inférieures(1).

Les grains nécessairés à l'alimentation de la population parisienne étaient tirés de la Beauce, de l'Ile-de-France et des provinces les plus voisines qui pouvaient expédier par terre ; on les mettait en vente dans la halle de la Juiverie, au quartier de la Cité, entre la rue qui portait ce nom et la rue aux *Fèves*. Les grains expédiés des autres provinces plus éloignées se vendaient aux Champeaux. Paris prenait de jour en jour un accroissement extraordinaire; il fallut donc étendre le cercle des approvisionnements ; on multiplia les arrivages ; les marchands reçurent ordre d'expédier à la fois et par terre et par eau.

En vue du commerce des grains, et à dater du règne de saint Louis, il y eut à Paris trois halles, celle de Beauce ou de la Juiverie, la grande halle au blé et le port de la Grève. Les marchands de grains ou *blatiers* formaient deux catégories; les uns résidaient à Paris, les autres venaient du dehors. Les premiers achetaient du blé au marché pour le revendre en détail. Leurs statuts leur accordaient la faculté de prendre autant de compagnons et d'apprentis qu'il leur convenait et de faire usage d'une mesure étalonnée ; mais ils ne pouvaient mesurer que jusqu'à concurrence d'un setier, avec le consentement de l'acheteur; quand cette quantité se trouvait dépassée, on était obligé de recourir aux mesureurs commissionnés.

Le mesurage du blé et d'autres sortes de grains appartenait à une corporation dite de *mesureurs*, qui ne pouvaient exercer leur profession qu'avec un permis du prévôt des marchands et des jurés de la corporation. Avant d'en

---

(1). M. J.-M. Cayla, *Histoire des Arts et Métiers et des corporations ouvrières de la ville de Paris*.

trer en fonctions, ils juraient d'user de leur ministère loyalement et avec impartialité. Le vendeur choisissait lui-même le mesureur.

La mesure devait être conforme au modèle déposé au Parloir aux Bourgeois ou maison de ville, située alors près du Châtelet. On punissait d'une forte amende, quelquefois même de peines correctionnelles, la négligence ou la fraude. Les délits et contraventions étaient de la compétence du prévôt de Paris.

Tous les samedis Paris prenait un air de fête; les grandes dames, les nobles seigneurs, les riches bourgeoises visitaient les boutiques des merciers, des drapiers, des pelletiers ou fourreurs, des chaperonniers, des orfèvres, pour leurs achats de toilette. Les artisans et le menu peuple se portaient vers la grande halle et sur la place de Grève pour y faire leur provision de pain et autres objets de première nécessité. Ce jour-là tous les maîtres boulangers de Paris avaient le droit, ainsi que les boulangers forains, de mettre en vente du pain à tout prix, pourvu que la somme ne dépassât pas douze deniers. Le dimanche il y avait aussi un marché au pain, entre le parvis Notre-Dame et l'église Saint-Christophe ; il était principalement fréquenté par les classes pauvres ; on pouvait, dit le *Livre des Métiers*, y apporter du pain de bonne et de mauvaise qualité. Le premier était visité par les jurés, s'il appartenait aux boulangers de la ville, et le second en était exempt. Les boulangers de la banlieue avaient seuls le droit de mettre en vente du pain de qualité inférieure, qu'ils appelaient pain de rebut.

Le lieutenant du grand-panetier du roi, accompagné de quatre jurés et d'un sergent du Châtelet, visitait au moins une fois par semaine le pain exposé sur l'étal des boulangers ; ils s'assuraient si le pain était *suffisant*, et, dans ce cas, ils se retiraient sans faire la moindre observation ; mais, dans le cas contraire, ils le mettaient dans la main du *maître*, et toute la fournée était confisquée au profit des pauvres. On a vu plus haut que Philippe-Auguste avait favorisé le développement de l'industrie des bouchers. Les charcutiers et les rôtisseurs faisaient à ces marchands une rude concurrence. Les statuts de ces corporations nous apprennent que les *oyers hasteurs* ou rôtisseurs achetaient chez les bouchers des chairs de bœuf, de veau, de mouton et de porc ; ils les préparaient pour les vendre rôties, bouillies ou assaisonnées de toute autre manière. On trouvait aussi chez eux des potages, et, les jours maigres, du poisson et des légumes. Les rôtisseurs étaient les cuisiniers publics du moyen âge, et leurs boutiques devaient ressembler à nos restaurants modernes. Dans leurs statuts, qui font partie du *Livre des Métiers* d'Étienne Boileau, il n'est guère question que des dispositions prises par l'autorité pour garantir la salubrité des viandes dont ils faisaient commerce.

Le commerce de la volaille et du gibier était exploité par deux sortes de marchands, les uns domiciliés dans Paris, les autres forains. Nos aïeux, doués d'estomacs plus robustes que les nôtres, mangeaient non-seulement le héron, mais encore la grue, la corneille, la cigogne, le cygne, le cormoran et le butor. Le héron passait pour une *viande royale*. On dédaignait le gibier lorsqu'il était jeune, parce qu'on le regardait comme indigeste ; on ne faisait aucun cas du levraut ni du perdreau, mais on recherchait le lièvre et la perdrix. Le chevreuil, le cerf et le sanglier, quoique très-communs, étaient réservés pour les tables des grands. Dans les festins royaux on servait des paons, que nos vieux romanciers signalent comme *la nourriture des amants et la viande des preux.*

Les poulaillers domiciliés et les forains eurent bientôt de violentes discussions au sujet des places qu'ils devaient occuper à la halle; les premiers furent établis sur le quai de la Mégisserie, à un endroit qui fut appelé le *Val de Misère*, à cause du grand nombre de volailles qu'on y faisait mourir.

Le commerce du poisson, dévolu depuis des siècles à la corporation des dames de la Halle, qui portaient primitivement le nom de *harengères*, parce que le hareng frais, et surtout salé, formait, au moyen âge, un immense approvisionnement pour Paris; le commerce du poisson, disons-nous, remonte à l'établissement de la confrérie des *marchands de l'eau;* mais cette corporation ne fut régularisée que sous saint Louis, qui lui donna des statuts.

Le commerce des fruits, des légumes, des œufs, du beurre, du fromage, etc., etc., était exercé par la corporation des *regrattiers*, qui cumulaient les attributions des fruitiers et des épiciers de nos jours. Ces diverses denrées étaient déposées, à leur arrivée, sur un marché particulier, entre Notre-Dame et Saint-Christophe, et soumises à l'inspection des agents de l'administration. Il était défendu aux regrattiers, sous peine d'amende, de traiter hors Paris avec le conducteur d'une voiture chargée de comestibles à destination de cette ville. Les statuts spécifiaient que les achats devaient être mis à la portée du *pauvre* comme du *riche*, résultat qu'on ne pouvait obtenir que par l'abondance des denrées et une vente publique accessible à tout le monde. Les couvents de Paris avaient le privilége de vendre sur place les fruits et légumes de leurs jardins aux regrattiers et aux habitants, sans que les acheteurs eussent aucun droit à payer.

Les regrattiers ou revendeurs de pain pouvaient aussi vendre du sel à mine et à boisseau, de la viande cuite, du poisson de mer, des légumes, des fruits, du poivre, du cumin, de la cannelle, de la réglisse et de la cire en pain. Ils débitaient aussi du vinaigre en gros et en détail.

Les cervoisiers étaient les limonadiers du moyen âge; leurs brasseries servaient de lieu de rendez-vous aux jeunes gens et aux colporteurs de nouvelles. Mais ce genre de commerce se trouva insensiblement restreint à d'étroites limites. Le vin devint la boisson dominante, et les tavernes se peuplèrent d'habitués au détriment des brasseries; on y vendait le vin au détail, ou, comme on disait alors, le vin à broche; mais le peuple ne connaissait guère que le *vin vermeil,* dont le prix était aussi stable que celui du pain. Les statuts des taverniers leur permettaient de le diminuer, mais non de l'augmenter.

Il y avait à Paris deux catégories de pâtissiers; les uns occupés à faire des pâtisseries légères, telles que oublies, nieules, gaufres, échaudés, et connus sous le noms d'*oublieurs.* Voici comment Alexis Monteil fait raconter par le frère Aubin les tribulations d'un *oublieur,* au quatorzième siècle :

« Mon frère, c'est dans le carnaval, au cœur de l'hiver, que nous gagnons quelque chose. Le couvre-feu a sonné; il est sept heures du soir; il gèle à pierres fendre; le vent et la neige blanchissent les maisons. Voilà le bon moment pour remplir notre *cofin* d'oublies, le charger sur les épaules et aller crier par les rues : *Oublies, oublies!...* Les enfants, les servantes nous appellent par les croisées; nous montons; souvent nous ignorons que nous entrons chez des juifs, et nous sommes condamnés à l'amende. Quelquefois il se trouve d'enragés jeunes gens qui nous forcent à jouer avec nos dés, argent contre argent; on nous met encore à l'amende. Le jour, si nous amenons avec nous un de nos amis pour nous aider à porter notre marchandise, si nous étalons au marché à moins de deux toises d'un autre oublieur, *à l'amende! à l'amende!*

« On dit d'ailleurs, et l'on croit communément, qu'il suffit de savoir faire chauffer un moule en fer et d'y répandre de la pâte pour être maître oublieur. Ah! comme on se trompe! Écoutez le premier article de nos statuts :

Que nul ne puisse tenir ouvrier, ni être ouvrier, s'il ne fait, en un jour, au moins cinq cents grandes oublies, trois cents de supplications et deux cents d'estrées.

« Tout cela revient à plus de mille oublies; or, pour les faire dans un jour, et même en se levant de bonne heure, il faut être très-exercé, très-habile, très-leste. »

Le commerce du bois et du charbon fut aussi réglementé par les statuts des Arts et Métiers. Le bois amené à Paris devait être taxé et mis en vente au port de la Grève trois jours au moins après l'arrivée, soit qu'il fût sur un bateau ou sur le marché. Cette première vente n'était ouverte qu'au public; les marchands revendeurs n'avaient pas le droit de s'y montrer. Ces trois jours expirés, les bourgeois qui n'avaient point acheté au début de la vente avaient le droit de prélever ce qui était nécessaire pour leur provision sur les quantités achetées par les marchands et au même prix qu'ils avaient payé, pourvu que la marchandise fût encore sur place. On mesurait le bois à brûler avec un grand cercle en fer conforme à l'étalon déposé au Parloir aux Bourgeois. Cette mesure s'appelait *mole*. Des mesureurs jurés présidaient au *mesurage*. On vendait de la même manière le charbon de bois, qui était fourni en grande quantité par le pays de Morvan. Il était défendu aux marchands charbonniers d'en acheter, pour le revendre, entre les fêtes de Pâques et de la Toussaint, sous peine de confiscation de la marchandise. La vente du charbon s'effectuait au port de l'École. Aucun marchand revendeur ne pouvait aller au-devant d'un bateau chargé de foin; il devait acheter dans le port. Les courtiers ne pouvaient traiter pour un marchand absent, ni faire acte de commerce pour leur propre compte. Le bourgeois ou le forain qui avait du foin en grange dans Paris ou hors de ses murs pouvait le faire crier, mais il lui était défendu de le colporter dans les rues. Aucun marchand ne pouvait vendre à deux prix différents sur le même bateau.

Les professions les plus imposées se classaient comme il suit :

Les drapiers, les taverniers, les merciers, les épiciers, les orfévres, les hôteliers, les bouchers, les marchands de bois, les pelletiers, les lombards (banquiers), les tanneurs, les cordonniers, les maroquiniers, les marchands de vin, les corroyeurs.

Les corps de métiers qui travaillaient le cuivre, le laiton le fer et le plomb, étaient très-nombreux; on les désignait sous la dénomination générale de *fevres* ou *forgerons*. Dans le *Livre des Métiers* on trouve les statuts de cinq corporations différentes : les fèvres, les maréchaux, les veilliers, les heaumiers, les couteliers, les épingliers. Ils fabriquaient les ustensiles de ménage et une foule d'objets qui se rattachaient à la serrurerie, à la bouclerie, à la harnacherie, à l'épinglerie, etc. La sellerie et la harnacherie prirent un développement extraordinaire pendant le moyen âge; ces métiers étaient exercés par les selliers, les cuireurs, les chapuiseurs, les bourreliers, les éperonniers ou lormiers, qui avaient tous des statuts particuliers. Ces professions étaient très-lucratives.

Parmi les métiers quelques-uns étaient francs, c'est-à-dire que pour les exercer il suffisait de faire preuve de capacité et d'avoir une aisance proportionnée aux charges de la profession; mais le plus grand nombre était soumis à une taxe au prix de laquelle on devait acheter la maîtrise. On faisait de cet impôt deux parts, dont l'une entrait dans le trésor royal et l'autre demeurait dévolue aux maîtres du métier. Ce n'était pas du reste la seule charge qui pesait sur les artisans ayant un atelier; ils étaient assujettis au *guet* ou patrouille de nuit pour la sûreté de la ville. Au treizième siècle le *guet* était une institution purement civile, comme la garde nationale de nos jours. Chaque artisan devait faire la garde à son tour; il y avait pourtant des exceptions. Les maîtres et jurés des métiers de Paris n'en faisaient point partie. Tous les artisans dont les travaux servaient à l'équipement des chevaliers et des gens de guerre, ceux que leur profession mettait en rapport direct soit avec les grands, soit avec le clergé, étaient également dispensés du service civique. De ce nombre étaient :

Les peintres, les imagiers, les chasubliers, les scelleurs ou graveurs sur bois et métaux, les libraires, les parcheminiers, les enlumineurs, les écrivains, les tondeurs de draps, les tailleurs de pierre, les bateliers, les archers, les haubergiers ou fabricants de cottes de maille, les buffetiers ou marchands de vins, les gantiers en laine, les chapeliers, les faiseurs de bonnets, les brayers ou fabricants de braies, les voirriers, les déchargeurs de vin, les sauniers, les couréeurs ou corroyeurs, les monnoyeurs, les brodeurs de soie, les courtepointiers, les faiseurs de corbeilles et de vans, les tapissiers à navette, les filandriers, les calandreurs de draps, les oublieurs (marchands d'oublies), les écorcheurs, les orfévres, les étuveurs (baigneurs), les apothicaires, les vendeurs d'auges, d'écuelles et d'échelles.

Du temps de Philippe-Auguste les couteliers avaient joui de la faculté de faire faire le service du guet par leurs ouvriers; ils demandèrent à saint Louis de les rétablir dans ce privilége. Les tonneliers, moyennant une redevance que chacun d'eux payait au roi, étaient exempts du guet depuis le 22 juillet jusqu'au 11 novembre; les vendeurs de vin à étal, les courtiers de commerce étaient aussi exempts de ce service.

Les ouvriers de la sellerie et de la harnacherie, tels que les *selliers*, les *chapuiseurs*, les *cuireurs*, les *bourreliers*, les *lormiers* ou faiseurs de mors, étaient très-occupés par la chevalerie et la noblesse. C'était dans l'équipement que les nobles mettaient leur luxe; on dorait et on peignait les selles, on les décorait des armes du cavalier; aussi les statuts des selliers, rédigés sous saint Louis, concernent-ils en même temps les peintres. On est étonné de l'attirail compliqué qu'exigeait le harnais d'un cheval. On faisait une grande consommation de cuir. D'abord on tirait d'Espagne ceux qui étaient préparés et teints à la façon du maroquin; ils furent connus sous le nom de *cordouans*, de la ville de Cordoue, qui en envoyait le plus au dehors. Dans la suite on apprit à faire des cordouans en France. On distinguait ceux qui faisaient les chaussures en *basaniers* ou en *savetoniers* et en *cordouaniers*, selon les cuirs dont ils se servaient. Les *baudroyeurs*, les *corroyeurs*, les *gantiers* employaient aussi une grande quantité de cuir.

Un grand nombre de métiers de tisserands en laine, en fil et en chanvre, existaient alors à Paris. La fabrication du drap ne donnait pas lieu, comme de nos jours, à de grands établissements, mais elle faisait vivre modestement un grand nombre de familles; la rue de la Vieille-Draperie, dans la Cité, où cette industrie avait pris naissance à Paris, indique encore son berceau. Le métier de drapier s'exerçait en famille et se transmettait aux descendants. Les premiers tisserands étaient fabricants et marchands à la fois; mais on sait que, dès la fin du treizième siècle, les riches, les *tisserands grands mestres* faisaient tisser par les *menus mestres* pour eux et vendaient ensuite les draps. Les brodeuses étaient nombreuses à la fin du treizième siècle, comme les ouvriers qui faisaient des bourses ornées de broderies et de bordures élégantes, que les femmes portaient à la ceinture. Leur nom d'*aumônières sarrazinoises* rappelait leur destination principale. Les hommes, lorsqu'ils étaient revêtus de la robe, portaient aussi une bourse à la ceinture, mais en cuir et sans ornement.

Les fripiers ou *ferpiers*, corporation très-nombreuse et peu riche, vendaient à la foire des tissus de laine, du linge, du cuir, et mêlaient le neuf au vieux; ils habitaient surtout les environs des halles et la paroisse Sainte-Opportune.

Une classe particulière de fripiers était celle des marchands de chiffons et de vieux souliers, et celle des fripiers ambulants, qui criaient dans la rue *la cote et la hape*, ou bien *cote et surcote*.

Le Petit-Pont et ses abords étaient peuplés de pelletiers. Les riches seuls pouvaient border leurs robes d'hermine, mais tous les bourgeois un peu aisés portaient des vêtements bordés de *vair* et de *gris*, c'est-à-dire des fourrures d'écureuils et d'animaux sauvages de nos contrées.

C'est à Louis IX qu'est due la gloire d'avoir établi un ordre salutaire dans les monnaies; le peuple s'en souvint, et chaque fois que, sous les successeurs de ce prince, quelques abus tyrannique s'introduisaient dans ce service, « on invoquoit tousjours le nom du benoict roy, et on demandoit le restablissement des monnoyes sur le mesme pied que sous son reigne. » Le droit de battre monnaie, dans l'origine réservé au roi seul, avait été partagé, avec le suzerain du royaume, d'abord par les grands feudataires, puis par des arrière-vassaux de la couronne, et du temps de saint Louis quatre-vingts seigneurs se trouvaient en possession de ce privilége régalien. Le désordre s'était accru en pareille matière à ce point que l'altération des espèces d'or et d'argent était devenue une coutume fiscale de la féodalité. La livre d'argent, qui, dans le principe avait été du poids de douze onces, ne pesait plus, sous le règne de Louis IX, que deux onces et demie, et les monnaies des seigneurs, changeant sans cesse d'empreinte et de titre, occasionnaient une confusion extrême qui tournait au détriment du consommateur et du marchand. La monnaie frappée à l'effigie d'un possesseur de fief n'était point admise dans les autres fiefs, et, comme il était impossible de déterminer ou de connaître la valeur intrinsèque des monnaies de chaque province et de chaque seigneur, on perdait, au change, des sommes considérables dont profitaient les usuriers et les juifs. Saint Louis considéra comme un devoir de conscience de remédier à cette déplorable situation, et il attribua aux monnaies royales le privilége de circuler et d'être admises dans tout le royaume, concurremment avec les monnaies locales, et, comme il détermina le poids et le titre des espèces frappées au nom et à l'effigie du roi, il arriva que ces monnaies, d'une valeur plus grande que les espèces féodales, furent choisies de préférence par le peuple, et servirent aux autres monnaies de règle et d'étalon. La conséquence naturelle de ce fait fut que partout on rechercha de préférence la monnaie royale, qui circulait également dans tous les fiefs, ce qui disposa la France à souhaiter qu'il n'y en eût désormais plus d'autre. C'est donc avec juste raison que l'histoire reconnaît en saint Louis l'auteur et le restaurateur du système monétaire.

Saint Louis avait trop à cœur de détruire toute tyrannie, et les légistes qui l'assistaient désiraient trop vivement abaisser le pouvoir des grands, pour que sous le règne de ce prince aucune mesure ne fût prise dans le but de généraliser et de hâter l'affranchissement des serfs et l'émancipation des communes. Chez le roi cette tendance généreuse était l'accomplissement d'un devoir religieux ; chez les légistes, imbus des maximes de la monarchie romaine, et pour la plupart clercs issus des rangs du peuple, on vit poindre et se manifester la volonté systématique de grandir toutes les forces sociales qui par leur nature étaient opposées aux priviléges féodaux.

Vers cette époque de puissants adversaires cherchaient

à combattre l'influence des Dominicains, que l'on nommait en France Jacobins, parce que leur principal couvent à Paris était sous l'invocation de saint Jacques. La cause réelle de ce différend était la jalousie qu'inspirait à l'Université le succès ou pour mieux dire la popularité des docteurs en théologie appartenant aux ordres de Saint-François d'Assise et de Saint-Dominique. L'Université de Paris prétendait avoir en France le privilége exclusif de l'enseignement ; aussi avait-elle vu avec un amer déplaisir les docteurs franciscains et dominicains ouvrir des écoles indépendantes où la renommée de plusieurs d'entre eux attirait la foule. Ne pouvant les contraindre à se placer sous son obéissance, elle leur fit enlever deux chaires de théologie et mit tous ses soins à décrier les ordres mendiants et à interdire à ses propres disciples de recevoir leur enseignement public. Parmi les défenseurs les plus ardents des priviléges de l'Université figurait Guillaume de Saint-Amour, docteur en théologie, homme habile et exercé dans la satire. Ce docteur, voulant répondre à un livre publié, disait-il, par le général des Frères mineurs, écrivit, sous le titre de *Périls des derniers temps,* un libelle diffamatoire contre les Franciscains et les Dominicains, et s'attacha à les signaler comme des hypocrites, des séducteurs et de faux apôtres. Ce pamphlet fournit un aliment à la curiosité des oisifs et souleva les esprits crédules contre les religieux mendiants habitués jusqu'alors aux sympathies du peuple. Louis IX dénonça au pape l'écrit de Guillaume de Saint-Amour, et le libelle fut condamné aux flammes pas la bulle *de Orbi et de Urbi* comme renfermant une doctrine perverse et scandaleuse. Le pape Alexandre IV, après avoir ainsi averti la chrétienté, écrivit au roi de

France pour le remercier de l'appui qu'il avait prêté aux ordres mendiants. « On reconnaît bien, lui disait-il, qu'en vous éclate un vrai rayon du soleil de justice. » L'Université menacée des censures de Rome se vit alors contrainte à recevoir dans son sein les Frères prêcheurs et les Frères mineurs, qu'elle avait voulu exclure. Ces religieux, qui avaient suscité tant d'animosité et de jalousie, et qui, pour obtenir justice, avaient dû implorer l'intervention souveraine de la papauté, étaient les Franciscains Roger Bacon, Alexandre de Hales, Duns Scot et saint Bonaventure, et les Dominicains Albert le Grand, Vincent de Beauvais et Thomas d'Aquin. Il suffit de les avoir nommés.

Saint Louis avait à cœur de servir ses contemporains et les générations à venir en conservant avec soin le dépôt des livres et des ouvrages qui pouvaient venir en aide à l'enseignement religieux, à l'histoire, aux arts et aux lettres. Son palais était ouvert aux savants et aux poëtes qui joignaient au talent la pureté de la morale. Pendant son séjour en Palestine il avait appris qu'un sultan employait des sommes considérables à faire copier, traduire et réunir les écrits des anciens auteurs, afin d'en former une bibliothèque publique où les jeunes lettrés de l'Orient pussent venir puiser l'instruction. Frappé comme d'un trait de lumière, le saint roi conçut le projet de réaliser une semblable idée au profit des habitants de Paris; aussi, lorsqu'il fut de retour au milieu de son peuple, s'empressa-t-il de confier à quelques érudits le soin d'explorer les abbayes, les monastères, les archives et les dépôts du royaume. Les manuscrits importants et rares soumis à leurs recherches devaient être achetés et transcrits aux frais du trésor du prince, et rassemblés dans une salle attenant à la Sainte-Chapelle de Paris. Le célèbre Vincent de Beauvais fut chargé de coordonner et de surveiller cette collection, comme aussi de réunir en un même corps d'ouvrage les extraits et les résumés de tous les volumes dont on était parvenu à se procurer les originaux ou les copies. Le fruit de cet immense labeur fut l'espèce d'abrégé encyclopédique qui parut au treizième siècle sous le titre de *Mirouer hystorial*. La salle scientifique établie par ordre de saint Louis dans les dépendances de la Sainte-Chapelle était constamment ouverte aux *prud'hommes doctes, clercs ou laïques*, ainsi qu'aux voyageurs étrangers. Le roi de France se plaisait à y faire de longues stations, durant lesquelles on le vit plus d'une fois expliquer lui-même et traduire aux jeunes gens les passages les plus difficiles qu'ils rencontraient dans leurs lectures.

A la faveur de l'impulsion donnée de toutes parts à l'étude de la science, on vit faire de notables progrès à la médecine, à la chirurgie, à toutes les connaissances qui se rattachent à l'art de guérir. Par les conseils du célèbre Jean Pitard Louis IX fonda un collége spécial pour la chirurgie théorique et pratique; peu de temps après Lanfranc de Milan, Royer et Roland de Parme acquirent dans cette science la plus honorable renommée, et saint Louis, qui se préoccupait toujours des besoins de la charité, ordonna que les professeurs et les élèves traiteraient gratuitement dans différents hospices tous les malades désespérés qui y chercheraient un refuge.

A l'exemple de son aïeul, saint Louis rendit contre les Juifs des édits rigoureux, conçus moins dans une pensée d'oppression que dans l'espoir de ramener les fils d'Abraham à la foi chrétienne.

Saint Louis signala aussi sa piété par la proscription absolue qu'il prononça en même temps contre les maisons de débauche et les filles de mauvaise vie. Il décréta que les femmes prostituées seraient chassées de tous les lieux où elles se trouveraient, que leurs biens seraient confisqués par les juges desdits lieux, ou, sous leur autorité, par le premier occupant. Il ordonna que, si quelqu'un louait sa maison à une femme qu'il sût être prostituée, la maison serait confisquée.

Ce règlement était trop sévère pour recevoir une exécution réelle, et saint Louis se vit forcé d'en atténuer les dispositions. Peu de temps après il réorganisa *le guet* de la ville de Paris. Cette grande ville était troublée chaque jour, et surtout chaque nuit, par des accidents dont la gravité compromettait à chaque instant la sûreté des particuliers. C'étaient constamment des incendies, des vols, des violences, des enlèvements de femmes, des batailles. Il y avait depuis longtemps une milice entretenue aux dépens du roi pour veiller à la sûreté de la ville, qu'elle était chargée de parcourir durant toute la nuit; mais elle était de beaucoup insuffisante; elle se composait de vingt *sergents à cheval* et de quarante *sergents à pied*, commandés par un officier nommé le *chevalier du guet*. Aussi les bourgeois de Paris prirent-ils le parti de veiller eux-mêmes à leur sûreté; ils obtinrent du roi la permission de faire toutes les nuits des rondes par la ville sous l'autorité du chevalier du guet. Cette milice bourgeoise, pour laquelle chacun devait faire le service de trois en trois semaines, fut appelé le *guet des mestiers* ou *guet des bourgeois*. Quelques corps de métiers cherchèrent dès le commencement à se dispenser de cette obligation, et il fallut plusieurs arrêts du parlement pour les contraindre. Le commandement du guet des bourgeois appartenait, comme celui du guet royal, au prévôt de Paris. En 1264 il fut ordonné par le parlement que les drapiers de Paris contribueraient de leurs personnes au guet des bourgeois, soit que le prévôt fût présent, soit qu'il fût absent. En 1271 ce même motif, l'absence du prévôt, fut invoqué derechef comme une cause de dispense par les drapiers, et en outre par les orfévres, les changeurs, les taverniers et autres; ils furent tous condamnés. Deux autres arrêts du parlement obligèrent, en 1265, les habitants de la seigneurie de l'évêque, et, en 1270, ceux qui demeuraient dans la juridiction du Temple, à faire le guet comme les autres bourgeois de la ville (1).

Vers l'an 1260, Henri III, roi d'Angleterre, vint de nouveau à Paris; saint Louis et Marguerite de Provence allèrent à sa rencontre. « Lorsque les deux roys et les deux reynes arrivèrent près de Paris, dit Félibien, ils trouvèrent toute la ville sortie au-devant d'eux en grande pompe. L'Université y parut en habits de cérémonie, avec cierges allumés et des couronnes de fleurs, accompagnée de chœurs de musique. Ce ne fut toute la nuit suivante qu'illuminations et réjouissances par toute la ville. Saint Louis laissa au roi Henri le choix du Palais ou du Temple pour son logement, et Henri préféra le Temple, à cause du grand nombre d'appartements que les chevaliers y avoient fait construire pour tenir les assemblées générales de leur ordre. Le lieu néanmoins, tout spacieux qu'il étoit, ne put contenir le grand nombre d'hommes et de chevaux

---

(1) M. de Gaulle.

que le roi d'Angleterre avoit à sa suite. Ils remplirent toutes les hôtelleries depuis le Temple jusqu'à la Grève; encore y en eut-il plusieurs obligés de coucher dehors, tant le cortége étoit nombreux. Dès le lendemain les officiers du roi d'Angleterre assemblèrent par son ordre tous les pauvres qui se rencontrèrent, auxquels il fit donner un grand repas et des aumônes. Le roi de France fit voir en même temps à celui d'Angleterre les plus belles églises de Paris, et surtout la Sainte-Chapelle et les reliques qu'il y avoit ramassées. Le roi Henri, en faisant ses prières dans tous ces lieux de piété, y laissoit quelque présent.

« On préparoit en même temps le grand festin qu'il vouloit donner au roi de France et à toute sa cour, pour ne pas dire à tout Paris, car les portes furent ouvertes à tout le monde; entroit qui vouloit, et chacun trouvoit, soit dans les cours, soit dans les salles, des tables dressées avec tant d'abondance que, bien que ce fût un jour maigre, Mathieu Paris, auteur du temps, met ce repas au-dessus des festins les plus célèbres dans l'histoire. La grande salle, toute remplie de boucliers, à la façon des Anglois, étoit destinée pour les deux rois et pour leur cour. Voici l'ordre qui fut gardé à table. Le roi de France, que l'historien anglois appelle *le roi des rois de la terre*, étoit au milieu ; le roi d'Angleterre étoit à sa droite, et Thibaud II, roi de Navarre, à sa gauche. Le reste étoit occupé par douze évêques, mêlés entre les ducs et les barons, au nombre de vingt-deux. On y compta aussi dix-huit comtesses, entre lesquelles la comtesse douairière de Provence et ses deux filles, les comtesses de Cornouailles et d'Anjou, sœurs des deux reines, dont l'histoire ne fait ici aucune mention, mais qui suivoient apparemment chacune le roi leur mari. Après le repas le roi d'Angleterre envoya aux seigneurs françois des coupes d'argent, des agrafes d'or, des ceintures ou écharpes de soie, et d'autres présents. Le soir le roi Louis emmena le roi Henri loger au Palais, quelque résistance qu'il pût faire, et lui dit en riant : « Je suis ici dans mon royaume et je veux y être le maître à mon tour. » Le roi d'Angleterre, passant par la Grève sur le Grand-Pont et le long des rues, admira le bon goût des maisons, quoiqu'elles ne fussent que de plâtre, leur hauteur de trois et quatre étages, et la prodigieuse multitude de peuple accouru pour le voir, et qui publioit partout sa magnificence et sa libéralité. Henri passa huit jours à Paris dans de continuels divertissements; après quoi, lorsqu'il en partit, le roi l'accompagna une journée de chemin. L'historien du roi Henri fait monter sa dépense dans Paris à 1,000 livres d'argent, sans compter ses largesses, qui diminuèrent beaucoup son trésor, mais en récompense augmentèrent l'honneur et la gloire de la nation angloise. »

En 1261 deux grandes assemblées se tinrent à Paris pour aviser aux moyens de secourir les chrétiens d'Orient. Tout ce que le pape obtint cependant, ce furent des secours d'argent et des ordonnances destinées à conjurer la colère divine.

Quelque temps après, par suite d'un conflit de juridiction entre l'évêché de Paris et les officiers royaux, il arriva que l'évêque, Renaud de Corbeil, mit la ville en interdit. Le parlement réuni dans la capitale, sur la convocation du roi, aux fêtes de la Pentecôte 1264, jugea que le roi avait droit de faire punir tous ceux des bourgeois de Paris qui s'étaient mis en contravention avec ses édits relatifs aux monnaies, et en particulier ceux de la juridiction de l'évêque, qui n'en avaient guère tenu compte. La même assemblée décida encore que tous les bourgeois, y compris ceux de l'évêque, seraient obligés de faire le guet pendant la nuit, conformément aux ordres du chevalier du guet ou à ceux du prévôt, et que ceux qui s'y refuseraient seraient contraints par la saisie de leurs biens. Ces arrêts furent exécutés, et la saisie eut lieu malgré les réclamations de l'évêque Renaud, qui fondait ses prétentions sur la transaction conclue, en 1222, entre le roi Philippe-Auguste et l'Église de Paris. L'évêque alors fulmina une interdiction sur toutes les églises de son diocèse. Quelques églises continuèrent seules à célébrer le service divin : l'abbaye de Sainte-Geneviève, le monastère de Saint-Germain des Prés, Saint-Denis de la Chartre, Saint-Julien le Pauvre et les Hospitaliers de Jérusalem. La conscience de saint Louis ne résista pas longtemps, et il fit promptement la paix avec l'évêque pour obtenir la levée de l'interdiction.

Quelques années après, saint Louis conféra à l'aîné de ses fils, Philippe de France, et à un très-grand nombre de jeunes seigneurs, les insignes alors si honorés de la chevalerie. Cette cérémonie féodale fut pour les Parisiens l'occasion d'une fête magnifique, dont saint Louis, sans recourir aux impositions qu'il aurait eu le droit de lever, fit toute la dépense, qui monta à seize mille livres. On remarqua deux jeunes chevaliers étrangers, Edmond d'Angleterre et un fils du roi d'Arragon, qui seuls ne voulurent prendre part à la cérémonie qu'en contribuant largement aux frais avec leurs propres deniers. Grande fut la joie publique à Paris; les maisons étaient parées de tapisseries, les rues jonchées de fleurs; pendant la nuit tout était éclairé par des fanaux de couleurs diverses. La fête dura huit jours, et se termina par un pèlerinage, ordonné par le pieux roi, qui mena tous les nouveaux chevaliers à Saint-Denis, pour faire descendre sur eux la protection du martyr.

Cependant un nouvel orage était venu fondre sur les chrétiens de la Palestine. Le féroce Bibars-Bondochar, qui avait succédé à Koutouz, sultan d'Égypte, tué de sa main, avait successivement envahi le territoire d'Antioche, de Césarée et de Ptolémaïs. Il prit Sephed, où il multiplia le nombre des martyrs; Jaffa ne tarda pas à succomber sous ses armes. A la prise d'Antioche dix-sept mille chrétiens périrent par le fer et cent mille furent vendus comme esclaves (1268). La nouvelle de ces désastres consterna l'Europe, et une nouvelle croisade fut résolue. Louis IX, ses frères Charles d'Anjou et Alphonse de Poitiers, les autres princes de sa famille, le roi de Navarre et les plus puissants vassaux de la couronne prirent la croix. Les préparatifs de l'expédition durèrent deux ans; mais l'enthousiasme des guerriers d'Occident était bien refroidi. L'issue de toutes les précédentes croisades semblait avoir découragé les plus fervents. Le roi, cependant, donnait à tous l'exemple du sacrifice.

Il fut complet. La flotte des croisés, commandée par saint Louis, partit d'Aigues-Mortes et cingla vers Tunis. Les chrétiens s'emparèrent de l'ancienne Carthage, et le drapeau de la France flotta sur cette terre, conquise par les cendres de tant de héros et de tant de martyrs. Ce fut la seule conquête. Sous les murs de Tunis, vainement assiégé, une maladie contagieuse causée par l'ardeur du climat et les fatigues de la guerre décima l'armée française; elle enleva successivement les chefs les plus illustres, et parmi

eux Jean-Tristan, le plus jeune des fils du roi. Ce malheureux prince était né vingt et un ans auparavant à Damiette, lors de la captivité de son père. Enfin le roi lui-même fut atteint de la fièvre mortelle. Sentant son mal, et n'espérant rien du secours des hommes, il fit planter une croix devant lui et ne cessa de prier. Après avoir adressé à son fils Philippe des conseils qui résumaient en quelques phrases les devoirs d'un chrétien et d'un roi, il reçut les sacrements avec les marques d'une piété humble et touchante. Les assistants fondaient en larmes ; lui seul conservait un visage serein. Couché sur la cendre, vêtu d'un cilice, il offrait à Dieu ses souffrances et l'implorait pour son peuple. Le 25 août 1270, vers midi, on l'entendit s'écrier d'une voix plus forte que son agonie : « Jérusalem ! nous irons à Jérusalem ! » A trois heures, moment de la journée où mourut le Rédempteur, le royal moribond fit un effort, se dressa sur son séant et retomba mort sur la cendre, en récitant ce verset du Psalmiste : « Seigneur, j'entrerai dans votre maison, je vous adorerai en votre saint temple. »
Le nouveau roi Philippe revint en France, escorté de son armée et chargé des précieuses dépouilles de son père et de son frère.

CHAPITRE III.

Paris sous saint Louis. — Monuments et fondations.

Nous avons indiqué par leur nom plusieurs fondations pieuses, plusieurs établissements d'ordre religieux ou social qui durent leur origine à saint Louis; il nous paraît utile d'entrer à cet égard dans quelques détails qui permettront d'apprécier davantage la pensée de ce grand roi.

L'un des monuments les plus remarquables dont s'honore l'art catholique, au treizième siècle, est incontestablement l'église qui reçut de Louis IX et porte encore le nom de *Sainte-Chapelle*.

Au risque de nous laisser aller à quelques redites, nous rappellerons que ce magnifique et gracieux édifice eut pour destination de servir de dépôt aux reliques sacrées acquises par saint Louis et dérobées par ses soins aux profanations des Lombards, des musulmans et des juifs ; nous voulons parler de la couronne d'épines qui avait été placée sur le front de Notre-Seigneur, comme aussi de divers instruments de la Passion autrefois découverts, sur le Calvaire, par l'impératrice sainte Hélène.

Les historiens nous ont transmis de nombreux détails sur la pompe pieuse et solennelle qui avait présidé à la réception des augustes reliques. Le roi, sa mère, les princes ses frères et un nombreux cortége de seigneurs s'étaient rendus, le 10 août 1239, au-devant des ambassadeurs qui apportaient en France la précieuse couronne d'épines. Ils les rencontrèrent à Villeneuve-l'Archevêque. « Le lendemain, dit Félibien, on alla à Sens, où les rues furent tendues de tapisseries. Les chanoines de la grande église et tous les maires sortirent au-devant avec leurs plus précieux reliquaires, et le roy porta lui-mesme, nuds pieds, le brancart sur lequel estoit posée la sainte couronne, assisté de Robert, comte d'Artois, son frère, précédé et suivi d'un grand nombre de seigneurs aussi nuds pieds. La sainte couronne fut déposée dans l'église cathédrale dédiée sous le nom de Saint-Étienne, et le jour suivant on prit le chemin de Paris, où l'on arriva huit jours après. On dressa hors de la ville, proche de l'église de Saint-Antoine des Champs, au milieu de la campagne, un grand eschaffaud, d'où plusieurs prélats, revestus pontificalement, montrèrent la sainte couronne à tout le peuple rassemblé en foule. Ce lieu est encore aujourd'hui appelé *la Guette,* du mot ancien *guetter*, qui signifie regarder attentivement, chercher des yeux, à peu près dans le sens du verbe italien *guatare*. Le roy se retira au chasteau du bois de Vincennes, d'où il ordonna à tous les chapitres et monastères de Paris de venir processionnellement au-devant de la sainte couronne avec leurs reliques. Les chanoines réguliers de Sainte-Geneviève, avertis de se rendre à la cérémonie avec la châsse de leur sainte patronne, députèrent trois des leurs, Lambert de Vercières, sous-prieur, Thomas de Roset et Guillaume d'Amponville, pour représenter au roy, à Vincennes, que la châsse de sainte Geneviève ne sortoit point de leur église à moins que celle de saint Marcel ne vînt en quelque sorte l'en requérir : *Nisi eam beatus Marcellus requireret.* Gautier Cornu, archevesque de Sens (auteur de cette relation écrite par ordre du roy), et Adam de Chambly, évesque de Senlis, qui estoient présents, assurèrent le roy que les religieux disoient la vérité. Le roy, pour ne rien innover, leur permit d'apporter quelque autre relique, et ils vinrent à la cérémonie avec le corps de sainte Alde. Les moines de Saint-Denis furent aussi mandez et obéirent volontiers. Guillaume, évesque de Paris, avec tout son clergé, s'y trouva, et tous les religieux se firent un devoir d'assister à la réception de la sainte couronne avec leurs reliquaires. Saint Louis déposa les habits royaux, et, vestu d'une simple tunique et les pieds nuds, il se chargea de nouveau du brancart de la sainte couronne avec le comte d'Artois, son frère. Un grand nombre d'évesques et d'abbez, de seigneurs et de chevaliers, marchaient devant, teste et pieds nuds. On porta d'abord la sainte couronne à la cathédrale, et de là à la chapelle de Saint-Nicolas, dans l'enceinte du Palais, autrefois bastie par le roy Robert. Les deux reines furent aussi présentes à la cérémonie, qui se fit le jeudy 18 d'aoust. » Le 14 septembre 1241, Baudoin, empereur de Constantinople, ayant envoyé au roi de France de nouvelles reliques de la Passion, saint Louis les reçut avec la même solennité et les mêmes démonstrations de respect.

« Pour lesquelles reliques, dit l'auteur de la *Vie de*
« *saint Louis*, il fist fere la chapelle à Paris, en laquele
« l'en dit que il despendit bien quarante mille livres de
« tournois et plus. Et li benaiez rois aourna d'or et d'ar-
« gent, et de pierres précieuses et d'autres joiaux, les
« lieux et les châsses où les saintes reliques reposent. Et
« croit l'en que aournemenz desdites reliques valent bien
« cent mille livres de tournois et plus. »

La consécration de la Sainte-Chapelle eut lieu le dimanche de la *Quasimodo*, 13 avril 1248, en présence du roi, d'Odon de Châteauroux, évêque de Tusculum, légat du Saint-Siége, et des principaux évêques de France, au nombre de treize.

Le pieux édifice fut bâti sur l'emplacement de l'ancienne chapelle de Saint-Nicolas, fondée par le roi Robert et réparée en 1194 par Louis VII. La Sainte-Chapelle était double ou à deux étages. La région inférieure, destinée aux habitants de la cour du Palais, avait été dédiée à la Vierge. L'ensemble si pur et si harmonieux de cette église, et ses détails si élégants, avaient été travaillés avec toute la délicatesse d'une châsse en orfévrerie. Le monument, ainsi composé de deux étages, formait deux églises, également légères, gracieuses, et ornées des vitraux les plus riches. La chapelle supérieure, destinée au roi et à ses officiers, portait le titre de *Sainte-Couronne* et de *Sainte-Croix*.

Saint Louis fit construire dans le trésor de cette chapelle un emplacement destiné à recevoir sa bibliothèque. En 1246 il établit pour desservir cette église, cinq principaux chapelains, deux marguilliers, qui devaient être diacres ou sous-diacres, et il leur assigna des revenus considérables qu'il augmenta dans les années 1248 et 1256. Ces libéralités s'accrurent encore sous les successeurs de saint Louis; la plupart des Valois et des Bourbons se complurent à enrichir la Sainte-Chapelle, et considérèrent comme un devoir de prescrire les embellissements et les réparations que les circonstances rendaient nécessaires.

La chapelle basse était un peu plus large que la chapelle

supérieure. L'édifice ne reposait que sur de faibles colonnes et n'était soutenu d'aucun pilier dans l'œuvre. Les voûtes étaient en croix d'ogives, et d'une telle solidité qu'elles résistèrent à un violent incendie qui éclata le 26 juillet 1638, vers quatre heures de l'après-midi, par l'imprudence des plombiers, occupés à faire quelques réparations; mais le comble et le clocher de la Sainte-Chapelle furent entièrement détruits, malgré les secours les plus prompts. Le dommage fut réparé *aux dépens du roi*. On construisit alors sur les voûtes un réservoir d'environ quatre-vingts muids, qui se remplissait des eaux du ciel. Le clocher qui fut élevé en remplacement de celui qu'avait détruit l'incendie était remarquable par sa hardiesse et sa légèreté : il fut de nouveau détruit, peu d'années avant la Révolution, parce qu'il menaçait ruine.

La grande châsse, en bronze doré, où avaient été déposées les augustes reliques de la Passion, était placée au rond-point de l'église et derrière le maître-autel. Dans une cassette spéciale on avait renfermé les lettres, rédigées en langue latine, qui attestaient la donation faite à saint Louis par l'empereur Baudoin, et dont le naïf Corrozet a donné la traduction suivante :

« Nous voulons qu'il soit notoire à tous que de nostre bon vouloir et don gratuit avons pleinement donné et absolument baillé, et en tout avons quitté et quittons à nostre très-cher amy et parent Loys, roi de France, très-illustre, la très-sainte couronne d'espines de Nostre-Seigneur et une grande portion de la très-sacrée croix de Jésus-Christ, avec plusieurs autres sacrées reliques, déclarées cy-après par leurs propres noms; lesquelles estoient jadis vénérablement colloquées en la ville de Constantinople, et enfin ont esté engagées à divers créanciers, et en divers temps, pour la grande nécessité de l'empire de Constantinople, puis depuis peu racheptées, de nostre volonté et consentement, par iceluy seigneur roy, lequel, selon nostre bon plaisir, les a fait transporter à Paris. Lesquelles vénérables reliques sont ici exprimées par leurs propres noms, à sçavoir : la dessusdite sacrée et saincte couronne d'espines de Nostre-Seigneur ; — la vraye Croix ; — du sang de Nostre-Seigneur Jésus-Christ ; — les drapeaux dont nostre Sauveur fut enveloppé en son enfance ; — une autre grande partie du bois de la saincte Croix ; — du sang qui a miraculeusement distillé d'une image de Notre-Seigneur, ayant été frappée par un infidelle ; — la chaisne ou le lien de fer, en manière d'anneau, dont Nostre-Seigneur fut lié ; — la sainte toüaille ou nappe en un tableau ; — une grande partie de la pierre du sépulchre de nostre Sauveur ; — du laict de la Vierge Marie ; — le fer de lance duquel le costé de Jésus-Christ fut percé ; — une autre moyenne croix, que les anciens appelloient la *croix du triumphe*, pour ce que les empereurs avoient accoustumé de la porter en leurs batailles, en espérance de victoire ; — la robbe de pourpre dont les chevaliers de Pilate vestirent Jésus-Christ en dérision ; — le roseau qu'ils luy mirent en la main pour sceptre ; — l'esponge qu'ils lui baillèrent pour boire le vinaigre ; — une partie du suaire dont il fut enseveli au sépulchre ; — le linge dont il se ceignit quand il lava et essuya les pieds de ses apostres ; — la verge de Moyse ; — la haute partie du chef de sainct Jean-Baptiste, — et les chefs des saincts Blaise, Clément et Simon. En tesmoignage de quoy et perpétuelle fermeté nous avons signé ces présentes de nostre seing impérial, et les avons scellées de nostre sceau d'or. Fait à Saint-Germain en Laye, l'an de Nostre-Seigneur 1247, au mois de juin, le 8 de nostre empire. »

A la prière de saint Louis le pape Innocent IV rendit, dès l'an 1243, quatre bulles, dont l'une défend *d'interdire la Sainte-Chapelle, ou de lancer contre elle et ceux qui la desservent, présents ou à venir, sentence d'excommunication, de suspension ou d'interdit, sans l'ordre du Saint-Siège*. La quatrième bulle accorde des indulgences à ceux qui ont assisté à la dédicace ou qui viendront à l'église le jour de l'anniversaire, et à quelques autres fêtes indiquées par le Saint-Père. « La piété de Louis IX envers ces saints monuments de la Passion du Sauveur fut telle, le reste de sa vie, dit un historien, que tous les ans il ne manquoit pas de se rendre, le vendredy-saint, à la chapelle du Palais, où, revestu de ses ornements royaux, il exposoit lui-mesme la vraie croix à la vénération du peuple; ce que pratiquèrent aussi plusieurs de ses successeurs à son exemple. Il semble qu'ils introduisirent pareillement la coustume de faire porter à leur suite les reliques de la Sainte-Chapelle aux grandes festes de l'année. Il y a des lettres du roy Charles IV, de l'an 1322, qui obligent les maistres, frères et sœurs de l'Hostel-Dieu de Paris, de fournir quatre chevaux et deux domestiques pour porter les reliques de la Sainte-Chapelle à la suite du roy, aux jours que nous venons de dire, jusqu'à trente lieues loin de Paris. En récompense il donna à l'Hostel-Dieu une certaine quantité de bois à prendre dans ses forêts. »

On se lasserait à énumérer les honneurs et les priviléges dont le chapitre de la Sainte-Chapelle fut comblé, à diverses reprises, par les papes et les rois. Il ne pouvait être excommunié ni interdit que par le pape; il n'était point soumis à la juridiction métropolitaine et ne dépendait que du Saint-Siége; ses bénéfices étaient à la collation du roi; aux processions publiques il marchait de pair avec les chanoines de Notre-Dame. Pour assurer leur indépendance, Clément VII permit, en 1380, au trésorier et aux chanoines de faire construire pour eux et leurs domestiques un cimetière particulier. Les revenus de cette église s'élevèrent insensiblement à près de 50,000 livres, car tous les rois rivalisaient de zèle pour enrichir cette église *vraiment royale*, suivant l'expression de Sauval. « En 1256, dit Félibien, le roy saint Louis donna aux chapelains et marguilliers de la Sainte-Chapelle huit muids de froment à prendre chaque année sur les revenus en grains de la prévosté de Sens; ce qui, avec quatre autres muids que l'ancien chapelain percevoit sur les granges de Gonesse et de Villeneuve, en faisoit douze, qui furent tous destinez pour le pain de ces chapelains et marguilliers. Il donna de plus quatorze muids de vin à prendre au pressoir du roy, derrière Saint-Étienne des Grez. » En 1275 Philippe le Hardi octroya aux chapelains de sa chapelle royale, à Paris, que, « quand il adviendroit qu'il demeurast ou qu'il seroit à Paris en des manoirs ou au Temple avec la royne, à disner ou à souper, qu'ils eussent et perçussent chascun un jour une livrée entière; c'est à sçavoir: huit denrées de pain, un sextier de vin, tel qu'on livroit aux chevaliers, quatre deniers pour cuisines, douze bouts de chandelle. Et quand la royne y seroit, ledit roy absent, ils auroient seulement par jour demie livrée. Et quand ses enfants, ou l'un d'eux, tant qu'ils seroient en sa *mainbournie* (tutelle), y seroient ou demeureroient à disner ou à souper, le roy ou la royne absents, ils auroient seulement livrée par jour quatorze deniers. » Philippe-le-Bel, en 1285, donna au trésorier et aux chanoines toutes les offrandes et aumônes que saint Louis s'était réservées pour lui et ses successeurs; il voulut que les offrandes fussent employées à distribuer du vin aux chanoines, à la charge de célébrer tous les ans un service anniversaire pour son père et sa mère. Enfin Charles VII et ses successeurs donnèrent à la Sainte-Chapelle les profits de leurs régales jusqu'au règne de Louis XIII, qui, par ses lettres du mois de décembre 1641, données à Saint-Germain en Laye, « reprit la régale des archevesches, du consentement du trésorier et des chanoines, » et les remplaça d'ailleurs par une donation territoriale.

Pendant la nuit du vendredi au samedi saint il se faisait, dit Sauval, à la Sainte-Chapelle *un miracle du mal caduc*. Lorsque sonnait minuit, les malades poussaient des cris affreux et tombaient en convulsions. Ils ne cessaient, dit-on, de souffrir qu'à l'arrivée du chantre, qui leur présentait la vraie croix. Cette cérémonie religieuse, où l'imagination jouait un grand rôle, ainsi que l'écrit si judicieusement le chanoine Morand, avait encore lieu sous le règne de Louis XV. D'autres usages particuliers à cette église n'étaient pas moins curieux. « A dater de la fondation, tous les ans, la nuit du jeudi au vendredi saint, il y avoit exposition de la vraie croix pour les malades dans la nef de la Sainte-Chapelle. Le plus ancien malade offroit un cierge et trente pièces d'argent, en mémoire vraisemblablement des trente deniers que reçut Judas pour prix de sa trahison. On trouve encore des traces de cet usage dans les registres de la Sainte-Chapelle; mais, ayant reconnu qu'une telle offrande pouvoit tendre à refroidir la dévotion, le trésorier et les chanoines se chargèrent par la suite d'en faire les frais. » Le jour des saints Innocents, les enfants de chœur, affranchis de toute discipline, singeaient impunément leurs supérieurs; ils allaient s'asseoir dans les premières stalles avec la chape et le bâton cantoral. Ces derniers restes d'usages païens, tolérés pendant le moyen âge, ne furent abolis que le 26 décembre 1671. Le jour de la Pentecôte, pendant la *prose* de la messe, on jetait du haut des voûtes des fleurs et quelques étoupes allumées *en manière de langues de feu*, tandis que l'on lâchait des pigeons blancs; cela représentait la descente du Saint-Esprit sur les apôtres et la diversité des langues. En même temps on voyait descendre au-dessus du maître-autel la figure d'un ange tenant un biberon d'argent, avec lequel il versait de l'eau sur les mains du célébrant. Le jour de la Pentecôte de l'an 1484, Charles VIII assista à cette cérémonie, et en éprouva tant de plaisir qu'on la réitéra, à son instante prière, les 6 et 13 juillet. La veille de la fête de saint Jean-Baptiste, de la fête de saint Pierre et de saint Paul, à six heures du soir, on allumait un grand feu de joie dans la cour du Palais, et les *chapelains* et *clercs*, en habits de chœur, venaient prier devant la statue de la Vierge (1).

Commencée en 1245, la Sainte-Chapelle avait été entièrement terminée en 1248, c'est-à-dire dans l'espace de trois ans, délai fort court lorsqu'on songe à l'importance des vitraux, de la sculpture et de toute la décoration de

---

(1) Tous ces détails, que plusieurs historiens de Paris ont recueillis avec soin, sont consignés dans un livre du chanoine Morand, intitulé : *Histoire de la Sainte-Chapelle*.

l'édifice. Cette rapidité d'exécution paraîtra surtout surprenante si l'on examine la beauté des matériaux employés et les soins apportés à leur mise en œuvre. Il était évidemment impossible de pousser plus loin le luxe de la construction ; non-seulement tout l'édifice est bâti en liais de la plus belle qualité, mais encore chacune des pierres dont se composent les assises se trouve reliée aux pierres voisines par des crampons en fer noyés dans un bain de plomb. Cet admirable liais provenait évidemment des carrières des Chartreux, abandonnées aujourd'hui, et qui se trouvent sous le sol actuellement occupé par le premier monastère de la Visitation et l'hospice des Enfants-Trouvés.

Il est impossible de se rendre compte de l'admirable effet que produisait l'extérieur du monument avant la destruction de l'élégante annexe dans laquelle son habile architecte, Pierre de Montereau, avait placé les sacristies de chaque étage et le trésor des chartes. Relié à la Sainte-Chapelle par une petite construction qui existe encore, ce bâtiment des sacristies en avait toute la légèreté et toute la finesse. Respecté par les deux terribles incendies de 1618 et de 1776, ce délicieux édifice fut démoli par l'architecte qui fut chargé de réparer ces désastres ; il occupait l'emplacement d'une insignifiante galerie élevée par Desmaisons, et qui masque tout le flanc septentrional de la Sainte-Chapelle. En outre de cette grave mutilation, la Sainte-Chapelle, depuis saint Louis jusqu'à Louis XVI, eut à subir des changements et des additions qui altérèrent parfois la pensée primitive de Pierre de Montereau. Nous mentionnerons ici la décoration pour l'exposition des reliques et l'estrade qui occupe l'abside, deux travaux évidemment faits après coup, et qui paraissent dater du quatorzième siècle. Pierre de Montererau avait couronné le comble de la Sainte-Chapelle d'une flèche dont malheureusement il n'est resté aucun dessin, et que Sauval appelait *l'une des merveilles du monde.*

Vers la fin du quatorzième siècle on construisit, entre deux des contre-forts de la face méridionale, un petit oratoire où l'on exposait les corps; la voûte en est fort richement décorée de compartiments flamboyants, au milieu desquels ont été sculptées des têtes feuillagées. Louis XI avait l'habitude d'assister aux offices dans cet oratoire, par une petite ouverture grillée, placée obliquement dans la direction de l'autel; cette singulière fenêtre était pratiquée derrière l'une des colonnes de l'arcature du soubassement.

Vers le milieu du quinzième siècle la rose de Pierre de Montereau fut remplacée par une autre rose, l'une des plus belles qui nous soient restées de cette époque; on ne saurait trop admirer l'habileté du ciseau qui a tracé ses compartiments flamboyants; quant aux vitraux, bien que fort remarquables, ils sont d'une couleur moins vive que ceux du treizième siècle. Ce fut également vers la même époque qu'on ajouta à l'œuvre de Pierre de Montereau les deux pyramides qui s'élèvent au-dessus des tourelles d'angle, avec leurs couronnes royales et leurs couronnes d'épines; les deux pinacles placés au-dessus des contre-forts de la façade principale, tout le haut du pignon de cette façade et la balustrade qui règne au-dessus de la rose, appartiennent également au quinzième siècle et semblent dater du règne de Charles VIII. Au temps de Louis XII un grand escalier couvert fut établi sur le flanc méridional, afin de monter directement de l'extérieur au porche de la chapelle haute, sans passer par la galerie du Palais. Tous les piliers, toutes les balustrades du nouvel escalier étaient brodés d'élégantes sculptures ; partout le chiffre de Louis XII, le porc-épic et les dauphins se mêlaient aux arabesques les plus déliées. Cette élégante construction, due au ciseau de Jean Joconde, fut presque entièrement détruite par l'incendie de 1630, qui consuma la flèche et toute la charpente de la Sainte-Chapelle.

Vers le milieu du seizième siècle, sous le règne de Henri II, dans l'intérieur même de ce gracieux édifice, on établit un grand orgue au-devant de la rose, et cette opération eut pour résultat de détruire la curieuse décoration de la façade inférieure ; toutes les sculptures furent brisées pour recevoir les scellements de fer, et, comme la boiserie du nouvel orgue venait cacher en partie les peintures des trois arcades, on trouva plus simple de les gratter. Henri II fit également placer dans la Sainte-Chapelle un jubé en bois richement sculpté et décoré d'émaux précieux ; mais cette cloison transversale était d'un mauvais effet et a été depuis lors enlevée pour être déposée au musée du Louvre.

Sous la Révolution, et durant la première période du dix-neuvième siècle, la Sainte-Chapelle, après avoir été plus d'une fois dévastée, fut enlevée à sa destination religieuse et servit longtemps de dépôt aux archives judiciaires de l'état civil. Tout récemment elle a été admirablement restaurée, et les travaux ont fait le plus grand honneur à l'habile architecte, M. Lassus, qui a été chargé de leur direction.

Au moment où nous traçons ces lignes la Sainte-Chapelle se trouve presque complétement réparée. On pourrait la croire tout récemment sortie des mains de Pierre de

SAINTE CHAPELLE

Montereau, si d'importantes retouches, qui datent, comme on l'a vu, du quinzième siècle, n'en avaient un peu modifié l'architecture (1).

On montait autrefois à la chapelle haute par un escalier de quarante-quatre degrés; il a été supprimé depuis longtemps, et le perron moderne, de style quasi-égyptien, qui l'avait remplacé, a lui-même disparu. Dans son poëme du *Lutrin* Boileau a pris l'ancien escalier pour le théâtre du combat burlesque des chantres et des chanoines. La disposition actuelle est la même qui existait dans le principe; l'arrivée a lieu, pour la chapelle haute, par les galeries du Palais de Justice.

Deux porches en avant-corps, ouverts par plusieurs arcs en ogive, décorés de colonnettes et de voûtes à nervures, précèdent l'entrée de la chapelle haute et de la chapelle basse. Un bas-relief sculpté dans le tympan, et qui représentait la mort de Notre-Dame, n'existe plus; une statue de la Vierge était également adossée contre le trumeau. D'après une pieuse légende, elle avait penché la tête pour approuver la doctrine du théologien Scot en faveur de l'Immaculée-Conception, et depuis lors cette tête était demeurée inclinée. La Révolution a détruit le Jugement dernier du tympan, le Christ du trumeau, les lis, les châteaux héraldiques et vingt bas-reliefs qui représentaient

---

(1) Les proportions de ce monument, qui peuvent être citées comme des modèles, sont les suivantes : longeur hors d'œuvre, 36 mètres; dans œuvre, 33 mètres; largueur hors d'œuvre, 17 mètres; intérieure, d'un mur à l'autre, 10 mètres 70 cent.; élévation extérieure, depuis le sol de la chapelle basse jusqu'à la pointe du pignon de la façade, 42 mètres 50 cent.; hauteur de la flèche au-dessus du comble, 33 mètres 25 cent.; hauteur de la voûte de la chapelle basse, 6 mètres 60 cent., et de celle de la chapelle supérieure, 20 mètres 50 cent.

naïvement des personnages et des épisodes de la Bible. Au milieu de la balustrade, découpée en fleurs de lis, deux anges couronnent le chiffre du roi Charles. Aux pointes des clochetons la couronne royale de France s'abaisse humblement sous la couronne d'épines de Jésus-Christ.

L'architecture est très-simple sur les flancs comme à l'abside de la chapelle. Des contre-forts habilement disposés et soigneusement appareillés s'élèvent jusqu'au sommet des murs; des clochetons fleuronnés et des gargouilles en forme d'animaux les surmontent. Les fenêtres de la chapelle supérieure, d'une hauteur et d'une largeur peu ordinaires, sont garnies de meneaux, de colonnettes, de roses en pierre, et d'une armature de fer d'un caractère monumental. La chapelle basse est éclairée par des baies de moindres dimensions, mais décorées dans le même goût. Des frontons rehaussés de feuillages abritent les fenêtres de la chapelle haute. Une balustrade percée d'ogives à trois lobes et de trèfles borde la terrasse au-dessus de la corniche. Les combles sont couverts de feuilles de plomb. Après la démolition successive des trois premières flèches, le clocher que vient d'élever M. Lassus arrive le quatrième, par ordre de date. L'architecte, en souvenir de la seconde flèche, a choisi le style fleuri de la première moitié du quinzième siècle. A la vue des gravures charmantes qui représentent le vieux Paris, et qui se rencontrent encore en si grand nombre, exposées chez les marchands d'estampes de nos quais, chacun déplorait l'absence de la flèche de la Sainte-Chapelle. Sa disparition laissait, au centre de la Cité, une lacune dont les yeux étaient attristés. Aussi la population parisienne tout entière en a-t-elle salué le retour avec une véritable joie. C'est un devoir de dire au moins les noms des artistes qui ont secondé M. Lassus dans son œuvre. M. Bellu a construit la charpente; M. Geoffroy Dechaume a modelé les figures; M. Pyanet a fait l'ornementation; MM. Durand frères ont exécuté les plomberies. Les statues de huit Anges, porteurs des instruments de la Passion, sont posées entre les pignons du dernier étage. M. Geoffroy Dechaume termine les douze Apôtres, qui prendront place dans les baies de l'étage inférieur. Les têtes des apôtres reproduiront les traits des personnes qui ont le plus contribué à la restauration de la Sainte-Chapelle, comme les mascarons qui entourent le globe de la croix représentent déjà quelques-uns des artistes et des ouvriers. A la croupe de l'abside, sur la pointe du comble, un ange en plomb, d'une taille surhumaine, tient une croix processionnelle et tourne sur son axe, au moyen d'un mécanisme d'horloge, montrant successivement le signe du salut à tous les points de l'horizon (1).

Si l'on contemple ce splendide édifice du seuil de la chapelle haute, on se trouve comme absorbé par ce vague sentiment d'admiration qu'inspirent toutes les belles choses et qui ne permet d'abord de s'arrêter à aucun détail. L'éclat incomparable des vitraux, l'or, la peinture, les blasons, les reflets chatoyants des émaux, les apôtres avec leurs croix brillantes et leurs riches vêtements, les anges qui encensent le Christ et qui apportent des couronnes pour les martyrs, les feuillages répandus dans les corniches et sur les chapiteaux avec une va-

---

(1) Ces détails sont extraits du savant ouvrage de M. F. de Guillermy.

riété inépuisable, l'aspect de ces oratoires sacrés où s'agenouillèrent Blanche de Castille et saint Louis, les souvenirs de la Passion de Jésus, des croisades, de ces reliques tutélaires si longtemps invoquées, tout concourt ici à charmer les yeux, à émouvoir l'âme, à toucher le cœur (1).

Le maître-autel a été complétement détruit. Des crédences, des niches, des piscines, creusées dans les murs voisins et bordées de sculptures, servaient à l'accomplissement des prescriptions liturgiques. Un peu en arrière de la place que l'autel occupait, une arcature à jour traverse l'abside dans toute sa largeur; la disposition en est semblable à celle des anciens jubés, mais elle n'a pas la même destination. Elle se compose de sept ogives légères, portées par de fines colonnettes, rehaussées d'une mosaïque de verre et décorées d'anges, comme les artistes des siècles de foi ont seuls su les comprendre. L'arcade médiane, plus spacieuse que celles qui l'accompagnent, est couronnée d'une plate-forme où s'élève à une grande hauteur un baldaquin ogival, sculpté en bois, à l'abri duquel la châsse des saintes reliques était autrefois exposée. Cette châsse, étincelante de pierreries, dominait, du sommet de son estrade, la chapelle entière, et quand, aux jours solennels, ses panneaux s'entr'ouvraient pour laisser voir les trésors accumulés dans son tabernacle, c'était comme une radieuse apparition de la céleste Jérusalem. Deux escaliers de bois, renfermés dans des tourelles à claire-voie, montent à la plate-forme. Celui qui se trouve posé vers le nord est ancien; saint Louis en a gravi pieusement les marches,

(1) M. F. de Guillermy.

pour montrer lui-même au peuple le bois sacré de la croix ; l'autre a été refait sur le même modèle (1).

Les verrières ont été admirablement restaurées et rétablies par M. Stenheil, pour la partie graphique, et par M. Lusson pour la fabrication. Ces deux éminents artistes avaient fait leurs preuves.

On nous pardonnera d'avoir ici encore anticipé sur l'histoire en racontant, à la suite du règne de Louis IX, les diverses phases qu'eut à traverser la Sainte-Chapelle depuis le treizième siècle jusqu'au dix-neuvième. Il nous eût été impossible de morceler ces détails et de leur conserver un peu de clarté et d'intérêt.

Un autre édifice religieux dont l'origine remonte au règne de saint Louis est l'église connue sous le nom de *Saint-Nicolas du Chardonnet*. Et à ce sujet, pour être bien compris de nos lecteurs et n'avoir point à placer sous leurs yeux des renseignements détachés, dont ils ne pourraient point saisir l'ensemble, nous croyons devoir également anticiper sur l'ordre chronologique.

Les annalistes nous apprennent que l'église Saint-Nicolas du Chardonnet fut ainsi appelée à raison du territoire autrefois *rempli de chardons* sur lequel elle était située et aussi à cause du fief du *Chardonnet* qui s'étendait sur la rive gauche, entre la Seine et la Bièvre, depuis le clos Mauvoisin, c'est-à-dire depuis la rue de Bièvre jusqu'à l'ancien canal de la rivière de Bièvre. Cette église, disent-ils encore, était paroissiale dès l'année 1243. Elle avait été construite d'abord vers *l'orient d'hiver* et le long du canal de la Bièvre; mais ce canal ayant été supprimé, et

---

(1) M. F. de Guillermy.

l'église commençant à tomber en ruines, on prit, en 1656, le parti d'en construire une nouvelle, à côté de l'ancienne et dans une direction opposée. Elle n'était point encore terminée lorsqu'elle fut bénite, le 15 août 1667, par M. de Péréfixe, alors archevêque de Paris. Les bâtiments, interrompus ensuite pendant plusieurs années, furent enfin repris en 1705 et en 1709, à la réserve du portail, qui n'est point encore achevé, ou qui, ayant dû subir des transformations, devra être remplacé par un autre. Au moment où nous écrivons, l'entrée principale de l'église, ouverte du côté de la rue Saint-Victor, n'est qu'un passage, à demi ruiné par le temps, étroit d'ailleurs et tout à fait indigne de la majesté d'une édifice consacré à Dieu; de l'autre côté, l'établissement du boulevard Saint-Germain, en faisant disparaître des amas de petites maisons noires et malsaines, a dégagé le chevet de l'église, et, comme cet édifice ne se trouvait pas sur l'alignement, les architectes de la ville y ont ajouté une construction de fort mesquine apparence, qui place Saint-Nicolas du Chardonnet sur la ligne indiquée par les édiles parisiens. Le marteau des démolisseurs a respecté, mais pour bien peu de temps peut-être, l'ancien séminaire de Saint-Nicolas du Chardonnet; ce pieux établissement avait été institué par quelques prêtres d'une vertu éminente, et Compain, fils d'un secrétaire du roi, lui avait fait don, en 1620, d'une maison située dans la rue Saint-Victor. Cette demeure ne tarda pas à être trop étroite pour la communauté; elle en acquit d'autres, qui suffirent à peine à contenir les jeunes gens destinés à la carrière ecclésiastique.

L'église Saint-Nicolas n'a point été complétement déshéritée, au point de vue de l'art, comme on pourrait le croire si on ne lui accorde qu'un coup d'œil trop rapide. Elle n'est point dépourvue, à l'intérieur, de détails et d'ornements que le pèlerin intelligent et instruit doit considérer avec attention. Et d'abord nous remarquerons l'architecture d'ordre composite en pilastres qui décore la nef; elle n'est plus de mode, il est vrai, mais ce n'est point une raison pour dédaigner les chapiteaux d'une forme singulière et qu'il ne faut pas condamner au nom des règles inflexibles du goût, de peur de s'exposer à juste titre au reproche d'exclusivisme. Le grand autel était autrefois orné d'un très-remarquable tableau représentant la Résurrection de Jésus-Christ; c'était l'œuvre de Verdier, élève de Lebrun. Nos pères admiraient également le crucifix placé au-dessus de la porte du chœur et les statues de la sainte Vierge et de saint Jean qui l'accompagnent; Poulletier les avait sculptés sur les dessins de Lebrun. La grande chapelle de la Communion ou du Saint-Sacrement était ornée de plusieurs tableaux; celui qui est encore placé sur l'autel représente *les Pèlerins d'Emmaüs;* il est peint par Saurin, dans un très-bon genre, mais le temps ne l'a point suffisamment respecté. Ceux qui étaient suspendus aux deux côtés, et qu'avait peints Charles Coypel, représentaient *le Miracle de la manne* et *le Sacrifice de Melchisédech*. Entre les deux croisées on remarquait *le Sacrifice d'Abraham* et *Élisée dans le désert*, tous deux œuvres de Milet Francisque. Plusieurs de ces tableaux ont disparu ou n'occupent plus la même place. En revanche nous avons admiré, dans la même chapelle, un *Repos en Égypte* et un *Ecce Homo*; dans ce dernier tableau les anges eux-mêmes versent des larmes en considérant les souffrances du divin Rédempteur.

Plusieurs chapelles existent autour de la nef, sur les côtés, et appellent notre attention moins par leur caractère artistique, ordinairement d'un goût médiocre, que par les sujets proposés aux méditations des fidèles. Citons, par exception, dans la chapelle de Sainte-Geneviève, un beau tableau moderne, de M. Maison, qui représente la patronne de Paris sortant du tombeau et montant au ciel. Peut-être cette peinture rappelle-t-elle trop exactement les différentes Assomptions peintes par de grands maîtres, et dans l'image de sainte Geneviève ne retrouve-t-on pas suffisamment la tradition. Au-dessus d'une porte latérale existe un tableau de grande dimension, représentant la résurrection de la fille de Jaïr. Nous regrettons que dans cette œuvre, qui n'est pas sans mérite, l'artiste ait donné à Notre-Seigneur une apparence lourde et vulgaire. Dans la chapelle de Saint-Vincent de Paul existe un tableau assez bien peint qui reproduit la parabole du bon Samaritain. Dans d'autres chapelles il existe des descentes de croix et des tableaux consacrés à la Mère des sept douleurs; il nous ont paru d'une belle exécution. A l'entrée de l'église nous signalerons un assez beau tableau représentant Jésus-Christ au jardin des Olives, et le *Martyre de saint Sébastien*. La chapelle du Calvaire est décorée de deux tableaux; l'un est *la Résurrection de Notre-Seigneur*, autrefois placé au-dessus du grand autel; l'autre est une *Descente de croix* fort remarquable.

Comme monument d'art, le plus beau de ceux que renferme l'église Saint-Nicolas du Chardonnet est la chapelle de Saint-Charles. Le célèbre Lebrun la fit décorer pour servir de mausolée à sa mère et lui-même en donna les dessins et le plan. Sa mère est représentée en marbre, au moment où elle sort du tombeau, à l'appel de l'ange qui sonne de la trompette ; la disposition et l'attitude de cette statue sont admirables. Cette œuvre a été exécutée par Gaspard Colignon, sculpteur, mort en 1708. Dans la même chapelle Charles Lebrun est représenté de la main de Coysevox, au bas d'une pyramide posée sur un piédestal. Sur divers points de cette église on rencontre les tombeaux de plusieurs personnages dont l'histoire fait mention, et au nombre desquels nous mentionnerons à la hâte le premier président Jean de Selve, l'avocat général Jérôme Bignon, et Voyer d'Argenson, ancien garde des sceaux sous Louis XV.

L'église Saint-Nicolas du Chardonnet ne passera jamais pour un monument devant lequel les artistes s'arrêteront avec prédilection et curiosité. C'est l'une des plus obscures retraites religieuses de cette capitale où les splendides édifices abondent, où de toutes parts l'œil est sollicité par des magnificences indescriptibles. Eh bien! lorsque nous passons dans les ruelles qui avoisinent cette église, nous la saluons de loin avec respect. Située dans l'un des plus pauvres quartiers de Paris, paroisse de la place Maubert et des carrefours circonvoisins, elle est un asile toujours ouvert aux misères morales et matérielles qui pullulent dans ces tristes lieux, asile trop peu fréquenté d'ailleurs par ceux qui y trouveraient consolation et espérance. De récentes démolitions, entreprises sur une vaste échelle pour percer, à travers ces rues populeuses, une voie vraiment magistrale, ont fait disparaître bon nombre de maisons bourgeoises, habitées par des familles douées de quelque aisance, et n'ont laissé subsister, à peu d'exceptions près, que les pauvres demeures des ouvriers de la rue d'Arras, de la rue du Mûrier, de la rue de Versailles, de la rue Saint-Victor. Ce sont les indigents de ces quartiers boueux et infects qu'il faut secourir, et il y a là un devoir dont l'accomplissement dépasse la mesure des forces humaines. Mais la charité, qui a Dieu pour principe et pour but, ne se rebute pas devant les difficultés d'une œuvre semblable; le vénérable clergé de Saint-Nicolas du Chardonnet peut bien regretter de n'avoir pas à desservir une église vers laquelle affluent toutes les curiosités des touristes, mais il se dédommage de cette privation en multipliant les soins et les efforts à l'aide desquels on parvient à consoler le pauvre et à guérir les âmes.

Sous le règne de Saint-Louis, plusieurs quartiers que traversent, de nos jours, la rue Saint-Denis et le boulevard de Sébastopol, voyaient leur population s'accroître et commençaient à être dépourvus d'édifices religieux. « Se trouvant si éloignés de Saint-Barthélemy, leur paroisse, dit Sauval, les bourgeois et habitants demandèrent à l'abbé et aux religieux de *Saint-Magloire* la permission d'y faire célébrer à leurs dépens la messe et le service divin, ce qui leur fut accordé. Mais les religieux en étant incommodés lorsqu'ils y faisaient leur service, ils consentirent que l'autel de *Saint-Leu-Saint-Gilles* se transporteroit en une nouvelle église qui aujourd'hui a conservé son nom. Cet accord fut fait, en 1235, entre l'abbé de Saint-Magloire et le recteur et curé de Saint-Barthélemy, accord par lequel lesdits religieux de Saint-Magloire permirent, de l'agrément de Guillaume III, évêque de Paris, au curé de Saint-Barthélemy et aux paroissiens qui étoient en deçà du pont, de faire construire une chapelle ou succursale de Saint-Barthélemy en la terre de Saint-Magloire, de huit toises de large sur dix-huit de long, avec deux cloches seulement du poids de deux cents livres chacune, distante de l'abbaye de Saint-Magloire au moins de six toises. » En 1319 cette chapelle fut reconstruite, et les religieux de Saint-Magloire permirent qu'on y mît deux cloches qui pussent être entendues dans les rues Aubry-le-Boucher et du Bourg-l'Abbé, où étaient les maisons qui dépendaient de cette succursale. En 1481 les marguilliers de la même chapelle représentèrent aux religieux que ces deux rues avaient des maisons beaucoup plus élevées qu'en 1319, et on leur permit de fondre des cloches plus considérables. Peu à peu la chapelle s'agrandit ; Jacques, évêque de Chalcédoine, y consacra six autels le 10 juin 1533 ; enfin on jeta les fondements du chœur en 1611. Elle avait été, peu après son érection, réunie à la cure de Saint-Barthélemy, parce qu'il ne s'y trouvait pas assez d'habitants pour avoir un pasteur à Saint-Leu-Saint-Gilles ; mais enfin le nombre des paroissiens devint si considérable qu'on fut obligé, en 1617, d'ériger la chapelle en église.

Ce monument, assez ignoré d'ailleurs, fut successivement réparé en 1727 et en 1780. A cette époque l'architecte de Wailly, chargé des travaux, rehaussa le sol du chœur et parvint à y pratiquer une chapelle souterraine où l'on descend par deux escaliers demi-circulaires dont l'entrée est placée sur les bas-côtés. Le sanctuaire se trouve ainsi plus haut que la nef, et cette disposition est très-favorable à la pompe des cérémonies religieuses. D'autres réparations assez importantes furent exécutées, en 1823, à Saint-Leu, et, plus récemment encore, le boulevard de Sébastopol ayant rencontré le chevet de cette église, on s'est vu dans la nécessité de démolir et de reconstruire la façade orientale et de diminuer sensiblement l'étendue de cet édifice. Dans les conditions actuelles, et grâces aux dépenses qu'a autorisées le conseil municipal, l'église de Saint-Leu-Saint-Gilles suffit aux besoins religieux du quartier et mérite à ce double titre d'être visitée par l'artiste et le chrétien.

Bien que situé au cœur de Paris, dans un quartier livré aux besoins du luxe et de l'industrie, et qu'une immense population fréquente, ce monument est peu connu. La nef, de petite proportion, mais assez élégante, est longue de six travées et couverte d'une voûte ogivale à nervures croisées. Des faisceaux de trois minces colonnes coiffés de chapiteaux d'un joli feuillage reçoivent les retombées. Les fenêtres ont été agrandies et privées de leurs meneaux. Les bas-côtés sont venus s'ajouter à la nef, dans le cours du seizième siècle. Une seule chapelle, du titre de la Vierge, existe sur le flanc de la nef au nord; elle est moderne. Dans les collatéraux on voit à la voûte quelques clefs pendantes, des écussons qui ont été grattés, un saint Gilles avec sa biche, un saint Loup en costume pontifical, un cartouche blasonné des instruments de la Passion.

Le chœur et l'abside, rattachés par le dix-septième siècle à l'ancienne nef, sont beaucoup plus élevés de voûte. On y compte neuf travées dans tout le développement de leur pourtour. Le plein cintre y domine dans les arcs et dans les baies; l'ogive y persiste cependant aux cinq travées du rond-point, mais seulement dans les arcs du premier ordre. L'architecture de cette partie de l'édifice n'est pas sans quelque valeur, et le contraste des deux styles si différents de la nef et du chœur lui donne un aspect original. Il s'y trouve uassi quelques gracieux détails de sculpture, des clefs ornées, les rinceaux, des têtes d'anges, des niches avec leurs dais et leurs culs-de-lampe. La lumière arrivait par trois rangs de fenêtres à meneaux, dont le premier a été supprimé, comme nous le disions quelques lignes plus haut.

Les chapelles sont au nombre de sept. Dans la première, au sud, un tableau daté de 1772 représente le crime, la condamnation et le supplice d'un soldat qui fut brûlé en 1415 pour avoir frappé de son couteau une image de la Vierge placée au coin de la rue aux Ours, près l'église Saint-Leu. L'image aurait, suivant la tradition, versé du sang en abondance. Pour conserver la mémoire de ce fait extraordinaire on célébrait encore un fête annuelle dans les derniers temps qui ont précédé la Révolution. Un mannequin représentant le soldat sacrilége était promené dans la ville pendant trois jours, et enfin livré aux flammes dans la rue aux Ours, au milieu d'une illumination et d'un feu d'artifices. On peut voir aussi à Saint-Leu quelques portions de bas-reliefs en marbre datant du quinzième siècle et représentant des scènes de la Passion (1).

L'ordre des Ermites de Saint-Augustin ayant témoigné le désir d'avoir un établissement à Paris, saint Louis favorisa ce projet de tous ses efforts et acheta pour ces religieux, en 1256, une maison et un jardin situés au delà de la porte Montmartre. Le terrain qui leur fut donné comprenait alors à peu près l'espace renfermé aujourd'hui entre les rues Montmartre, des Vieux-Augustins, de la Jussienne et Soli. Ils obtinrent la permission d'y bâtir une chapelle, qui fut dédiée sous le titre de *Saint-Augustin*.

L'ordre des Augustins prenant chaque jour plus d'ac-

(1) M. F. de Guilhermy *Description archéologique des Monuments de Paris*.

croissement, le chapitre général, qui se tint à Padoue en 1281, désigna les maisons de Padoue, de Boulogne et de Paris, pour servir de colléges. Les Augustins de Paris durent dès lors, pour remplir leur nouvelle destination, rentrer dans la ville. Ils achetèrent en 1285, du chapitre de Notre-Dame et de l'abbaye de Saint-Victor, une *maison en forme d'école*, six arpents de terre au lieu dit le *clos du Chardonnet*, où l'on fit construire plus tard le collége du cardinal Lemoine; ils firent d'autres acquisitions ensuite pour agrandir leur habitation. Quant à leur ancien couvent près de la porte Montmartre, il fut vendu, puis détruit; il n'en reste d'autre souvenir que le nom de *Vieux-Augustins*, par lequel on désigne encore la rue où il était situé. Nous parlerons plus tard des nouveaux développements de cet ordre et des divers couvents qu'il établit à Paris, grâce à la piété des fidèles et à la munificence des rois.

Avant d'être mis en possession de la maison que leur donna saint Louis, les Augustins s'étaient servis d'une chapelle située à peu de distance de la porte Montmartre et dédiée sous le vocable de Sainte-Marie-Égyptienne. Lorsque ces religieux allèrent s'établir sur la rive gauche du fleuve, la chapelle de Sainte-Marie devint une église succursale de Saint-Eustache. Les marchands drapiers s'y réunissaient en confrérie. C'était du reste un édifice d'une architecture modeste, et qui n'avait de remarquable que des vitraux sur lesquels les artistes, dans leur naïve hardiesse, avaient représenté différents traits de la vie de la sainte. Le peuple de Paris, qui a pour habitude d'altérer la prononciation des mots, avait transformé celui d'Égyptienne en *Jussienne*, et ce dernier nom désigna vulgairement d'abord la chapelle et bientôt après la rue à l'extrémité de laquelle on l'avait construite. La chapelle a disparu avec le temps, mais la rue de la Jussienne existe encore sous cette même dénomination.

En 1254 l'église *Saint-Eustache* avait été érigée en paroisse. C'était, vers la fin du douzième siècle, une simple chapelle construite sous l'invocation de Sainte-Agnès. Une tradition populaire, d'une authenticité fort contestable, attribue la fondation de Sainte-Agnès à un maltotier nommé Jean Alais. « L'on tient, dit Dubreuil, qu'un certain bourgeois de Paris, nommé Jean Alais, l'avoit fondée, en satisfaction d'avoir esté premier autheur et fermier de l'impost d'un denier pour chacun panier de poisson qui se vendoit aux halles, pour estre remboursé de certaine somme qu'il avoit fournie promptement au roy ; auquel requérant puis après qu'il lui pleust abolir ladite imposition, tant s'en faut, il y en eut un autre qui en obtint la ferme, laquelle de temps en autre s'est renchérie, selon les occurrences. Ce que le dit Alais prévoyant bien s'en attrista et affligea de telle sorte qu'il en mourut de regret et contrition, et ordonna estre enterré près de la susdite chapelle, dicte de Saincte-Agnès, qu'il avoit fondée, au lieu où les ruisseaux des halles viennent couler jusques à présent. Et au lieu de tombe, une longue pierre, que l'on voit encores, fut mise audit lieu, qui sert maintenant de pont en temps de pluye, comme le nom de *pont Alais* qu'on luy donne ne semble point y contrarier. »

Au mois de juillet 1223 on voit dans le cartulaire de Saint-Germain la chapelle de Saincte-Agnès désignée sous le titre d'église Saint-Eustache ; il est donc à présumer que déjà une nouvelle église avait été bâtie sur l'emplacement de Sainte-Agnès et érigée en paroisse sous l'invocation de Saint-Eustache, *apparemment à l'occasion de quelque relique de ce saint qu'elle obtint de l'abbaye de Saint-Denys, où son corps avoit été déposé* (1). Plus d'une difficulté s'éleva entre le clergé de Saint-Eustache et celui de Saint-Germain sur le partage des droits curiaux. Deux sentences arbitrales, de 1228 et 1224, mirent fin au débat. Elles statuèrent, en premier lieu, que la collation au nouveau bénéfice appartiendrait d'abord à l'évêque de Paris, puis au doyen et au chapitre de Saint-Germain l'Auxerrois, et, après eux, alternativement et de même manière, à leurs successeurs. Au doyen devaient revenir les offrandes faites à Saint-Eustache ainsi que les profits des messes qui se disaient à Saint-Eustache à la Toussaint, à Noël, à Pâques et à la Pentecôte ; au curé revenaient les profits des messes des morts et les offrandes des cérémonies funèbres, lorsque le corps était présent. Les autres émoluments de la paroisse devaient être partagés. Toutefois, si le curé était réveillé la nuit pour les fonctions de son ministère, lui seul avait droit à rétribution, à moins que la somme ne dépassât huit deniers, car alors le doyen pouvait réclamer la moitié du surplus. Les marguilliers et le fossoyeur étaient nommés par le doyen de Saint-Germain, lequel devait néanmoins les changer lorsqu'il recevait à leur égard du curé de Saint-Eustache des plaintes graves. Il était permis au curé d'avoir ses livres et ornements propres, de les porter à son église, de s'en servir pour célébrer, et de les garder lui-même, etc. Cet état d'assujettissement dans lequel le curé se trouva placé donna naissance, selon Dulaure, à ce dicton prover-

(1) Jaillot.

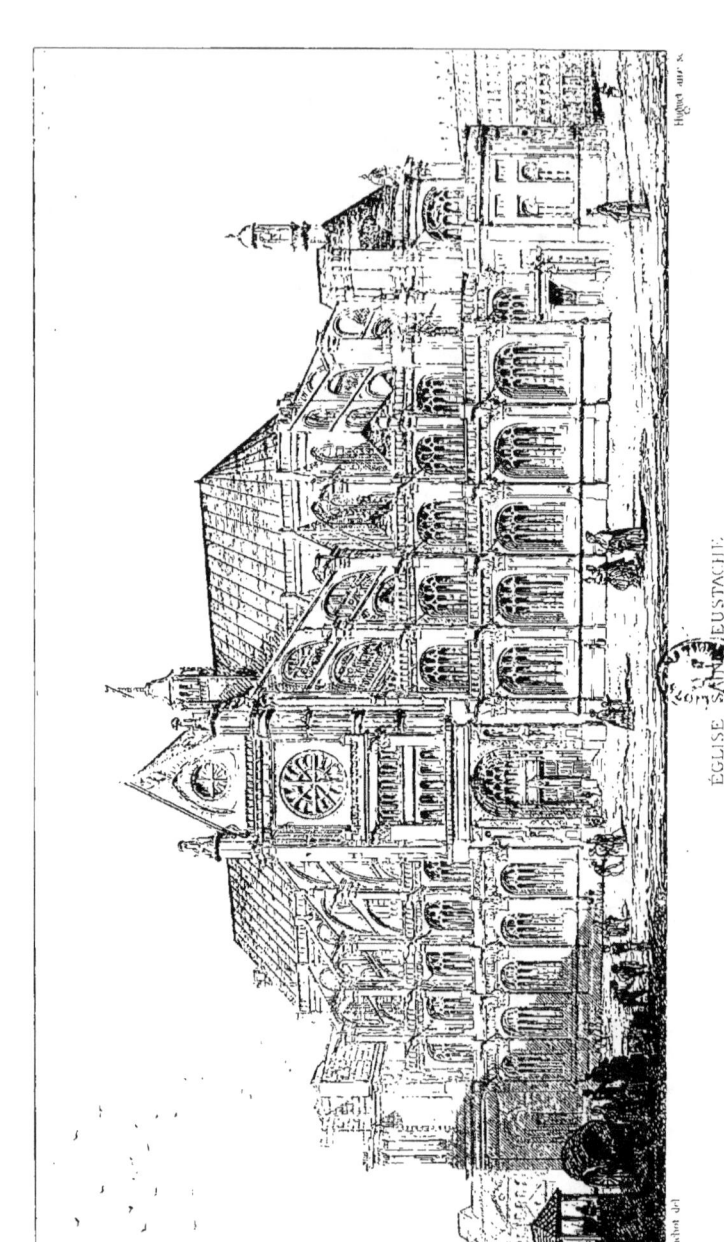

ÉGLISE SAINT-EUSTACHE.

CHAPITRE III.

bial ; et il ... ... curé de Saint-Eust...
La cure de Saint-Eust... ... ... pas moins, en son
temps, ... des plus ... ...
tém... ... ... plusieurs évêques.

Sous le ... ... de saint Jac... ... ... Saint-Eustache
eut beaucoup à souffrir des ... ... Vers
le milieu du seizième siècle ... ... et considérablement ... ... pour une
idée exacte ... ... avant, que ... ...
Nous en donnerons plus tard le dé...

L'ordre du Val-des-Écoliers, institué ... ... le
diocèse de Langres, par quatre célèbres professeurs de l'u-
niversité de Paris, ...
par... ... ...
taient... ... ...
recevoir les ... ...
soit le ... ...
... ...
de la porte Baudo... ... ...
ainsi qu'un champ contigu d'un autre bourgeois, appelé
Pierre de ... ... même temps, les *gens d'armes*
ou ar... ... ...
construire ... ...
sch... ... ... B ... ...
peut avec ... ...
bâtir le plus an... ... ...
ve, Louis IX... ... ... de
le ... s'empres... ... ...icuré. La
plup... des ... ... ent à cet égard
l'unit... ... ... bientôt des
... ... dès l'origine, ...

bial : « Il faut être fou pour être curé de Saint-Eustache. »
La cure de Saint-Eustache n'en devint pas moins, en peu de
temps, une des plus lucratives de Paris, et son revenu, au
témoignage de Sauval, dépassait celui de plusieurs évêchés.

Sous le règne de saint Louis l'église de Saint-Eustache
eut beaucoup à souffrir des ravages des Pastoureaux. Vers
le milieu du seizième siècle elle fut reconstruite et considérablement agrandie; la gravure ci-contre donnera une
idée exacte de ce monument, dans ses conditions actuelles.
Nous en donnerons plus tard la description.

L'ordre du Val-des-Écoliers, institué en 1201, dans le
diocèse de Langres, par quatre célèbres professeurs de l'u-
niversité de Paris, s'était déjà étendu dans une grande
partie du royaume; ses fondateurs voulurent avoir une
maison à Paris, pour que leurs jeunes novices pussent y
recevoir les leçons des maîtres illustres dont s'enorgueillissait la France. A cet effet ils obtinrent d'un bourgeois,
nommé Nicolas Giboin, trois arpents de terrain situés près
de la porte Baudets ou Baudoyer, hors du mur d'enceinte,
ainsi qu'un champ contigu d'un autre bourgeois, appelé
Pierre de Braine. Vers le même temps les *gens d'armes*
ou archers de la garde du roi cherchaient l'occasion de
construire une église en l'honneur de sainte Catherine,
selon le vœu qu'ils avaient fait à Bouvines; ils s'entendi-
rent avec les religieux de l'ordre du Val-des-Écoliers pour
bâtir le pieux édifice, et, désireux de s'associer à cette œuvre, Louis IX, sa mère, plusieurs princes et seigneurs de
la cour s'empressèrent de doter l'église et le prieuré. La
plupart des successeurs de saint Louis devaient à cet égard
l'imiter, et la nouvelle communauté se trouva bientôt dans
un état fort prospère. On la désigna, dès l'origine, sous le

nom de *Sainte-Catherine de la Couture*, d'où est venue la dénomination actuelle de Culture de Sainte-Catherine, rappelant les champs et les terres cultivées dont cette maison était entourée à l'époque de sa fondation.

Vers le même temps on érigea en église paroissiale la chapelle de *Saint-Josse*, dont l'origine remontait à la période mérovingienne, et qui était située à la place de nos jours occupée par la maison n° 1 de la rue Quincampoix, à l'angle de la rue Aubry-le-Boucher.

Saint Louis, toujours préoccupé de pourvoir aux besoins religieux de ses sujets, fonda également le couvent des *Béguines* ou de *l'Ave-Maria*, dont la première maison fut élevée près de la porte Barbette. Les Béguines (Béghines) faisaient partie des nombreuses associations religieuses libres qui se formèrent au moyen âge, et se distinguaient des congrégations monastiques en ce que leurs membres ne faisaient pas de vœux perpétuels, ne renonçaient pas complétement à toute propriété et n'observaient pas une stricte clôture. « L'institut des Béguines, dit Maldérus, évêque d'Anvers, n'est pas, à vrai dire, un ordre religieux ; mais c'est une association pieuse qu'il faut considérer, par rapport à l'état plus parfait du monachisme, comme une école préparatoire dans laquelle les femmes très-portées à la dévotion peuvent vivre.... Quoiqu'il soit hors de doute qu'il est plus méritoire de se consacrer au Ciel par les vœux solennels de la chasteté, de l'obéissance et de la pauvreté.... il n'est pas moins vrai que beaucoup de femmes répugnent à faire des promesses irrévocables ; elles préfèrent être inviolablement chastes que de faire vœu d'une chasteté perpétuelle; elles veulent bien obéir, mais sans se lier formellement à l'obéissance ; elles consentent à soigner les pauvres, en faisant pour elles-mêmes un usage très-modéré de leurs biens... » Cette citation ne donne pas une idée très-exacte de ce qu'étaient les Béguines de *l'Ave-Maria* au temps de saint Louis. Ces religieuses se faisaient remarquer par l'austérité de leur vie; elles vivaient d'aumônes, jeûnaient toute l'année, excepté le dimanche et le jour de Noël, ne faisaient jamais usage d'aliments gras, marchaient nu-pieds en tout temps, couchaient sur la dure et se levaient chaque soir à minuit pour se rendre au chœur, où elles restaient jusqu'à trois heures. Ces austérités héroïques n'ont point empêché Dulaure de recueillir contre les Béguines toutes les odieuses calomnies éparses dans les pamphlets du moyen âge, et de les représenter comme des femmes menant un vie douce, sensuelle et dissipée.

L'église de *l'Ave-Maria*, fort obscure sous le règne de saint Louis, ne tarda pas à devenir un centre de prières. Si nous anticipons sur les dates historiques, nous verrons que plus tard elle renferma quelques tombeaux remarquables à gauche du maître-autel; dans la muraille était le cœur de don Antoine, roi de Portugal, chassé de son royaume et mort à Paris en 1595. Dans le chœur était le mausolée en marbre de Charlotte-Catherine de la Trémoille, soupçonnée d'avoir empoisonné son mari, Henri de Bourbon, prince de Condé. Aimée du page Belcastel, la princesse devint enceinte; son mari, revenant auprès d'elle après une longue absence, mourut, sans doute de poison, le lendemain de son arrivée, le 5 mars 1588. Ce monument, où Charlotte était représentée à genoux, ut transporte au musée des Petits-Augustins. De l'autre côté du chœur, sous une tombe plate, étaient inhumés Jacques de Harlay, grand-écuyer de François, duc d'Alençon, mort en 1630, et Odette de Vaudetar, femme d'Achille de Harlay, morte en 1637; on y transporta le cœur de Louis de Harlay, cornette des chevau-légers de la garde, mort de blessures reçues à Senef en 1674.

Dans une des chapelles de la nef étaient le mausolée de marbre blanc de Jeanne de Vivonne, dame d'honneur de Louise de Lorraine, femme de Henri III, et le monument de jaspe et de bronze, surmonté d'une statue de femme à genoux, appartenant à Claude-Catherine de Clermont, duchesse de Retz, célèbre sous le règne de Charles IX par son esprit et sa science. Ce fut elle qui répondit en latin, pour Catherine de Médicis, aux ambassadeurs qui apportèrent au duc d'Anjou le décret de son élection au trône de Pologne. Elle parla mieux, dit-on, que le chancelier de Birague et le comte de Chiverni, qui avaient répondu pour Charles IX et le duc d'Anjou. Dans le chapitre des religieuses furent enterrés, par permission du pape, le fameux Matthieu Molé, garde des sceaux, et Renée Nicolaï, sa femme. En face du chœur était une tribune de liais sous laquelle était « le corps entier de saint Léonce, martyr, donné par madame de Guénégaud, en 1709. »

Le monastère des filles du Tiers-Ordre fut supprimé en 1790, mais la maison a toujours conservé le nom de *l'Ave-Maria*, quoiqu'elle ait bien changé de destination. C'est aujourd'hui l'une des casernes de Paris, qu'il faut aller chercher dans le lointain quartier de l'Arsenal.

Sous le règne de saint Louis, et par la protection de ce prince, un ordre religieux nouvellement fondé vint s'établir de Marseille à Paris. Ceux qui le composaient se glorifiaient du titre de *Serfs de la Vierge Marie*. De la couleur de leurs vêtements ils reçurent le nom populaire de

Blancs-Manteaux. « Et vint une autre manière de Frères, dit Joinville, que l'on appelle l'ordre des Blancs-Manteaux; et requirent au roy qu'il leur aidast pour qu'ils peussent demeurer à Paris. Le roy leur acheta une maison et vieilles places autour pour eux héberger, devers la vieille porte du Temple, assez près des tisserans. » Dès la première année de leur établissement, en 1258, la maison du Temple, sur le territoire de laquelle ils se trouvaient, leur accorda la permission d'avoir un cimetière, une chapelle et un couvent, et se démit en leur faveur, moyennant une redevance très-médiocre, de tout droit de censive sur le terrain qu'ils occupaient. Cependant la prospérité des Serfs de Marie ne fut pas de longue durée; en 1274 une bulle du pape Grégoire X supprima plusieurs ordres mendiants, du nombre desquels se trouva celui dont nous venons de parler. L'édifice qui leur avait servi d'asile sous saint Louis fut occupé, en 1297, sous Philippe le Bel, et avec l'autorisation du souverain pontife, par des religieux que, du nom de leur fondateur, Guillaume, on appelait *Guillemites*. Le peuple, par habitude, continua de les appeler les Blancs-Manteaux, comme, de nos jours, il persiste à désigner sous le nom d'église des Carmes celle que les Dominicains possèdent à Paris.

Le couvent des Guillemites se trouvant resserré entre les murs de la ville et d'autres constructions, ces religieux supplièrent Philippe de Valois de leur permettre de percer le mur et d'y faire une porte, tant pour l'usage du peuple, qui viendrait plus aisément entendre le service divin dans leur église, que pour jouir plus librement des maisons qu'ils avaient au delà du mur. Le roi, par lettres patentes du mois d'août 1334, accueillit leur demande, leur permit de percer le mur et d'y établir une porte ou *huisserie*. Deux ans après, les Guillemites demandèrent encore au roi une tour et une certaine portion des anciens murs de la ville, montant à trente-neuf toises; Philippe de Valois leur accorda ce qu'ils sollicitaient de lui, à condition de payer chaque année 4 livres 10 sols 8 deniers parisis de rente, avec 8 sols 6 deniers parisis de fonds de terre. De nos jours la requête des Guillemites aurait eu peu de succès; aucun gouvernement moderne n'aurait consenti à confier à des moines l'entrée de la ville. Cependant ce ne fut point la seule concession de ce genre qu'obtinrent ces religieux, sous le règne des Valois.

Le vendredi 30 novembre 1397, Jean de Gonesse, évêque de Nassou et provincial des Guillemites en France, célébra la dédicace de l'église des Blancs-Manteaux. Charles VI de France et Charles III de Navarre assistaient à cette cérémonie. Depuis lors les Guillemites reçurent de nouvelles donations; la plus considérable fut celle qui leur fut faite par la seigneurie du Plessis-Grassot, près Paris, « pour les mettre à couvert, dit Félibien, de la fâcheuse nécessité de quêter. » Au commencement du seizième siècle le prévôt de Paris leur fit accorder le droit de *scholarité*, c'est-à-dire la jouissance de tous les nombreux priviléges dont les écoliers de l'Université étaient investis. En 1407 on transporta dans l'église des Blancs-Manteaux le corps du duc d'Orléans, assassiné le 23 novembre, dans la vieille rue du Temple, par Jean-sans-Peur, duc de Bourgogne.

La communauté des Blancs-Manteaux était peu nombreuse lorsque, le 3 septembre 1618, elle prit la résolution d'embrasser une réforme. Elle députa Jean Goyer, son prieur, et Maurice de Vaubicour, religieux de l'ordre, pour aller au collége de Cluni trouver Dom Martin Tesnier, prieur de Saint-Faron de Meaux, pour lui demander d'agréer leur maison et de l'unir pour toujours à la congrégation française des Bénédictins réformés, selon la réforme des Bénédictins de Saint-Vanne de Verdun. Dom Martin Tesnier accepta la proposition et se transporta le même jour au monastère des Blancs-Manteaux, où, d'un commun accord entre les religieux et les deux prieurs, tout fut approuvé et ratifié. Deux jours après, cette réforme fut solennellement introduite chez les Blancs-Manteaux par Henri de Gondi, évêque de Paris. On refusa d'avoir égard aux protestations et aux plaintes du général des Guillemites, qui résidait alors à Liége. Quoi qu'il en soit, le roi Louis XIII approuva l'union des deux maisons par lettres patentes du 29 novembre 1618 et du 22 février 1622. C'est dans ces dernières lettres que l'on donna pour la première fois le nom de Bénédictins de Saint-Maur aux Bénédictins réformés de France.

Le monastère des Blancs-Manteaux fut reconstruit en 1685. Le chancelier Le Tellier et Élisabeth Turpin, sa femme, posèrent la première pierre du nouvel édifice. Une autre église fut alors élevée près de l'ancienne. Elle n'a rien de remarquable ; au point de vue de l'art l'intérieur est beaucoup trop long pour la largeur ; il règne, dans l'ordonnance de son architecture, une monotonie de pilastres corinthiens dont le trop grand nombre fatigue l'œil. Les arcades entre lesquelles sont placés ces pilastres, et qui communiquent avec les bas-côtés, sont traitées dans le goût de l'ordre dorique. Les bas-côtés sont trop étroits et n'ont rien d'élégant ni de gracieux. Dans le cours du dix-septième et du dix-huitième siècle cette église servit de sépulture à un assez grand nombre de personnages alors illustres, mais dont la célébrité s'est beaucoup effacée. Les Bénédictins de Saint-Maur, qui occupèrent le monastère jusqu'à la dispersion de leur ordre, y avaient rassemblé une bibliothèque d'environ vingt mille volumes, et ce qu'on appelle le *fonds des Blancs-Manteaux* forme aujourd'hui une des plus intéressantes collections de pièces inédites que possède la Bibliothèque impériale. C'est aux Blancs-Manteaux que vécut et mourut Dom Bouquet, le premier auteur de ce *Recueil des historiens des Gaules et de la France* auquel travaillèrent, avec lui ou après lui, les PP. Haudiguier, Poirier, Housseau, Clément, Brial, et que l'Académie des Inscriptions et Belles-Lettres se fait un devoir de continuer aujourd'hui. Les grands travaux pour l'histoire de Bretagne, dont les livres de Dom Lobineau et de Dom Morice ne sont que la mise en œuvre, avaient été également préparés aux Blancs-Manteaux, et c'est également de ce monastère que sortirent l'*Art de vérifier les dates* et la *Nouvelle Diplomatique*, deux des ouvrages les plus célèbres qu'aient produits l'érudition en France.

Saint Louis, dont la dévotion fervente se manifestait par des œuvres, appela à Paris les religieux de la Croix, ordre fondé, en 1211, à Clairlieu, entre Liége et Namur, par Théodore de Celle, chanoine de Liége. La principale occupation de ces moines était de méditer sur le mystère de la Passion, d'où leur était venu leur nom *Frères de la Sainte-Croix* (*Croisiers, Crucigeri*). « Revint une autre manière de Frères, dit Joinville, qui se faisoient appeler Frères de Saincte-Croix, et portant la croix devant leur poitrine ; et requirent au roy qu'il leur aidast. Le roy le fit volontiers et les héberga en une rue appelée le quarrefour du Temple, qui ores est appelée la rue de Sainte-Croix. » La date de cet événement est demeurée indécise, mais plusieurs historiens la font remonter à 1248. L'église de *Sainte-Croix de la Bretonnerie*, dédiée sous le vocable de l'Exaltation de la Sainte-Croix, était attribuée à de Montreuil et passait pour l'un des plus remarquables édifices religieux dus à l'art chrétien.

Cette église renfermait les tombeaux de plusieurs familles distinguées de la capitale, et on y remarquait seize caveaux exclusivement destinés aux sépultures. Nous mentionnerons, entre autres, celles de Jean de Poupaincourt, président au parlement de Paris, sous Louis XI, et de Barnabé Brisson, président à la même cour, sous Henri III, et qui périt victime des fureurs populaires durant les troubles de la Ligue. C'était l'un des hommes les plus savants de son siècle, mais on l'accusait d'avarice et de cruauté. On avait également enseveli, dans les caveaux de Sainte-Croix, Antoine Ménard, qui, sous le règne de François Ier, avait été président du Parlement. Cette même église possédait quelques beaux morceaux de sculpture de Sarrazin et plusieurs tableaux estimés de Simon Vouet et de Philippe de Champagne. Le réfectoire du couvent attirait surtout l'attention des artistes.

Sous le règne de saint Louis existait une église appelée la *chapelle de la Tour*, dont la fondation remontait à Philippe-Auguste. Elle était une succursale de Saint-Germain l'Auxerrois et fut érigée en paroisse sous le nom de *Saint-Sauveur*.

Si, de nos jours, l'on remonte la rue d'Enfer, si l'on parcourt ces quartiers dont plusieurs sont menacés d'être détruits pour faire place à des voies nouvelles, on laisse à gauche le couvent des dames Carmélites. Là était autrefois l'église de *Notre-Dame des Champs*, située dans la plaine et entourée de sépultures. Vers la fin de la seconde race elle fut usurpée par des seigneurs laïques; on voit, en effet, qu'en 1084 Adam Payen et Gui Lombard, qui la tenaient de leurs ancêtres, la donnèrent au monastère de Marmoutiers, près de Tours, déjà propriétaire de plusieurs terres dans le voisinage de Saint-Étienne des Grès. Notre-Dame des Champs devint alors un prieuré dépendant de l'abbaye de Marmoutiers, et fut occupée, jusque vers le commencement du dix-septième siècle, par des religieux de cet ordre. A cette même époque Catherine d'Orléans, princesse de Longueville, obtint du cardinal de Joyeuse, abbé de Marmoutiers, l'église et le vaste enclos de Notre-Dame des Champs, et, malgré la résistance de quelques religieux occupant le prieuré, elle fit disposer les bâtiments pour y établir un couvent de Carmélites, dont elle se reconnut la fondatrice et qu'elle dota d'une rente de deux mille quatre cents livres. En 1603 le pape Clément VIII approuva la fondation, en France, d'un ordre entier de Carmélites dont le chef-lieu devait être le couvent de Paris. Par les soins du cardinal de Bérulle, alors aumônier du roi Henri IV, six religieuses carmélites vinrent d'Espagne en France, et, le 17 octobre 1606, prirent possession de Notre-Dame des Champs. C'est là qu'en 1676 se retira Louise-Françoise de la Beaume Le Blanc, duchesse de la Vallière; éclairée par une longue suite de déceptions et d'amertumes, elle cessa d'être la favorite de Louis le Grand et consacra à Jésus-Christ le reste de sa vie. Elle y mourut, sous le nom de Louise de la Miséricorde, après trente-six ans d'austérités et de repentir.

L'église Notre-Dame des Champs, très-riche en monuments artistiques, était l'une de celles qui attiraient à Paris une plus grande affluence de visiteurs. La clôture qui séparait la nef du chœur était formée de quatre grandes colonnes de marbre chargées de flammes de bronze. Le grand autel, magnifiquement décoré par la libéralité de Marie de Médicis, s'élevait au-dessus de douze marches de marbre entourées d'une splendide balustrade. Sur l'attique de l'autel était un bas-relief de bronze, œuvre d'Anselme Flamen et représentant l'Annonciation. Le tabernacle, en forme d'arche d'alliance, qui surmontait l'autel, était d'argent ciselé et chargé de bas-reliefs. A de rares intervalles, et lors des plus grandes solennités, on exposait sur cet autel un ostensoir d'or, enrichi de pierreries. Plusieurs tableaux de grands maîtres ornaient cette église, qui pour la plupart sont aujourd'hui dans la galerie du Louvre. Sur les lambris avaient été représentés différents traits de la vie de sainte Geneviève, par Verdier. Les voûtes étaient décorées de peintures à fresque de Philippe de Champagne ; on y remarquait le merveilleux effet d'un Christ sur la croix qui paraissait être sur un plan vertical bien qu'il fût horizontal. C'est dans cette église que fut déposé le cœur de Turenne. Dans l'une des chapelles était le tombeau du cardinal de Bérulle ; les bas-reliefs du piédestal étaient de Lestocard ; la statue représentait le cardinal à genoux, les mains croisées sur la poitrine ; elle était de Sarrazin. Cette œuvre d'art éminemment remarquable n'a pas été détruite ; nous l'avons vue nous-même, il y a peu d'années, alors que, dans une humble chapelle fondée sur les débris de ce couvent, commençait à se réunir l'œuvre de l'Adoration réparatrice dont il a été ci-dessus question.

Durant la Révolution, et après la destruction de l'église et du monastère des Carmélites, le tombeau du cardinal avait été déposé au musée des Petits-Augustins. Lorsque, plus tard, quelques Carmélites se réunirent à Paris et s'établirent dans la rue d'Enfer, on leur restitua le monument auquel elles attachent un juste prix.

Au temps où l'église et le couvent de Notre-Dame des Champs dépendaient encore de l'abbaye de Marmoutiers, le roi Robert avait fait construire, à peu de distance, et sur la gauche, en regardant la Seine, une maison de plaisance située au milieu des prairies. On l'appelait le Val-Vert (*Vallis viridis*), et, par contraction, *Vauvert*. Elle était séparée du monastère et de l'enclos de Notre-Dame des Champs par la voie inférieure, *via inferior* (la rue Basse), dont le nom *inférieure*, après avoir subi diverses altérations, se trouva insensiblement transformé en celui d'*Enfer*, d'où vient que, de nos jours, cette même route s'appelle du nom étrange de rue d'Enfer.

Au récit de quelques archéologues, un peu dupes, suivant nous, des légendes populaires, ce nom d'Enfer fut donné au château de Valvert et à ses dépendances parce qu'on y entendait, la nuit, au treizième siècle, des bruits mystérieux et terribles qui épouvantaient le peuple et qu'on attribuait à l'apparition des esprits et des revenants.

Quoi qu'il en soit, vers l'an 1257, saint Louis résolut de sanctifier cette demeure si redoutée. Ayant entendu parler du monastère de la Grande-Chartreuse fondé autrefois par saint Bruno, près de Grenoble, il manda à Dom Bernard de la Tour, général de cet ordre, de vouloir bien lui envoyer quelques-uns de ses frères, qu'il établirait aux environs de Paris. Cinq ou six Chartreux ayant répondu à 'appel du roi, ce prince ne tarda pas à leur concéder, à titre de demeure, le château de Vauvert et les jardins qui l'environnaient. Le nouveau monastère occupait des terrains qui font aujourd'hui partie de l'immense jardin du Luxembourg, s'étendent de la rue de l'Est à la rue de l'Ouest, et comprennent l'allée de l'Observatoire, ses abords et une partie des pépinières.

Dès que les Chartreux furent en possession de l'hôtel de Vauvert ils bâtirent à la hâte quelques cellules. Ils n'y trouvèrent qu'une chapelle fort délabrée et fort nue qui ne put servir longtemps à leurs pieux exercices. Quelques années après il fallut fonder un nouveau temple, dont saint Louis posa la première pierre. Le célèbre Eudes de Montreuil en fut le premier architecte, mais ce ne fut point lui qui l'acheva. La mort de saint Louis, en 1270, interrompit les travaux; les libéralités de différentes personnes, et surtout de Jean de Cérées, permirent aux Chartreux de les faire reprendre. Jean de Cérées était trésorier de l'église de Lisieux et clerc de Philippe le Long; il consacra sa grande fortune à l'achèvement de l'édifice; il avait même un si grand zèle pour cette œuvre pieuse qu'il fit lui-même l'office de maçon et de manœuvre (1). L'église terminée et l'argent manquant pour la faire couvrir, Jean obtint du roi l'autorisation de faire une coupe de bois dans ses forêts. « L'on mit tant d'arbres par terre, dit Félibien, que l'on se plaignit que les Chartreux dégradaient les forêts du roi. » Mais sans doute les plaintes étaient mal fondées, car le roi accorda aux religieux une permission plus ample. L'église fut achevée entièrement en 1324

---

(1) M. Cayla. Voir également les travaux si connus de Delamarre, de MM. Frégier, Depping, Monteil, etc.

et dédiée en 1325, sous l'invocation de Saint-Jean-Baptiste et de la sainte Vierge.

Le grand portail d'entrée était situé rue d'Enfer ; une avenue assez longue et plantée d'arbres conduisait à la porte intérieure de la maison. On entrait ainsi dans la première cour, et l'on remarquait à gauche une chapelle assez grande, qu'on appelait la *chapelle des femmes*, parce que c'était le seul endroit du couvent où il leur fût permis d'entrer. Elle avait été consacrée en 1460, sous l'invocation de la Vierge Marie et de saint Blaise. Dans la seconde cour on voyait à droite un corps de logis bien bâti, qui avait servi autrefois à loger les hôtes ; à gauche se présentait l'église dans toute sa longueur. Sur la porte de cette seconde cour était un bas-relief à fond orné de fleurs de lis, représentant la sainte Vierge, au-dessous trois saints avec leurs attributs : saint Jean-Baptiste et l'agneau, saint Hugues et le cygne, saint Antoine et le porc. On y voyait aussi un roi offrant cinq ou six Chartreux à la sainte Vierge. Saint Louis n'avait fait bâtir que huit cellules pour les Chartreux lorsqu'il mourut ; il y en eut peu après deux nouvelles élevées par Marguerite d'Issoudun, comtesse d'Eu, femme d'Alphonse de Brienne, grand-chambellan de France, et par Thibaud II, roi de Navarre. En 1291 Jeanne de Châtillon, comtesse d'Alençon, fonda quatorze cellules nouvelles. La mémoire de ce bienfait fut perpétuée dans un grand bas-relief sculpté sur la muraille du cloître, du côté de l'église, représentant Jeanne de Châtillon offrant à la sainte Vierge quatorze Chartreux à genoux. Le haut de cette sculpture était orné de treize écussons aux armes de France et de Châtillon alternativement.

Dès le règne de saint Louis la chapelle des Chartreux, Notre-Dame *de Vauvert*, était en grande vénération. Le sire de Joinville raconte qu'en revenant de la Terre-Sainte un passager du vaisseau qui le précédait, étant tombé à la mer, s'écria : *Notre-Dame de Vauvert, sauvez-moi!* et qu'aussitôt la Reine du ciel vint à son secours, le soutenant sur l'eau jusqu'à l'arrivée du navire suivant, qui le prit à bord. Le couvent des Chartreux était riche en monuments des arts. On y remarquait plusieurs tableaux de Philippe de Champagne, de Bon Boulogne, d'Antoine et de Noël Coppel, d'Audran, de Corneille, de Jouvenet, de Boulogne jeune, de Dumont le Romain, de La Fosse, du Poussin, de Restout et de Lagrenée. Le petit cloître du monastère était orné des magnifiques tableaux d'Eustache Lesueur, représentant la vie de saint Bruno et qui sont aujourd'hui au Musée impérial du Louvre.

Les révolutions ont passé; la tempête a renversé l'un après l'autre sur le sol ces édifices religieux qui faisaient la consolation de nos pères et que les générations s'étaient plu à enrichir de leurs offrandes. Il ne reste rien de l'église et du monastère de Notre-Dame des Champs, et c'est à peine si leurs débris servent à abriter une communauté pieuse qui a voulu jusqu'au bout les disputer au siècle et vivre selon la règle du Carmel. Quant à l'enclos des Chartreux, les rues de l'Est et de l'Ouest et la vaste promenade du Luxembourg ont pris sa place, et les érudits sont peut-être seuls à en garder le souvenir. Mais les âmes chrétiennes conservent mieux que la foule, mieux que les savants eux-mêmes, la mémoire des choses qui se rattachent à l'action miséricordieuse de Dieu et aux miracles obtenus par l'intercession de Marie. Le nom de Notre-Dame-des-Champs a été donné à une rue dont le vaste parcours semble indiquer jusqu'où s'étendait, du côté de l'Ouest, la limite de l'enclos des Chartreux. Aux abords de cette rue, dans la voie large, nouvellement ouverte, qui conduit à l'embarcadère des chemins de fer de l'Ouest et de la Bretagne, on a tout récemment élevé une église provisoire, entièrement construite en bois, et qui a été dédiée sous le vocable de Notre-Dame des Champs. Cette église, dont l'aspect est assez étrange, et qui ne tardera pas sans doute à faire place à un édifice de pierres, ne saurait être classée au nombre des monuments de Paris.

C'est dans la rue Notre-Dame des Champs que la communauté des sœurs de Bons-Secours possède aujourd'hui une chapelle fort remarquable, construite dans le style du treizième siècle, et que nous aurons bientôt à décrire.

Sous le règne de saint Louis fut fondé à Paris, en 1261, le couvent des Frères *Sachets* ou *Sachetins*, nommés aussi *Frères-aus-saz*. Leur maison était située sur le quai de la rive gauche et ne tarda pas d'ailleurs à être occupée par les Grands-Augustins. Les Frères sachets, qui devaient leur nom à la forme de leur habillement, semblable à un sac, étaient ermites de Saint-Augustin; ils étaient quelquefois appelés les *Frères de la Pénitence de Jésus-Christ*. Ils formaient l'une de ces petites congrégations qui s'érigèrent au douzième siècle, sous la règle de Saint-François; on les vit assister en cette qualité à un chapitre général tenu en 1256; mais ils refusèrent de se réunir avec les autres et de reconnaître l'autorité du général. La protection que saint Louis leur accorda empêcha leur corporation de se dissoudre. Le roi, pour les établir à Paris, acheta un emplacement sur le territoire de *Laas*, dépendant de l'abbaye de Saint-Germain des Prés et de la cure de Saint-André des Arcs. Il augmenta bientôt leur territoire en achetant pour eux une maison et une tuilerie voisines de leur monastère. Leur couvent ne fut pourtant jamais riche, et ils allaient le matin dans les rues de Paris quêter du pain comme les autres mendiants.

Les Sœurs Sachettes, Sachetines, ou Sœurs aux sacs, avaient leur couvent dans la rue du Cimetière Saint-André des Arcs. Cette rue, dit un ancien historien, s'appelait, sous le règne de saint Louis, rue des Sachettes, à cause de certaines femmes dévotes vivant ensemble proche le monastère de Saint-André. Leur vêtement était à peu près le même que celui des Frères sachets, et comme eux elles allaient le matin quêter du pain dans les rues de Paris.

Ces religieuses étaient aussi appelées Pauvres Femmes des Sacs, *pauperes mulieres de saccis*. Leur congrégation, qui n'était pas autorisée, fut supprimée vers la fin du règne de saint Louis ou peu de temps après la mort du roi, et vers le même temps que celle des Frères sachets.

A son retour de la Palestine saint Louis amena avec lui six religieux de l'ordre des Carmes et les établit sur les bords de la Seine, près de Saint-Paul. Comme ils portaient un manteau bigarré, le peuple parisien ne tarda pas à les désigner sous le nom de Frères *barrés*, et ce nom est resté à une rue de leur voisinage. Un demi-siècle plus tard, et sous Philippe le Long, ils s'établirent sur la rive gauche, au bas de la montagne Sainte-Geneviève, et sur l'emplacement qu'ils occupèrent dans ce quartier, jusqu'à la révolution française, on éleva, en 1812, le marché actuel qui porte leur nom.

L'ordre des Carmes prétendit bien longtemps qu'il

avait été fondé par le prophète Élie, sur le mont Carmel, et que depuis lors il n'avait cessé de se perpétuer. Cette tradition, sérieusement discutée par les érudits du seizième siècle, n'a de nos jours aucune autorité, et il paraît avéré que l'ordre date du douzième siècle. Jean Phocas, dans la description de son voyage de 1185, en Palestine, dit que, « Quelques années auparavant, un moine de Calabre, respectable par sa vieillesse et ses cheveux blancs, ayant eu une apparition du prophète Élie, était venu dans cette grotte et avait entouré d'un petit retranchement la place où l'on trouve encore les traces d'un couvent; qu'il y avait bâti une tour, une petite église, et s'y était retiré avec dix moines. » Ce fondateur de l'ordre des Carmes était le croisé Berthold, de Calabre. Au milieu d'une bataille engagée contre les infidèles il avait prié Dieu d'accorder la victoire aux chrétiens, et promis, s'il était exaucé, d'embrasser la vie religieuse. La victoire obtenue, il déposa son armure, et, entouré de quelques anciens compagnons d'armes, il bâtit près de la grotte d'Élie une cabane qui devint bientôt un couvent (1156). Ce lieu ayant été habité depuis des siècles par des ermites, en mémoire des prophètes Élie et Élisée, la foi opiniâtre des Carmes se rattacha à Élie comme au fondateur de leur ordre.

Avant la Révolution les Carmes déchaussés possédaient, indépendamment de leur église et de leur monastère, de vastes jardins situés autour du cloître, et de grands espaces sur lesquels ils avaient fait bâtir des hôtels qui existent encore rue du Regard et rue Cassette. On n'a que trop souvent entendu le récit des attentats dont leur sainte demeure fut le théâtre durant les exécrables journées de septembre 1792; nous aurons à les raconter.

L'hospice des *Quinze-Vingts* eut saint Louis pour fondateur. Cette maison, destinée à loger et entretenir trois cents aveugles pauvres, fut élevée, vers l'an 1260, sur une pièce de terre appelée *Champourri*, située dans le voisinage du cloître Saint-Honoré et appartenant à l'évêque de Paris; en 1270 ce roi ajouta à ses bienfaits envers cet établissement le don de trente livres de rente, destinées spécialement au potage de ces trois cents aveugles, et voici comment le confesseur de la reine Marguerite rapporte l'historique de cette fondation : « Aussi li benoiez roys fist
« acheter une pièce de terre de lez Saint-Ennouré, où il
« fist fere une grant maison porce que les poures aveugles
« demorassent ilecques perpetuelement jusques à trois
« cents ; et ont tous les anz, de la borse du roy, pour po-
« tages et pour aultres choses, rentes. En laquelle méson
« est une église que il fist fere en l'eneur de saint Remi,
« pour ce que lesditz aveugles oient ileques le service de
« Dieu. Et plusieurs fois avint que li benoyez roys vint as
« jours de la feste Saint-Remi, où lesdits avugles fesoient
« chanter sollempnement l'office en l'église, les avugles
« présents entour le saint Roy. »

Clément IV, par une bulle de 1265, recommanda cette institution aux évêques et prélats de France et les invita à favoriser leurs quêteurs. On a vu plus haut que saint Landri passe pour avoir fondé, au septième siècle, le premier hôpital dont aient pu jouir les pauvres de Paris. Cet hospice fut à plusieurs reprises amélioré et agrandi. Saint Louis le prit sous sa protection spéciale, lui concéda le droit que les rois exerçaient de prélever sur les marchés certaines denrées et d'en fixer eux-mêmes le prix ; bientôt après il déclara cet hôpital exempt de toutes contributions, de droits d'entrée et de tout péage par terre et par eau; il en augmenta les bâtiments, les étendit jusqu'au Petit-Pont. A diverses reprises il lui assigna des rentes considérables pour le temps. Il fut le premier roi qui se signala par des bienfaits envers cette maison, et lui donna une consistance dont elle n'avait pas encore joui. Ce furent sans doute les améliorations qu'elle éprouva sous ce règne qui la firent renoncer à sa dénomination de *Saint-Christophe* pour prendre celle d'*Hôpital de Notre-Dame* ou de *Maison de Dieu*.

Les successeurs de saint Louis imitèrent quelquefois son exemple. Il serait trop long de rapporter tous les bienfaits que cet hôpital reçut à diverses époques, de la part des rois, et surtout des particuliers.

L'Hôtel-Dieu est composé d'une réunion de bâtiments irrégulièrement disposés, construits et ajoutés les uns aux autres en différents temps. Il ne présente point, comme plusieurs établissements de ce genre, un ensemble régulier, ni des parties symétriques. Ce n'est que sur la place du parvis de Notre-Dame qu'on a cherché à donner à cet amas de bâtiments quelque régularité.

La chapelle de cet hôpital fut bâtie, vers l'an 1380, aux frais d'Oudart de Maucreux, changeur et bourgeois de Paris, comme le portait une inscription gravée sur une table de bronze placée dans le sanctuaire de cette chapelle.

Le chapitre de Notre-Dame avait depuis les temps anciens l'administration de l'Hôtel-Dieu. Il nommait deux chanoines proviseurs de cet hôpital; des frères le desservaient. En 1217 il fut réglé qu'il y aurait trente frères laïques, quatre prêtres, quatre clercs et vingt-cinq sœurs

On voit, par ce règlement, qu'alors les bâtiments de cet hôpital étaient de deux espèces : *l'Hôtel-Dieu* ou *Maison-Dieu*, proprement dit, et les *Granges;* que ces granges étaient, comme l'hôpital, peuplées de malades, puisqu'on y dit que les frères et les sœurs serviront tant à l'Hôtel-Dieu que dans les Granges.

L'un des établissements les plus célèbres qui datent du règne de saint Louis est sans contredit *la Sorbonne*. Dans l'origine, et selon la pensée de son fondateur, Robert Sorbon, chapelain de saint Louis et l'un des conseillers du roi, ce n'était qu'une maison destinée à servir d'asile aux écoliers pauvres, et on l'appelait la *communauté des Pauvres-Maîtres étudiant en théologie*. « Le benoict roy, dit le confesseur de la reine Marguerite, dans sa *Vie de sainct Loys*, fit acheter mesons qui sont en deux rues assises à Paris devant le palès des Thermes, esquelles il fit faire maisons bonnes et grandes, pour ce que escoliers estudiants à Paris demorrassent là à toujours; et y demeurent les escoliers qui à ce sont reçus par ceux qui ont l'autorité de les recevoir; et en outre de ces mesons quelques-unes sont louées à d'autres escoliers; le prix du louage est converti aux profits des pauvres escoliers devant dits. Ces mesons coustèrent au roy quatre mille livres de tornois. » L'une de ces maisons était située rue *Coupe-Gueule* (rue des Deux-Portes) et l'autre rue des Maçons. Outre le prix de location destiné à l'entretien des pauvres écoliers, le roi donna aux uns un sou, aux autres deux sous par semaine, pour les aider à vivre. Le nombre des *pauvres clercs* admis au collége fondé par Robert Sorbon s'élevait à cent. Les bâtiments de la communauté des *Pauvres-Maîtres* occupaient le terrain compris entre l'hôtel de

Cluny, l'église Saint-Benoît, la rue de La Harpe et la rue des Cordiers. Comme l'établissement qu'il venait de fonder n'était destiné qu'aux théologiens, Robert Sorbon fit en même temps élever sur une partie de l'emplacement qu'il venait d'acquérir un collége dans lequel on enseignerait les humanités et la philosophie, et où l'on préparerait ainsi des élèves propres à entrer dans les écoles de Sorbonne ; ce fut le collége de Calvi ou *Petite-Sorbonne*.

Par des lettres données en 1259, le pape Alexandre IV proclama l'utilité de la Sorbonne, la recommanda à tous les fidèles, et les invita à joindre leurs efforts pour imiter la pieuse libéralité du roi de France. En 1261 ces exhortations furent renouvelées par Urbain IV, qui s'indignait surtout de l'extrême pénurie des maîtres du collége, réduits par la nécessité à se couvrir des habits les plus grossiers. Enfin, en 1268, une nouvelle bulle émanée du pape Clément IV confirma encore l'établissement de la Sorbonne et lui prescrivit quelques règles. Elle ordonna qu'après la mort du premier proviseur Robert de Sorbon ne pourrait lui nommer un successeur qu'avec l'approbation de l'archidiacre et du chancelier de l'église cathédrale de Paris, des docteurs en théologie, des doyens de la faculté de droit et de médecine, du recteur de l'Université et des procureurs des *Quatre-Nations*, l'un des plus puissants établissements universitaires.

Le nombre des professeurs de la Sorbonne, qui, depuis lors, s'est élevé à sept, était peut-être moindre dans l'origine ; cette corporation, jusqu'aux derniers jours de son existence, conserva les apparences de l'humilité, et ses chefs se servaient constamment de la formule *pauperrima nostra Sorbona*, notre très-pauvre Sorbonne. Elle n'en était pas moins, ou, pour mieux dire, elle ne tarda pas à devenir une espèce de pouvoir dans l'État, et à chaque instant on l'a vit intervenir dans les grandes crises dont l'histoire de notre pays fait mention. Le premier dignitaire de la congrégation des Pauvres-Maîtres de la Sorbonne portait le titre de proviseur. Après la mort de Robert Sorbon, en 1274, cette charge fut confiée à Guillaume de Montmorency, docteur et chanoine. La seconde dignité de la Sorbonne était celle du prieur, qui était élu chaque année parmi les bacheliers; il était chargé de la police intérieure de la maison et de la présidence des assemblées. C'était parmi les plus âgés, au contraire, qu'on choisissait les quatre officiers qu'on honorait du titre de *sénieurs*, *seniores*, et auxquels on confiait le soin de maintenir les règles de la maison et de résoudre les affaires difficiles. Les procureurs ou procurateurs s'occupaient des recettes et des dépenses de l'établissement et rendaient compte de leur gestion aux sénieurs. Le prieur, l'un des sénieurs, et un troisième dignitaire spécial portaient le titre de gardien des clefs, *clavigeri;* leur principale fonction était la conservation des archives de la maison; enfin il y avait encore le bibliothécaire et les professeurs. Sous ce dernier nom on a distingué : les *lecteurs*, qui expliquaient des textes d'enseignement; les *conférenciers*, qui présidaient aux discussions entre les clercs, et les *docteurs,* qui enseignaient en chaire la science théologique. Les sorbonistes tenaient, en outre, des assemblées pour résoudre les cas de conscience ou les questions litigieuses qui leur étaient proposés; il y avait parmi eux des catéchistes qui, les jours de dimanche, allaient, dans les prisons ou dans les églises paroissiales, enseigner les éléments de la doctrine et de la morale du christianisme ; d'autres, en qualité de *consolateurs des criminels,* exhortaient les condamnés et les accompagnaient jusque sur le lieu du supplice.

A mesure que se dérouleront pour nous les fastes de Paris, nous aurons à raconter la part que la Sorbonne prit aux événements ; nous nous bornons ici à tenir note de son origine, de ses règlements et de sa puissance.

Au temps de saint Louis, et en 1244, le *collége des Bernardins,* d'abord appelé *collége du Chardonnet,* près de la place aux Veaux, entre le quai de la Tournelle, ou des Miramiones, et la rue Saint-Victor, fut fondé par Étienne de Lexington, Anglais de naissance et abbé de Clairvaux, sur un terrain situé dans le clos du Chardonnet, qu'il avait acquis de l'abbaye de Saint-Victor. Étienne, qui avait étudié à Paris sous saint Edme ou Edmond, professeur fameux, depuis archevêque de Cantorbéry, établit ce collége pour y faire étudier les jeunes religieux de sa maison, afin, dit Matthieu Paris, de ne plus voir les religieux de Clairvaux, appelés Bernardins, du nom de leur fondateur, exposés au mépris des Frères prêcheurs, des Frères mineurs et « des légistes séculiers ; car ces nouveaux ordres, faisant
« profession de science, voulaient faire passer les anciens
« pour inutiles, parce qu'ils ne se piquaient pas, comme
« eux, de disputer, ni d'enseigner, ni de prendre des de-
« grez dans les universités. » Le pape approuva le projet de l'abbé Étienne, et fit même plus en ordonnant au chapitre général de Cîteaux d'ériger encore d'autres colléges dans les principales abbayes de l'ordre.

L'église des Bernardins, qui ne fut jamais achevée, passait à juste titre pour un monument d'une rare élégance ; de nos jours il n'en reste que des débris.

Les Bernardins agrandirent considérablement leur enclos par des terrains qu'ils achetèrent successivement au Chardonnet des religieux de Saint-Victor, de Philippe, concierge du roi, et du curé de Saint-Nicolas. L'abbé de Clairvaux possédait au même lieu une maison qui fut désignée sous le nom d'hôtel des comtes de Champagne.

Vers le même temps Jean, abbé de l'ordre des Prémontrés, près de Coucy, établit à Paris un collège destiné à l'instruction des jeunes religieux de son abbaye. En conséquence il fit, en 1252, acheter plusieurs propriétés, et notamment une maison appelée *Pierre Sarrazin*, dans la rue Hautefeuille, et y fit élever des bâtiments ainsi qu'une chapelle qui fut, en 1618, reconstruite sur un plan plus vaste. Cette chapelle ou église, depuis la suppression de l'ordre, n'a pas été démolie; mais, en 1817, on l'a convertie en maisons particulières, et du rond-point du sanctuaire on a formé, à la grande joie de Dulaure, un café assez élégant qui a été appelé *la Rotonde*.

Sur la place de la Sorbonne le *collége de Cluny* occupait l'espace compris entre la rue de La Harpe, la rue de Cluny, la place Sorbonne et la rue des Grès. On y entrait par l'extrémité méridionale de la rue de La Harpe. Ce collége fut fondé en 1269 par Yves de Vergi, abbé de Cluny, pour les religieux de son ordre qui viendraient étudier à Paris. Yves ayant acheté l'emplacement l'entoura de murailles et commença la construction des bâtiments; mais il mourut avant de les avoir terminés. Il avait fait élever une partie du cloître, le réfectoire et le dortoir; son neveu, Yves de Chalant, qui lui succéda à Cluny, fit achever le cloître, bâtit la chapelle et le chapitre, et forma la bibliothèque. Suivant les règlements dressés par les fondateurs et confirmés, en 1308, par l'abbé Henri de Fautières, ce collége était uniquement destiné à l'enseignement de la philosophie et de la théologie. Tous les prieurés et les doyennés dépendant de l'abbaye de Cluny étaient obligés d'y entretenir chacun à leurs frais un ou deux élèves; s'ils négligeaient d'y envoyer des écoliers ils n'en payaient pas moins la pension. La chapelle de cet établissement était fort grande et d'une belle architecture gothique; l'intérieur renfermait les tombeaux de plusieurs abbés de l'ordre et de célèbres docteurs. Durant les orages révolutionnaires le collége de Cluny et sa chapelle devinrent des propriétés nationales et furent mis en location. La chapelle servit alors d'atelier au peintre David; tout récemment, en 1833, elle a été démolie; elle servait alors de magasin à un marchand de papiers. Ces profanations historiques, osons l'espérer, ne pourront désormais se reproduire.

Situé près de la place de la Sorbonne, le *collége du Trésorier* fut ainsi appelé à cause de son fondateur, Guillaume de Saône, *trésorier* de l'église de Rouen, qui en 1268 créa cet établissement pour l'entretien de douze pauvres écoliers en théologie, qui devaient y recevoir trois sous par semaine pendant six ans d'études, et pour douze autres étudiants ès arts, auxquels il assura vingt livres tournois par an. Guillaume de Saône ordonna que son collége ne recevrait que des jeunes gens du pays de Caux, et, à leur défaut, du diocèse de Rouen.

Matthieu de Vendôme, abbé de Saint-Denis, qui fut un moment régent du royaume (1270), acheta en 1263, aux religieux de Saint-Germain des Prés, *certaine place de terre size au terroir de Laas, tenant d'un costé au jardin des Frères de la Pénitence de Jésus-Christ, autrement dicts Sachets, et d'autre à la maison de messire Gilles, dit le Brun, connestable de France* (1). Il y fit construire un hôtel pour y loger les religieux de l'abbaye de Saint-Denis dans leurs voyages à Paris; puis il y joignit une chapelle que l'abbé de Saint-Germain autorisa, à condition qu'il n'y aurait ni cloche, ni cimetière, et que l'hôtel serait sous la dépendance du curé de Saint-André des Arcs pour le spirituel, et pour le temporel sous celle de l'abbaye de Saint-Germain. L'hôtel Saint-Denis s'accrut peu à peu sous les successeurs de Matthieu de Vendôme. On y avait joint un collége.

Il existait, il y a peu d'années encore, dans la rue Saint-Hippolyte, au faubourg Saint-Marcel, une construction élégante appelée traditionnellement *maison de la reine Blanche*.

---

(1) Rabelais (*Pantagruel*, l. II, ch. 18) fait mention de l'hôtel Saint-Denis. Il y fait loger Pantagruel, qui se promenait avec Panurge dans les jardins du collége.

En dépit de cette appellation, on pense généralement que ce gracieux édifice datait seulement du quatorzième siècle, et qu'il appartenait à une princesse du sang capétien dont on ne saurait déterminer le nom.

Terminons cette esquise des annales parisiennes sous le règne de saint Louis en constatant que, pour la première fois, sous ce prince, le prévôt de la *Hanse* ou de la *confrérie des Marchands de l'eau*, fut désigné sous le titre de « prévôt des marchands. » Le citoyen qui eut cet honneur se nommait Jean Augier, et avec lui commença, ue 1268, la longue série des prévôts des marchands dont le dernier fut, en 1789, l'infortuné de Flesselles, dont le nom se rattache aux plus formidables scènes de la Révolution. De nos jours la haute magistrature dont se trouvaient investis au moyen âge les prévôts des marchands est presque tout entière concentrée aux mains des préfets de la Seine.

Pour faire convenablement apprécier en quoi consistait, au moyen âge, la juridiction du prévôt des marchands, et pour donner une idée un peu exacte de l'organisation municipale de Paris à cette époque, nous nous trouvons dans la nécessité d'anticiper une fois de plus sur les dates et de concentrer ici des détails que l'on ne pourrait comprendre si nous devions les mentionner éparpillés selon les divers règnes, et comme on les trouve relatés dans les chroniques ou au recueil des ordonnances.

Les principaux officiers de la municipalité parisienne étaient le prévôt des marchands, quatre échevins, le procureur du roi, le greffier et le receveur. Ces huit personnes composaient ce qu'on appelait le bureau de la ville. Il y avait en outre vingt-six conseillers et dix sergents ou huissiers. Les autres officiers subalternes étaient les quarteniers, au nombre de seize; les cinquanteniers, au nombre de quatre en chaque quartier, qui faisaient en tout soixante-quatre, et les dizainiers, au nombre de deux cent cinquante-six, seize dans chaque quartier; l'architecte ou maître des œuvres de la ville, le capitaine de l'artillerie, l'imprimeur et le maître d'hôtel. Les trois compagnies des gardes et archers faisaient aussi partie du corps de ville. Chacune de ces compagnies, de cent archers, auxquelles fut bientôt adjointe la milice bourgeoise, composa, plus tard, cent trente-trois compagnies, dont tous les officiers, ainsi que ceux des archers, étaient à la nomination du prévôt des marchands et des échevins. C'est cette milice qui a servi depuis de modèle et de principe à l'institution de la garde nationale.

L'élection du prévôt des marchands se faisait tous les deux ans; mais il pouvait être continué jusqu'à quatre fois. Tous les ans les deux plus anciens des quatre échevins sortaient d'emploi, et l'on en élisait deux nouveaux. Voici quel était le mode d'élection à ces deux fonctions. Avant le 16 août, jour fixé pour ces nominations, les quarteniers convoquaient une assemblée dans les quartiers pour choisir parmi les notables de la population quatre électeurs pour se rendre à l'Hôtel-de-Ville et procéder tant à l'élection des scrutateurs qu'à celle des prévôt et échevins. Le jour de l'assemblée générale, le prévôt, les échevins, les conseillers et quarteniers de la ville, après avoir entendu une messe du Saint-Esprit, se rendaient au grand bureau de l'Hôtel-de-Ville. Les quarteniers présentaient le procès-verbal de l'assemblée par eux tenue et les noms des quatre nommés, chacun écrit à part sur un bulletin. Les quatre noms se mettaient alors dans un chapeau, mi-parti des couleurs de la ville, et les deux premiers tirés au sort étaient enregistrés sur une liste avec celui du quartenier. Cette élection faite, on envoyait chercher les dénommés, par les sergents de ville, et, quand l'assemblée était ainsi complète, le greffier faisait lecture des ordonnances données au sujet de l'élection, et l'appel nominal de ceux qui devaient composer l'assemblée; après quoi les échevins qui sortaient de charge remerciaient l'assemblée. On procédait alors à la formalité du serment pour la nomination des scrutateurs, en commençant par les conseillers de la ville, selon l'ordre de leurs séances, les quarteniers et leurs mandés, et enfin le prévôt et les échevins. L'élection devait tomber sur quatre personnes, dont l'une serait officier du roi, l'autre conseiller de la ville, la troisième un quartenier, et la quatrième un des bourgeois mandés.

L'élection faite de vive voix, les scrutateurs choisis prêtaient serment ensemble, entre les mains du prévôt des marchands et des échevins, sur le tableau de la ville. Après cela le prévôt et les échevins quittaient leur place et allaient se mettre au-dessus des conseillers de la ville, et au lieu qu'ils venaient de quitter s'asseyaient les quatre scrutateurs, dont le premier tenait le tableau de ville pour les serments d'élection, et le second le chapeau mi-parti, pour y recevoir les suffrages. On appelait tous les assistants par ordre; le prévôt le premier, puis les échevins, les conseillers, les quarteniers et les bourgeois mandés, qui donnaient leurs suffrages. Le scrutin fermé, les scrutateurs passaient au petit bureau, où ils faisaient le dépouillement des bulletins, et dressaient un procès-verbal, qu'ils présentaient ensuite au roi, accompagnés du prévôt, des échevins, des procureurs et greffiers de la ville, et de ceux qui avaient été élus à la pluralité des suffrages. L'acte de scrutin était ouvert et lu en présence du roi, et les élus étaient confirmés par le roi et lui prêtaient serment. A l'égard du procureur du roi, du greffier, des conseillers et des autres principaux officiers de ville, c'étaient toutes charges qui s'achetaient; mais il fallait être Parisien de naissance pour y être admis.

Outre la connaissance des matières qui dépendent du commerce par eau, le prévôt et les échevins étaient chargés des subsistances, des approvisionnements de la ville, de la perception et de l'emploi de ses revenus, dont ils ne rendaient compte qu'au roi. Ils avaient encore la surintendance des fontaines de Paris, le soin des ponts, des quais, des boues et des lanternes, de l'entretien du pavé, et plusieurs autres attributions. Les quarteniers étaient commis pour veiller dans les quartiers de la ville à ce qu'il ne s'y passât rien de nuisible au repos public. C'était à eux que le prévôt des marchands et les échevins adressaient leurs ordonnances pour les distribuer aux cinquanteniers, qui en faisaient part aussitôt à chaque dizainier, afin que l'ordre fût plus promptement exécuté dans toute la ville. Ce réseau administratif des élus de la communauté, et qui ne cessait pas d'en faire partie, contenait ou mettait en mouvement toute la population. On conçoit que, dans un temps où les tribunaux étaient à peine organisés, où les parlements n'avaient point encore de caractère politique ni même d'existence fixe, où la cour des comptes était soumise à l'autorité royale, ce corps de la ville, ainsi composé, siégeant dans un édifice considérable, au centre de la population, devait avoir une grande importance. Les hommes qui le composaient, forts de la confiance de leurs concitoyens, et distingués par des priviléges, des armoiries et un costume éclatant, marchaient de pair avec la noblesse. Leur assemblée formait une chambre de députés permanente uniquement composée de la classe moyenne, et par là plus véritablement nationale que les états généraux, composés des trois ordres, et qui, n'étant convoqués que de loin en loin, étaient plus ou moins soumis à l'aristocratie et au pouvoir royal. La maison municipale était le palais, le Louvre du peuple. C'est là qu'il siégeait par ses représentants et que les souverains venaient reconnaître sa puissance, en lui demandant des subsides ou en recevant ses présents. Cette auréole populaire ajoutait [à la majesté royale et composait son plus beau cortége. On voyait ces magistrats électifs, vêtus de leurs longues robes mi-parties des couleurs de la ville, montant des chevaux ornés de brides d'or, comme les chevaliers, aller, précédés de leurs archers et suivis de milliers de bourgeois richement vêtus, au-devant des souverains à leur entrée dans la ville, les escorter jusqu'à leur palais, et rendre de semblables honneurs aux princes étrangers, auxquels ils donnaient une grande idée du luxe et de l'élégance de la capitale. Dans toutes les cérémonies le prévôt des marchands occupait la droite du gouverneur de Paris, et le corps de la ville marchait parallèlement avec le parlement, celui-ci à droite, suivi de la cour des comptes, et l'autre à gauche. Le prévôt de Paris, quoique représentant, suivant le grand coutumier, le *souverain au fait de la justice*, ne passait qu'après lui.

A mesure que nous déroulerons les annales de Paris nous aurons plus d'une occasion de constater la puissance de cette organisation municipale, qui fut tantôt un appui, tantôt une menace pour les rois. En elle se résumaient les grands priviléges dont la cité avait gardé possession, et qui, à une époque où les principes de la séparation des pouvoirs semblaient mal définis, tenaient lieu et place de la liberté politique et donnaient à la bourgeoisie parisienne une haute idée de son importance sociale. Nous y reviendrons.

Nous ne terminerons pas cette esquisse des institutions utiles et des fondations pieuses du siècle de saint Louis sans parler de l'antique église priorale de Saint-Julien le Pauvre, située aux abords de l'Hôtel-Dieu.

L'origine de cette église remontait aux premiers temps de la monarchie. Saint Grégoire de Tours, qui en fait mention, comme on a pu le voir plus haut, lui donne le titre de basilique. Les Normands la dévastèrent, et vers le milieu du douzième siècle elle devint la propriété des religieux de Sainte-Marie de Longpont, près de Montlhéry. Ceux-ci fondèrent un prieuré à côté de l'église et ne tardèrent pas à la reconstruire. Le nombre des moines du prieuré de Saint-Julien le Pauvre s'éleva bientôt jusqu'à cinquante. C'est là que se tenaient, dès le règne de saint Louis, les assemblées de l'université de Paris, là que se faisait l'élection du recteur.

Dans le principe saint Julien le martyr était le seul patron de cette église. Vers la fin du douzième siècle le culte de saint Julien le confesseur, évêque du Mans, surnommé *le Pauvre*, à cause de sa charité envers les malheureux, fut associé à celui du titulaire primitif. Saint-Julien le Pauvre et Notre-Dame sont, au témoignage de Sauval, les deux églises de Paris dont les absides regardent avec le plus de précision le levant d'hiver. Cet édifice a justement mérité l'attention des artistes. Il a été construit avant la période ogivale et dans le style de la seconde moitié du douzième siècle. Deux files de colonnes le partagent en trois petites nefs, et trois absides le terminent vers l'orient. Sous le règne de Louis XIV ce pieux monument eut à subir de fâcheuses mutilations; on retrancha cinq ou six toises de la partie antérieure de l'église, pour former la cour qui en précède aujourd'hui l'entrée. Le portail, renversé avec ses sculptures

et ses statues, fit place à une façade insignifiante, vêtue de pilastres doriques et coiffée d'un fronton triangulaire; la tour fut démolie en même temps. Les traces de ces constructions sont encore bien visibles. Il faut aller chercher dans la rue Galande, n° 42, au-dessus d'une porte, un bas-relief de pierre, treizième siècle, qui provient de la façade de l'église, et qui représente un troisième saint Julien, différent du martyr et du confesseur. Ce saint Julien et sa femme avaient fondé un hôpital sur le bord d'un fleuve dont la traversée était périlleuse, et, pour faire pénitence, ils s'occupaient jour et nuit à transporter les voyageurs d'une rive à l'autre. Une fois le Christ lui-même, sous la forme d'un pauvre lépreux, vint leur demander le passage, et, quand il eut éprouvé leur charité, il se fit connaître, leur promettant les récompenses du ciel. Dans notre bas-relief saint Julien et sa femme conduisent leur barque; Jésus se tient debout au milieu d'eux.

L'architecture extérieure, surtout vers l'abside, est d'un style mâle et sévère. Deux rangs de fenêtres, en ogives simples, éclairent le chevet; des contre-forts lui servent de points d'appui; des moulures énergiques lui font une triple ceinture; des modillons soutiennent la corniche. D'autres fenêtres, partagées en deux baies par des colonnettes, s'ouvrent sur les côtés du chœur. Un peu en arrière de l'absidiole septentrionale se trouve le puits de Saint-Julien, dont l'eau passait autrefois pour être douée d'une vertu miraculeuse.

La nef de l'édifice se divisait dans la longueur en six travées; les deux premières ont été supprimées à l'époque de la reconstruction du portail, et les quatre autres ont éprouvé en même temps des modifications qui en ont dénaturé le style; mais les deux travées du chœur, l'abside médiane et les deux absidioles latérales n'ont rien perdu de leur ajustement primitif; elles conservent leurs élégantes colonnes, les unes monostyles, les autres groupées en faisceaux, leurs chapiteaux à feuillages, leurs voûtes portées sur des nervures toriques, leurs clefs historiées. Des colonnettes et des moulures décorent les fenêtres. L'aspect de cette partie de l'église est d'un noble caractère. Avec les moyens les plus simples et sur des dimensions très-restreintes, l'architecte qui l'a construite a obtenu un grand effet. C'est une preuve de plus en faveur des ressources que présente l'art du moyen âge.

La sculpture de tous les détails a été traitée avec le plus grand soin. Nous avons compté plus de cent cinquante chapiteaux, tous variés dans leur ornementation. Le plus curieux est placé sur le côté méridional du chœur. Des feuillages perlés l'enveloppent ; à ses angles se dressent

sur les volutes quatre figures à têtes de femme, corps emplumés, ailes étendues, pattes armées de griffes. Un chapiteau presque semblable existe dans l'église de Notre-Dame, et, comme à Saint-Julien, il surmonte une colonne dans la partie méridionale du rond-point (1).

(1) *Description archéologique des Monuments de Paris*, par M. F. de **Guilhermy**.

En 1655 le prieuré fut réuni à l'Hôtel-Dieu par un traité passé entre les administrateurs de cette maison et les religieux de Longpont. Le roi n'accorda ses lettres patentes qu'en 1697; la chapelle fut alors desservie par un chapelain à la nomination de la paroisse Saint-Séverin.

A côté de Saint-Julien le Pauvre était située la chapelle de *Saint-Blaise* et de *Saint-Louis*, qui en dépendait. Les maçons et les charpentiers établirent leur confrérie, en 1476, dans cette petite église. Elle fut rebâtie en 1684; cependant, comme elle menaçait ruine, on la démolit vers la fin du siècle dernier et le service en fut transféré dans la chapelle Saint-Yves.

Outre la confrérie établie dans cette chapelle l'église de Saint-Julien le Pauvre était le lieu de rassemblement de celles de Notre-Dame des Vertus, des couvreurs, des marchands papetiers, des fondeurs, et l'on y faisait les catéchismes et retraites des Savoyards, en exécution d'une fondation faite par l'abbé de Pontbriand.

La partie du portail de Saint-Julien le Pauvre qui existe encore paraît se rapporter, par les caractères de son architecture, à la fin du treizième siècle.

L'église sert aujourd'hui de chapelle à l'Hôtel-Dieu.

APPENDICE.

A

Armoiries de la ville de Paris.

M. Leroux de Lincy affirme qu'à partir du règne de Philippe-Auguste les bourgeois marchands de l'eau de Paris ont joui du droit de revêtir les actes qu'ils passaient d'un sceau particulier. « Le plus ancien que j'ai trouvé, ajoute-t-il, est appendu à un chirographe en latin, qui se rapporte aux dernières années du douzième siècle; la forme en est ovale et le champ rempli par une barque au milieu de laquelle on voit un mât soutenu par trois cordages de chaque côté, qui donnent parfaitement l'idée des bâtiments ou navires que l'on employait à cette époque pour faire le commerce. »

Ainsi nous pouvons donc tenir pour certain que, dès le règne de Philippe-Auguste, les bourgeois de Paris avaient un sceau particulier qu'ils apposaient à leurs actes, et, d'après la description que nous en donnons, on doit voir que Paris avait pris pour emblème de ses armes un navire avec des cordages.

Les armoiries de la ville de Paris ont toujours conservé cet emblème.

Autour du premier sceau dont nous avons connaissance se trouve une légende ainsi conçue : *Sigillum mercatorum aquæ Parisiis*. Cette légende ne fut pas changée jusqu'aux premières années du quinzième siècle, comme on peut le voir sur un sceau de 1412, où elle existe dans toute son intégrité.

Après avoir subi plusieurs légères modifications la légende du sceau de Paris était ainsi conçue (1773) : Scel de la prévôté et échevinage de la ville de Paris.

Nous n'entrerons pas dans les détail, soit arides, soit minutieux, sur les armoiries de Paris; d'autres avant nous se sont livrés à ce sujet à des dissertations savantes qui ne peuvent plus avoir une grande utilité; nous y renvoyons nos lecteurs si nous ne leur paraissons pas suffisamment explicite. Ce qu'il y a de certain, c'est que de toute ancienneté la nef, telle qu'on la voit aujourd'hui sur le sceau de la fin du douzième siècle, servit d'armes à la ville de Paris. Dans les armoiries de la ville, la nef, comme sur le sceau, s'est changée peu à peu en un vaisseau surmonté d'un chef de fleurs de lis sans nombre ; c'est ainsi qu'elles ont été blasonnées à la fin du dix-septième siècle, d'après le témoignage de lettres patentes délivrées par Louis XVIII en 1817.

Voici ce que nous trouvons dans ces lettres patentes : « Notre amé le comte Chabrol, préfet du département de la Seine, autorisé par le conseil général dudit département, s'est retiré par-devant notre garde des sceaux, ministre secrétaire d'État de la justice, lequel a fait vérifier en sa présence, par notre commission du sceau, que ledit conseil général a émis le vœu d'obtenir de notre grâce des lettres patentes portant confirmation des armoiries suivantes : *De gueules un vaisseau équipé d'argent, soutenu d'une mer de même, un chief d'azur semé de fleurs de lys d'or sans nombre*, ainsi réglées et fixées en faveur de notre bonne ville de Paris, par ordonnance du 2 février 1169, rendue par les commissaires généraux du conseil à ce députés, et accompagnées *de deux tiges de lys*. Lesdites armoiries, surmontées d'une *couronne murale de quatre tours*, et accompagnées de *deux tiges de lys* formant supports, ornements extérieurs déterminés par notre ordonnance spéciale du 10 décembre présent mois. Et sur la présentation qui nous a été faite de l'avis de notre commissaire du sceau et des conclusions de notre commissaire faisant près d'elle fonctions du ministère public, nous avons par ces présentes, signées de notre main, autorisé et autorisons notre bonne ville de Paris à porter les armoiries ci-dessus énoncées, telles qu'elles sont figurées et coloriées aux présentes ; mandons à nos amés et féaux conseillers en notre Cour royale à Paris de publier et enregistrer les présentes ; car tel est notre bon plaisir.

« Donné à Paris, le vingtième jour de décembre de l'an de grâce 1817, et de notre règne le vingt-troisième.

« *Signé :* Louis.
« Pasquier, *Duplex.* »

B

Détails complémentaires sur l'organisation municipale et sur l'administration de la police de Paris, au moyen âge.

A aucune époque la ville n'a été complétement administrée par le conseil ou l'autorité de ses habitants; il a toujours existé, à côté du gouvernement municipal, et pour l'intérêt même de l'ordre, une autorité émanée directement du trône, qui avait une action soit supérieure, soit au moins parallèle à l'intervention de la communauté. L'administration de la justice l'exigeait, ainsi que la perception des droits acquis ou concédés aux souverains, et la liberté des villes consistait à maintenir cette autorité directe dans des bornes raisonnables, et même à reprendre sur elle avec le temps ce qu'avec le temps l'autre cherchait à usurper. Cette double action se remarque constamment et existait même dans les villes entièrement romaines; le préfet de la ville, *præfectus urbis*, était indépendant des décurions, des édiles et des autres officiers municipaux.

L'occupation des Gaules par les Francs ne changea rien à ce mode d'administration établi de temps immémorial; les Barbares trouvaient plus sage et plus commode de suivre, d'imiter des institutions supérieures aux leurs, et qui leur permettaient d'asseoir avec plus de sûreté, moins d'embarras, leur puissance. Les différentes fonctions ne différaient que par le vêtement et le langage. Nous voyons le même titre de préfet de la ville, en usage chez les Romains, porté sous le règne de Chilpéric, en 588, par Montmol, et sous Clotaire III, en 665, par Ercembald. A la même époque, et jusqu'en 700, les *défenseurs* et les *curions* exercent leurs emplois; mais bientôt les uns et les autres prennent d'autres noms sans changer d'attributions.

Ercembald prend le titre de comte de Paris, et les *scabins*, dont se forma le nom *d'échevins*, succèdent aux défenseurs. Ils sont également nommés par le peuple et ne sont point, comme l'ont cru quelques historiens, de simples assesseurs des comtes. Ils exerçaient la justice directement, sans avoir besoin de la sanction du comte, tandis que celui-ci avait toujours besoin de leur concours.

C'est ainsi que, de temps immémorial, on voit les magistrats de l'autorité préposés par le prince pour rendre la justice, et les magistrats populaires nommés par la communauté chargés seuls de surveiller les intérêts privés et industriels.

Odon ou Eudes, dernier comte de Paris, étant mort sans enfants, l'an 1032, cette charge et celle de vicomte, qui pendant quelque temps lui succéda, furent réunies l'une et l'autre à la couronne, et alors le magistrat qui fut préposé par le roi pour rendre la justice et maintenir l'ordre prit le titre de prévôt (*quasi a rege præpositus*) et réunit tous les droits et les prérogatives des vicomtes. Ces deux autres autorités se soutinrent ainsi parallèlement, sans se nuire, jusqu'au règne de Philippe-Auguste. Le prévôt de Paris tenait ses séances au grand Châtelet, ancienne demeure du gouverneur romain, et le syndic ou juré des marchandises, qui prit, peu de temps après, le titre de prévôt des marchands, siégeait au Parloir-aux-Bourgeois, sur le quai.

Philippe-Auguste affectionnait cette dernière autorité ; il abandonna aux syndics de la marchandise, ou autrement prévôts des marchands, différents droits pour être employés à l'embellissement de la ville et surtout au pavage des principales rues, et à la construction d'une nouvelle enceinte beaucoup plus étendue. C'est sous son règne que le prévôt des marchands acquit une partie des droits qu'avait la prévôté, qui, jusque-là, remplissait véritablement les fonctions municipales, comprenant la police, la sûreté, la salubrité de la capitale; les règlements de voirie, la réparation des édifices publics ; l'administration même des domaines de la ville, qui ne fut divisée que dans le quatorzième siècle. La confiance de ce prince et son affection étaient telles pour les habitants de la capitale qu'en partant pour la Terre Sainte il institua six bourgeois, désignés par les lettres initiales de leur nom, les gérants de sa fortune et de ses domaines, et ses exécuteurs testamentaires en cas de mort. Il les rend dépositaires de ses biens, leur en prescrit l'usage, et stipule qu'ils en garderont une partie pour l'éducation de son fils, jusqu'à ce qu'il ait atteint l'âge de gouverner par lui-même. Philippe-Auguste fut le prince populaire de ce temps, invitant son armée à disposer de sa couronne si elle ne l'en croit pas digne, et remettant le sort de ses enfants entre les mains des habitants de sa capitale.

Il ne faut pas cependant confondre ces nouveaux mandataires avec les échevins ordinaires qui géraient les affaires municipales, et qui étaient choisis également dans la classe moyenne des habitants.

Cette classe moyenne, qui n'a jamais cessé d'exercer une utile influence dans la capitale, avait déjà acquis, à cette époque, la fortune et les lumières qui ont, dans tous les temps, justifié l'estime qu'on lui portait. Un financier, Gérard de Poissy, se trouve en état et en volonté de fournir, pour le pavage de la ville, la somme, énorme pour le temps, de 14,000 livres. Bientôt le corps municipal s'organise ; ses priviléges, acquis pendant la première et la seconde race, s'étendent. Ce n'est plus une seule association ou hanse, remplaçant l'ancien *consortium*, mais une immense corporation fédérative des différents métiers, ayant chacun leurs statuts, leurs lois, et présentant réunis l'élite de la population organisée civilement et militairement. Le chef de cette association industrieuse prend et ne quitte plus le titre de prévôt des marchands, et, quoique sa juridiction soit souvent contrariée par l'exercice du droit des seigneurs et des évêques possesseurs des terres voisines, elle étend son action sur tout le cours de la rivière. Elle a seule le droit de faire remonter les bateaux depuis Mantes jusqu'à Paris, et aucun étranger ne peut le faire s'il n'est associé d'un bourgeois de Paris. Elle obtint de construire un port destiné au débarquement et au dépôt de ses marchandises, moyennant un octroi sur la consommation de la ville. Elle achète en 1220, par une rente annuelle au fisc, le criage de Paris, ou autrement le droit de lots et ventes, et l'emplacement qui leur était destiné, et le roi dépose en ses mains l'étalon des poids et mesures et l'attribution si importante de les régler.

Pendant que l'action municipale se développait ainsi, la justice administrative et urbaine se perfectionnait au même degré. Cette police fut longtemps exercée par des hommes aussi distingués par leurs lumières que par leur naissance. On voit parmi eux, en 1202, un seigneur de Garlande, allié à la maison de Montmorency. Mais les troubles et les besoins de l'État, pendant la minorité de saint Louis, ayant obligé les conseils de ce prince à recourir à toutes sortes de moyens pour faire face aux dépenses publiques, la prévôté de Paris fut comprise dans les fermes du roi et adjugée au plus offrant. Les magistrats qui jusque-là avaient rempli les fonctions de ce tribunal n'en voulurent plus à cette condition, et cette charge si importante fut livrée à des gens sans notabilité, et quelquefois même sans fortune. On en vit plusieurs s'associer pour l'exercer et retrouver par les concussions la finance qu'ils déboursaient. « Voyant, dit l'historien
« de saint Louis, les mauvaises coutumes dont le povre peuple étoit ainsi
« grevé, le saint roi fit enquérir par tout le pays où il trouveroit quelque
« grand sage homme qui fust bon justicier, et qui punist étroitement
« les malfaiteurs, sans égard au riche plus qu'au povre ; et il lui fut amené
« un qu'on appeloit Estienne Boisleau, auquel il donna l'office de prévôt
« de Paris, lequel fit merveille de soi tellement que désormais n'y avoit
« larron, meurtrier, ou autre, qui osast demeurer à Paris, qui ne fust
« pendu ou puni à rigueur de justice ; et alloit souvent le roi au Chas-
« telet se seoir près ledit Boisleau, pour l'encourager à donner l'exemple
« aux autres juges du royaume. »

Cet homme estimable joignait beaucoup de lumières à beaucoup de fermeté; c'est lui qui composa un code tout entier pour les corps des métiers, tellement approprié à leurs intérêts et à leur discipline qu'il se conserva presque intact pendant cinq siècles, jusqu'au moment où les lumières et la division du travail permirent de laisser à l'industrie une entière liberté. Ces statuts furent soumis à une sorte d'enquête « devant grand « planté, dit la chronique, des plus sages et des plus anciens hommes « de Paris, et de ceux qui plus devoient savoir de ces choses, lesquels « tous ensemble louèrent moult cet œuvre. »

La prévôté de Paris, ainsi rétablie, devint un emploi honorable que des hommes distingués ne dédaignèrent plus d'occuper. On voit parmi eux les noms des Hangeau de Coucy, des Crèvecœur; ils étaient aidés dans leurs fonctions par un lieutenant civil et plusieurs greffiers.

A l'abri de cette double protection judiciaire et municipale, la population industrieuse de Paris put s'élever bientôt à un haut degré de richesse et de prospérité. Sa bourgeoisie, formant, comme nous l'avons dit, de temps immémorial un corps indépendant, n'eut point besoin de passer par ces chartes d'affranchissement, divisées en plusieurs catégories, qui eurent lieu pour les autres villes du royaume. Elle occupait une place entre la noblesse et le peuple, comme ce qu'on appelle en Allemagne la seconde noblesse, produite par le travail, ainsi que la première par les armes.

C'est elle qui fonde les premiers établissements de bienfaisance, qui développe le commerce, entretient le peuple et les universités, qui assiste aux doctes leçons des Champeau, des Abélard, des Ambroise Paré, et invite les étrangers à venir partager ses travaux et profiter de ses lumières. Le sentiment que donne la liberté, le jugement que produit l'étude, distinguent de tout temps ces familles curiales de Paris, qui sont, comme celles de Rome, les *entrailles des villes* et le meilleur appui des souverains. Déjà nous avons vu Philippe-Auguste confier à six bourgeois de Paris, pendant son absence, la gestion de ses biens et l'entrée au conseil de la reine; des notables de Paris sont également désignés par Charles V pour avoir part à la régence du royaume, etc.

C

Organisation du CRY *à Paris durant le moyen âge. — Détails sur l'exercice de la profession de crieur public à cette époque.*

Philippe-Auguste accorda aux bourgeois de Paris le droit de faire *crier* dans les rues lorsqu'il s'agissait de la vente de certaines denrées, de certains immeubles, etc., ou lorsqu'il s'agissait de porter un avis important à la connaissance du public.

Le *cry* ou criage fut organisé sous saint Louis, et E. Boileau en fait mention dans ses règlements.

Le *cry* de Paris tenait lieu de nos affiches et placards, de nos pompeuses annonces dans les journaux et des prospectus. Le cri de Paris, avant l'imprimerie et avant l'usage des annonces et placards, était la voix de la publicité; voix discordante, tumultueuse souvent, toujours bruyante, mais qui avait une immense utilité. On ne conçoit pas plus une grande ville sans cri public, avant l'usage des annonces et affiches, qu'on ne la conçoit sans une administration municipale. Il faut bien que l'autorité communique ses actes d'une manière saisissable, ostensible pour tous; il faut bien que cette communication soit prompte et rapide. Que pouvait-on faire de mieux que d'avoir des crieurs jurés, pour faire part au public avec certaine solennité de tous les arrêtés et édits qui le concernaient?

Le cri public pour les acclamations privées, et pour les avis des particuliers, avait un certain avantage sur les réclames et annonces; maintenant vous vous ingéniez pour faire une affiche pittoresque, singulière, ayant un titre pompeux; jamais votre affiche ne frappera le public aussi vivement que le faisait la sonnette du crieur de ville; jamais le caractère d'imprimerie ne produira le même effet que le coup de voix du crieur, et nous pensons bien que le prévôt des marchands ne confiait les fonctions de crieur juré qu'à des hommes bien choisis. Ce fut le roi Philippe-Auguste, comme le prouve une charte de l'année 1220, qui, moyennant une somme de trois cents livres par an, concéda aux *marchands de l'eau* hansés de Paris la police des *crieurs* et l'inspection des poids et mesures. Il est dit dans cette charte que les bourgeois *hansés* tiendront le criage et les poids et mesures aux mêmes conditions que les tenait autrefois Simon de Poissy. Les redevances attachées aux criages de Paris, du temps de Philippe-Auguste, consistaient d'abord en six deniers qui devaient être acquittés en deux termes, le premier à l'octave de la Nativité, le second à l'octave de la Saint-Jean, par les mégissiers faiseurs de bourses. Six autres deniers devaient être encore acquittés aux mêmes termes par ceux qui faisaient des souliers de vache ou qui les réparaient avec du cuir neuf, et douze deniers par tous ceux qui apportaient au marché du cuir nouvellement tanné.

Mais, pour pouvoir se rendre un compte exact de ce qu'était le criage de Paris, il est bon de savoir la signification de ce mot : criage de Paris. L'on comprenait sous ce mot la faculté de faire annoncer dans toutes les rues de la capitale le prix des marchandises de différentes natures, la vente et le loyer des maisons, la perte des objets perdus et animaux de toutes sortes. On pense bien qu'on n'oubliait pas le criage dans le cas où un pauvre enfant disparaissait, ou même toute personne dont on ne savait plus de nouvelles et de laquelle on avait perdu la trace.

Ceux qui avaient intérêt à faire faire chacun de ces cris payaient un droit fixé par l'usage, et l'on voit, par les sommes qu'exigeaient les communautés religieuses dans leurs fiefs respectifs, que ce droit devait produire un assez bon revenu.

Les Statuts d'Étienne Boileau (titre V, livre Ier) nous apprennent que les crieurs étaient soumis à la juridiction de la prévôté des marchands et obligés de fournir un cautionnement de soixante sous en deniers parisis. En 1297, nous dit M. Leroux de Lincy, le Parloir-aux-Bourgeois avait choisi six maîtres des crieurs, qui recevaient par année vingt-quatre sous parisis.

Chacun de ces six maîtres devait faire venir devant lui, au moins une fois tous les quinze jours, les crieurs qu'il était chargé de surveiller, et, l'un d'eux manquait à son devoir ou était privé de son emploi, le maître poursuivait l'exécution de la peine prononcée contre lui. « A la fin du quatorzième siècle le criage dans Paris paraît avoir été réduit à l'annonce des marchandises et des décès ; au moins les crieurs de cette espèce sont-ils les seuls qui figurent dans la grande ordonnance de 1415. Les crieurs jurés n'allaient pas faire leurs annonces et proclamations au delà de la clôture de la ville. Autrefois, dit Sauval, les crieurs jurés, faisant leurs proclamations, peu de jours après la mort de nos rois, ne passaient point plus loin, tant parce qu'il y avait peu de maisons au delà qu'à cause que tels cris n'ont jamais été faits dans les faubourgs. »

Les crieurs, dit l'ordonnance de 1415, étaient chargés de crier les choses *étranges* qui se trouvaient égarées, comme *enfants, mules, chevaux* et autres. Ils annonçaient encore les événements qui avaient lieu dans chacune des confréries nombreuses existant alors à Paris, et même pendant la nuit ils annonçaient la mort de chaque habitant, le lieu et l'heure de ses funérailles, et engageaient tous les chrétiens à prier Dieu pour lui. Le nombre des crieurs, qui ne se composait d'abord que de six crieurs jurés, fut par la suite porté à vingt-quatre; le commerce en détail des vins et des autres boissons leur appartenait presque tout entier. Ils étaient chargés des détails relatifs aux funérailles; l'article 19 du chapitre sur les crieurs de la grande ordonnance de 1415, sur les crieurs, nous en fournit la preuve; il est ainsi conçu : « Ils fourniront les robes, manteaux, chaperons nécessaires aux funérailles, et recevront pour les louer deux sous parisis par jour; ils auront seize deniers pour les tentures et deux sous pour chaque torche, payables à ceux qui les porteront. » Les crieurs, quand les faubourgs de Paris eurent plus d'importance, furent admis à crier dans ses faubourgs. Quand un crieur venait a mourir tous ses confrères l'accompagnaient à sa dernière demeure, vêtus de leur dalmatique de crieurs de mort et faisant sonner leurs clochettes. L'un d'entre eux tenait un pot de vin, un autre une coupe ou hanap, et ils offraient à boire, dans chaque carrefour où le cortége s'arrêtait, non-seulement à ceux des confrères qui portaient le trépassé, mais encore à toutes les personnes qui se trouvaient sur leur passage.

Le costume singulier qu'ils portaient, composé d'une dalmatique blanche parsemée de lames noires et de têtes de mort, la clochette qu'ils agitaient la nuit et leur refrain lugubre : « Réveillez-vous, gens qui dormez; priez Dieu pour les trépassés, » tout concourait à leur donner un appareil sinistre. On les surnommait *les Clocheteurs des trépassés*. Le poëte Saint-Amand, dans une pièce de vers intitulée *la Nuit*, en parle en ces termes :

> Le clocheteur des trépassés,
> Sonnant de rue en rue,
> De frayeur rend leurs cœurs glacés,
> Bien que leur corps en sue,
> Et mille chiens, oyant sa triste voix,
> Lui répondent en longs abois.

Une pièce de vers intitulée *les Crieries de Paris*, composée par Guillaume de la Villeneuve, contient sur les mœurs et usages des habitants de Paris quelques traits bons à recueillir. « Chaque jour, dit-il, depuis le matin jusqu'au soir, les rues de Paris ne cessaient de *braire*. De grand matin on entendait ceux qui venaient inviter les Parisiens à se baigner; ils annonçaient que le bain était chaud, qu'il fallait se hâter. »

Quelques personnes étaient-elles décédées : un homme vêtu de noir, armé de sa sonnette, faisait retentir les rues de ses sons lugubres et criait :

Priez Dieu pour les trépassés. Quelquefois on criait le ban du roi; c'était un ordre donné aux Parisiens de se préparer à marcher à la guerre. Les crieurs de comestibles, volailles, légumes, fruits, étaient les plus nombreux. « On criait, nous apprend encore Guillaume de la Villeneuve, toute espèce de poisson. « On vendait dans les rues de la chair fraîche ou de la chair salée, des œufs et du miel; on criait aussi toutes sortes de légumes et de fruits. Nous avons déjà vu qu'on n'oubliait pas de crier les boissons, et notamment les vins, dont le plus cher s'élevait à trente-deux deniers la pinte ou plutôt la quarte, environ trois sous, et le moins cher valait six deniers.

Des aliments préparés, des pâtisseries se criaient dans les rues, et des *roinsoles* ou couennes de cochon grillées.

Des particuliers parcouraient les rues, offrant en criant leurs services pour raccommoder, recoudre les vêtements déchirés, tels que la cotte, la chape, le surcot, le mantel, le pelisson; d'autres achetaient de vieilles bottes, de vieux souliers, ou les réparaient; d'autres criaient : *Chapeaux, chapeaux!* Les crieries de Paris s'étendaient donc à une infinité d'objets ; elles ont bien diminué d'importance en ces temps-ci, mais elles ne sont pas encore tellement délaissées que nous ne puissions nous faire une idée de ce qu'elles étaient alors qu'elles s'étendaient à presque tous les aliments, comestibles, vêtements et boissons. S'il arrivait quelque malheur à des habitants on les entendait à leur porte crier :

Aide Dieu de Maïst,
Come de male heure je suis nez, etc.
Come pars suis mol assenez.

D

Organisation du travail à Paris au moyen âge. — Détails complémentaires.

On appelait *lieux privilégiés* certains quartiers de Paris où les ouvriers pouvaient travailler, s'établir librement et fabriquer à leur compte, sans avoir été reçus maîtres dans les communautés. Là point de cautionnement à donner, pas de chef-d'œuvre à produire. Les maîtres ne pouvaient pas faire visite dans ces lieux, à l'exception de certaines occasions, et alors ils étaient tenus d'obtenir sentence du prévôt de Paris.

Les lieux privilégiés de la ville de Paris étaient, vers la fin du dix-huitième siècle, le faubourg Saint-Antoine, le cloître et le parvis Notre-Dame, la cour Saint-Benoît, l'enclos de Saint-Denis la Chartre, celui de Saint-Germain des Prés, celui de Saint-Jean de Latran, la rue de l'Oursine, l'enclos de Saint-Martin des Champs, la cour de la Trinité, celle du Temple, la galerie du Louvre, l'hôtel des Gobelins, les maisons des peintres et sculpteurs de l'Académie, les palais et hôtels des princes du sang, et enfin les collèges des universités.

Les lieux privilégiés servirent ordinairement à tempérer les trop grandes prétentions des corporations ouvrières, à donner aux compagnons qui n'avaient pas de patrimoine ou d'avenir les moyens de s'ouvrir une carrière.

Les ouvriers des lieux *privilégiés* étaient des personnes libres; il en était de même des varlets gagnants ou compagnons et des apprentis de tous les corps de métiers. L'apprentissage ne constituait pas plus en ce temps-là une position servile que de nos jours.

E

Liste chronologique des prévôts des marchands de Paris.

Jean Augier, 1268.
Guillaume Pizdoë, 1276.
Guillaume Bourdon, 1280.
Jean Arrode, 1289.
Jean Popin, 1293.
Guillaume Bourdon, 1296.
Estienne Barbette, 1298.
Guillaume Pizdoë, 1304.
Estienne Barbette, 1314.
Jean Gentien, 1321.
Estienne Marcel, 1355.
Gentien Tristan, 1358.
Jean Desmarets, 1359.
Jean Fleury, 1371.
Jean Culdoë, 1381.
Andouin Chauveron, 1381.
Jean de Folleville, 1388.
Jean Jouvénel ou Juvénal des Ursins, 1388.
Charles Culdoë, 1404.
Jean Culdoë, 1409.
Charles Culdoë, 1411.
Pierre Gentien, 1411.
André d'Espernon, 1413.
Pierre Gentien, 1413.
Philippe de Brébant, 1415.
Tanneguy du Chastel, 1415.
Guillaume Ciriasse, 1417.
Noël Prévost, 1418.
Hugues Le Cocq, 1419.
Guillaume Sanguin, 1420.
Hugues Rapioult, 1421.
Guillaume Sanguin, 1431.
Michel Laillier, 1436.
Pierre des Landes, 1438.
Jean Baillet, 1444.
Jean Bureau, 1450.
Dreux Budé, 1452.
Jean de Nanterre, 1456.
Henri de Livres, 1460.
Michel de la Grange, 1466.
Nicolas de Louviers, 1468.
Denis Hesselin, 1470.
Guillaume Le Comte, 1474.
Henri de Livres, 1476.
Guillaume de la Haie, 1484.
Jean du Drac, 1486.
Pierre Poignant, 1490.
Jacques Piedefer, 1493.
Nicole Viole, 1494.
Jean de Montmirail, 1496.
Jacques Piedefer, 1498.
Nicolas Potier, 1500.
Dreux Raguier, 1500.
Germain de Marle, 1502.
Eustache Luillier, 1506.
Pierre Legendre, 1508.
Roger Barme, 1512.
Robert Turquant, 1514.
Jean Boulart, 1514.
Pierre Clutin, 1516.
Pierre Lescot, 1518.
Antoine Leviste, 1520.
Guillaume Budé, 1522.
Jean Morin, 1524.
Germain de Marle, 1526.
Gaillard Pifame, 1528.
Jean Luillier, 1530.

APPENDICE.

Pierre Violle, 1532.
Jean Tronçon, 1534.
Augustin de Thou, 1538.
Étienne de Montmirail, 1540.
André Guillard, 1542.
Jean Morin, 1544.
Louis Gayant, 1546.
Claude Guyot, 1548.
Christophe de Thou, 1552.
Nicole de Livres, 1554.
Nicolas Perrot, 1556.
Martin de Bragelogne, 1558.
Guillaume de Marle, 1560.
Guillaume Guyot, 1564.
Nicolas Legendre, 1566.
Claude Marcel, 1570.
Jean Le Charron, 1572.
Nicolas Luillier, 1576.
Claude Daubray, 1578.
Augustin de Thou, 1580.
Étienne de Neuilly, 1582.
Nicolas Hector, 1586.
Charles Boucher d'Orsay, 1590.
Jean Luillier, 1592.
Martin Langlois, 1594.
Jacques Danès, 1598.
Antoine Guyot, 1600.
Martin de Bragelogne, 1602.
François Miron, 1604.
Jacques Sanguin, 1606.
Gaston de Grieu, 1612.
Robert Miron, 1614.
Antoine Bouchet, 1616.

Henri de Mesmes, 1618.
Nicolas de Bailleul, 1622.
Christophe Sanguin, 1628.
Michel Maureau, 1632.
Oudart Le Feron, 1638.
Christophe Perrot, 1641.
Macé Le Boulanger, 1641.
Jean Scarron, 1644.
Jérôme Le Feron, 1646.
Antoine Le Febvre, 1650.
Alexandre de Sève, 1654.
Daniel Voisins, 1662.
Claude Le Pelletier, 1668.
Auguste-Robert de Pomereu, 1676.
Henri de Fourci, 1684.
Claude Bosc, 1692.
Charles Boucher d'Orsay, 1700.
Jérôme Bignon, 1708.
Charles Trudaine, 1716.
Pierre-Antoine de Castagnière de Châteauneuf, 1720.
Nicolas Lambert, 1725.
Michel-Étienne Turgot, 1729.
Félix Aubery de Vastan, 1740.
Louis-Basile de Bernage, 1743.
Jean-Baptiste-Élie-Camus de Pontcarré, 1758.
Armand-Jérôme Bignon, 1764.
Jean-Baptiste-François de la Michodière, 1772.
Le Pelletier de Morfontaine, 1789.
De Flesselles, *massacré par le peuple à l'hôtel de ville le 14 juillet* 1789.

FIN DU PREMIER VOLUME.

TABLE DES MATIÈRES

CONTENUES DANS LE PREMIER VOLUME.

LIVRE PREMIER.

LUTÈCE ET LA NATION DES PARISES DURANT LA PÉRIODE GALLO-ROMAINE.

CHAPITRE PREMIER.

Détails préliminaires. — Aspect du sol. — Minéralogie parisienne.

	Pages.
Détails potographiques................................	1
Climat, sol, rivières...................................	2
Géologie et minéralogie parisiennes.....................	4
Terrains du bassin de Paris............................	9
La Seine. — Iles de la Seine à Paris....................	13

CHAPITRE II.

Période gauloise. — Incidents se rattachant aux annales de Lutèce et des Parises. — Mœurs, coutumes, religion, organisation sociale des anciens habitants du pays.

Lutèce et les Parises.................................	15
Les Parises au temps de César........................	16
Mœurs et coutumes des anciens Parises................	18
Religion des Parises..................................	23

CHAPITRE III.

Paris sous la domination romaine.

La cité des Parises après César........................	26
Lutèce sous les empereurs romains....................	27
Les nautes parisiens...................................	28
Le christianisme introduit à Lutèce....................	32

	Pages.
Saint Denis et ses compagnons, martyrs............................	34
Importance stratégique et politique de Lutèce..................	35
Julien César à Lutèce..	37
Organisation administrative et politique des Parises sous les derniers empereurs..	41
Lutèce prend le nom de Paris (cité des Parises)................	42
Les Bagaudes. — Attila..	43
Invasions des Francs..	44
Paris assiégé et pris par les Francs.................................	46

CHAPITRE IV.

Monuments, institutions, mœurs et coutumes sous la domination romaine.

Paris sous la domination romaine................................	47
La cité, rive gauche de la Seine..................................	48
La rive droite...	49
Le palais des Thermes..	50
L'ancien camp romain établi sur la rive gauche...............	56
Champ des sépultures de la rive gauche.......................	57
Vestiges de l'art romain au temps des Parises................	58
Monument de Mithra...	59

LIVRE II.

PARIS SOUS LA DYNASTIE MÉROVINGIENNE.

CHAPITRE PREMIER.

Première période (481-628).

Clovis à Paris...	61
Sainte Geniève...	62
Les fils de Clovis à Paris...	63
Mort des enfants de Clodomir....................................	64
Derniers débris du paganisme....................................	67
Saint-Vincent et Sainte-Croix.....................................	69
Conciles tenus à Paris..	70
Première cathédrale de Paris, dédiée sous la vocable de Saint-Étienne..	71

	Pages.
Église des saints apôtres Pierre et Paul	72
Saint-Vincent	id.
Paris sous les fils de Clotaire Ier	73
L'évêque de Paris, saint Germain, cherche à réconcilier les rois mérovingiens	76
Chilpéric et Grégoire de Tours	79
Incidents	80
Fondation de Saint-Germain l'Auxerrois, sous Chilpéric Ier	85
Gontran à Paris	86
Mort de Frédégonde	88
Concile tenu à Paris sous Clotaire II	89
Paris sous Dagobert Ier	90

CHAPITRE II.

Dernière période mérovingienne. — Les rois fainéants.

Puissance des maires. — Clovis II. — Sainte Bathilde	94
Saint Landry, évêque de Paris	96
Paris sous les rois fainéants et sous Ébroïn	97
Charte de Vandemir	98
Saint Médéric ou saint Merry meurt à Paris	99
Paris sous les derniers Mérovingiens	100

CHAPITRE III.

Paris au déclin de la première dynastie.

Accroissements successifs de la ville	103
La Cité durant le moyen âge	104
Le Marché-Neuf; le Marché-Palud; la basilique de Notre-Dame.	106
La Ceinture-Saint-Éloi. — Églises et chapelles situées en la Cité	107
Enceinte et fortifications du vieux Paris	id.
Les faubourgs de l'ancien Paris	108
Détails sur l'église primitive d eSaint-Germain l'Auxerrois	110
Église primitive de Saint-Gervais et Saint-Protais	112
Chapelle Saint-Laurent	113
Basilique primitive de Saint-Martin des Champs	id.
Église primitive et cripte de Saint-Merry	114
Chapelle Saint-Paul. — Bourg et cultures de Saint-Éloi	115
Aspect de Paris à cette époque	116

Administration, industrie, commerce, foires, droits fiscaux...... 116
Condition politique et sociale des diverses classes sous les Mérovingiens... 118

LIVRE III.

PARIS SOUS LES CARLOVINGIENS.

CHAPITRE PREMIER.

De l'avénement de Pepin le Bref aux invasions des Normands.

Décadence politique de Paris............................... 124
Paris sous Pepin et Charlemagne........................... 125
Écoles palatines... 126
Importance de l'abbaye de Saint-Germain des Prés........... 129
Paris sous Louis le Débonnaire............................ 130
Concile ou synode tenu à Paris en 825..................... 131
Inchasd, évêque de Paris.................................. 133
Erkenrad II, évêque de Paris.............................. 134
Translation des reliques de sainte Bathilde............... 135
Paris sous les fils de Louis le Débonnaire................ 136
Premières invasions des Normands à Paris.................. 137
Règne de Charles le Chauve................................ 139

CHAPITRE II.

Paris sous les successeurs de Charles le Chauve. — Siége de Paris. — Déclin de la race carlovingienne (877-987).

Paris au début du régime féodal........................... 141
Nouvelles attaques des Normands........................... 143
Siége de Paris par les Normands........................... 145
Les pirates lèvent le siége............................... 155
Paris sous Charles le Simple.............................. 156
Paris sous les derniers Carlovingiens..................... 159

CHAPITRE III.

Paris sous les Carlovingiens.

Conditions politiques de Paris. — Calamités et misères de la population, amoindrissement de la ville............................. 162

DU PREMIER VOLUME. 523

	Pages.
Ignorance, grossièreté des mœurs, décadence sociale..........	163
Les comtes de Paris...............................	165
Institutions municipales de Paris sous les premières races........	167
Église Saint-Landri................................	169
Église Saint-Barthélemy............................	id.
Saint-Pierre des Arcis.............................	171
Saint-Leufroy, Saint-Magloire, Sainte-Opportune.............	172
Saint-Étienne des Grès.............................	174
Chapelle de Notre-Dame des Champs....................	id.
Costumes, vêtements, habitudes des diverses classes............	175

LIVRE IV.

PARIS SOUS LES PREMIERS CAPÉTIENS.

CHAPITRE PREMIER.

Paris sous Hugues Capet, Robert et Philippe Ier (987-1108).

Rapides accroissements de Paris...........................	180
Le prévôt de Paris................................	182
Paris sous Hugues Capet............................	185
Paris sous le roi Robert............................	186
Paris sous Henri Ier...............................	189
Concile tenu à Paris...............................	id.
Les reliques de saint Denis..........................	190
Paris sous Philippe Ier............................	191
Progrès de la sécurité et du bien-être....................	192
Azelin, Francon, Imbert de Vergy, Geoffroy, G. de Montfort, Gualon, évêques de Paris............................	195

CHAPITRE II.

Paris sous Louis le Gros et Louis le Jeune (1108-1180).

Le mal des ardents................................	200
Innocent II à Paris................................	201
Paris sous Louis le Jeune...........................	202
Affaire des chanoines de Créteil.......................	203
Priviléges accordés aux évêques de Paris..................	207

CHAPITRE III.

Mouvement intellectuel et moral depuis le règne de Hugues Capet jusqu'à la mort de Louis le Jeune. — Philosophie, sciences, arts et lettres.

	Pages.
Gerbert à Paris	210
Condition sociale des diverses classes sous les premiers Capétiens	211
Les écoles. — Abélard	214
Héloïse	216
L'université de Paris au douzième siècle	219
Arts, littérature, etc.	224

CHAPITRE IV.

Architecture chrétienne. — Notre-Dame de Paris.

Notre-Dame de Paris	226

CHAPITRE V.

Églises, abbayes, monuments et fondations.

Encore Saint-Germain l'Auxerrois	291
Saint-Martin des Champs	293
Encore Notre-Dame des Champs	296
Abbaye de Saint-Victor	297
Congrégation de Saint-Victor	299
Chapelle de Saint-Aignan	302
Eglise Saint-Jacques la Boucherie	303
Notre-Dame la Petite	id.
Saint-Lazare ou Saint-Ladre	304
La foire Saint-Lazare	id.
Les religieux de Saint-Lazare	305
Sainte-Croix en la Cité	307
Saint-Nicolas des Champs	id.
Saint-Bont	id.
Saint-Pierre aux Bœufs	308
Chapelle de Saint-Martin; Saint-Médard et Saint-Hippolyte	310
Hôpital Saint-Gervais	id.
Collége de Dace	id.
Le grand Châtelet	311

	Pages.
Le petit Châtelet...	312
La Hanse parisienne...	id.

LIVRE V.

PARIS SOUS LES SECONDS CAPÉTIENS.

CHAPITRE PREMIER.

Paris sous Philippe-Auguste.

Paris sous Philippe-Auguste...............................	319
Paris après la bataille de Bouvines......................	325

CHAPITRE II.

Suite du règne de Philippe-Auguste. — Incidents qui se rattachent plus particulièrement à l'histoire de Paris.

L'Université, affaire du Pré aux Clercs.................	330
Incidents	335
Règlements relatifs aux priviléges de la couronne et aux droits de l'évêque de Paris............................	337
Premier établissement des Mathurins..................	340
Premier établissement des Jacobins ou Dominicains...........	341

CHAPITRE III.

Agrandissement et embellissement de Paris sous Philippe-Auguste.

Premières enceintes de Paris...............................	342
Enceinte de Philippe-Auguste.............................	343
Clos de Paris..	347
Les Champeaux. — Les Halles............................	351
Le Pilori des Halles...	353
Premières boucheries...	354
Premières rues pavées..	355
L'ancien Louvre..	356
Collége des Bons-Enfants...................................	357
Hôpital de la Trinité..	358
Colléges des Grecs..	359

	Pages.
Hôpital de Sainte-Opportune (hôpital de la maison-Dieu Sainte-Catherine)	360
Le For-l'Évêque	id.
L'Université et les Jacobins	361
Les Cordeliers et les Frères mineurs	362
Abbaye de Sainte-Geneviève. — Saint-Étienne du Mont	365
Saint-André des Arcs	366
Saint-Antoine des Champs	367
Saint-Honoré	368
Saint-Jean en Grève	id.
Saint-Thomas	369
Hôpital des Pauvres Clercs	id.
Église de Saint-Père	370
Sainte-Madeleine en la Cité	id.

CHAPITRE IV.

Paris sous Louis VIII, dit Cœur de lion (1223-1226).

LIVRE VI.

PARIS SOUS SAINT LOUIS (1226-1270).

CHAPITRE PREMIER.

Première période du règne

Les Parisiens protégent Louis IX	377
Incidents	379
Grave maladie du roi	381
Le roi part pour la croisade	383
Les Pastoureaux	384
Conflits entre les étudiants et les bourgeois de Paris	388
Le pape intervient dans cette affaire	390
Affaire des serfs d'Orly et de Châtenay	392
Renauld de Corbeil, évêque de Paris	393

CHAPITRE II.

Deuxième période du règne de saint Louis.

	Pages.
Vie royale et vie privée de saint Louis	395
Fondations utiles	399
Réfectoire de Saint-Martin des Champs	401
Saint Louis à Vincennes	402
La cour de justice du roi (*curia regis*)	405
Les Établissements de saint Louis	408
Les établissements des métiers de Paris (*livre des Métiers*)	409
Conditions spéciales des diverses professions industrielles à Paris sous saint Louis	412
Réforme des monnaies	424
Les Dominicains et l'Université	426
Bibliothèque du Roi	427
Règlements divers	428
Organisation du guet	429
Henri III à Paris	430
Interdit ecclésiastique	432
Nouveaux incidents. — Fin du règne	433

CHAPITRE III.

Paris sous saint Louis. — Monuments et fondations.

	Pages.
La Sainte-Chapelle	436
Saint-Nicolas du Chardonnet	453
Saint-Leu et Saint-Gilles	458
Les Augustins	461
Saint-Eustache (origines)	463
Sainte-Catherine	465
Les Béguines. — *L'Ave-Maria*	466
Les Blancs-Manteaux	469
Les Frères de Sainte-Croix	473
Notre-Dame des Champs	474
Notre-Dame de Vauvert. — Les Chartreux	476
Les Frères sachets	480
Les Sœurs sachettes	481

528   TABLE DES MATIÈRES DU PREMIER VOLUME.

	Pages.
Les Frères barrés (les Carmes)............................	481
Les Quinze-Vingts.......................................	483
Hôtel-Dieu...	484
La Sorbonne...	485
Le collége des Bernardins................................	488
Le collége des Prémontrés...............................	489
Le collége de Cluny....................................	id.
Le collége du Trésorier.................................	490
Le prévôt de la Hanse prend le titre de prévôt des marchands...	491
Organisation municipale de Paris.........................	492
Basilique de Saint-Julien le Pauvre........................	
APPENDICE A. — Armoiries de la ville de Paris..............	505
APPENDICE B. — Détails complémentaires sur l'organisation municipale et sur l'administration de la police de Paris au moyen âge.	507
APPENDICE C. — Organisation du cry à Paris durant le moyen âge. — Détails sur l'exercice de la profession de crieur public à cette époque...	511
APPENDICE D. — Organisation du travail à Paris, au moyen âge. — Détails complémentaires........................	515
APPENDICE E. — Liste chronologique des prévôts des marchands de Paris...	519

FIN DE LA TABLE DU PREMIER VOLUME.